T. E. Karsten

Die Germanen

W0318845

T. E. Karsten

Die Germanen

Eine Einführung in die Geschichte ihrer Sprache und Kultur

marixverlag

Alle Rechte vorbehalten

Es ist nicht gestattet, Texte oder Abbildungen dieses Buches zu scannen, in PCs oder auf CDs zu speichern oder mit Computern zu verändern oder einzeln oder zusammen mit anderen Vorlagen zu manipulieren, es sei denn mit schriftlicher Genehmigung des Verlages.

Neu gesetzte und überarbeitete Ausgabe für
Marix Verlag GmbH, Wiesbaden 2004
nach der Ausgabe Berlin und Leipzig 1928
Covergestaltung: Thomas Jarzina, Köln
Bildnachweis: akg – images, Berlin
Satz und Überarbeitung: Pinkuin Satz und Datentechnik, Berlin
Druck und Bindung: GGP Media GmbH, Pößneck
Printed in Germany

ISBN 3-937715-65-7
www.marixverlag.de

Inhalt

Vorwort

Die vorliegende Einführung ist eine für akademischen Studienzweck umgearbeitete und erweiterte Ausgabe meines in der bekannten populär-wissenschaftlichen Stockholmer Schriftenreihe »Natur och kultur« in zwei Auflagen (1925, 1927) erschienenen Büchleins *»Germanerna. En inledning till studiet av deras språk och kultur«*. Da die kleine Schrift nach der ausländischen Kritik (vgl. besonders A. Meillet in Bulletin de la Soc. de Linguistique 1925, S. 132 und A. Sommerfelt in den Meddelelser fra Norsk Forening for Sprogvidenskab 1925, S. 39–41) auch einem nichtschwedischen Leserkreis etwas zu bieten hat und der Berliner Verlag Walter de Gruyter & Co. sich für die Ausgabe einer deutschen Bearbeitung des Buches in dankenswerter Weise gewinnen ließ, zögerte ich nicht länger, einen Versuch zu wagen, den gesteigerten Ansprüchen einer deutschen Ausgabe gerecht zu werden.

Die bisherigen Darstellungen der hier erörterten Sprach- und Kulturprobleme rühren fast ausschließlich von deutschen Federn her und erscheinen gewöhnlich in den Gesamtbehandlungen der »deutschen« Stammes- oder Altertumskunde. Die hier dargebotene Erörterung des Themas ist gewissermaßen die erste ihrer Art: ein erster Versuch von nicht-deutscher Seite, die fraglichen Probleme zusammenfassend darzustellen, und die erste Behandlung des Gegenstandes, welche alle Germanensprachen und Germanenkulturen, auch diejenigen, die von den nummerisch kleinsten und zivilisatorisch vielleicht rückständigsten Bevölkerungen vertreten werden, wie die der finnländischen und ostbaltischen Schweden und ihrer Vorfahren, als gleichberechtigte Teile der großen germanischen Sprach- und Kulturwelt einbezieht.

Demzufolge versehe ich auch nicht mein Buch mit dem herkömmlichen Titel »Die Deutschen«, wie nach Grimms Vorgange zuerst Kaspar Zeuß (1837), der große Bahnbrecher und durch die einzigartige Fülle der von ihm gesammelten Materialien immer noch unerreichte Meister der germanischen Stammeskunde, und wie die meisten seiner deutschen Nachfolger. Ich weiß sehr wohl, dass dieser Wortgebrauch ursprünglich nichts ist als eine Übersetzung der lateinischen Begriffe *»Germani«*, *»germanicus«*, wobei man das *»theodiscus«* karolingischer Gelehrten zum Vorbild nahm. Er widerspricht aber dem außerhalb der germanistischen Literatur allgemein üblichen Sinn des Wortes, musste daher missverstanden werden und wird heutzutage wohl in der Regel missverstanden, sodass Bremer ihn mit Recht als einen Sprachmissbrauch gebrandmarkt hat (*Ethnographie der germ. Stämme* § 2). Bremers Worte sind aber unbeachtet geblieben. Unter den seitdem erschienenen deutschen Leistungen auf dem Gebiete der altgermanischen Sprach- und Kulturforschung finden sich z. B. die zweibändige *»Deutsche Altertumskunde«* von Fr. Kauffmann und die in drei Auflagen erschienene *»Deutsche Stammeskunde«* von R. Much, die zum großen Teil der gemeingermanischen Periode oder sogar ganz außerdeutschen Sprachen und Kulturen gewidmet sind. Was mir dabei als das Beklagenswerteste erscheint, ist dies, dass – doch wohl infolge einer mehr gemütsmäßigen Einwirkung des landläufigen Wortsinnes – das nicht-deutsche Germanentum an peripherische Stellen rückt oder gar ignoriert wird. Diese alte Vernachlässigung zeigt sich selbst in dem *Reallexikon der germ. Altertumskunde*, dessen meiste Mitarbeiter den germanischen Norden entweder als nicht vorhanden betrachten oder ihn mit willkürlicher Eklexis behandeln (rühmenswerte Ausnahmen bilden die Artikel über Runenkunde, Dichtung und Heldensage). In Streitbergs jüngst (1927) erschienener *»Geschichte der indogermanischen Sprachwissenschaft«*, die auch die Namenforschung beachtet, ist ein in der ganzen Welt so einzig dastehendes Standardwerk wie die schon i. J. 1897 mit einem ersten Band erschienene Sammlung der *»Norske gaardnavne«* von Rygh unerwähnt geblieben, ebenso in der *Indogermanischen Grammatik* von Hirt, Teil I: Einleitung (1927), unter den »Hilfsmitteln der etymologischen Forschung«, ein Werk wie das ausgezeichnete schwedische etymologische Wörterbuch von

Hellquist, und in G. Kossinnas »*Die Indogermanen*, I. Teil: »Das indogermanische Urvolk« (1921), wo auch die ältesten, vor der Lautverschiebung übernommenen germanischen Lehnwörter der Finnen herangezogen sind, ist selbst die Hauptquelle totgeschwiegen, meine (preisgekrönte) Untersuchung »*Germanisch-finnische Lehnwortstudien*« (Helsingfors 1915), während einer meiner Referenten und Kritiker, K. B. Wiklund in den *Indog. Forschungen* 38, der meinen Ergebnissen in der Hauptsache beitritt, als eigentlicher und einziger Urheber zitiert wird.

Solche Mängel deuten aber auch darauf, dass das betreffende Forschungsgebiet schon ein allzu großes ist, um von dem einzelnen Forscher vollkommen beherrscht zu werden. Zusammen wirken und Arbeitsteilung ist gewiss auch hier vonnöten, und gerade darin suche ich die Berechtigung meines Buches, das bestrebt ist, auch den in diesem Zusammenhang früher mehr oder weniger vernachlässigten Gebieten der Forschung die ihnen gebührende Aufmerksamkeit zuteil werden zu lassen. Die Schrift ist selbstverständlich als keine germanische Stammes- oder Altertumskunde gedacht, welche die bekannten älteren Darstellungen des Themas (von Zeuß, Müllenhoff, Bremer, Much, Kauffmann) ersetzen wollte. Sie will nicht mehr sein, als die Überschrift angibt: eine vom heutigen Stand der Forschung ausgehende Einführung in gewisse der wichtigsten sprachlichen und kulturellen Fragen der germanischen Vor- und Frühgeschichte. Die Behandlung der verschiedenen Probleme und Aufgaben ist ohne Zweifel etwas ungleich. Bei dem allgemein Bekannten ist sie knapper, bei dem früher weniger oder gar nicht Beachteten ausführlicher. Sonst beschränke ich mich im Allgemeinen nicht auf ein bloßes Referieren, suche vielmehr überall, zu den Hauptfragen wie zu den einzelnen, wo irgend möglich, Stellung zu nehmen. Was ich den verschiedenen Vorgängern entnommen habe, dürfte meistens aus den Literaturangaben hervorgehen, aber bei der Fülle der hier diskutierten Fragen lässt sich der wirkliche Urheber öfters nicht sicher ausfindig machen.

Ganz neu sind in dieser deutschen Ausgabe, wie in der germanistischen Literatur überhaupt, die in Kap. III behandelten Ergebnisse der Blutgruppenforschung. Die Arbeiten auf diesem

Felde sind schon so weit vorgeschritten, dass ihre ethnologische Bedeutung nicht zu verkennen ist. Bei den Erklärungen der hier abgedruckten Blutgruppenkarte ist Prof. Dr. O. Streng (Helsingfors), der Urheber der Karte, mir gütigst behilflich gewesen.

Mit lebhaftem Danke erwähne ich die Förderung, die mir bei vielen hier erörterten Fragen vonseiten mehrerer Fachgenossen an der hiesigen Universität zuteil wurde. Herr Lic. Phil. R. Nordenstreng-Uppsala hat mir brieflich Auskünfte in einer nordischen Rassenfrage gegeben, Herr Lic. Phil. B. Collinder daselbst mich auf einige Errata in der schwedischen Auflage aufmerksam gemacht. Einen aufrichtigen Dank spreche ich auch Herrn Prof. Dr. K. Tiander aus, der die Verhandlungen mit dem Herrn Verleger in Berlin anfänglich vermittelte und mir auch bei der deutschen Übersetzung einiger Teile des Buches behilflich war. Dankbar gedenke ich aber hier vor allem der liebenswürdigen Beihilfe bei der Korrektur und vielfacher anderweitiger Unterstützung, die Herr Prof. G. Neckel-Berlin mir geleistet hat.

Helsingfors, im Februar 1928.

T. E. Karsten.

Kapitel I
Urverwandtschaft: Die indogermanischen Sprachen

Eine Übersicht

§ 1. Alle Sprachen, die wir die germanischen nennen, sowohl die nordischen: die schwedische, norwegische, isländische und dänische als auch die westgermanischen: die deutsche, holländische und englische weisen so auffallende Ähnlichkeiten auf, dass sie sogar dem Laien als mehr oder weniger verwandt erscheinen. Auch werden sie seit alters von der Wissenschaft zu einer und derselben Sprachenfamilie, der germanischen, zusammengefasst. Die Letztere bildet ihrerseits ein selbständiges Glied in einer noch größeren sprachlichen Einheit. Zu dieser Urgemeinschaft gehören außer dem germanischen Sprachzweige der indo-iranische oder arische, der armenische, der albanesische, der baltisch-slawische, der griechische, der italische, der keltische, der tocharische und in gewisser Hinsicht auch der hettitische Sprachzweig.

Die genannten Sprachen werden oder wurden einst von einer langen Reihe Völker auf dem ausgedehnten Landgebiete vom Ganges im Osten bis nach Irland und Island im Westen gesprochen. Diese Völker zerfielen in zahlreiche Einzelstämme und haben sich wohl nie mit einem Gesamtnamen bezeichnet. In der deutschen Wissenschaft wird den betreffenden Sprachen seit langer Zeit die Bezeichnung »indogermanische« beigelegt. Der Terminus gibt die beiden entgegengesetzten Pole des geographischen Gebietes der weit ausgebreiteten Sprachgruppe an, denn die germanischen Sprachen – besonders wenn man die germanischen (d. h. die englischen, deutschen, skandinavischen und schwedisch-finnländischen) Kolonien in Nordamerika mitzählt – werden von allen größeren europäischen Sprachen der Gegenwart am weitesten im Westen, das Indische aber innerhalb des gesamten Sprachgebiets am weitesten im Osten gesprochen. Außer dem Attribut »indogermanisch« gibt es aber noch einige andere, vor allem die von dem Schweizer A. Pictet eingeführte und nicht bloß in Frankreich und den romanischen Ländern, sondern auch z. B. in Schweden und Finnland eingebürgerte Bezeichnung »indoeuropäisch«. Da Europa in ethnographischer Hinsicht eine Menge Völkerschaften umfasst, die nicht indogermanische Sprachen sprechen, nämlich die Finnen, Lappen, Ungarn, mehrere finnisch-ugrische Völkerstämme in Russland, dann noch die Türken, Juden und Basken, könnte es vielleicht nicht ganz korrekt erscheinen, für die europäischen Vertreter der indogermanischen Sprachfamilie eine Bezeichnung anzuwenden, die für dieselben unseren ganzen Weltteil zu beanspruchen scheint. Da aber dieser Terminus zu einer Zeit geprägt wurde, als die europäischen Sprachen der anderen Kategorie, auch die finnisch-ugrischen, die zu unserer Zeit den Gegenstand eines speziellen, verhältnismäßig hoch entwickelten Zweiges der Sprachforschung bilden, noch nicht erwähnenswert von der Wissenschaft beachtet worden waren und da der Terminus »indogermanisch« den Fehler hat, was die europäischen Mitglieder der Sprachengruppe anbetrifft, die germanischen Völker einseitig auf Kosten der andern hervorzuheben, und deshalb geringe Aussicht haben dürfte, außerhalb Deutschlands und Österreichs, den einzigen Ländern, wo der Terminus allgemein angewandt wird, das Bürgerrecht zu erhalten, so ist die in Schweden herkömmliche Bezeichnung »indoeuropäisch« im schwedischen Sprachgebrauch gang und gäbe geworden. In Dänemark, manchmal aber auch in anderen Ländern, redet man gewöhnlich von »arischen Sprachen«), wenn man die indogermanischen in ihrer Gesamtheit bezeichnen will, aber dieser Sprachgebrauch ist nicht zu empfehlen, da der Terminus sich ursprünglich auf eine einzige Sprachfamilie bezog: die indo-iranische (siehe unten!). An dieser Stelle bedienen wir uns des Terminus »indogermanisch«.

Hauptquellen für die Einführung in das Studium der indog. Sprachen:
K. BRUGMANN und B. DELBRÜCK, *Grundriss der vergleichenden Grammatik der indogermanischen Sprachen*, vor allem BRUGMANN, *Vergleichende Laut-, Stammbildungs- und Flexionslehre*, 2. BEARBEITUNG (I. Bd.: *Einleitung und Lautlehre*, Straßburg 1897); K. BRUGMANN, *Kurze vergleichende Grammatik der indog. Sprachen*, Bd. 1–3, Straßburg 1902–03; A. MEILLET, *Introduction à l'étude comparative des langues indo-européennes*, Paris 1922; Chr. BARTHOLOMAE in *Hoops' Reallex. der germanischen Altertumskunde*, Bd. 2 (1913–15), S. 585 ff.; H. PEDERSEN, *Sprogvidenskaben i det nittende Aarhundrede. Methoder og Resultater* (København 1924); H. HIRT, *Indogermanische Grammatik*, Teil 1, Heidelberg 1927. – Die neueste Einzelliteratur ist verzeichnet im *Indogermanischen Jahrbuch*, Bd. 1–9 (Straßburg 1914, Berlin-Leipzig 1924).
1 Das Wort ›indogermanisch‹ begegnet zum frühesten bei KLAPROTH, *Asia polyglotta*, Paris 1823, das Wort ›indoeuropäisch‹ bei A. PICTET in dem Werke *Les origines indo-européennes ou les Aryas primitifs, essai de paléontologie linguistique*, Paris 1859–63 (1877[2]). Der Ausdruck ›indogermanisch‹ wird zuweilen auch in Schweden und Norwegen gebraucht, z. B. von O. MONTELIUS, der jedoch später zum Arier-Namen überging (vgl. dessen Aufsatz »Ariernas hem« in *Nordisk Tidskrift*, utgiven af Letterstedtska Föreningen, Stockholm 1922). Über die Kollektivbezeichnungen der Indogermanen sonst näher bei A. FICK, *Vergleichendes Wörterbuch der indogermanischen Sprachen*, Bd. 1, *Einleitung*, 4. Aufl. (Göttingen 1890), G. MEYER in den *Indogermanischen Forschungen*, Bd. 2 (1893), S. 125 ff.; L. MEYER in den *Nachrichten der Gött. gel. Gesellschaft*, phil.-hist. Kl. (1910), S. 448 ff., H. HIRT, *Die Indogermanen, ihre Verbreitung, ihre Urheimat und ihre Kultur* (Straßburg 1905–07), Bd. 1, 4 f., Bd. 2, 554.

§ 2. Die historisch dokumentierten indogermanischen Einzelsprachen werden von der vergleichenden indogermanischen Sprachwissenschaft auf eine ältere, gemeinsame Sprache zurückgeführt, die man in der deutschen und schwedischen Wissenschaft gewöhnlich die urindogermanische bzw. die urindoeuropäische nennt. Richtiger aber ist nach dem Vorgang französischer Forscher, diese Sprache bloß »die indogermanische« oder noch richtiger »die gemeinindogermanische« zu nennen. Denn hier ist nicht die Rede von etwas Primitivem, von einer durch die vergleichende Sprachwissenschaft rekonstruierten wirklichen Ursprache aus einer Zeit, als bei den infrage kommenden Völkern eine organische Sprache sich zuerst entwickelt hätte. Der Terminus bezieht sich vielmehr auf ein gewisses System von Übereinstimmungen zwischen den historisch nachweisbaren indogermanischen Sprachen, wobei diese Übereinstimmungen auf eine Epoche ihrer Entwicklung zurückgehen, als diese Sprachen noch annähernd identisch waren, auf eine Epoche, der wir nicht mit Hilfe historischer Dokumente, sondern nur aufgrund vergleichender Studien der besonderen Schwestersprachen beikommen können. Die indogermanische Sprachform zeigt jedoch sehr frühe Spuren einer Dialektbildung. So unterscheiden wir zwei größere indogermanische Dialektgruppen, eine östliche und eine westliche, deren Ursprung in eine alte vorgeschichtliche Zeit verlegt werden muss. Zwischen diesen Dialektgruppen bestanden wahrscheinlich dialektische Unterschiede verschiedener Art, aber einer derselben wurde besonders durchgreifend und charakteristisch: die vorderen Gaumenlaute *k, kh, g, gh* treten in den indoiranischen und baltisch-slawischen Sprachen, im Armenischen und Albanesischen als s-Laute auf, dagegen im Griechischen und in den italischen, keltischen und germanischen Sprachen in der Regel als *k*-Laute. Dem griech. *hekatón*, lat. *centum*, altir. *cēt*, got. *hund* (wobei *h* aus *k* entstanden war) entsprechen auf diese Weise das altind. *çatám*, avest. *satem*, lit. *szimtas* und das dem Iranischen entlehnte altslaw. *sŭto* ›hundert‹. Die Dialekte der westlichen Gruppe heißen *centum*-Sprachen, die der östlichen Gruppe *satem*-Sprachen, wobei also die Ersteren durch das Lateinische, die Letzteren durch das Awestische vertreten werden.

In diesem Zusammenhang haben wir keinen Anlass, auf das schwere Problem der indogermanischen Dialektspaltung näher einzugehn. Zunächst folgt hier eine kurze Übersicht der indogermanischen Hauptsprachen mit Bezugnahme auf ihre innere Verzweigung. Zugleich mit den Sprachen werden auch die Völker erwähnt, die diese Sprachen reden.

Über den Begriff der sog. indogermanischen Ursprache Näheres bei MEILLET a. a. O., S. 22 ff.

Über die Verteilung der indogermanischen Sprachen in *centum-* und *satem-*Dialekte vgl. zuerst P. v. Bradke, *Beiträge zur Kenntnis der vorhistorischen Entwicklung unseres Sprachstammes*, Gießen 1888.

A. Die ost-indogermanische Sprachgruppe

§ 3. Diese umfasst vier Familien: die indo-iranische oder arische, die armenische, die albanesische und die baltisch-slawische.

I. Die indo-iranische oder arische Sprachfamilie

Die nah verwandten uralten indogermanischen Sprachen in Indien und Iran werden gewöhnlich unter der Benennung »arisch« zusammengefasst, da sowohl die Inder wie auch die Iranier sich in der Vorzeit Arier genannt haben. Das vedische *ā̆rya* und das awestische *airya* waren Sonderbezeichnungen der eingewanderten Indogermanenstämme im Gegensatze zur Urbevölkerung. Das Wort lebt noch fort im Namen *Iran*, der aus der mittelpersischen Pluralform *ērān* entstanden ist.

Der indische Zweig umfasst eine besonders große Anzahl vorzeitlicher und noch lebender arischer Sprachen in Vorderindien. Die ältesten datierbaren Texte, die Inschriften des großen Buddhisten-Herrschers Açoka in verschiedenen Teilen Indiens, gehen nicht weiter als bis zur Mitte des dritten Jahrhunderts v. Chr. zurück und stammen somit aus der mittelindischen Zeit. Die älteste Sprachform wird durch die Vedasprache vertreten, die eine reiche, vorzugsweise religiöse Literatur aufzuweisen hat. Das altind. *veda* bedeutet »Wissen« und ist wurzelverwandt mit got. *witan* und schwed. *veta*, ndd. *wēten*. Die Vedaliteratur besteht aus vier Sammlungen Hymnen und Opferformeln, sowie einer Anzahl jüngerer, in Prosa abgefasster so genannter Brāhmanatexte, die ebenfalls religiösen Inhalts sind (vgl. altind. *brāhmaná* ›Opferpriester, Brahmane‹). Der berühmte *Rigveda* – das altindische Wort *rig* bedeutet »Vers« – enthält die ältesten Vedahymnen. Seine grundlegenden Bestandteile stammen mindestens aus der

Zeit um 1500 v. Chr., sind aber wahrscheinlich noch älter und stellen in jedem Falle unser altertümlichstes indogermanisches Literaturdenkmal dar. Nach den Angaben der Dichtung selbst lag die Heimat des Rigvedavolkes am Indus und in dem Fünfstromland Pendžab, der nordwestlichen Ecke Vorderindiens. Schon zu dieser entlegenen Zeit hatten die aus dem Westen eingewanderten Arier von diesem Lande festen Besitz genommen und dessen Urbevölkerung unterworfen. Gegen 500 v. Chr. hatte sich die arische Kultur nach Osten bis zum Ganges ausgebreitet, der im Rigveda noch nicht vorkommt, und nach Süden bis zu den Vindhja-Bergen auf dem Breitengrade des heutigen Bombay. Die ältesten Vedahymnen weisen noch keine Kenntnis vom Meere auf.

Die Vedalyrik tritt uns in einer schon ausgebildeten Literatursprache entgegen, die mit der homerischen verglichen werden kann. Nachdem die arische Einwanderung im Gangestal (Hindostān) festen Fuß gefasst hatte, entstand daselbst auf der Grundlage eines mit der Vedasprache nah verwandten Volksdialektes, nicht etwa als ihre direkte Fortsetzung, eine neue Literatursprache, die unter dem Namen *sanskrit* (»die geordnete oder normierte«) bekannt ist. Die Regeln dieser Schriftsprache sind von dem Grammatiker Panini aufgestellt worden, der im vierten Jahrhundert v. Chr. gelebt haben soll. In der überaus reichen Sanskritliteratur – sie umfasst Werke der verschiedensten Art: epische, lyrische, dramatische und sogar rein wissenschaftliche – ragen besonders die Heldengedichte *Mahābhārata* und *Rāmāyana*, KALIDASAS weltbekannte Dramen und die große Fabelsammlung *Pancatantra* (pantschatantra) hervor, die ein Vorbild der Märchendichtung des Abendlandes wurde.

Auf die altindische Periode folgt eine mittelindische, die durch die genannten Açoka-Inschriften und durch das sog. *Prakrit* (die »volkstümliche«, aber zugleich »ungebildete« Sprache) vertreten werden, das eine größere Anzahl örtlich und zeitlich verschiedener Dialekte umfasst und seiner Sprachform nach von dem Altindischen stark abweicht. Das wichtigste von diesen mittelindischen Idiomen ist das sog. *Pali*, in dem die südindischen Buddhisten ihre kanonischen Bücher abgefasst haben. Buddha lebte etwa 560–480 v. Chr.

Die jüngste indische Sprachform, das Neuindische, ist in ein paar hundert Dialekte zersplittert, die von ungefähr 209 Millionen Menschen gesprochen werden. Man unterscheidet eine nordwestliche, östliche und zentrale Dialektgruppe. Zu der ersteren gehört u. a. das *Sindhi* am unteren Indus, zu der östlichen u. a. das *Bengali* in Bengalen, zu der zentralen u. a. das *Hindi* am oberen und mittleren Ganges. Der letztgenannte Dialekt hat eine reiche Literatur aufzuweisen, die schon im 12. Jahrhundert ihren Anfang nimmt. Das Hindostanische *(hindustani)*, ein vom Arabischen und Persischen beeinflusster Hindi-Dialekt, gilt als eine Art neuindische Gemeinsprache.

Zu den neuindischen Dialekten gehört auch die ZIGEUNERSPRACHE. Die umherirrenden Träger dieser Sprache, die in zahlreiche, voneinander stark abweichende Mundarten zerteilt ist, dürften spätestens ums Jahr 1000 n. Chr. aus dem nordwestlichen Indien, zunächst über Turkestan und Griechenland ausgewandert sein. Sie kommen am häufigsten in Osteuropa vor, vor allem auf der Balkanhalbinsel und in Russland. In Finnland betrug die Anzahl der Zigeuner 1900 gegen 1600, in Schweden waren 1920 475 Zigeuner in den Kirchenbüchern eingetragen.

In der zweiten Hauptabteilung der arischen Familie, der IRANISCHEN, unterscheidet man zwei Dialektgruppen: eine ost- und eine westiranische. Die erste, die in der älteren Zeit durch das AWESTISCHE, weniger richtig auch *zand* (d. h. »Übersetzung und Auslegung«) genannt, vertreten wird, bezieht sich auf die Sprache des »Awesta« (d. h. »Grundlage, Urtext«), des heiligen Buches der Parsen, d. i. der Zarathustra- (oder Zoroaster-)Verehrer. Dieses Buch soll noch zu Alexanders des Großen Zeiten ein gewaltiges Werk sowohl wissenschaftlichen als auch juridischen und religiösen Inhalts dargestellt haben, ist aber in seinem gegenwärtigen Zustande fragmentarisch. Über das Alter und den Ursprung des Werkes ist nichts Sicheres bekannt. Zarathustra trat zu Anfang des ersten Jahrtausends (um 1000) v. Chr. auf. Die ältesten Teile des Awesta-Buches stammen schon aus seiner Zeit, u. a. die 17 sog. Gatha-Hymnen, die in einer älteren Mundart als die übrigen Teile der Sammlung und in Strophen, die an die des Rigveda erinnern, abgefasst sind, aber der Hauptteil des Werkes ist jüngeren Datums. Das in Afganistan gesprochene Afganisch scheint eine direkte Fortsetzung der Awestasprache zu sein.

Zu der westiranischen Gruppe gehört vor allem das ALTPERSISCHE, die Kanzleisprache des achaemenidischen Perserhofs, die in Keilschrift von der Regierung Darius I. (522–486) bis auf Artaxerxes Ochus (359–338 v. Chr.) bewahrt ist. Die berühmten Inschriften – die ältesten größeren einer indogermanischen Sprache, die sich datieren lassen – erzählen uns von den Taten des Perservolkes zu seiner Großmachtzeit. Das Altpersische wird von der sog. Pahlevi-Sprache fortgesetzt, die auch Parthisch oder Mittelpersisch genannt wird. Diese Literatur bedient sich gewöhnlich eines semitischen Alphabets, seltener eines awestischen. Hierher gehört eine unter der oben genannten Dynastie der Sassaniden aufgezeichnete reiche epische Überlieferung, die die ganze Geschichte der Perser umspannt und dem Meisterwerk Firdusis *Shahnahmeh* (»dem Buch der Könige«) zugrunde liegt, das ums Jahr 1000 n. Chr. verfasst wurde.

Unter den modernen Ausläufern der westiranischen Sprachgruppe ist das Neupersische bemerkenswert, das im zehnten Jahrhundert in die Erscheinung tritt, mit arabischen Lehnwörtern stark vermengt ist und sich des arabischen Alphabets bedient. Das ist die Literatur- und Umgangssprache der Muhamedaner in Turkestan, Afganistan und Indien. Andere westiranische Mundarten der Gegenwart sind das BELUTSCHISCHE in Belutschistan, die PAMIR-Dialekte auf dem Hochgebirge von Pamir, das KURDISCHE in Kurdistan und das interessante OSSETISCHE in den Gebirgsgegenden des mittleren Kaukasus.

Die letztgenannte Sprache besitzt eine Literatur seit 1798 und ist auf die alten Alanen zurückgeführt worden, die sich in den ersten Jahrhunderten n. Chr. von Osten über die Gebiete nördlich vom Kaukasus ausgebreitet haben. Diese Sprache weicht vollkommen vom Persischen und Awestischen ab und ist mit der Sprache der alten sogdischen Texte verwandt, die man vor kurzem im chinesischen Turkestan entdeckt hat und von denen die ältesten aus dem ersten Jahrhundert n. Chr. herrühren. Die Pamir-Dialekte bilden eine andere Gruppe innerhalb dieser Sprachklasse. Das Afganische nimmt zwischen diesen und den im

Südwesten gesprochenen Sprachen, zu denen das Altpersische und Awestische gehören, eine Mittelstellung ein. Noch müssen die in einem südlichen ostiranischen Dialekt verfassten zahlreichen Schriften genannt werden, die unter den in Zentralasien aufgefundenen indogermanischen Texten angetroffen worden sind.

Man hat sprachliche Erinnerungen an altiranische Völkerstämme auch in gewissen osteuropäischen Flussnamen zu finden geglaubt, wie Don (*Tanais*), Dnjepr (*Danaper*), Dnjestr (*Dana strus*), Donau (*Danuvius*), die wahrscheinlich awest. *danu* (osset. *don*) ›Fluss‹ enthalten. Offenbar sind es auch diese europäischen Arier der Vorzeit gewesen – sie dürften mit den Völkern identisch sein, die bei mehreren klassischen Verfassern unter den Namen Skythen, Saken und Sarmaten auftreten, – die den finnischen Volksstämmen im inneren Russland ihre sog. iranischen Lehnwörter übermittelt haben. Eins der wichtigsten und sichersten Lehnwörter dieser Gruppe ist finn. *sata* »100«, das altind. *çatám*, awest. *satem* entspricht.

Der Name ›Arier‹ ist sowohl seiner Herkunft als seiner Bedeutung nach dunkel, s. Bartholomae, *Hoops' Reallexikon 2, 588.*

H. Jacobi im *Festgruß an R. v. Roth* (Stuttgart 1893) sucht aus astronomischen Gründen das Alter des Rigveda in der sehr entlegenen Periode 4500–2500 v. Chr., kaum aber mit Recht, vgl. Hirt, *Die Indogermanen* 1, 100; 2, 582 und dort ang. Lit. Ein sehr hohes Alter wird auch von J. Charpentier, *De indoeuropeische språken*, Uppsala 1915, S. 42 f. angenommen.

Eine gute Übersicht über die Entwicklung der altindischen Kultur (nebst zahlreichen Abbildungen und einem reichen Literaturverzeichnis) gibt J. N. Reuter in der finnisch geschriebenen Weltgeschichte *Maailman historia* I, Helsinki 1914, S. 1–33, 4⁰.

Wegen der sprachlichen Reste der Altiranier in Russland vgl. O. Schrader, *Sprachvergleichung und Urgeschichte*, 3. Aufl. (Jena 1907), III 489, R. Much in *Hoops' Reallexikon* I, 389 (mit Lit.), M. Vasmer, *Untersuchungen über die ältesten Wohnsitze der Slaven: Die Iranier in Südrussland* in der Streitberg-Festgabe, Leipzig 1924, S. 367 ff.

Über die iranischen Lehnwörter der Finnen vgl. E. N. Setälä in *Journal de la Soc. Finno-ougrienne* 17, 4, S. 29, H. Jacobsohn, *Arier und*

Ugro-Finnen (Göttingen 1922), Y. Wichmann in den *Finnisch-ugrischen Forschungen* 16, Anz., S. 13 ff. sowie T. E. Karsten in *Acta scandinavica philologica* (1926) I, 250 ff.

II. Die armenische Sprachfamilie

umfasst eigentlich nur eine Sprache: die altarmenische mit einer alten, vorzugsweise religiösen Literatur seit dem fünften Jahrhundert n. Chr. Dem Wesen nach unverändert wird das Altarmenische noch zu unserer Zeit im Dienste der armenischen Kirche angewandt. Von dieser Sprache der Vorzeit weichen die neuarmenischen Volksdialekte stark ab, die mit zahlreichen persischen Lehnwörtern untermischt sind, aber voneinander sich doch nicht mehr unterscheiden, als dass Armenier aus verschiedenen Gegenden sich miteinander verständigen können. Außer in Armenien werden armenische Dialekte noch in gewissen Teilen von Kleinasien, dem nördlichen Syrien, Mesopotamien, Georgien, der europäischen Türkei, Siebenbürgen und Polen gesprochen. Da das Armenische sich nahe verwandt mit dem Altphrygischen erwiesen hat, das einst in einem bedeutend westlicheren Teile Kleinasiens gesprochen wurde und seinerseits sich zunächst dem einst wahrscheinlich im nördlichen Teile der Balkanhalbinsel gesprochenen Thrakischen anschließt, so scheinen die Armenier einst von Westen nach Armenien eingewandert zu sein.

III. Die albanesische Sprachfamilie

umfasst eigentlich bloß die heutigen, in äußerst verschiedenartigen Formen auftretenden albanesischen Dialekte, deren Quellen bis ins siebzehnte Jahrhundert n. Chr. zurückreichen. Diese Dialekte werden jetzt in Albanien gesprochen, und zwar das Toskische im Süden, das Gegische im Norden, sowie in den albanesischen Kolonisationsgebieten in Griechenland und Süditalien. Sie sind stärker mit Lehnwörtern – lateinischen, griechischen, türkischen, slawischen und italienischen – vermengt als irgendeine andere indogermanische Sprache. In einem Wortschatz, der mehr als 5000 Wörter enthält, sind kaum 400 einheimisch.

Zu der großen Gruppe der *satem*- oder ost-indogermanischen Sprachen gehört endlich

IV. Die baltisch-slawische Sprachfamilie

a) Der baltische Zweig

hat in historischer und kultureller Hinsicht eine verhältnismäßig geringe Bedeutung, aber in sprachlicher eine umso größere, da die zugehörigen Sprachen und vor allem das Litauische außerordentlich altertümlich sind. Sie sind nach lat. *Baltia* benannt, das bei dem römischen Schriftsteller Plinius (*Naturalis historia* IV 13) eine ansehnliche Insel in der Ostsee bedeutet, welche – ist ungewiss. Vielleicht aber war Baltia ursprünglich ein alter Name der Ostsee. Der Letztere lebt noch in mhd. *beltemer* »die Ostsee« und in den heutigen Benennungen der bekannten Sunde der Ostsee (SW bzw. NO von Fünen): dem KLEINEN BELT und dem GROSSEN BELT. »Das baltische Meer« ist noch immer eine gewöhnliche Bezeichnung der Ostsee, »die baltischen Provinzen« (jetzt Länder) nennt man die südlich und östlich von diesem Meer gelegenen ehemaligen Ostseeprovinzen, während der Völkername »Balten« kollektiv die Bewohner dieser Küstenländer umfasst. In der indogermanischen Sprachforschung wird der Terminus nur in Betreff eines speziellen Zweiges des indogermanischen Sprachstammes gebraucht. Dieser Sprachzweig umfasst drei verschiedene Mundarten: die altpreußische, die litauische und die lettische.

Das ALTPREUSSISCHE wurde an der Küste der Ostsee, ungefähr zwischen dem Njemen und der unteren Weichsel gesprochen, ist aber bereits vor 1700 ausgestorben. Was wir von dieser Sprache wissen, beschränkt sich auf einige spärliche und mangelhaft aufgezeichnete Denkmäler aus dem fünfzehnten und sechzehnten Jahrhundert, vor allem ein Wörterverzeichnis von 800 Wörtern (aus dem 15. Jh.). Das heutige Ostpreußisch ist ein deutscher Dialekt, dessen Eigentümlichkeiten mutmaßlich vielfach auf den Einfluss vonseiten der »baltischen« Urbevölkerung zurückgehen.

Das LITAUISCHE, dessen Quellen seit 1547 fließen, zerfällt in eine größere Anzahl von Dialekten, die in dem ehemaligen Gouvernement Kowno, in einem Teil der ehemaligen Gouvernements Wilna und Suwalki sowie in Ostpreußen östlich vom Kurischen Haff gesprochen werden. Die heutige Sprache unterscheidet sich nur wenig von der des sechzehnten Jahrhunderts. Die Schriftsprache geht auf die Dialekte zurück, die am mittleren Lauf des Njemen gesprochen wurden. Nur eine einzige von den litauischen Mundarten hat sich zu einer besonderen Sprache ausgebildet. Das ist das in Kurland und dem südlichen Livland gesprochene

Lettisch, das ungefähr seit derselben Zeit bekannt ist wie das Litauische und sich zu der letzteren Sprache verhält etwa wie das Italienische zum Latein. Die jetzt vorhandenen starken Abweichungen zwischen den beiden Schwestersprachen sind zum Teil auch dadurch hervorgerufen worden, dass das Lettische in Gebieten gesprochen wird, die früher von finnischen Stämmen, vor allem von Liven, bewohnt waren. Trotz der modernen Form, in der das Litauische und Lettische gewöhnlich zitiert werden, sind sie sprachgeschichtlich von nicht geringerer Bedeutung als das Lateinische und Gotische, die doch um viele Jahrhunderte früher bekannt sind. Hieraus ist ihre einzig dastehende Altertümlichkeit ersichtlich.

Die Litauer und Letten bilden jetzt eine verhältnismäßig schwache Abteilung des indogermanischen Volksstammes. Die Ersteren zählen zwei und eine halbe, die Letzteren anderthalb Millionen. Früher sind diese Volksstämme höchstwahrscheinlich zahlreicher gewesen. Dass das baltische Sprachgebiet im Laufe der Zeit an Umfang Einbuße erlitten hat, geht nicht bloß aus dem hervor, was oben über das Altpreußische gesagt worden ist. Auch das Gebiet des Litauischen ist, wie es besonders die Ortsnamen bezeugen[1], früher umfangreicher gewesen. Dass es nach Osten hin sich weithin ins Innere Russlands erstreckte, beweisen die baltischen Lehnwörter der finnischen Stämme. Ein Teil dieser Lehnwörter findet sich bei einem so weit östlich wohnenden finnisch-ugrischen Volke, wie den Mordwinen im inneren Russland. Zugleich erweisen sich die baltischen (zuvörderst die litauischen) Bestandteile der ostseefinnischen Sprachen als den slawischen an Alter überlegen. Das kann nur dadurch erklärt werden, dass die baltische Volksgruppe zur Zeit dieser Lehnwörterabgabe, die womöglich schon ein Jahrtausend v. Chr. ihren Anfang nahm, sich so weit nach Osten vorstreckte, dass sie die Finnen und Slawen ganz voneinander trennte. Dagegen sind wir nicht berechtigt, eine baltische (d. i. litauische) Urbevölkerung auch für die nördlichen Teile der früheren Ostseeprovinzen vorauszusetzen[2]. Die ältesten Orts- und Naturnamen in den Gebieten südlich vom Finnischen Meerbusen erweisen sich – in den Fällen, wo sie sicher deutbar sind – nicht als baltisch, sondern als germanisch, soweit sie nicht estnisch sind. Im Westen haben die litauischen Stämme, was sich aus sprachlichen Gründen vermuten lässt, wahrscheinlich jahrtausendelang ihre jetzigen Wohnplätze in der Nähe der Ostsee innegehabt. Das erklärt in gewisser Hinsicht die höchst altertümliche Eigenart der litauischen Sprache, worin dieselbe alle anderen jetzt lebenden indogermanischen Sprachen unvergleichbar übertrifft. Die Litauer bewohnen wahrscheinlich noch heute einen Teil des gemeinindogermanischen Sprachgebiets. Sie haben keine größeren Wanderungen unternommen, und deshalb ist ihre Sprache von fremden Einflüssen, die in der Regel die sprachliche Entwicklung zu befördern pflegen, verhältnismäßig unberührt geblieben.

b) Der slawische Zweig.

Die ältesten Texte gehen nicht über das neunte Jahrhundert n. Chr. hinaus. Man unterscheidet drei Dialektgruppen:

1. Eine südliche Gruppe:

α) Das Mazedonische und Bulgarische: Die aus dem Saloniki-Gebiet gebürtigen Slawenapostel Cyrillus und Methodius übersetzten im neunten Jahrhundert die Evangelien und andere zum christlichen Kultus und Unterricht notwendigen Texte in den Dialekt ihrer Heimat, aber für die in Mähren sesshaften Slawen. Die Übersetzungen sind in einigen undatierten Handschriften des elften und zwölften Jahrhunderts auf unsere Zeit gekommen. Ihre Sprachform stand – scheint es – der gemeinslawischen Sprachform sehr nahe, und zu der Zeit, als sie zuerst schriftlich festgelegt wurde, war sie ganz gewiss auf dem gesamten slawischen Gebiete verständlich. Die Sprache dieser alten Übersetzer verblieb während des ganzen Mittelalters die kirchliche und gelehrte Sprache der Slawen und wird jetzt oft »das Kirchenslawische« genannt, aber in einem jeden Lande, wo sie zur Verwendung gelangte, nahm sie eine besondere Gestalt an, sodass wir von einem bulgarischen, serbischen und russischen Kirchenslawisch reden können. Eine alte Urkunde dieser Länder kann jedoch nicht als eine exakte Widerspiegelung des lokalen Dialektes angesehen werden, denn die Tradition der altslawischen Kirchensprache beherrschte mehr oder weniger sowohl die Verfasser als auch die Abschreiber, und die russische Rechtschreibung weist, wie übrigens auch die russische Lautlehre, noch heute Eigentümlichkeiten auf, die auf dem Einfluss dieser kirchlich-literarischen Überlieferung beruhen. Die Dialekte in Mazedonien und Bulgarien weichen voneinander etwas ab, denn in Mazedonien wird gegenwärtig außer Bulgarisch auch Serbisch gesprochen. Die altbulgarische Periode wird von einer mittelbulgarischen fortgesetzt (12.–14. Jh.), die Letztere wiederum von einer neubulgarischen, deren Literatur mit dem achtzehnten Jahrhundert beginnt.

β) Das Serbo-Kroatische in den früheren Königreichen Serbien und Montenegro sowie in Bosnien, dem Vilajet Novi-Basar, der Herzegovina, Kroatien und Dalmatien. Die meisten heutzutage gesprochenen serbo-kroatischen Dialekte werden von den Grenzen des heutigen Königreichs Jugoslavien umschlossen. Eine kroatische Literatur gibt es aus der Periode 1400–1700, eine serbische und kroatische Literatur von ungefähr 1800 an.

γ) Das Slovenische, dessen literarische Quellen streng genommen erst mit dem fünfzehnten Jahrhundert beginnen. Die slovenischen Dialekte, die in den südlichen Teilen des früheren österreichischen Staates und zum geringen Teil auch in Italien gesprochen wurden, unterscheiden sich sehr voneinander.

2. Das Russische umfasst teils einen »kleinrussischen« oder »ruthenischen« (»Ruthene« ist eine Latinisierung des volkstümlichen *rus* ›Russe‹) oder »ukrainischen« Dialekt, teils einen sog. »großrussischen«, der sehr von dem ersteren abweicht. Das Großrussische wird in dem größten Teile des europäischen Russland

gesprochen. Unter seinen vielen Varianten ist der Moskauer Dialekt der wichtigste, da derselbe der russischen Schriftsprache zugrunde liegt. Moskau, das im dreizehnten Jahrhundert gegründet wurde, bildet übrigens wie Nishni-Novgorod (aus dem Jahre 1220) ein russisches Zentrum in einem früheren finnisch-ugrischen (mordwinischen) Siedlungsgebiet, und die Ausbreitung des Russischen über die finnische Besiedlung des Wolga-Gebiets schreitet immer fort. Die Grenzen des Russischen werden ohne Aufenthalt im Osten immer weiter geschoben: In Sibirien hat es bereits die Küsten des Stillen Ozeans erreicht, und gleichzeitig breitet es sich über den südlichen Kaukasus und das transkaspische Gebiet aus. Mit dem Großrussischen nahe verwandt ist »das Weißrussische«, das im westlichen Russland gesprochen wird und bis 1501 die Reichssprache in Litauen bildete, als das Land mit Polen vereinigt wurde. Kleinrussisch wird im größeren Teile des (europäischen) Süd- und Westrussland wie auch in Ostgalizien gesprochen. Dieses Sprachgebiet wird auch *Ukraïna* (von *u* ›an‹ und *kraj* ›Grenze‹) genannt.

3. Eine westliche Gruppe:

α) Das Tschechische, dessen Quellen vom zehnten Jahrhundert an fließen, tritt in zwei Hauptformen auf: das Böhmische oder Tschechische im begrenzteren Sinne und das Slovakische (in einem Teil des nordwestlichen Ungarn und im nordöstlichen Mähren).

β) Das Sorbische, auch »Lausitzer Wendisch« genannt, ist ein letzter Rest des Altwendischen, das jetzt von einigen Zehntausenden vertreten wird und in zwei Dialekten bekannt ist: dem Hochsorbischen in der sächsischen und dem Niedersorbischen in der brandenburgischen Lausitz.

γ) Das Polabische (von slawisch *po* ›an‹ und *Laba*, einer slawischen Umbildung von germ. *Albis* ›Elbe‹) wurde von den Obotriten am unteren Lauf der Elbe in Hannover gesprochen, starb aber während des achtzehnten Jahrhunderts aus. Es ist durch einige Texte aus neuerer Zeit bekannt.

δ) Das Polnische ist seit dem zwölften Jahrhundert bekannt und wird in großen Teilen des früheren Russland wie auch in Teilen von Preußen und Österreich gesprochen. Ein alter Dialekt des Polnischen, das Kassubische, ist aus kargen Quellen seit dem siebzehnten Jahrhundert bekannt und lebt noch westlich und südlich von Danzig fort.

Die Völker, die die zuletzt genannten Sprachen sprechen, sind oder waren vor der Reformation römisch-katholisch, wie auch die Kroaten und Slovenen. Infolgedessen sind die tschechischen und polnischen mittelalterlichen Texte (wie auch die neuzeitlichen) mit dem lateinischen Alphabet geschrieben und haben sich im Gegensatz zu den anderen slawischen Texten derselben Zeit dem Einfluss des Kirchenslawischen entziehen können. Sie gehen durchaus auf die Volkssprache zurück, obwohl sie im Allgemeinen späteren Ursprungs sind.

Wie die baltischen Sprachen sind auch die slawischen verhältnismäßig spät (später als die keltischen und germanischen) von der griechisch-lateinischen Zivilisation berührt worden. Die ältesten Siedlungsplätze, die so genannte Urheimat der slawischen Völker, meint man im heutigen Polen und in Wolhynien, etwa in dem Gebiet zwischen Weichsel, Karpaten und Dnjepr und jedenfalls südlich von denen der baltischen Völker (vgl. S. 21) suchen zu müssen.

Zu den Beziehungen zwischen den Balten und den Finnen vgl. W. THOMSEN, *Beröringer mellem de finske og de baltiske (litauisk-lettiske) Sprog*, København, 1890 (die Chronologie S. 150 ff.); HIRT, *Die Indogermanen I*, 125 ff., 2, 577; T. E. KARSTEN, *Germanisch-finnische Lernwortstudien* (Helsingfors 1915), S. 201, *Fragen aus dem Gebiete der germ.-finn. Berührungen* (Helsingfors 1922), S. 25, 27 ff., 50 f. und in *Acta scandinavica philologica* I, 244 ff., K. B. WIKLUND in *Le monde oriental* 10, 165 ff.

Wegen der viel jüngeren slawisch-finnischen Berührungen vgl. J. J. MIKKOLA, *Berührungen zwischen westfinnischen und slawischen Sprachen*, Helsingfors 1893; J. KALIMA, *Die ostseefinnischen Lehnwörter im Russischen*, Helsingfors 1915, T. E. KARSTEN in *Acta scandinavica philologica*, I, 253 ff.

1 Vgl. K. BUGA, *Die Vorgeschichte der asiatischen (baltischen) Stämme im Lichte der Ortsnamenforschung* (Streitberg-Festgabe, Leipzig 1924).

2 K. B. WIKLUND meint a.a.O., das litauisch-lettische (baltische) Siedelungsgebiet hätte im Norden sogar den nördlichen Teil des Ostbal-

tikums umfasst. Hierbei stützt er sich vor allem auf die alten Flussnamen Narowa in Estland, den Ausfluss des Peipus-Sees an der Stadt Narwa, und Narew, den Nebenfluss vom Bug. Das nordestländische Narowa = Narwa kann aber von dem sehr gewöhnlichen skandinavisch-finnländischen Flussnamenstamme *Narv-* nicht gesondert werden – altrussisch hieß die Stadt Narva *Rugodivō*, vgl. M. Vasmer im *Archiv f. slav. Phil.* 38, 282 – und auch das polnische *Narew* könnte sprachlich wie sachlich gesehen germanischen Ursprungs sein. Über die historisch-archäologischen Bedingungen germanischer Ansiedlung in Polen schon während der Zeit um Chr. Geburt vgl. T. J. Arne, *Det store Svitjod*, Stockholm 1917, S. 6 ff. Die baltischen Aisten (Litauer) haben früher ihre gotischen Nachbarn *gudai* (›Gudden‹) genannt und nennen so noch heute die Polen und Weißrussen, die einstens unter gotischer Herrschaft standen und wohl mit Goten gemischt waren, vgl. Buga a. a. O. S. 31.

B. Die west-indogermanische Sprachgruppe

§ 4. Auch diese tritt in vier größeren Abteilungen in die Erscheinung: der germanischen, der keltischen, der italischen und der griechischen Sprachfamilie.

V. Die germanische Sprachfamilie (s. Kap. V)

VI. Die keltische Sprachfamilie

Drei besondere Sprachabteilungen müssen unterschieden werden: eine kontinental-keltische, eine britannische und eine gälische.

a) Der kontinental-keltische Sprachzweig, der längst ausgestorben ist, wird durch zwei besondere Völkergruppen vertreten: die Gallier und die Belgier.

Das Gallische wurde in den letzten Jahrhunderten v. Chr. in dem größten Teil Frankreichs, in Norditalien, der Schweiz (»Helvetien«), West- und Süddeutschland, Böhmen, Mähren, Nordungarn, Österreich, Steiermark, Kärnten, Krain, Illyrien,

Slavonien, Bosnien und Galatien gesprochen. Diese keltische Expansion war eine Folge teils von Völkerwanderungen, teils von kriegerischen Expeditionen, die von dem jetzigen deutschen Sprachgebiete, wahrscheinlich von Böhmen, sowie von Süd- und Westdeutschland ausgegangen sind. Dass keltische Stämme einstmals in diesen Gegenden sesshaft gewesen sind, geht sowohl aus lateinischen Inschriften und Mitteilungen der klassischen Schriftsteller als auch aus den alten keltischen Fluss-, Land- und anderen Ortsnamen hervor, die in den genannten Landgebieten noch heute fortleben. Von den alten Kelten in Böhmen und Bayern gibt uns somit nicht nur Caesar, sondern auch die Landnamen selbst Aufschluss. Die Letzteren sind ursprünglich zweigliedrige Wörter mit dem keltischen Volksnamen *Bojer* als erstem Glied. Böhmen ist ahd. *Bêheim* aus einem älteren **Baiahaima*, das bei den lateinischen Schriftstellern *Boiohaemum* lautet, eigentlich ›das Heim (Land) der Bojer‹. Bayern wiederum entspricht germ.-lat. *Baiovarii* (6. Jh.), d. i. *Baivarii* latinisiert aus einem germanischen Kompositum *Bai-varjōz* = ›das Volk der Bojer, Bewohner Böhmens‹. Folglich sind die Bayern aus Böhmen in ihr jetziges Land eingewandert.

Ein besonderes Interesse beansprucht vom germanischen Standpunkt aus der Volksstamm der *Volcæ*, von dem Caesar eine Abteilung in Mitteldeutschland, wahrscheinlich in der Gegend von Mähren kannte. Ein keltischer Völkername *Volko* – das von den Römern angewandte *Volcæ* ist nur eine latinisierte Pluralform davon – würde, wenn er früh genug, d. h. spätestens einige Jahrhunderte v. Chr. von den Germanen aufgenommen wurde, in ihrer Aussprache die Namensform *Valha-* ergeben haben, und ein solcher germanischer Völkername ist tatsächlich in historischer Zeit in ahd. *Walha*, altisl. *Valir* und ags. *Wealas* bezeugt. Dieser keltische Volksstamm scheint im letzten Jahrtausend v. Chr. der vorherrschende unter den auf dem Kontinent angesiedelten Kelten gewesen zu sein, und mit diesem Stamm müssen die angrenzenden Germanenvölker intime Beziehungen unterhalten haben, denn nur so lässt es sich erklären, dass gerade dieser Name eine germanische Kollektivbezeichnung für die Kelten geworden ist. Die kontinentalen Keltenstämme wurden dann ganz romanisiert, und ihre uralte germanische Benennung hat sich auf die romanischen Völker vererbt. In diesem Sinne wird noch heute das vom Namen *walha* abgeleitete deutsche Adjektivum *welsch*, schwed. *välsk* gebraucht. Das Wort bedeutet ›italienisch‹, ›französisch‹, ›romanisch‹, ›lateinisch‹, später überhaupt etwas Fremdartiges. Man vergleiche den Ausdruck *rotwelsch*, schwed. *rotvälska* = ›Bettler- und Landstreichersprache von unbegreiflichem, fremdem Klange‹ (*rot* = ›Bettler‹). Das kelto-germanische *walha* liegt auch den Völkernamen der *Wallonen* = ›Belgiens und Nordfrankreichs Einwohner romanischen Stammes‹ und dem der *Wallachen* (< aslav. *vlachu* ›romanischer Mann‹) ›Einwohner der Walachei (= Rumänier)‹ zugrunde. Hiervon stammt auch das Wort *Wallach*-Pferd. Zu dieser Wortgruppe gehört endlich auch das erste Glied im Worte *Walnuss*, schwed. *valnöt* = ›eine französische oder italienische Nuss im Gegensatze zu der einheimischen Haselnuss‹.

Ein dritter altkeltischer Völkername, der der HELVETIER, hängt mit der oben angeführten altkeltischen Bezeichnung der Schweiz zusammen. Dieser Volksstamm wohnte früher im südwestlichen Deutschland und hat manche Spur in den Ortsnamen dieser Gebiete zurückgelassen. Hierher gehört z. B. der alte Ländername BREISGAU, dann der alte Name des Schwarzwalds, *Abnoba*, mehrere Flussnamen, wie RHEIN, MAIN, TAUBER (ein Nebenfluss des Main), NECKAR u. a. Aber schon im zweiten Jahrhundert v. Chr. hatten die Helvetier diese Gegenden verlassen, denn Caesar erwähnt ihrer schon als Bewohner der Schweiz.

Die keltischen Stämme in Deutschland haben spätestens um 500 v. Chr. begonnen, ihre Landgebiete durch Eroberungen und Kolonisation in verschiedenen Richtungen zu erweitern. Im Süden zogen sie nach Italien, wo sie ums Jahr 400 sich in der von Etruskern bewohnten Poebene niederließen. Im Jahre 390 v. Chr. nahmen sie sogar Rom ein, aber ihre Herrschaft in Italien war nicht von langer Dauer. Die Römer eroberten 222 die älteste gallische Stadt in Norditalien, Mediolanum (Milano, Mailand) und besiegten 191 die mächtigen Bojer. Das Pogebiet wurde fortan eine römische Provinz: *Gallia cisalpina* ›Gallien auf dieser Seite der Alpen‹, das zum Unterschiede von *Gallia transalpina*

›Gallien auf der anderen Seite der Alpen‹ so benannt wurde. Schon zur Zeit Christi war die daselbst gesprochene keltische Sprache beinahe ausgestorben.

Hundert Jahre nach der Eroberung Roms setzten sich die Kelten aufs Neue in Bewegung. Sie zogen zur Balkanhalbinsel und von dort nach Hellas, aber auf dem Wege nach Delphi wurden sie geschlagen. Ein Teil der fliehenden Scharen gründeten eine kurzlebige Herrschaft in Thrazien. Andere wiederum zogen nach Kleinasien, wo sie den Soldatenstaat Galatia bildeten, der im Jahre 25 v. Chr. in eine römische Provinz verwandelt wurde. Die Galater, deren Name eine griechische Bezeichnung der Festlandskelten war und mit dem römischen, von den keltischen Stämmen in Gallien gebrauchten *Galli* verwandt ist, sprachen nach dem Zeugnis des Kirchenvaters Hieronymus (331–420 n. Chr.) neben der im Orient gebrauchten griechischen Sprache eine keltische Mundart.

Im Nordosten erstreckten die Kelten einer alten Annahme gemäß ihre Wanderungen bis zu den Flusstälern der Weser und der Elbe. Daran sollte besonders in Hessen und der Umgegend eine Gruppe von Flussnamen auf nd. *-apa* (*-epe, -pe*), hd. *-affa* (*e-ff, -ef*) erinnern. Solche Namen sind z. B. WÖRPE, ein Nebenfluss der Wümme bei Bremen, WÖLPE, ALPE, MASPE, GOSPE u. a., die von rechts in die Weser einfallen. Nach einer anderen Auffassung enthielten diese Namen doch eher eine germanische Parallele zu kelt. *aba* ›Fluss‹, aber ein solches Wort ist im Germanischen sonst unbekannt. Auch in Thüringen gibt es Namen, die man auf keltischen Ursprung zurückgeführt hat, z. B. den Bergnamen FINNE; dieser Name ist jedoch wahrscheinlich germanisch: vgl. altschwed. *fina* ›Flosse‹, ags. *finn*, engl. *fin*, mnd. *vinne*, nhd. *Finne* ›Drüse‹ usw.[1]

Während die alten Kelten in Deutschland und den Donaugebieten kaum andere interessieren als Sprachforscher und Ethnographen, entwickelten die altkeltischen Stämme in Gallien (Frankreich) eine Kultur, die derjenigen der östlichen Verzweigungen ansehnlich überlegen war. In Südfrankreich werden schon zu Caesars Zeiten zahlreiche Abteilungen derselben Stämme angetroffen, die oben als Einwohner des südlichen und südwestlichen Deutschlands erwähnt wurden: die Bojer, Volker, Helvetier u. a. Die Kelten hatten früh ihr Augenmerk auf dieses von der Natur so reich begünstigte Land gerichtet und sich von dort über die Pyrenäische Halbinsel ausgebreitet, wo sie mit der iberischen (baskischen) Urbevölkerung verschmolzen. Herodot (um 450 v. Chr.) kennt keltische Völker auf dem ausgedehnten Gebiet von Spanien im Westen bis zum Schwarzen Meere im Osten. Im vierten Jahrhundert v. Chr. scheinen diese Völker eine Großmachtzeit durchlebt zu haben, aber 118 v. Chr. wurde eine römische Kolonie (»Gallia Narbonensis«) im südlichen Frankreich angelegt, und diese führte mit der Zeit die Romanisierung des ganzen Landes herbei. Das Hauptgebiet der Kelten in Gallien wurde von Caesar in den Jahren 58–52 v. Chr. erobert, und im Jahre 27 waren auch die letzten keltischen Stämme des Landes unterjocht.

Die Gebiete der eben erwähnten »gallischen« Kelten erstreckten sich im Norden und Nordosten bis zu den Flüssen Seine (*Sequana*) und Marne (*Matrona*). Nördlich von diesen Flüssen wohnten die keltischen Belgier (*Belgae*), die durch den Rheinstrom mit den Germanen verbunden waren. Einst floss dieser Strom seinem ganzen Laufe nach durch keltisches Land. Auch die Belgier im Norden hatten anfangs auf dem rechten Ufer des Stroms ein Stück Land inne, gaben es aber bald den Germanen preis, die dann über den Rhein gingen, um sich mitten unter den Belgiern niederzulassen. Caesar erwähnt diesen Germanenstamm unter der Benennung *Germani cisrhenani*, d. h. Germanen auf dieser Seite des Rheins. So entstand hier zunächst eine germanisch-keltische Mischbevölkerung. Die keltischen Elemente wurden mit der Zeit romanisiert, während die germanischen bis auf den heutigen Tag ihre Eigenart bewahrt haben. Der Name »Belgier« bezeichnete in ethnographischer Hinsicht ursprünglich eine Gruppe stammverwandter Kelten, umfasst aber auch die später eingewanderten fränkischen Germanen, die mit den Ersteren eine politische Einheit bilden.

Unsere einzigen Denkmäler der kontinental-keltischen Sprachen, auch des Gallischen, das wir am besten kennen, bestehen aus Inschriften und Münzen, aus Orts-, Personen- und Völkernamen sowie aus Wortzitaten bei griechischen und lateinischen Autoren, endlich auch aus keltischen Lehnwörtern in den germanischen und anderen Sprachen. Die gallische Sprache wurde freilich stellenweise das ganze Mittelalter hindurch gesprochen, obwohl das Land im großen Ganzen sehr schnell romanisiert wurde. In der Gegend von Trier galt das Gallische nach dem Zeugnis des Kirchenvaters Hieronymus noch im vierten Jahrhundert n. Chr. als Volkssprache.

b) Der BRITANNISCHE Zweig der keltischen Sprachfamilie wird vertreten: 1. durch das KYMRISCHE[2] in Wales, dessen literarische Quellen ins elfte Jahrhundert n. Chr. zurückgehen, 2. durch das KORNISCHE in CORNWALLIS, einen gegen Ende des achtzehnten Jahrhunderts ausgestorbenen Dialekt, dessen Quellen im dreizehnten und fünfzehnten Jahrhundert fließen, und 3. durch das BRETONISCHE in der westlichen Hälfte der Bretagne[3], das von Briten gesprochen wird, die, von den angreifenden Sachsen gedrängt, vom vierten Jahrhundert nach Chr. an aus Cornwall und den nächstliegenden Gebieten Südenglands auswanderten, und das, abgesehen von einigen Glossen aus dem achten Jahrhundert, eine nicht ganz unbedeutende Literatur seit dem vierzehnten Jahrhundert aufzuweisen hat.

c) Die GÄLISCHE (eigentlich GOIDELISCHE zu ir. *goidel* ›Irländer‹) Dialektgruppe umfasst die keltischen Mundarten, die noch heute auf Irland, in Schottland und auf der Insel Man gesprochen werden.

Noch im neunten Jahrhundert war das Irische (zu ir. *Hérin, Erin*, Gen. *Hérenn, Erenn* »Irland«) und das in den schottischen Hochländern gesprochene SCHOTTISCH-GÄLISCHE dem Wesen nach eine und dieselbe Sprache. (*Scottus* bedeutet ursprünglich ›Irländer‹.) Ihre ältesten Denkmäler sind die teilweise vielleicht schon aus dem zweiten Jahrhundert n. Chr. stammenden sog. *Ogam*-Inschriften (ir. *ogam* ist der Name des altirischen Runenalphabets, das von einem göttlichen Wesen, dem irischen Ogma, erfunden sein soll). Das Irische, die wichtigste keltische Sprache unserer Zeit, hat literarische Quellen seit dem siebenten Jahrhundert, aber sie beschränken sich auf sog. Glossen. Auf diese »altirische« Literaturperiode folgt eine »mittelirische« mit vielen und umfangreichen, in England und Irland bewahrten Handschriften seit ungefähr dem Jahre 1100. Die irische Schriftsprache, die mit dem siebzehnten Jahrhundert beginnt, und die jetzigen Dialekte, die sich auf eine nördliche Gruppe in Ulster-Connaught und eine südliche in Munster-Leinster verteilen, werden unter der Bezeichnung »Neuirisch« zusammengefasst. Das Hochschottische besitzt Quellen seit dem fünfzehnten Jahrhundert und wird, außer in vielen Gegenden der Hochländer, auch auf den Hebriden gesprochen, wo die Bevölkerung stellenweise gar kein Englisch versteht. Auch diese Sprache hat eine kleine Literatur, teils eine religiöse, teils Volksdichtung, aber zu unserer Zeit ist sie fast überall von dem Englischen zurückgedrängt.

Sowohl die Briten als auch die Gälen sind einst in der Vorzeit auf den britischen Inseln eingewandert, und zwar beide Stämme wahrscheinlich aus Gallien, zunächst aus Belgien. Zu Caesars Zeiten hatten die Briten eigene Könige, unterhielten aber lebhafte Verbindungen sowohl mit Belgien als auch mit der Bretagne und fühlten sich mit den dort wohnenden Völkern stammverwandt.

Bekanntlich erstreckte Caesar (in den Jahren 55 und 54 v. Chr.) seinen gallischen Feldzug bis nach Britannien. Aber die römische Eroberung wurde hier nicht über das erste Jahrhundert n. Chr. fortgesetzt, und die Provinz Britannien umfasste nicht mehr als das gegenwärtige England und den südlichsten Teil von Schottland bis zum Firth of Forth und Firth of Clyde. Durch die angelsächsische Invasion im vierten, fünften und sechsten Jahrhundert wurden die Briten immer mehr nach Westen und Norden gedrängt.

Wichtigere Literatur über die Kelten, ihre Stämme und ihre Kultur: Die klassische Hauptquelle ist CAESAR, *De bello gallico.* Aus unserer Zeit vgl. K. ZEUSS, *Die Deutschen und die Nachbarstämme* (1837); H. D'ARBOIS DE JUBAINVILLE, *Les premiers habitants de l'Europe*, Paris 1877, 2. Aufl. 1889–94, *Les celtes depuis les temps les plus anciens jusqu'en l'an 100 avant notre ère*, Paris 1904; O. BREMER, *Ethnographie der germanischen Stämme* (Pauls Grundriss III^2 771 ff.); R. MUCH, *Deutsche Stammeskunde*, 3. Aufl. (1920) und *Hoops' Reallex.* 3. 25 ff.; A. BUGGE, *Kelternas kulturbetydelse* in Världskulturen, Bd. 3, Stockholm 1906 (mit Literaturnachweisen).

ANMERKUNGEN: Griechische Schriftsteller nennen die Völker mit keltischer Sprache ›Κελτοί‹, römische Schriftsteller ›Galli‹. Das lateinische *gallus*, Pl. *galli*, und *Gallia*, der Landesname, enthalten das keltische *gallos* ›Fremder Ausländer‹ (ir. *gall* dass., auch im Personennamen *Fine gall*, *Fingal*), vgl. STOKES-BEZZENBERGER, *Urkeltischer Sprachschatz* (= A. FICK, *Vgl. Wörterbuch der indogerm. Sprachen*, Bd. 2, Gött. 1894). Die Reste der altkeltischen Sprache sind gesammelt bei A. HOLDER, *Altceltischer Sprachschatz*, Bd. 1–3, Leipzig, 1896–1915 ff. Die wichtigste grammatikalische Gesamtdarstellung bietet H. PEDERSEN, *Vergleichende Grammatik der keltischen Sprachen*, Bd. 1–2, Göttingen 1909–13.

1 Über den Namen NECKAR und Zugehöriges vgl. H. OSTHOFF, *Was bedeutet der Name Neckar?* (Frankfurter Zeitung vom 24. Febr. 1903, I. Morgenblatt). Die älteste Namensform *Nicer* weist auf lat. *niger* ›schwarz‹ oder eine keltische Entsprechung hin. Zu den schwer zu beurteilenden Flussnamen auf *-apa*, *-affa* vgl. K. MÜLLENHOFF, *Deutsche Altertumskunde* 2, 227 ff.; O. BREMER a.a.O. § 39; R. MUCH a. a. O. S. 51 sowie in Hoops' Reallex. 3, 26; F. KAUFFMANN, *Deutsche Altertumskunde* 1 (1913), 68; E. SCHRÖDER in *Hoops' Reallex.* 2, 75; F. SOLMSEN, *Indogermanische Eigennamen als Spiegel der Kulturgeschichte*, Heidelberg 1922, S. 79 ff.; A. CARNOY, *De Germannsche Oorsprong van de Riviernamen met -apa* in Leuv. Bijdr. 15 (1923), 129 ff. Die Bildungsweise ist mit aller Wahrscheinlichkeit keltisch (vgl. § 24).

2 Der kymrische Volksname (kelt. *cymry* Plur.) bedeutet eigentlich ›Landsleute‹ und ist noch heute die nationale Bezeichnung der Bewohner von Wales, s. STOKES-BEZZENBERGER, Urkeltischer Sprachschatz S. 221.

3 Der Name ›Bretagne‹ (urkelt. **Brettâ*) bezieht sich auf die eingewanderten Briten (urkelt. **Brettânoi*, s. STOKES-BEZZENBERGER S. 183). Früher hieß die Landschaft mit kelto-lateinischem Namen *Armorica*, eig. ›Küstenland‹.

VII. Die italische Sprachfamilie

umfasste ursprünglich nur die mittleren und südlichen Teile der Apenninischen Halbinsel und auch diese nicht einmal vollständig. Sie zerfiel früh in zwei Hauptzweige: einen lateinischen und einen oskisch-umbrischen, und ist, außer dem Indo-Iranischen und Griechischen, die einzige indogermanische Sprachgruppe, die schriftliche Denkmäler aus der Zeit v. Chr. Geburt besitzt.

a) Der LATEINISCHE Zweig bezieht sich auf die Sprache in Latium, d. h. in der Stadt Rom mit ihrer nächsten Umgebung. Seine ältesten Quellen bestehen aus Inschriften, die, ausgenommen eine einzige aus dem fünften Jahrhundert, der Zeit um das Jahr 300 v. Chr. angehören. Eine richtige Literatur gibt es bereits von 240 v. Chr. an. Schon in vorchristlicher Zeit weist das »Altlatein« zwei Hauptformen auf: die römische REICHS- und LITERATURSPRACHE (das Hochlatein), das wir aus zahlreichen älteren und jüngeren, prosaischen und poetischen Denkmälern kennen, und die in einer Menge hauptsächlich sozialer Nuancierungen hervortretende mündliche Sprache, das sog. VULGÄRLATEIN, das aber auch zum Teil durch schriftliche Denkmäler bekannt ist. Diese letztere Sprache war nicht bloß in Italien verbreitet, sondern auch in den Provinzen des Reichs, wo sie den Ursprung der ROMANISCHEN SPRACHEN bildeten. In Betreff ihres Ursprunges hat man Grund zu fragen, wie eine Sprache von einem so relativ einheitlichem Gepräge, wie das Vulgärlatein, so weit verschiedenen Mundarten, wie den jetzigen romanischen Sprachen zugrunde liegen kann. Die Sprachwissenschaft hat mit Recht die Erklärung darin gefunden, dass Eingeborene mit sehr verschiedenen Sprachen hier romanisiert worden sind. Als die Ureinwohner die fremde Sprache erlernten und ihre Aussprache wiederzugeben versuchten, konnten sie es nicht vermeiden, von ihrer eigenen Muttersprache, deren phonetische Eigentümlichkeiten und Wortvorrat sie teilweise auf die neue Sprache übertrugen, mehr oder minder beeinflusst zu werden. Die Iberer in Spanien müssen schon von Anfang an eine anders geformte romanische Sprache gesprochen haben als die Ligurer in Italien oder die Kelten (Gallier) in Gallien und Italien oder die Thrazier in dem heutigen Rumänien.

Die romanischen Sprachen, die seit ungefähr 500 n. Chr. als existierend betrachtet werden können, sind folgende:

DAS ITALIENISCHE hat eine Literatur eigentlich erst seit dem Anfang des dreizehnten Jahrhunderts und wird in Italien, im südlichsten Tirol, in einem kleinen Teil von Istrien, in einigen dalmatischen Küstenstädten, auf Korsika und Malta, auf einigen der ionischen Inseln und in einem Teil der italienischen Kolonien, z. B. in Tunis, gesprochen. Das Königreich Italien weist eine größere Anzahl ausgeprägter Mundarten auf als irgendeins der anderen romanischen Länder. Im Norden haben wir ein gallo-italisches Dialektgebiet, wo vor der gallischen Einwanderung Ligurer gewohnt haben. Östlich davon wird in dem Gebiet der alten (indogermanischen) Veneter venetianisch gesprochen. Noch heute bildet Toskana, wo man in der Vorzeit sich auf etruskischem Boden befand, ein besonderes Dialektgebiet, unter dessen alten Volkssprachen das Florentinische die Grundlage für die italienische Reichssprache bildete. Von besonderem Interesse ist das Sardische auf Sardinien, das sich

DEM SPANISCHEN nähert. Diese Sprache ist von allen romanischen Sprachen am meisten verbreitet und wird von mehr als 100 Millionen Menschen gesprochen. Ihre Quellen beginnen seit ungefähr 1100. Ihr Gebiet umfasst den größeren Teil von Spanien, Mexiko, Zentralamerika, den größeren Teil von Südamerika und die Philippinen. Die Schriftsprache geht auf den Dialekt in Kastilien zurück.

DAS PORTUGIESISCHE, auch das »Lusitanische« genannt, umfasst zwei Hauptdialekte: 1. DAS PORTUGIESISCHE (im engeren Sinne), das eine Literatur seit ungefähr 1200 hat und zu unserer Zeit in Portugal, auf den Azoren, auf Madeira und in Brasilien gesprochen wird, sowie 2. DAS GALIZISCHE in Galizien und den angrenzenden Teilen von Asturien und Leon, wozu noch einige Dialekte im nordöstlichen Portugal kommen.

DAS KATALANISCHE mit Quellen von kurz vor 1200 wird in einem südfranzösischen Gebiete (Roussillon) sowie in Katalonien, Valenzia und auf den Balearischen Inseln gesprochen. Nahe verwandt ist

DAS PROVENZALISCHE (»langue d'oc«), die älteste romanische Literatursprache. Es besitzt Denkmäler seit dem zwölften Jahrhundert und ist über den größeren Teil von Südfrankreich, auf altem ligurisch-iberischen Sprachboden ausgebreitet gewesen. In einem Teil dieses Gebiets, dem alten Aquitanien, wird der stark abweichende GASCOGNISCHE Dialekt gesprochen. Die gebildete Umgangssprache in den provenzalischen sowie in den unten genannten französischen und franko-provenzalischen Gebieten ist das sog. »français régional«, das überall daran ist, die volkstümlichen Mundarten zu verdrängen.

DAS FRANZÖSISCHE (im engeren Sinne), die romanische Hauptsprache, besitzt Denkmäler seit 843 und wird in dem größeren Teile des nördlichen Frankreich, in den französischen Kolonien von Afrika und Amerika, in Kanada, im südlichen Belgien (von den sog. Wallonen) und im westlichen Teile von Elsass-Lothringen gesprochen. Die französische Schrift- und Literatursprache ist aus dem Dialekt der Isle de France geschaffen worden. Der Ländername »Frankreich« bewahrt eine Erinnerung an den germanischen Volksstamm der Franken.

DAS RHÄTOROMANISCHE wird auf einem schmalen Streifen in den Alpen nördlich von Italien gesprochen und umfasst drei Hauptdialekte: einen westlichen (»Westladinisch«) im größeren Teile von Graubünden mit einer unbedeutenden Literatur seit ungefähr 1550, einen mittelrhätischen (»Zentralladinisch«) im mittleren Tirol und einen östlichen in Friaul. Das Charakteristische im Rhätoromanischen geht wahrscheinlich auf das zugrunde liegende »rhätische« Volkselement zurück, dessen Herkunft zweifelhaft ist.

DAS RUMÄNISCHE ist nach neuerer Forschung eine romanische Mundart auf thrazischem Grunde. Sein jetziges Gebiet deckt sich zum Teil mit dem des alten thrazischen, das nördlich bis zur Donau und zeitweilig auch darüber hinaus, südlich bis zum Meere und den mazedonischen Grenzgebirgen, westlich wiederum bis zum illyrischen Gebiete gesprochen wurde. Das Rumänische besitzt eine Literatur seit ungefähr 1550 und hat den slawischen Sprachen zahlreiche Lehnwörter entnommen. Das Sprachgebiet ist in geographischer Hinsicht ziemlich zersplittert.

Über das Vulgärlatein vgl. W. MEYER-LÜBKE, *Die lateinische Sprache* in Gröbers Grundriss der romanischen Phil. I, 2. Aufl., Straßburg 1906, C. H. GRANDGENT, *An Introduction to Vulgar.-Latin*, Boston (USA), 1907.

Näheres über die romanischen Sprachen gemeiniglich z. B. bei W. Meyer-Lübke, *Einführung in das Studium der romanischen Sprachwissenschaft*, Heidelberg 1920.

Wegen des ältesten bekannten Denkmals in französischer Sprache vgl. bes. A. Wallensköld, *Strassburger-ederna, dan äldsta bevarade texten på franska språket* in Översikt av Finska Vetenskaps-Societetens förhandlingar, Bd. 63, 1920–21, Avd. B, Nr. 1, Helsingfors 1921.

b) Der oskisch-umbrische Zweig, auch der »samnitisch-umbrische« genannt, hat einst den Hauptteil des italischen Sprachgebiets umfasst. Hierher gehörten zahlreiche Mundarten, die alle vom Latein verdrängt wurden, aber aus einer Anzahl Inschriften aus den letzten Jahrhunderten v. Chr. und aus einzelnen bei den römischen Schriftstellern bewahrten Wörtern in ihrer allgemeinen Gestaltung doch bekannt sind. Das Oskische, das gleichwie das Umbrische die meisten Denkmäler hinterlassen hat, war die Sprache der Samniten. Das Umbrische wurde in Umbrien gesprochen, aber das Gebiet der alten Umbrier erstreckte sich nach den Mitteilungen der Alten bedeutend weiter nach Norden, über den ganzen nördlicheren Teil der Halbinsel, von wo der umbrische Stamm später durch die Etrusker und Gallier vertrieben wurde.

Über das Ursprungsland der italischen Völkerfamilie hat man aus geographischen und sprachlichen Gründen eine ziemlich bestimmte Meinung aussprechen zu können geglaubt. Da der westliche Teil von Oberitalien in ältester Zeit von Ligurern besetzt war – einem nicht-indogermanischen Volk wie die Etrusker, Iberer und die Urbewohner der britischen Inseln –, muss sich das älteste Siedlungsgebiet der italischen Stämme in Italien auf die östliche Hälfte der Poebene beschränkt haben, wo man v. Chr. die Veneter und Gallier und nach dem Fall des weströmischen Reiches die Ostgoten und Langobarden vorfindet. Aus Norditalien zogen die Lateiner und nach ihnen die Samniten und Umbrier längs dem Flusstal der Tiber ins mittlere Italien. Aufgrund von Inschriften und Ortsnamen wissen wir, dass die Gallier und Germanen, wahrscheinlich auch die Veneter aus Süddeutschland und Österreich nach Italien eingewandert sind. Daher kann man annehmen, dass die Italiker demselben Weg gefolgt sind. Diese

Annahme wird durch die vergleichende Sprachwissenschaft bekräftigt, die festgestellt hat, dass die Italiker in sprachlicher Hinsicht einerseits mit den Kelten und Germanen, andererseits, wenn auch in geringerem Grade, mit den Griechen besonders nahe verwandt sind. Der Ausgangspunkt der italischen Wanderungen müsste in dem Berührungsgebiete der keltischen, germanischen und griechischen Ansiedlungen gesucht werden, und ein solches Gebiet glaubt man in Böhmen oder Mähren gefunden zu haben.

Über die Urheimat der Italiker und die Stellung des Italischen im Kreise der *centum*-Sprachen vgl. Hirt, *Die Indogermanen* I, 162 f., 2, 612; F. Kluge, *Urgermanisch* (Pauls Grundriss, 3. Aufl., 1913) S. 4 f.; R. Much in *AfdA.* 37, 81.

VIII. Die griechische Sprachfamilie

Aufgrund des sprachlichen Zusammenhangs, der zwischen der italischen Sprachgruppe und der griechischen nachgewiesen worden ist, dürfte die Urheimat der Hellenen recht weit nördlich von dem historischen Griechenland gesucht werden müssen. Beim Einbruch der geschichtlichen Zeit ist dieses Volk schon im unbestrittenen Besitz sowohl von dem eigentlichen Griechenland wie auch von den Inseln des Ägäischen Meeres und der Westküste Kleinasiens. Die nichtindogermanischen Ureinwohner des griechischen Kontinents scheinen schon in vorgeschichtlicher Zeit vollkommen indogermanisiert worden zu sein, während die umliegende Inselwelt, soweit man nach einer Anzahl daselbst entdeckter wichtiger Inschriften urteilen kann, auch in sprachlicher Hinsicht verhältnismäßig lange nicht-griechisch verblieb.

Dank zahlreichen Inschriften und Handschriften, von denen die ältesten aus dem 7.–5. Jahrhundert v. Chr. stammen, kann das Altgriechische als eine der am besten bekannten indogermanischen Sprachen der Vorzeit gelten, und es ist die einzige indogermanische Sprache, die beinahe seit derselben Zeit wie die indo-iranische Denkmäler aufzuweisen hat. Ihre ältesten und wichtigsten Quellen sind die homerischen Dichtungen, die um das Jahr 1000 v. Chr. oder etwas später entstanden sein dürften und uns einen wertvollen Einblick in altgriechisches Heldenleben der nächst vorhergehenden Jahrhunderte, im großen Ganzen wohl des zweiten Jahrtausends v. Chr. gewähren. Diese Epen sind wesentlich im ionischen Dialekt abgefasst, wenn auch ihr eigentlicher Grund äolisch ist. Das Griechische befand sich nämlich schon gegen Ende des zweiten Jahrtausends v. Chr. in einem Zustande weit vorgeschrittener mundartlicher Zersplitterung. Am reinsten werden die Dialekte von den Inschriften wiedergegeben (seit dem 7. Jh. v. Chr.). Die eigentliche Literatursprache, besonders die Sprache der Dichter und Homers, ist eine mehr oder weniger ausgeprägte Kunstsprache. Unter den griechischen Dialekten tritt zuerst ein ionisch-attischer hervor. Der ionische Dialekt wird durch Homer und Herodot (c. 484–425 v. Chr.) vertreten, der attische von zahlreichen Prosaikern. Ein sog. dorischer Dialekt, dessen Quellen auf das vierte Jahrhundert v. Chr. zurückgehen, wurde in Lakonien, Tarent, Heraklea, Messenien, Argolis, Korinth und an andern Orten gesprochen, ein nordwestgriechischer u. a. in Epirus und Acharnanien usw. Der attische Dialekt, der sein Zentrum in Athen hatte, wurde schon im fünften Jahrhundert v. Chr. der gemeinsamen griechischen Literatursprache, mit der die gegenwärtige im Wesentlichen zusammenfällt, zugrunde gelegt. Auch in der Umgangssprache sind die nicht-attischen Dialekte – jedoch mit Ausnahme des Lakonischen, das gewissermaßen noch heute fortlebt – allmählich vom Attischen aufgesogen worden. Schon vor 300 n. Chr. hat sich der attische Dialekt zu einer gemeinsamen Verkehrssprache (κοινή) entwickelt, die die lokalen Eigentümlichkeiten immer mehr ausglich und eine Grundlage für die verschiedenen Mundarten des Neugriechischen bildete. Während des Mittelalters (11.–16. Jh.) wird diese Sprache von dem »Mittelgriechischen« und darauf von dem »Neugriechischen« fortgesetzt. Das Letztere umfasst zwei Dialektgruppen, eine nord- und eine südgriechische. Sie werden nicht nur in Griechenland, sondern auch in gewissen Teilen von Epirus, Thessalien und Mazedonien, auf Cypern, Kreta, Rhodos und den übrigen Inseln des Archipelagos, an vielen Stellen der Küste Kleinasiens sowie in der europäischen Türkei gesprochen.

Über vorhellenische Ortsnamen in Griechenland vgl. G. MEYER in *Bezzenbergers Beitr.* 10, 198; KRETSCHMER, *Einleitung* 306 ff.; A. FICK, *Vorgriechische Ortsnamen als Quelle für die Vorgeschichte Griechenlands* (Göttingen 1905); HIRT, *Die Indogermanen* 1, 58 ff., 2, 570 sowie mit fördernder Kritik A. MEILLET, *Geschichte des Griechischen*, Heidelberg 1920.

§ 5. Zu diesen acht größeren indogermanischen Sprachgruppen kommt noch eine Anzahl vereinzelter anderer Sprachen, deren bis auf unsere Zeit bewahrte Quellen sehr dürftig sind, aber dennoch im großen Ganzen ihr indogermanisches Gepräge zu bezeugen scheinen. Hierher gehören die Sprachen der schon früher erwähnten SKYTHEN, PHRYGER, THRAZIER, MAZEDONIER, der nördlich und nordwestlich vom Adriatischen Meere wohnenden VENETER und der im südöstlichen Italien sesshaften MESSAPIER. Von diesen Mundarten schließt sich das Skythische an die iranische Familie, das Phrygische an die armenische und das Messapische an die albanesische. Die übrigen sind unklar.

Eine kurze Erwähnung verdienen in dieser Übersicht auch ein paar neu entdeckte Schriftsprachen, deren Zugehörigkeit zu der indogermanischen Sprachenfamilie bzw. Stellung innerhalb derselben noch nicht in allen Teilen aufgeklärt ist. Zuerst ist hier eine gegenwärtig ausgestorbene und bisher vollkommen unbekannte indogermanische Sprache, das sog. TOCHARISCHE, zu merken. Sie ist uns in zwei miteinander nahe verwandten Mundarten bekannt, die in einer großen Anzahl Handschriften vor etwa zwanzig Jahren in Ostturkestan (Zentralasien) entdeckt und vor dem zehnten Jahrhundert n. Chr. gesprochen wurden. Seit ihrer Entdeckung ist diese Sprache Gegenstand eines besonderen Interesses vonseiten der Sprachforscher gewesen. Aufgrund ihrer Gaumenlaute und einer Eigentümlichkeit in der Formenbildung steht diese Sprache den westindogermanischen *centum*-Sprachen näher, als den ostindogermanischen *satem*-Sprachen. Nächst verwandt scheint das Italo-Keltische zu sein. Dieser Umstand lenkte in noch höherem Grade die Aufmerksamkeit der Forscher auf das Tocharische und ist von gewisser Seite zu einem neuen Argument in der Frage nach der indogermanischen Urheimat gemacht worden. Da aber unsere Kenntnis des

Tocharischen immer noch höchst unvollständig ist, bleibt die Frage nach seiner Herkunft und Verwandtschaft vorläufig offen.

In letzter Zeit ist ebenfalls festgestellt worden, dass sich unter den im früheren Hettiterreich gesprochenen Sprachen mehrere von indogermanischer Herkunft befanden. An verschiedenen Orten in Nordsyrien, Mesopotamien und Kleinasien wurden nämlich zahlreiche Inschriften in einer Art Bilderschrift angetroffen, die man den sog. HETTITISCHEN (oder kanisischen) Völkern zuschrieb. Diese Entdeckungen lenkten von Anfang an die größte Aufmerksamkeit nicht nur der Assyriologen, sondern auch der indogermanischen Sprachforscher auf sich. Der Orientalist P. Jensen machte den ersten Versuch, die Inschriften zu entziffern, und stellte in seiner 1898 erschienenen Arbeit *Hittiter und Armenier* (Straßburg) eine Hypothese auf, nach der das »Hettitische« eine Vorstufe des Altarmenischen sein sollte. Diese Auffassung hat sich aber nicht bewährt. Im Jahre 1902 kam auch ein nordischer Forscher, der Norweger J. A. Knudtzen, zu der Auffassung, dass die betreffende Sprache indogermanisch sei, und diese Meinung scheint immer allgemeiner zu werden. Im Jahre 1915–1916 glaubte der österreichische Assyriologe Fr. Hrozný aufgrund einer Anzahl neuer, in Boghazköi in Kappadozien 1907 entdeckter Inschriften endgültig feststellen zu können, dass eine von diesen Schriftsprachen ein indogermanisches Idiom war, und zwar eins der *centum*-Gruppe. Die Entdeckung dieser Sprachen ist umso merkwürdiger, als sich die Glanzperiode des hettitischen Reichs dank einer Anzahl glücklicher Fundumstände auf die Zeit um 1500 v. Chr. festlegen lässt. Die betreffenden Inschriften sind aber noch sehr mangelhaft bekannt. Die Frage nach der Herkunft und den Verwandtschaftsverhältnissen des »Hettitischen« lässt sich daher vorläufig noch nicht ganz sicher entscheiden.

Über den Stand der tocharischen Forschung vgl. besonders. A. MEILLET im Indog. Jahrbuch I (1913), S. 1 ff.; SIEG und SIEGLIN, *Tocharische Sprachreste* I, *Die Texte. A. Transkription*, Berlin-Leipzig 1921; J. POKORNY, *Die Stellung des Tocharischen*, Berichte des Forschungs-Instituts für Osten und Orient, Wien 1923; S. FEIST, *Indogermanen und Germanen*, 3. Aufl. (1924), S. 110 ff.; DERS. VERF. in *Neophilologus* 1926, S. 171 ff.

Aus der reichen neueren Literatur in der Hettiter-Frage vgl. besonders G. Herbig, *Wege und Ziele der hethitischen Sprachforschung* im Indog. Jahrbuch 7 (1922); *Die Verhandlungen der Indogermanischen Sektion auf der 53. Versammlung deutscher Philologen und Schulmänner in Jena*, ebenda S. 281 f.; J. Friedrich, *Die hettitische Sprache* und E. Forrer, *Die Inschriften und Sprachen des Hatti-Reiches* (Zeitschr. d. Deutsch. Morg. Gesellsch. 1922); J. Friedrich, *Die bisherigen Ergebnisse der hettitischen Sprachforschung* (Stand und Aufgaben der Sprachwissenschaft = Festschrift Streitberg, Heidelberg 1924, S. 304 ff.); Reallexikon der Vorgeschichte I, 126 ff.

Kapitel II
Die indogermanische Spracheinheit und ihre Träger – Die Urheimatfrage

§ 6. Der indogermanische Sprachstamm umfasste also nicht alle Sprachen, die in unserem Weltteil gesprochen werden. Das Türkische ist eine tatarische oder turanische Sprache, das Ungarische oder Magyarische ist eine von den vielen finnisch-ugrischen. Zur letztgenannten Sprachgruppe gehören auch das Mordwinische, Tscheremissische, die wotjakisch-syrjänischen und wogulisch-ostjakischen Sprachen im inneren Russland wie auch das Lappische und die sog. westfinnischen oder Ostsee-finnischen Sprachen, die an den Küsten der Ostsee gesprochen werden. Nicht-Indogermanen waren ebenfalls die alten Etrusker in Italien, die Iberer in Spanien und ihre jetzigen Nachkommen, die Basken, die Ligurer in Norditalien, der Schweiz, Frankreich und den Rheingegenden, ebenso die gemutmaßten Ureinwohner Griechenlands und Britanniens. Als sicher indogermanisch bleiben jedenfalls die acht oder neun oben genannten Sprachfamilien.

§ 7. Nach der üblichen Auffassung, die im wissenschaftlichen Sinne zuerst von dem deutschen Sprachforscher Franz Bopp, besonders in seiner VERGLEICHENDEN GRAMMATIK aus den Jahren 1833–35 begründet wurde, setzt die indogermanische Sprachgemeinschaft eine mehr oder weniger einheitliche sog. indogermanische Ursprache und ein Urvolk als Träger derselben voraus. Wann und wo ist eine solche Sprache gesprochen worden? Wie wir weiter sehen werden, kann als sicher angenommen werden, dass wenigstens die norddeutschen und südskandinavischen Teile des Landgebiets, das jetzt von Germanen bewohnt wird, schon mehrere Jahrtausende vor Chr. in ihrem Besitz gewesen sind. Eine engere geographische Berührung zwischen diesen werdenden Germanenstämmen und den übrigen Indogermanen war also schon zu dieser Zeit undenkbar, und man ist berechtigt anzunehmen, dass auch ihre Sprache damals schon sich durch gewisse nur für sie charakteristische Eigentümlichkeiten auszeichnete. In dem entgegengesetzten Teil des Sprachgebiets waren die Arier spätestens schon um 1500 vor Chr. hinsichtlich ihrer Sprache in zwei Gruppen geteilt, denn die altindische Vedaliteratur ist kaum jünger und weist ihrerseits auf eine längere Periode einer speziell indischen Sonderentwicklung hin. Die indogermanischen Stämme waren also schon einige Jahrtausende vor unserer Zeitrechnung über Landgebiete eines solchen Umfangs verstreut, dass die daselbst gesprochenen Sprachen unmöglich ein ganz einheitliches Gepräge getragen haben können. Wenn man die Zeit der Auflösung der indogermanischen Spracheinheit ins dritte Jahrtausend vor Chr. verlegt, so ist diese Zeitbestimmung kaum richtig und in keinem Falle zu früh. Schriftliche Zeugnisse fehlen in der Frage, und wenigstens einer der hierfür angeführten Gründe, dass nämlich die ältesten geschriebenen Texte aus Babylon und Ägypten nicht älter sind, ist hier wenig ausschlaggebend, obwohl derselbe von einem so urteilsfähigen Forscher wie A. Meillet in seiner *Introduction à l'étude comparative des langues indoeuropéennes* (1922) angeführt wird. Im Übrigen kann ich mich aber der Auffassung Meillets von der Art und Bedeutung der indogermanischen Grundsprache vollkommen anschließen. Da eine jede der vielen indogermanischen Sprachen der Vorzeit zunächst aus besonderen Ursprachen hervorgegangen ist: das Altindische und Altiranische aus einer arischen, die altgriechischen Dialekte aus einer griechischen, die altgermanischen Sprachen aus einer germanischen usw., und da die Entwicklung dieser engeren Ursprachen aus einer gemein-indogermanischen Sprachform offenbar eine längere Zeit, die wir nicht einmal bis aufs Jahrtausend bestimmen können, in Anspruch genommen hat, so hat die gemein-indogermanische Sprachperiode wahrscheinlich viel früher ihr Ende gefunden. Aber in keinem Falle kann die betreffende »Ursprache«, deren Gestaltung die vergleichende indogermanische Grammatik festzustellen sucht, etwas anderes gewesen sein, als die JÜNGSTE GEMEINSCHAFTLICHE Form der indogermanischen Sprachen, die zu einem Zeitpunkt gesprochen wurde, die der endgültigen Zersplitterung unmittelbar vorangeht. Zu dieser Zeit kann die Spaltung der indogermanischen Sprachgruppe in die *centum-* und *satem-*Sprachen, von denen im Kap. I die Rede war, noch nicht eingetreten sein.

ANMERKUNG. Die herkömmliche Ansicht, dass die Trennung des indogermanischen Urvolkes in das dritte vorchristliche Jahrtausend, womöglich sogar in dessen Ende herabzudrücken sei, wird vor allem dadurch wohl ein für alle Mal widerlegt, dass bereits für 1500 v. Chr. die indische Sprache durch die indischen Wörter auf den Keilinschriften von Boghazköi bezeugt ist (vgl. oben S. 42 und H. Jacobsohn, *Arier und Ugrofinnen*, S. 236, 238).

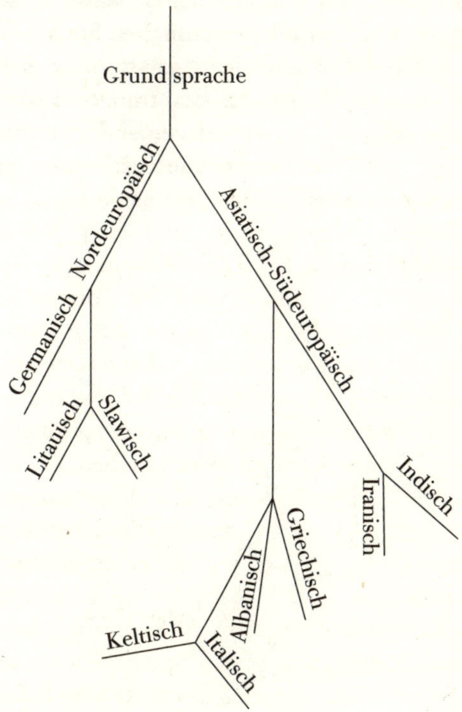

Abb. 1. Stammbaumtheorie

§ 8. Um die Lage der indogermanischen Heimat und die Zeit der Auswanderung der einzelnen Stämme aus derselben zu bestimmen, nahm man sich zunächst vor, die Frage der inneren Verwandtschaftsverhältnisse der indogermanischen Sprachen zu ermitteln. Schon früh bemerkte man, dass gewisse Sprachen einander verhältnismäßig nahe stehen und dass zahlreiche sprachliche Erscheinungen auf gewisse einzelne Sprachgruppen beschränkt sind. Das führte zu der von dem deutschen Sprachforscher A. Schleicher 1861 aufgestellten sog. Stammbaumtheorie, die lange allgemein anerkannt war (Abb. 1). Nach derselben verzweigte sich die indogermanische Grundsprache zuerst in eine asiatisch-südeuropäische und eine nordeuropäische Gruppe. Ein Schwarm Indogermanen hätte sich von dem Muttervolke in Asien losgelöst und sich nach der Einwanderung nach Europa in Germanen und Litu-Slawen gespaltet. Etwas später hätte ein zweiter Vorstoß stattgefunden: Die letzten europäischen Stämme hätten sich von den Asiaten getrennt und sich in drei Gruppen geteilt: eine griechische, eine albanesische und eine italo-keltische, worauf auch die letztgenannte zu einem späteren Zeitpunkt sich geteilt hätte.

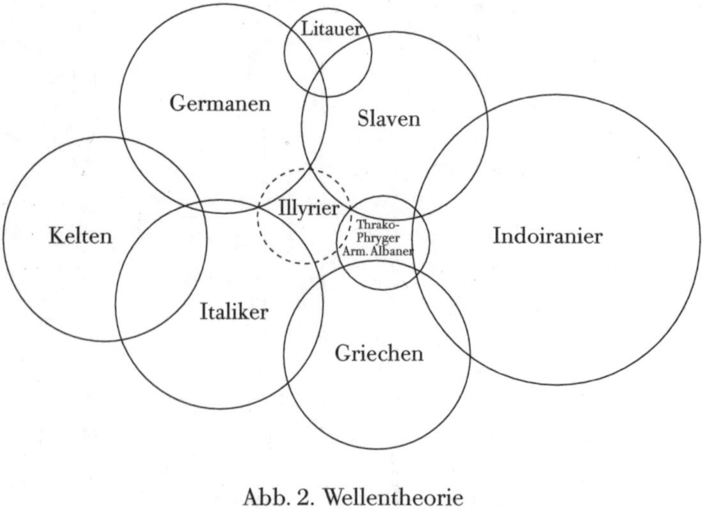

Abb. 2. Wellentheorie

Gegenüber der Stammbaumtheorie Schleichers steht die vom deutschen Sprachforscher J. Schmidt in der Arbeit Die *Verwandtschaftsverhältnisse der indogermanischen Sprachen* 1872 aufgestellte sog. »Wellentheorie« (Abb. 2). Nach derselben bilden die indogermanischen Sprachen gewissermaßen eine geschlossene Kette, in der je zwei und zwei Glieder stets ineinander greifen. Dieser Gedanke ist durch das Bild einer Welle veranschaulicht worden, die sich in konzentrischen Ringen ausbreitet, die je nach der Entfernung vom Mittelpunkte immer schwächer werden. In einer fester umrissenen Wiedergabe kann dieselbe Idee durch die Darstellung einer Reihe sich schneidender Kreise ausgedrückt werden, wobei die gemeinsamen Kreissegmente die gemeinsamen Eigentümlichkeiten der Sprachen bedeuten.

Für jede dieser Theorien können schwer wiegende Gründe angeführt werden, aber sprachliche und ethnische Verhältnisse bleiben übrig, auf die keiner der beiden Erklärungsversuche anwendbar ist. So geht die Stammbaumtheorie von der Voraussetzung aus, dass die Träger der indogermanischen Sprachen einer und derselben Rasse angehört hätten, aber diese alte und bei Laien noch ziemlich allgemeine Auffassung ist von der Wissenschaft längst aufgegeben worden: Sprache und Rasse decken einander nicht. Die fortlaufend zusammenhängende Sprachkette der Wellentheorie wiederum ist mit der in letzter Zeit aufgestellten durchgreifenden Dialektspaltung nicht ganz vereinbar, die bei der Aufteilung der indogermanischen Sprachgruppe in *centum*- und *satem*-Sprachen erwähnt wurde. Im großen Ganzen hat aber die Wellentheorie sich doch als richtig erwiesen. Die Widersprüche erklären sich zum Teil dadurch, dass mehrere indogermanische Zwischenglieder ausgestorben sind, und die Verwandtschaft der auf uns gekommenen Sprachen ist jedenfalls eine engere, je näher einander ihre alten geographischen Gebiete liegen. Die germanischen Sprachen stehen auf diese Weise, unbeachtet ihrer Stellung innerhalb der *centum*- und *satem*-Gruppe, den slawischen Sprachen näher als der griechischen, denn die Kluft, die die genannte Spaltung zwischen den beiden erstgenannten Sprachgruppen bedeutet, wird durch eine Anzahl Übereinstimmungen ausgeglichen. Eine der am häufigsten angeführten ist das Kasussuffix im Dativ Plur.: ein germanisches und baltisch-slawisches *m*, das durch einen *b*- (*bh*-) Laut in den anderen Sprachen ersetzt wird (vgl. got. *wulfam*, altslaw. *vŭlkomŭ*, lit. *vilkamus* ›den Wölfen‹, aber altir. *feraib* ›den Männern‹, lat. *hostibus* ›den Feinden‹).

Die wichtigste Literatur über die Verwandtschaftsverhältnisse der indogerm. Sprachen: J. Schmidt, *Die Verwandtschaftsverhältnisse der indogermanischen Sprachen*, 1872; A. Leskien, *Die Deklination im Slavisch-Litauischen und Germanischen*, 1876. *Einleitung:* B. Delbrück, *Einleitung in das Studium der indogermanischen Sprachen*, 4. Aufl., S. 137 ff.; K. Brugmann, *Zur Frage nach den Verwandtschaftsverhältnissen der indogermanischen Sprachen.* Internationale Zeitschr. f. Sprachwissensch. 1, 226 ff.; P. v. Bradke, *Beiträge zur Kenntnis der vorhistorischen Entwicklung unseres Sprachstammes*, Gießen 1888; P. Kretschmer, *Einleitung in die Gesch. der griech. Sprache*, 1896, S. 93 ff.; O. Schrader, *Sprachvergleichung und Urgeschichte*, 3. Aufl., 1907, S. 53 ff.; H. Pedersen, *Le groupement des dialectes indoeuropéennes*, 1925 (Kgl. Da.-Vid. Selsk., Hist.-fil. Medd. XI, 3).

§ 9. Die Verwandtschaft der indogermanischen Sprachen setzt, wie schon gesagt ist, eine ältere vorgeschichtliche Sprachschicht voraus, in der die genannten Sprachen einigermaßen übereinstimmend waren, und das führt notwendig zur Annahme eines begrenzteren Gebiets, aus dem sie einst hervorgegangen sind. Wo dieses Landgebiet gelegen war, hat man aber bis jetzt nicht ermitteln können. Seit Friedrich von Schlegel 1808 in seiner damals herausgegebenen berühmten Arbeit *Sprache und Weisheit der Inder* den indogermanischen Sprachstamm aus Indien herleitete, hat man lange und mit großer Überzeugung von dem asiatischen Ursprung der Indogermanen gesprochen, ohne aber bisher auch nur einen einzigen haltbaren Beweis hierfür zu erbringen. Dieser Gedanke wurzelt natürlich in der Lehre der Bibel von Asien als der Wiege des Menschengeschlechts und wurde kräftig unterstützt durch die früher so überaus verbreitete Überschätzung der altindischen Sprache, die in der ersten Hälfte des neunzehnten Jahrhunderts mit der »Ursprache« beinahe gleichgestellt wurde.

§ 10. Diese Auffassung der Urheimatfrage kennzeichnet noch

die sog. LINGUISTISCHE PALÄONTOLOGIE, einen durch Adalbert Kuhn 1845 gegründeten neuen Zweig der vergleichenden Sprachwissenschaft, dem wir unter dieser Bezeichnung zuerst bei Pictet in dem S. 13 genannten Werk begegnen. Was man bis dahin in Betreff der Ursprache klargelegt zu haben glaubte, überträgt Kuhn auf die Kultur des Urvolks. Seine Methode ist sprachwissenschaftlich. Alle Kulturbegriffe, für die die Einzelsprachen gemeinsame Bezeichnungen aufweisen, werden ohne weiteres dem Urvolk zugeschrieben. Aus dem Wortschatz der indogermanischen Sprachen wollte man vor allem die Naturbeschaffenheit desjenigen Gebiets kennen lernen, wo das vermutete Urvolk gelebt haben soll. Man interessierte sich für Tier- und Pflanzennamen, die gemein-indogermanisch (den verschiedenen Sprachen gemeinsam) waren, sowie für Ausdrücke bezüglich der geographischen und klimatologischen Verhältnisse: der gemeinsame Wortvorrat wurde auf die »ungetrennten Indogermanen« übertragen und die Urheimat in Gegenden verlegt, deren Fauna und Flora und übrige Naturverhältnisse diesem Wortschatz zu entsprechen schienen.

Keiner der vielen in dieser Richtung gehenden Versuche hat jedoch zu bleibenden Ergebnissen geführt. Gegen die Methode selbst hat man den berechtigten Einwand gerichtet, dass Tier- und Baumnamen häufig, wie es sich erwiesen hat, allerlei Bedeutungsveränderungen unterworfen sind und sogar ganz verschwinden können, wodurch ihre Beweiskraft in der vorliegenden Frage erheblich vermindert wird. Unter anderem bezeichnet lat. *quercus* (aus **perqus*), wie auch die entsprechenden germanischen Wörter nhd. *ferch*, ahd. *fereh-eih*, langob. *fereha* die Baumgattung Eiche, während die von demselben Wortstamm mit Ablaut gebildeten ahd. *foraha*, nhd. *Föhre*, schwed. *fura* einen Nadelbaum bedeuten. Nicht weniger wichtig ist ein zweiter prinzipieller Einwurf. Auch wenn ein und dasselbe Wort, was ja oft der Fall ist, aus mehreren indogermanischen Sprachen belegt werden kann, folgt daraus nicht, dass dieses Wort und der von demselben bezeichnete Begriff der »Ursprache« angehört hat: die Verbreitung des Wortes über das indogermanische Sprachgebiet kann durch Entlehnung von Stamm zu Stamm vor sich gegangen sein, und zwar in Zeiten, die manchmal der ursprachlichen Zeit recht fern gelegen haben. Das Gesagte gilt besonders von den sog. Kulturwörtern, die sich mit Leichtigkeit in die verschiedensten, öfters untereinander gar nicht verwandten Sprachen einschleichen. Ein interessantes Zeugnis für die Wanderungen der Kulturwörter gewährt die von dem oben genannten deutschen Sprachforscher J. Schmidt in seiner Arbeit *Die Urheimat der Indogermanen und das europäische Zahlsystem* (Berlin 1890) nachgewiesene unbestrittene Beeinflussung des indogermanischen Zahlsystems vonseiten des babylonischen. Die Indogermanen rechneten ursprünglich in Zehnern, aber in den europäischen Sprachzweigen finden wir auch Spuren der orientalischen Zählung nach Zwölfern. Bei den Germanen z. B. eröffnet die Zahl 13 eine neue Reihe. Diese Übereinstimmung beweist aber in Betreff der Urheimat der Indogermanen gar nichts, da sie auf uralten Handelsbeziehungen beruhen kann. Wenn die alten Indogermanen wirklich, wie J. Schmidt es annahm, irgendwo an der Grenze von Mesopotamien gewohnt hätten, könnte man mit Recht von dieser Seite noch weit stärkere Einflüsse als die tatsächlich erwiesenen erwarten. Der wichtigste Prüfstein der gegenwärtigen Sprachwissenschaft bei der Unterscheidung solcher Wanderwörter von den indogermanischen Erbwörtern liegt in dem Bestehen eines alten (nicht sekundären) Ablauts in den betreffenden Wörtern, der dem Vokalwechsel vergleichbar ist, den wir in den soeben angeführten Wortvarianten nhd. *ferch* und neuschwed. *fura* beobachten. Wörter, die mit diesem Merkmal gekennzeichnet sind, rühren mit großer Wahrscheinlichkeit aus einer gemein-indogermanischen Sprachperiode her.

Grundlegend für die linguistische Paläontologie sind Kuhns Aufsatz *Zur ältesten Geschichte der indogermanischen Völker* (Osterprogramm des Berliner Real-Gymnasiums 1845) und Jacob Grimms 1848 erschienenes Werk *Geschichte der deutschen Sprache.*

§ 11. Ein Hauptfehler der von Kuhn eingeführten Forschungsmethode lag darin, dass seine kulturgeschichtlichen Schlussfolgerungen ausschließlich auf sprachlicher Grundlage erbaut waren. Diese Einseitigkeit ist teilweise in einer Arbeit vermieden worden, die ihrem allgemeinen Ziele nach: der Begründung des orientalischen Ursprungs der europäischen Kultur, mit der eben berührten Forschung nahe verwandt ist: in V. Hehns bedeutsamem Werke *Kulturpflanzen und Haustiere in ihrem Übergang von Asien nach Griechenland und Italien sowie in das übrige Europa, historisch-linguistische Skizzen*, 1. Aufl. Berlin 1870, 7. Aufl. 1902. In erster Linie baut diese Arbeit nicht auf sprachlichen, sondern geschichtlichen Beweisgründen und leitet auf diese Weise einen neuen Forschungszweig: den »linguistisch-historischen«, ein, der während der vier bis fünf letzten Jahrzehnte mit steigendem Eifer gepflegt worden ist und unten ausführlicher besprochen werden wird.

Der Gedanke eines asiatischen Ursprungs der Indogermanen hat aber durch die oben erwähnten neu entdeckten tocharischen Sprachdenkmäler in Zentralasien neue Nahrung erhalten. Doch sind die in der betreffenden Frage aus ihnen gezogenen Schlussfolgerungen übereilt.

Literatur in der Urheimatfrage (mit Heranziehung des Tocharischen und Hettitischen): Ed. Meyer, *Geschichte des Altertums*, 2. Aufl., I: 2, 797 ff. und der Aufsatz *Die Volksstämme Kleinasians, das erste Auftreten der Indogermanen in der Geschichte und die Probleme ihrer Ausbreitung* (Sitzungsber. der Preuß. Ak. der Wiss., Philol.-hist. Kl., 18–21, 1925); S. Feist, *Europa im Lichte der Vorgeschichte und die Ergebnisse der vergleichenden indogermanischen Sprachwissenschaft, ein Beitrag zur Frage nach den Ursitzen der Indogermanen* (Berlin 1910), das große Werk *Kultur, Ausbreitung und Herkunft der Indogermanen* (Berlin 1913), Kap. XX, *Indogermanen und Germanen, Ein Beitrag zur europäischen Urgeschichtsforschung*, 3. Aufl., Halle 1924, Kap. XII, XIII, sowie der Aufsatz *Indogermanen*, A. *Sprache*, im Reallexikon der Vorgeschichte, 1925; H. Pedersen, *Sprogvidenskaben i det nittende aarhundrede*, Kap. VIII; J. Charpentier, *Det indoeuropeiska urhemmet, Iran och Indien, till Alexander den stores död*, Världshistoria I, Stockholm 1926, S. 353–529.

§ 12. Seit ungefähr der Mitte des neunzehnten Jahrhunderts sucht man mit wachsender Übereinstimmung das Mutterland der Indogermanen in Europa, wo ja auch die meisten ihrer Stämme seit der Zeit, als sie uns zuerst in der Geschichte begegnen, ansässig gewesen sind. Die Beweise hierfür sind aus verschiedenen Forschungszweigen erbracht worden.

Vom ANTHROPOLOGISCHEN Gesichtspunkt aus verficht bereits der Österreicher K. Penka in zwei umfassenden Werken: *Origines ariacae* (1883) und *Die Herkunft der Arier* (1886) die Auffassung, dass die Urindogermanen aufgrund einer Reihe charakteristischer Rassenmerkmale: weißer Hautfarbe, blonden Haares, des Langschädels (Dolichocephalie) und hohen Wuchses nach Skandinavien, wo dieser Volkstypus am reinsten ausgebildet ist, verlegt werden müssten. Nach der Haut- und Haarfarbe kann das heutige Europa, wie wir wissen, in mehrere Zonen geteilt werden. Im Norden herrscht überhaupt der blonde, blauäugige Typus mit heller Hautfarbe vor, je mehr wir uns aber dem Süden nähern, umso stärker treten das braune und schwarze Haar, die dunklen Augen und die dunkle Hautfarbe hervor. Der blonde Typus ist also kein durchgängiges Rassenmerkmal der Indogermanen, anderseits aber der brünette Typus nichts spezifisch Nicht-indogermanisches, da z. B. ein hoher Prozentsatz der finnisch-sprechenden Bevölkerung Finnlands dem blonden Typus angehört. Doch ist der indogermanische im Vergleich mit nichtindogermanischen Typen im großen Ganzen heller. So sind die arischen Stämme in Indien durchweg hellfarbiger als die nichtarischen und unter den Ersteren besonders die höheren, bei denen das indogermanische »Blut« am reinsten bewahrt ist. Bezeichnend hierfür ist auch der Umstand, dass das indische Wort für den Begriff Kaste (*varna*) eigentlich Farbe bedeutet. Die Grundursache, warum die europäischen Menschentypen heller sind als die orientalischen und die nordeuropäischen heller als die südeuropäischen, liegt zweifelsohne in den klimatischen Verhältnissen. Was die Frage nach der Urheimat der Indogermanen anbetrifft, so hat die Haar- und Hautfarbe keine andere Bedeutung als die, dass sie im Allgemeinen auf Europa und nicht auf Asien hinweist.

Auch dem zweiten der genannten anthropologischen Rassenmerkmale: der Schädelform, hat man lange eine große Bedeutung für das Urheimatproblem beigemessen. Aufgrund genauer Messungen der Länge und der Breite des Schädels oder der Breite in ihrem prozentualen Verhältnis zur Länge – des sog. Schädelindexes – pflegt man mehrere verschiedene Menschentypen zu unterscheiden. Die verhältnismäßig schmalen und langen

Schädel heißen »Dolichocephalen« (Langschädel), die verhältnismäßig breiten und kurzen Schädel »Brachycephalen« (Kurzschädel), eine Zwischenart die »Mesocephalen«. In gewissen Gegenden unseres Weltteils, wie in Skandinavien, sind gewiss die Langschädel verhältnismäßig stark vertreten, aber solche gibt es auch z. B. auf den westlichen Inseln des Mittelmeers, auf Korsika, Sardinien und Sizilien, in abgeschwächter Form auch in gewissen Teilen von Frankreich und Italien, ja auch bei nichtindogermanischen Völkern wie bei den Finnen in Finnland und den Basken auf der Pyrenäischen Halbinsel. Der deutsche Anthropologe R. Virchow verfocht schon 1883 den richtigen Grundsatz, dass die Indogermanen niemals einen einheitlichen kraniologischen Typus dargestellt, sondern vormals, wie auch jetzt, sowohl Lang- als auch Kurzschädel aufgewiesen haben. Dieser Gedanke, den Virchow in seinen späteren Arbeiten näher ausgeführt hat, kann heutzutage als ziemlich allgemein anerkannt bezeichnet werden.

Was endlich den hohen Wuchs anbetrifft, so ist auch dies ein Zug, der Skandinavien ganz besonders kennzeichnet. Aber hoch gewachsene Menschen gibt es auch in anderen Teilen von Nordeuropa, z. B. in Schottland, Westengland, Irland, Schleswig-Holstein, Mecklenburg, den Ostseeprovinzen, besonders unter den daselbst ansässigen schwedischen Inselbewohnern (und zwar vor allem auf der estländischen Insel Runö in der Rigabucht), ja sogar in so südlichen Gegenden wie Bosnien und Herzegowina. Die gegenwärtigen Indogermanen stellen also in dieser Hinsicht sehr verschiedene Volkstypen dar.

Die Mannigfaltigkeit der Rassen, die die moderne Anthropologie im heutigen Europa annimmt, spricht nicht für die Annahme einer älteren Anthropologenschule, dass die Indogermanen in ferner und fernster Vorzeit einem einheitlichen Volkstypus angehört hätten. Dass dies nicht der Fall war, wird durch eine andere Wissenschaft bestätigt: die VORGESCHICHTLICHE ARCHÄOLOGIE. Diese Forschung hat mit immer wachsendem Erfolg dargelegt, dass nicht einmal das vorgeschichtliche Europa, so weit rückwärts wir seine Besiedlung verfolgen können, eine Bevölkerung von vollkommen gleichartiger Zusammensetzung aufzuweisen hat, sondern dass Mischformen der verschiedenen Arten (Dolicho-, Meso- und Brachycephalen) uns überall entgegentreten. Die indogermanische Spracheinheit setzt somit keine Rasseneinheit voraus. Sprache und Rasse sind nicht identisch, aber im Laufe einer lang andauernden geschichtlichen Entwicklung und dank gemeinsamen politischen Schicksalen können sie schließlich zu einer bestimmten völkischen Einheit zusammenwachsen.

Vgl. R. Virchow im Korrespondenzblatt der deutschen Gesellschaft für Anthropologie, Jahrg. 1883 S. 144, Jahrg. 1892 S. 101. Ältere und jüngere Übersichten über die Hauptergebnisse der anthropologischen Forschung finden sich bei: Kretschmer, *Einleitung in die Geschichte der griechischen Sprache.* S. 29 ff.; Hirt, *Die Indogermanen* 1, 23 ff.; 2, 558 ff.; Schrader, *Sprachvergleichung und Urgeschichte*, 3. Aufl., I 107 ff., II 147 ff.; A. Sehliz, *Rassenfragen* in Hoops' Reallexikon 3 (1915–16), R. Much, *Deutsche Stammeskunde*, 3. Aufl. (1920), S. 12 ff. Als Einführungen dienen vor allem Baur, Fischer, Lenz, *Grundriss der menschlichen Erblichkeitslehre und Rassenhygiene* Bd. 1–2, 2. Aufl. (München 1923), besonders Bd. 1, und W. Scheidt, *Allgemeine Rassenkunde als Einführung in das Studium der Menschenrassen* (München 1925).

§ 13. Die archäologische Forschung beleuchtet aber das Urheimatproblem hauptsächlich von einer anderen Seite: durch die wichtigen Schlussfolgerungen, zu denen sie in der Frage nach den ältesten Kulturverhältnissen sowohl der Indogermanen als auch der Germanen gelangt ist. Die vorgeschichtliche Zeit in Europa umfasst, wie wir wissen, eine vieltausendjährige Entwicklung, von der abgelegenen Zeit an, als der Mensch nach dem Schmelzen des Inlandeises zuerst auf dem Boden unseres Weltteils festen Fuß fasste. Über ihre ältesten Zeitabschnitte wissen wir nur wenig oder gar nichts, aber neuere Funde lassen vermuten, dass Teile sowohl Skandinaviens als sogar Finnlands wenigstens in der sog Ancyluszeit, ungefähr 5000–6000 v. Chr., bevölkert waren, in einer Zeit, als die Ostsee ein großes Süßwasserbecken darstellte, das vom Weltmeere durch eine Deutschland mit Dänemark und Südschweden verbindende Landbrücke abgetrennt war.

Die Archäologie beschäftigt sich erst mit einem späteren Abschnitt dieser vorgeschichtlichen Entwicklung. Sie stellt innerhalb dieser Zeit drei längere Perioden auf: eine Steinzeit, eine Bronzezeit und eine Eisenzeit, deren Anfang und Ende jedoch nicht überall in unserem Weltteil zusammenfallen. In der Steinzeit unterscheidet man wenigstens zwei Hauptstufen: eine ältere »präneolithische« und eine jüngere »neolithische«. Der präneolithischen Zeit geht in Süd- und Mitteleuropa eine »paläolithische« Stufe voraus, aber für Nordeuropa bedeutet die Erstere selbst den Beginn menschlichen Siedelns. Diese Zeit, die Periode des nur leicht zugeschlagenen, ungeschliffenen Feuersteins, ist durch ihre Werkzeuge aus Kiesel, Knochen und Horn, durch einfache Tongefäße und Ähnliches sowie durch die Überreste der ärmlichen, aus Schneckenschalen, Fischgräten, Vogel- und Säugetierknochen bestehenden Mahlzeiten der damaligen Bevölkerung gekennzeichnet. Im Norden wird diese Periode am besten durch die bekannten Abfallshaufen vertreten, die in Dänemark Kjøkkenmøddinger heißen und längs den Küsten von Schleswig, Dänemark und Südschweden vorkommen. Sie umfasst nach dem schwedischen Archäologen O. Montelius etwa das fünfte Jahrtausend vor Chr. In Betreff der Nationalität und Herkunft der damaligen Nordleute gehen die Ansichten noch heute sehr auseinander. Einige Forscher – der schon genannte Anthropologe K. Penka, der Österreicher M. Much, der deutsche Archäologe G. Kossinna, der schwedische Archäologe N. Åberg u. a. – wollen in Skandinavien und an den Ostseeküsten die Urheimat nicht nur der Germanen, sondern auch der Indogermanen suchen. Einen damit verwandten Standpunkt nimmt in seinen späteren Schriften der Schwede O. Montelius ein. Während er in seinen früheren Arbeiten die Idee von zwei skandinavischen Urrassen verficht: einer eingeborenen nicht-germanischen und einer eingewanderten indogermanischen, ist er später für eine einheitlichere Erklärung desselben Rassenproblems eingetreten: die Germanen Skandinaviens sollen von Anfang an, seit 20 000–15 000 Jahren, von skandinavischer Herkunft gewesen sein und sich hier von Indogermanen (»Ariern«) zu ausgeprägten Germanen entwickelt haben. Die entgegengesetzte (dualistische) Erfassung des Problems hat ihren bedeutendsten heutigen Vertreter in dem dänischen Archäologen Sophus Müller. Hinsichtlich der Hypothese von dem skandinavischen Ursprung der Indogermanen betont Müller in *Sønderjyllands stenalder* (Aarbøger for nordisk Oldkyndighed 1913, *S.* 169–322) mit Schärfe, dass die nordische sog. Megalithkultur (die mächtigen südskandinavischen Steingräber aus einem älteren Abschnitt der jüngeren Steinzeit), wenn man ihren Spuren weiter nachfolgt, unzweifelhaft nach Westeuropa und zuletzt in die Mittelmeerländer herabführe, also in ein Gebiet, das nach allem zu urteilen verhältnismäßig spät – erst NACH der Steinzeit – indogermanisiert wurde. Dies spreche nicht für die indogermanische Herkunft des südskandinavischen Grabkammervolks. Müller sieht in diesem Volke eine nicht-indogermanische Rasse. Erst die aus dem Innern Europas während der jüngern Steinzeit eingeführte sog. Boot- oder Streitaxtkultur war es, die durch ein neu eingewandertes, Ackerbau und Viehzucht treibendes Volkselement der nordischen Rasse ihr indogermanisches Gepräge aufdrückte. Durch die Verschmelzung der südskandinavischen Küstenbewohner der Kjøkkenmøddingerzeit, des südskandinavischen Megalithvolkes und der neu eingewanderten Indogermanen entstand allmählich die germanische Besiedelung Dänemarks und des Nordens. Die indogermanische Heimat verlegt Müller somit in das Ursprungsgebiet der Bootaxtkultur im innern Europa und misst ihr, der kulturellen Abweichungen in ihren verschiedenen Teilen unbeschadet, eine recht weite Ausdehnung zu. Eine indogermanische Urheimat in derjenigen Beschränkung, die von der Sprachwissenschaft theoretisch vorausgesetzt wird, könnte nach Müller vom archäologischen Standpunkt aus nicht erwiesen werden. Zu einer so späten Zeit wie der jüngeren Steinzeit wäre ein einheitliches indogermanisches Kulturzentrum, sei es in Europa oder in Asien, undenkbar. Zur jüngeren Steinzeit war das ausgedehnte Gebiet, das von indogermanischen Stämmen besetzt war, bereits in größere oder kleinere geographische Kulturgruppen zersplittert, und die für die verschiedenen Gruppen gemeinsamen Züge ließen sich zu einer einheitlichen Urkultur nicht verbinden. Wollte man das Problem der Urkultur archäologisch beantworten, wäre man gezwungen, die sprachliche Einheit in die Eiszeit zurückzuversetzen, denn erst damals könnte die europäische Kultur, von Frankreich bis nach Russland hinein, eine einheitliche gewesen sein. Die Kulturverschiedenheiten der jüngeren Steinzeit weisen – nimmt Müller offenbar mit vollem Recht an – auf eine bereits begonnene Dialektspaltung hin. Die Indogermanen waren vielleicht ein Teil der Nachkommen der Eiszeitmenschen Europas. Die Ureinwohner Dänemarks – die Maglemose- und Kjøkkenmøddingvölker – gehörten letzten Endes vielleicht einer und derselben europäischen Urrasse an, der Rasse, die sich in den inneren Teilen Europas später zu einer indogermanischen Volkseinheit entwickelte. Die Frage nach der Rasse des nordischen Megalithvolkes lässt Müller unentschieden. Zunächst kämen wohl die alten Iberer in Spanien in Betracht. Ihr Gebiet soll früher bis zu den Britischen Inseln gereicht haben, und zu beiden Seiten der Pyrenäen leben sie unter dem Namen der Basken teilweise noch heute fort.

Die hervorragendsten Vertreter der neueren Archäologie sind – trotz tief greifender Abweichungen in mehreren an sich wichtigen Einzelfragen – also darin wenigstens einig, dass sie die indogermanische Heimat in Europa und nicht in Asien suchen.

Über die ältesten Spuren menschlicher Siedlung im Norden vergleiche man folg. Lit. (als die wichtigste):

für Dänemark: G. F. L. Sarauw, *En Stenaldars Boplads i Maglemose ved Mullerup* (Sjaelland), Aarbøger for nord. Oldkyndighed 1903; K. Fries Johansen, *En Boplads fra den ældste Stenalder i Swærdborg Mose*, Aarbøger f. n. oldk. 1919. Beide aus der Ancylus-Zeit. – Über die »Kjøkkenmøddinger« (Muschelhaufen) einer »mesolithischen« Jäger- und Fischerbevölkerung auf dem Festland und den Inseln Dänemarks vgl. A. P. Madsen, Sophus Müller, C. Neergaard u. a., *Affaldsdynger fra Stanalderen i Danmark, undersøgt for Nationalmuseet*, København 1900;

für Norwegen: wegen der mit den Kjøkkenmøddinger nächst verwandten norwegischen sog. Nøstvet-Kultur vgl. H. Shetelig, *Primitive Tider i Norge*, Bergen 1922, S. 97 ff. und dort zit. Lit. sowie wegen der Methode der norwegischen vorgeschichtlichen Archäologie die streng kritischen Auseinandersetzungen von A. W. Brøgger in den Aufsätzen *Arkaeologi og Historie* (Indledningsforelæsning ved Institutet for sammenlignende Kulturforskning i Oslo, 6:te Oktober

1925) und *Vår Bondekulturs Oprinnelse* (Videnskaps-Akademiets Årbok 1925, Bilag II).
für den Norden überhaupt: O. Montelius, *Minnen från vår forntid I*, Stockholm 1917, *De mandelformiga flintverktygens åldar* in Antiqvarisk Tidskrift för Sverige 20, 6 (1919), *Palaeolitic Implements found in Sweden* in The Antiquaries Journal I (1921); S. Lindqvist, *Nordens benålder och en teori om dess stenålder*, Rig, Bd. I (1918); C. A. Nordman, *Some Baltic Problems* in Journal of the Royal Anthropological Institute, vol. 52 (1922); G. Ekholm, *De arkeologisk-etnologiska problemen i Östersjöområdet* in Ymer, tidskrift utgiven av Svenska Sällskapet för antropologi och geografi (1923);
für Finnland: A. Hackman, *Svenskbygdernas förhistoria* in Det svenska Finland, Bd. 2, Helsingfors 1922 (auch als Sonderabdruck), A. Europaeus, *Fornfynd från Kyrkslätt och Esbo socknar*, Helsingfors 1922, und *Polemik i nordiska stenåldersfrågor* in Finskt Museum 1924; C. A. Nordman, o. a. Arbeit.
Über die Annahme einer nordeuropäisch-skandinavischen Urheimat der gesamten Indogermanen ist u. a. zu vergleichen: M. Much, *Die Heimat der Indogermanen im Lichte der urgeschichtlichen Forschung*, Jena-Berlin 1901, 2. Aufl. 1904; G. Kossinna, *Die indogermanische Frage archäologisch beantwortet* (Zeitschrift für Ethnologie 1902), *Der Ursprung der Urfinnen und Urindogermanen und ihre Ausbreitung nach dem Osten* (Mannus-Bibliothek Nr. 1 1909), *Die Indogermanen. Ein Abriss* (Mannus-Bibl. Nr. 26, 1921, Erster Teil: *Das indogermanische Urvolk*); N. Åberg, *Studier öfver den yngre stenåldern i Norden och Vásteuropa* (1912), *Die Steinzeit in den Niederlanden* (1916), *Das nordische Kulturgebiet in Mitteleuropa während der jüngeren Steinzeit*, Uppsala 1918; O. Montelius, *Ariernas hem* in Nordisk Tidskrift utg. av Letterst. föreningen 1922 und dazu T. E. Karsten, *Germanernas hem* in Terra, Geografiska sällskapets i Finland tidskrift 1922: unter dem Gesichtspunkt der verhältnismäßig nahen sprachlichen Verwandtschaft der Germanen und der Italiker erweist sich das von Montelius vorausgesetzte sehr hohe skandinavische Alter der Germanen als unannehmbar. Für eine nordeuropäische, vor allem südschwedische Urheimat der Indogermanen trat auch K. F. Johansson im Jahre 1911 ein (*Hvar låg vår folkstams vagga?* in Nordisk Tidskrift, Stockholm 1911, S. 157–177), aber mit wesentlich sprachwissenschaftlichen Gründen.

§ 14. Innerhalb der oben skizzierten Forschung; die die Wiege der Indogermanen nach Europa verlegt, ist hinsichtlich der allgemeinen Art der Beweisgründe noch eine dritte Richtung zu merken, die O. Schrader in seiner *Sprachvergleichung und Urgeschichte*, 3. Aufl. (II, 131 ff.), als die LINGUISTISCH-HISTORISCHE charakterisiert (s. unten S. 62). Zu dieser Richtung gehört bereits der von N. Anderson, *Studien zur Vergleichung der ugro-finnischen und indogermanischen Sprachen*, Dorpat 1879 (Verh. der Gel. estn. Ges. IX) gemachte, vielfach jedoch von ungenügender Kritik gekennzeichnete Versuch, auf sprachlicher Grundlage uralte Verbindungen, ja Urverwandtschaft zwischen den indogermanischen und finnisch-ugrischen Völkern nachzuweisen. Diese Frage hat natürlich auch ihre Bedeutung für das Problem der ältesten Wohnplätze der genannten Völker. Unter Sprachforschern, die vom indogermanischen Standpunkt aus mit größerem Nachdruck den gemeinsamen Ursprung verfochten haben, sei hier der Tscheche W. Tomaschek genannt (schon aufgrund einer im Jahre 1875 veröffentlichten Besprechung des S. 53 erwähnten Werkes von V. Hehn) sowie der als Phonetiker und Anglist bekannte Engländer H. Sweet (*The history of language 1899*), der die von Anderson erzielten Ergebnisse in temperamentvoller Weise auszubreiten sucht. Man vergleiche hiermit die anerkennenswert vorsichtige Stellung, die Hirt, *Die Indogermanen* I 71 f. zu dieser Frage einnimmt. Erst wenn wir eine urfinnische Grammatik besitzen, wie wir eine indogermanische haben, und wenn wir in der Analyse der indogermanischen Flexion weitergekommen sein werden, wird es – meint Hirt – möglich werden, über diese Urverwandtschaft sicher zu urteilen. Viel weniger reserviert ist in jüngster Zeit der Däne H. Pedersen (*Sprogvidenskaben i det nittende aarhundrede*, 1924, S. 309 f.): Es wäre ein großer Leichtsinn, die Verwandtschaft verneinen zu wollen. Von finnisch-ugrischem Standpunkt aus wurde die Frage bereits früher zum Gegenstand zweier belangvoller kritischer Erörterungen gemacht: von dem Schweden K. B. Wiklund (*Finnisch-Ugrisch und Indogermanisch* in Le Monde Oriental I), der die von Anderson gezogenen Schlussfolgerungen berichtigt und modernisiert, sowie dem Finnen H. Paasonen (*Zur Frage nach der Urverwandtschaft der fin-*

nisch-ugrischen und indoeuropäischen Sprachen in den Finnisch-ugrischen Forschungen 7). Beide sprechen sich zugunsten der Urverwandtschaft aus, Paasonen mit etwas größerer Skepsis. Aufgrund der Ausführungen Wiklunds schloss sich auch O. Schrader (*Sprachvergleich. u. Urgesch.* II 523–525) den Anhängern eines uralten Zusammenhangs zwischen den beiden Sprachstämmen an. In letzter Zeit verficht der Schwede H. Sköld (*Finn.-ugr. Forsch.* 18, 1927, 216 ff.) dieselbe Meinung.

Der hervorragendste Vertreter der »linguistisch-historischen« Forschung ist aber der genannte deutsche Sprachforscher Otto Schrader († 1919). Seine beiden Hauptwerke: *Sprachvergleichung und Urgeschichte* (s. oben) und *Reallexikon der indogermanischen Altertumskunde* 1901 (2. Aufl. 1926) behandeln ebenfalls die Frage der Urheimat, die er im südöstlichen Europa, in der südrussischen Steppe sucht. Gegen die in diesen wertvollen Werken angewandte Methode ist jedoch bemerkt worden, dass sie die Realien nicht in gebührendem Maße beachtet, und es dürfte auch klar sein, dass eine Untersuchung des Werdegangs der indogermanischen Kultur in erster Linie auf den handgreiflichen Zeugnissen derselben aufgebaut werden muss, dass also die Rolle der Linguistik hierbei bloß die einer Hilfswissenschaft, wenn auch einer sehr wertvollen, sein kann.

Fast denselben Standpunkt vertritt in unserer Frage der Italiener E. de Michelis in seinem großen Werke *L'origine degli Indo-Europei*, Torino 1903. Die hier gegebene Behandlung des Problems ist die allseitigste, die ihm überhaupt zuteil geworden ist. Die Urheimat sollte in dem Landgebiet zwischen der mittleren Donau und dem Dnjepr gelegen haben.

Nach einer verwandten Methode wird das Problem noch in zwei großen Werken behandelt, die etwa gleichzeitig sind: J. Hoops, *Waldbäume und Kulturpflanzen im germanischen Altertum*, Straßburg 1905 (Kap. IV: Die Baumnamen und die Heimat der Indogermanen; Kap. IX: Rückschlüsse auf die Lage der Indogermanen) und das schon früher erwähnte Werk von Hirt, *Die Indogermanen, ihre Verbreitung und ihre Kultur* I und II. – Hoops verlegt die Urheimat in die Buchenzone in Norddeutschland, Hirt – unter Hinweis auf völker-, tier- und pflanzengeographische, sprachliche, anthropologische und archäologische Argumente – in die norddeutsche Tiefebene. Auch diese Verfasser bestätigen die Annahme, dass die Urheimat in Europa zu suchen sei, aber auch ihre Bemühungen, dieselbe näher zu bestimmen, haben nicht zu überzeugenden Ergebnissen geführt. Dass diese und überhaupt alle hier angedeuteten Versuche, das Urheimatsrätsel zu lösen, im Ganzen als verfehlt zu betrachten sind, beruht vorerst darauf, dass die Fragestellung falsch ist. Wenn das aufzusuchende Urheim sich auf die ältesten Wohnplätze des kleinen Urvolks beziehen soll, von denen die weit verzweigte Volksgruppe einmal ausgegangen ist, ja dann wird es wohl für alle Zeiten unmöglich bleiben, auf diese Frage eine endgültige Antwort abzugeben.

Zur Kritik der ›linguistisch-historischen Forschung‹ vgl. besonders P. von Bradke, *Über Methode und Ergebnisse der arischen Altertumswissenschaft. Historisch-kritische Studien*, Gießen 1890, Kretschmer, *Einleitung in die Gesch. der gr. Spr.*, S. 48 ff., R. Meringer, *Indogermanische Sprachwissenschaft*, 3. Aufl., Leipzig 1903 (Sammlung Göschen), H. Pedersen, *Sprogvidenskaben i det nittende aarhundrede*, S. 297 ff.

§ 15. Andere bei der vorliegenden Frage beteiligten Forscher verzichten daher mit Recht auf diese aussichtslosen Ansätze. Stattdessen gehen sie von historisch gegebenen Verhältnissen aus und dringen Schritt für Schritt hinab, um auf diesem Wege das indogermanische Ausbreitungsgebiet in so alter Vorzeit, wie dies überhaupt möglich sein wird, zu bestimmen. Hier begegnen wir zuerst den Namen F. Ratzel und P. Kretschmer. Beiden gemeinsam ist die Voraussetzung eines sehr ausgedehnten Schauplatzes für die vorgeschichtliche Entwicklung der Indogermanen. Der Erste hat in zwei Abhandlungen über den Ursprung und die Wanderungen der Völker das älteste indogermanische Ausbreitungsgebiet auf dem gewaltigen Raum gesucht, der »vom 35. Grad n. Br. an südost-nordwestlich bis gegen den Polarkreis zieht, von der Abdachung zum Persischen Meerbusen bis zur Ostsee«. Der Letztere sucht in seiner bereits genannten *Einleitung in die Geschichte der griechischen Sprache* das fragliche Gebiet auf »einem schmalen und lang gestreckten Länderstreifen, welcher von Frankreich durch ganz Mitteleuropa und die Kirgisensteppen Asiens bis nach Iran reichte. Die Auffassung Kretschmers findet sich im großen Ganzen wieder bei K. Brugmann in seinem *Grundriss der vergleichenden Grammatik der indogermanischen Sprachen* I (2. Bearbeitung 1897), *Einleitung*, bei R. Meringer, *Indogermanische Sprachwissenschaft* 1897, 3. Aufl. 1903, und bei Fr. Kauffmann, *Deutsche Altertumskunde* I (1913).

Dieses ausgedehnte Landgebiet war aber nicht nur von Indogermanen bevölkert, und schon hier soll die Sprache einigermaßen differenziert gewesen sein. Die älteste Urheimat, wo die Sprachverhältnisse noch einigermaßen einheitlich waren, vielleicht ungefähr so, wie sie in einer modernen deutschen oder schwedischen Mundart in die Erscheinung treten, könne der Lage und dem Umfang nach vorläufig nicht festgestellt werden (Brugmann). Nach einer andern, diametral entgegengesetzten, aber kaum annehmbaren Auffassung, die von dem Geographen Ratzel und dem Germanisten K. Helm vertreten wird, soll die indogermanische Spracheinheit überhaupt niemals ursprünglich gewesen sein, sondern sich auf einem ausgedehnten Gebiete, wo die Indogermanen autochthon waren, allmählich ausgebildet haben.

Für eine weite mitteleuropäische Heimat der Indogermanen (vor der endgültigen Sprachspaltung) sind auch andere Forscher eingetreten: vgl. W. Thomsen, *Fornarisk kultur* (Vårldskulturen, Bd. 1, Stockholm 1907. S. 185 ff.), A. Thumb in einer in der Frankfurter Zeitung, Litbl. 5. April 1914 erschienenen Besprechung von S. Feist, Kultur usw. der Indogermanen (nach Jahresber. der germ. Phil. 1915, S. 62), R. Much, *Deutsche Stammeskunde*[3] (1920), S. 16. Gute Übersichten über die älteren und neueren Theorien in der Frage geben O. Schrader in *Sprachvergleichung u. Urgeschichte*[3] (1907), 1 (Kap. IV) und H. Pedersen, *Sprogvidenskaben i det nittende aarhundrede*, Kap. VIII.

§ 16. Wir schließen unsere kurze Übersicht der Indogermanenfrage. Der richtige Standpunkt darin dürfte gegenwärtig auf folgende Weise zusammengefasst werden können:

Die Sprache der Indogermanen war schon in einem frühen vorhistorischen Zeitabschnitt in Dialekte zersplittert: die *centum*- und *satem*-Sprachen, die beiden Hauptgruppen, unterscheiden sich schon in der ältesten Literatur recht scharf voneinander.

Da die Träger der *centum*-Sprachen, nur mit Ausnahme der Tocharer, so weit rückwärts in die Zeit wie wir sie verfolgen können, im Westen gewohnt haben, die Völker der *satem*-Sprachen aber östlich von ihnen, so ist diese geographische Gruppierung im großen Ganzen als die ursprüngliche anzusehen: die Tocharer, Inder und Iranier werden nicht von der Ostsee ausgewandert sein, die Kelten und Germanen nicht aus Asien. Asien ist wohl zum Teil die Kulturwiege der europäischen Völker, braucht aber nicht deshalb ihr Heimatland gewesen zu sein.

Bei der Feststellung der vorgeschichtlichen Wohnplätze der Indogermanen hat man von den geschichtlichen auszugehen, die nur ein vergrößertes Bild der Ersteren darstellen. Dass die Indogermanen in älterer und ältester Zeit auf einem engeren Gebiete gelebt haben als jetzt, wird bereits durch die großen Wanderungen bezeugt, die viele Stämme in geschichtlicher Zeit unternommen haben. Aus geschichtlichen und sprachlichen Gründen wird allgemein angenommen, dass die indogermanische Bevölkerung Indiens, Irans, Armeniens, Kleinasiens, Griechenlands, Italiens, Spaniens und Britanniens durch spätere Kolonisation entstanden ist. Im Kap. I wurde u. a. erwähnt, dass die Urheimat der Italiker in dem Berührungsgebiete der ältesten keltischen, germanischen und griechischen Wohnsitze, also nördlich von den Alpen gelegen habe. In Griechenland sind zahlreiche Ortsnamen nicht-griechisch und nicht-indogermanisch und bezeugen, dass auch die Urheimat der Hellenen im Norden gesucht werden muss. Die ältesten geschichtlichen Wanderungen, wie die dorische, gingen in südlicher Richtung, und das Nationalheiligtum in Dodona lag am Nordrand der geschichtlichen Ansiedlung (Epirus). In Russland gehörten noch zur Zeit Herodots bloß der Westen und Süden den Indogermanen zu; während die inneren und nördlichen Gegenden von finnisch-ugrischen Stämmen bewohnt waren. Die oben genannten Länder können also nicht Teile der »Urheimat« gewesen sein. Dasselbe kann auch von Skandinavien (wenigstens bis nach Schonen hinab) gesagt werden, da dieses Landgebiet lange unter den Gletschern der Eiszeit begraben lag und verhältnismäßig spät erträgliche Wohnsitze darbieten konnte. Das Heim der Indogermanen kann in der oben angedeuteten Auffassung des Ausdrucks auf diese Weise bloß das mittlere Europa in etwas erweitertem Sinne umfasst haben, dürfte sich aber mit besonderer Rücksicht auf die Tocharer in Ostturkestan gen Osten bis zu den russisch-sibirischen Steppenländern erstreckt haben. Auf diesem immer wachsenden Verkehrsgebiete sind die indogermanischen Stämme, stellenweise wahrscheinlich neben anderen Völkern, einmal Ureinwohner gewesen, und von hier haben sie sich allmählich über die Länder ausgebreitet, die sie beim Anbruch der geschichtlichen Zeit innehatten.

Mit den von verschiedenen Rassen ausgegangenen Eingeborenen der neuen Kolonisationsgebiete, wie mit den Prähellenen Griechenlands und Kleinasiens, den Ligurern der Alpenländer und Frankreichs, den Iberern der Pyrenäischen Halbinsel, den Pikten Britanniens und den Völkern der präneolithischen Abfallshaufen in Südskandinavien – verschmolzen die neu eingewanderten Indogermanen zu neuen, lebenskräftigen Volkseinheiten, bei denen die eingeborenen Elemente stellenweise den indogermanischen zahlenmäßig vielleicht überlegen waren.

Durch diesen Verschmelzungsprozess haben die Sprache und die Körpereigenschaften, die Sitten und Gebräuche der Ureinwohner den neu gebildeten Volksindividualitäten ihr Sondergepräge verliehen. Die Blondheit und der hohe Körperwuchs, die für die Völker Nordeuropas, besonders Britanniens und Skandinaviens später so bezeichnend sind, kann an sich von den nichtindogermanischen Vorfahren oder dem eingewanderten Stamme, der die indogermanische Sprache nach Norden brachte, oder vielleicht von beiden ererbt sein. Infolge dieser Rassenmischung bildet ein jedes der indogermanischen Teilvölker mit der Zeit seinen eigentümlichen, von den andern mehr oder weniger abweichenden Volkstypus aus. Die Stammverwandtschaft wurde von nun an bloß teilweise erkennbar. Die Sprachen blieben in der Hauptsache indogermanisch, aber die Urverwandtschaft mit den Schwestersprachen wurde so verwischt, dass sie aufs Neue entdeckt werden musste. Dies geschah vor etwas mehr als einem Jahrhundert, im Jahre 1808, durch Friedrich von Schlegel (s. S. 50).

Hieraus ergibt sich, dass Sprache und Rasse in indogermanischer Zeit nicht zusammenfielen, ebenso wenig wie dies später der Fall ist (vgl. bes. die Ergebnisse der Blutgruppenforschung im Kap. III: § 21, Anm. 3, Kap. IV: § 29). Die Sprache ist von den geschichtlichen Erlebnissen des Volkes abhängig und an die Rasse, die von wesentlich physischer Natur ist, nicht gebunden. Der Begriff »indogermanische Rasse« setzt Völker voraus, die von Vorfahren mit denselben anatomischen Eigenheiten abstammen, und bedeutet, dass diese Völker zu einer gegebenen Zeit einen besonderen anatomischen und physiologischen Charakter besaßen. Dass aber die Grenzen der indogermanischen Sprachen und einer so beschaffenen Rasse jemals zusammenfielen, ist kaum anzunehmen. Die eine indogermanische Sprache sprechenden Völker stellen seit den ältesten Zeiten sehr verschiedene Typen dar und haben in ihrer physischen Entwicklung nichts, das sie zu einem Ganzen gegenüber Völkern mit anderen Sprachen absondern würde. Bis jetzt wenigstens ist der Beweis nicht erbracht worden, dass die Völker, die jetzt indogermanische Sprachen sprechen, von gemeinsamen Vorfahren abstammen. Der Ausdruck »indogermanisch« gilt – dies wird vor allem von Meillet (*Introduction* etc.) betont – deshalb eigentlich bloß für die betreffenden Sprachen. Man pflegt freilich von »indogermanischen Volksstämmen« zu reden, wenn es sich um Völker handelt, die irgendeine indogermanische Sprache sprechen. Dieser Sprachgebrauch bezieht sich aber bloß auf eine vorgeschichtliche Zeit, als die Sprache noch annähernd einheitlich war. Für eine geschichtliche Zeit, sei es eine ältere oder jüngere, ist der Ausdruck »indogermanische Völker« streng genommen ungenau: Es müsste »Völker mit indogermanischer Sprache« heißen. Ein sehr hoher Prozentsatz der Menschen, die JETZT eine indogermanische Sprache reden, stammen zum Teil wenigstens von Vorfahren, die zur Zeit der sog. gemein-indogermanischen Sprachperiode irgendeine andere Sprache gesprochen haben, und man weiß nicht mehr, bei welchem von ihren Nachkommen der indogermanische Einschlag der vorherrschende ist und wer von ihnen ganz oder zum größeren Teile einer anderen Rasse angehört. Die Ausdrücke »semitische Völker«, »finnisch-ugrische Völker« usw., die gang und gäbe sind, entbehren ebenfalls eines vernünftigen Sinnes: Es müsste auch hier von »Völkern mit finnisch-ugrischer Sprache« usw. die Rede sein.

Im Kap. I wurde bei Besprechung der alten Inder angemerkt, dass der Ursprung der Rigvedaliteratur wenigstens ein paar Jahrtausende vor der christlichen Zeitrechnung gelegen habe. Unter diesen Umständen ist es klar, dass die Zeit, wo die verschiedenen indogermanischen Stämme – diejenigen Stämme nämlich, die nicht wie die baltischen im großen Ganzen an ihren ursprünglichen Wohnplätzen zurückblieben – sich von dem Zusammenhang mit ihren nächsten Nachbarstämmen loszulösen begannen, aller Wahrscheinlichkeit nach mindestens gegen 4000 bis 5000 Jahre vor Chr. eingetreten sein muss. Die indogermanische Sprachverwandtschaft lässt es unzweifelhaft erscheinen, dass es schon zu dieser Zeit »Indogermanen« gegeben hat. Ihr erstes Entstehen gehört aber einer fernen Urzeit an, deren nebelumhüllte Welt keine Forschung jemals wird durchdringen können. Doch lehrt uns die allerneueste Geologie, die von dem Schweden De Geer ausgeführten Untersuchungen der Lehmschichten, die sich am Ende der Eiszeit, zu einem Zeitabschnitt ablagerten, als das Eis sich allmählich nach Norden zurückzog und ein immer größerer Teil von Fennoskandia von dem Drucke der Eismassen befreit und vom Meere überspült wurde, dass die von O. Montelius aufgestellte, hier oben bereits im Vorübergehen (s. S. 57) erwähnte Hypothese von einer indogermanischen Besiedlung des Nordens seit 20 000 bis 15 000 Jahren mit einem allzu langen Zeitraume rechnet. Das Zurückschreiten des Eisrandes von Schonen bis zum norwegischen Bergrücken hat ungefähr 6000 Jahre gedauert. Da es den Geologen gelungen ist, auch die seit dem Ende der Eiszeit vergangene Zeit annähernd zu bestimmen, dürften etwa 14 000 Jahre verflossen sein, seitdem der Eisrand in Schonen stand und ganz Fennoskandia unter einer fortlaufenden Eisdecke begraben lag.

Vgl. G. De Geer, *A Geochronology* in Congrès géologique international. Compte rendu de XIe session, Stockholm 1910, S. 241.

§ 17. Die indogermanischen Völker, und zwar besonders diejenigen von ihnen, die wir als Träger der sog. *centum*-Sprachen kennen gelernt haben (die Griechen, Römer bzw. die romanischen Völker, die Kelten und Germanen), vertreten in geschichtlicher Zeit die höchste Entwicklung, geistige und materielle, die auf dem Gebiete der menschlichen Kultur bisher erreicht worden ist. Den Ursprung und den Werdegang dieser Entwicklung hat die Forschung auf verschiedenen Wegen aufzuklären gesucht, aber hierauf näher einzugehen, als es bei unserer kurzen Behandlung der Urheimatfrage andeutungsweise schon geschehen ist, liegt außerhalb der Grenzen dieser Einführung. Doch möge hier ausdrücklich bemerkt sein, dass der aus geschichtlicher Zeit bezeugte hohe kulturelle Aufschwung, der von den genannten Völkern zeitweilig errungen worden ist, offenbar nicht so ausschließlich, wie eine laienhafte Rassenliteratur heutzutage anzunehmen geneigt ist, auf gewisse ererbte physische und psychische Vorzüge zurückzuführen sind, die aus einer diesen Völkern einst gemeinsamen sog. nordischen Rasse hergeflossen wären. Eine von der Natur begünstigte geographische Lage der Wohnsitze sowie die davon bedingten geschichtlichen und sozialen Schicksale des Volkes waren hierbei gewiss bedeutungsvoller als die bloße Abstammung von einer bevorzugten Rasse.

Kapitel III
Die Urgermanen und ihre Heimat

§ 18. Die im Kap. II gegebene verhältnismäßig ausführliche Darstellung der Indogermanenfrage findet ihre Erklärung und ihre Berechtigung darin, dass die betreffende Frage mit einem der Hauptprobleme der vorliegenden Schrift auf das nächste verbunden ist: mit demjenigen der Herkunft der Germanen.

Die Germanen erscheinen bereits in der Zeit ihres ältesten geschichtlichen Daseins als ein sprachlich selbständiges Glied unter den vielen Stämmen indogermanischer Sprache. Ihnen nächst verwandt waren Kelten und Italiker: Die kontinentalen Germanen saßen einst, und zwar noch im letzten Jahrtausend vor Chr., östlich von den Kelten, sowie in noch fernerer Vorzeit nördlich von den späteren Italikern, deren älteste Wohnplätze also nördlich der Alpen lagen. Diese Tatsachen sind von entscheidender Bedeutung für die Feststellung der annähernd richtigen West- und Südgrenzen des ältesten Germanenlandes.

In der Periode ihrer näheren geographischen Beziehungen zu den sprachverwandten Nachbarstämmen haben die künftigen Germanen kaum schon eine ausgeprägte Eigenart entwickelt: Sie bilden damals wohl nur eine Anzahl gegenseitig verwandter Kleinstämme innerhalb der großen indogermanischen Völkergruppe. Eine besondere »germanische« Volksindividualität konnte wohl auch nicht aufkommen, ehe die Indogermanen ihre nördlichen Grenzlinien so weit vorgeschoben hatten, dass sie die Zentra ihrer geschichtlichen Wohnplätze an der Ost- und Nordsee erreicht hatten. Hier stießen sie, wie man mutmaßen darf, auf eine autochthone Urbevölkerung, die sie mit der Zeit unter sich aufnahmen, und so entsteht hier ein Komplex von Stämmen, denen wir später den »germanischen« Gesamtnamen beilegen und deren Sprache, unbeschadet aller Neuschöpfung und aller Beeinflussung vonseiten der Eingeborenen, wesentlich zu einer indogermanischen wird.

Älteren und jüngeren archäologischen Berechnungen gemäß hebt die indogermanische Zeit in Nordeuropa spätestens um etwa 3000 oder 2500 Jahre vor Chr. an. Während des ungleich größten Teiles dieser vorchristlichen Periode können die indogermanischen Stämme des Nordens angebrachtermaßen als »Prägermanen« (Vorgermanen) charakterisiert werden. Erst nachdem die Verschmelzung der indogermanischen und der eingeborenen Volkselemente dahin gelangt ist, dass von einer neuen, spezifisch germanischen Sprache geredet werden kann, beginnt die Zeit der eigentlichen »Urgermanen«. Zwischen einer indogermanisch-prägermanischen und einer ausgeprägt germanischen Entwicklungsstufe ist in der germanischen Sprachgeschichte eine scharfe Grenze demnach nicht zu ziehen: Der Verlauf der sprachlichen Entwicklung ist vielmehr ein ununterbrochener. Die Schlussperiode der nordeuropäischen Bronzezeit (um etwa 500 v. Chr.) bezeichnet aber gewissermaßen einen Endpunkt in der langen Reihe ursprachlicher Um- und Neubildungen: Von jetzt an beginnt die erste Lautverschiebung mit der von ihr hervorgerufenen beinahe vollständigen Umwälzung des gemein-indogermanischen Konsonantensystems zu wirken, und in der Dämmerung unserer christlichen Ära ist auch der sonstige gemein-germanische Laut- und Formenbau überall wohl schon im Fluss.

Die aus ihrer alten ethnischen Umgebung losgerissenen Indogermanen Nordeuropas bildeten also hier mit der Zeit ein neues, sowohl sprachlich als rassisch eigentümliches Volk. Es war dies eine ethnische Entwicklung der Vorzeit, wozu sich sichere historische Gegenstücke nachweisen lassen. So ging es z. B. den festlandgermanischen Angeln und Sachsen, von denen bedeutende Kontingente während des dritten bis fünften Jahrhunderts nach Chr. sich neue Wohnsitze in Britannien suchten und hier in Mischung mit keltischen Ureinwohnern sowie mit späteren skandinavischen und französischen Ansiedlern ein in ethnischer, sprachlicher und politischer Hinsicht teilweise neues Volkstum schufen. So auch den am Anfang unserer Zeitrechnung aus dem Ostbaltikum nach West-Finnland eingewanderten finnischen

Stämmen. Bereits in der alten Heimat von germanischem Wesen beeinflusst, haben sie in der neuen ihre finnische Sprache behauptet, aber aufgrund eines immer wachsenden germanischen Einschlages nicht nur geistig und kulturell, sondern zu bedeutenden Teilen ihres Bestandes auch somatisch einen besonderen finnisch-germanischen Mischcharakter angenommen.

Es sind einige Grundzüge der ältesten Kulturstufe der germanischen Stämme, die ich im Folgenden zu zeichnen versuche. Das Beweismaterial ist hier schon reich und vielseitig, jedenfalls reicher als das der vorangehenden indogermanischen Periode, und erlaubt daher zuverlässigere Ergebnisse als diese. In Bezug auf die Letztere bedienen sich die archäologischen, anthropologischen und linguistischen Wissenschaften, wie wir gesehen haben, der mehr oder weniger uneigentlichen Termini »Urvolk«, »Urheimat« und »Ursprache«. Diese Bezeichnungen sind auch in Betreff der Germanen allgemein gebräuchlich und waren daher auch hier nicht ganz zu vermeiden. In der zuerst zu erörternden Frage handelt es sich um die Feststellung ihrer sog. Urheimat oder, richtiger ausgedrückt, ihrer Ausbreitung in der ältesten Zeit, die wir erreichen können.

Die Bezeichnung »Prägermanen« von den zu Germanen prädestinierten Indogermanen begegnet zuerst bei O. SCHRADER in dem Aufsatz *Germanen und Indogermanen* (Die Geisteswissenschaften 1913, H. 8). Sie wird von F. KLUGE als ein ›glückliches Schlagwort‹ charakterisiert (vgl. *Indogermanisches Jahrbuch* 5, 199) und auch von S. FEIST (in *Indogermanen und Germanen*[3] verwendet, obwohl in etwas abweichendem Sinne: von der ›Indogermanisierung‹ der Prägermanen. R. MUCH in der *Deutschen Stammeskunde*[3] S. 25 bezeichnet den letzterwähnten Wortgebrauch als eine starke und tendenziöse Übertreibung.

Das Zentrum der urgermanischen Besiedlung

§ 19. Große Teile des westlichen und südlichen Deutschland waren, wie oben erwähnt wurde, im sechsten und fünften Jahrhundert vor Chr. noch keltisch, und aus der Geschichte wissen wir, dass sich England erst seit der Periode 300–500 nach Chr.

unter germanischer Kultur befindet. Von den alten Germanenländern, wo die Wiege der vorgermanischen Stämme gelegen haben kann, bleiben wesentlich nur Norddeutschland und Skandinavien übrig. Wenn wir dieses Gebiet aufgrund der Altertümer näher abgrenzen wollen, umfasste es im Süden das norddeutsche Küstenland zwischen Elbe und Oder, etwas später zwischen Weser und Weichsel, im Norden die dänischen Inseln sowie die größeren Teile Schwedens und Norwegens. Die so bestimmten germanischen Ursitze erweiterten sich aber bald, und zwar bereits in prägermanischer Zeit auf dem Wege einer langsamen Grenzmarkbesiedlung östlich der Ostsee.

§ 20. Nach den Ergebnissen der vorgeschichtlichen Archäologie, wie sie schon vor Jahrzehnten dargestellt und später bestätigt wurden, waren Norddeutschland und die skandinavischen Länder bereits im Beginn der jüngeren Steinzeit, d. i. spätestens im Laufe des dritten Jahrtausends v. Chr., von den Vorfahren der Germanen besetzt. Der Verlauf der kulturellen Entwicklung in Skandinavien, die seit dem Ende der Eiszeit nach ihren allgemeinen Zügen uns bekannt ist, werde nämlich vom Anfang der jüngeren Steinzeit an nirgends so unterbrochen, wie es zweifelsohne der Fall gewesen wäre, wenn ein ganz neues Volk das Land später in Besitz genommen hätte. Die Einwanderung eines fremden Volkes sei nämlich in der Regel mit auffallenden Veränderungen der Bestattungsweise und anderer Verhältnisse verbunden – Veränderungen, die z. B. durch die angelsächsische Eroberung in die britannischen Bestattungsgebräuche eingeführt wurden – und solche könnten gewiss auch in Skandinavien beobachtet werden, wenn ein neues Volk ganz anderer Rasse dort eingewandert wäre.

Dass die aus der jüngeren Steinzeit stammenden skandinavischen und norddeutschen Werkzeuge und anderen Erzeugnisse des damaligen Kunstgewerbes einem großen gemeinsamen Kulturkreis zugehören, der nur germanisch sein kann, wird über allen Zweifel erhoben, wenn sie mit gleichzeitigen Funden auf den Britischen Inseln, in Frankreich, in Deutschland außerhalb des oben angegebenen Gebietes sowie in anderen Teilen Europas verglichen werden. In dem Maße, wie die germanischen Altertümer sich gleichen, weichen sie auch von denjenigen ab, welche den hier aufgezählten Ländern außerhalb des ältesten Germanengebietes eigentümlich sind.

In Schweden sind die neolithischen Altertümer sehr allgemein sowohl auf dem Festlande bis an die Dal-Älv als auf Öland und Gotland. Aber es kommen germanische Ansiedlungen in Schweden während der jüngeren Steinzeit stellenweise auch nördlich der Dal-Älv vor, besonders längs der Küste des Bottnischen Meerbusens, wo sie bis an die Gegenden von Skellefteå gehen, die etwa auf dem Breitengrad von Uleåborg in Finnland liegen.

Auch in Norwegen, sowohl in der Küstengegend von der Osloer bis an die Drontheimer Föhrde im N als in großen Gebieten des Binnenlandes, waren die Vorfahren der heutigen Bevölkerung schon lange vor dem Ende der Steinzeit im Besitze des Landes.

Dänemark ist noch reicher an solchen Funden. Während man in Schweden bloß 500–600 Megalithgräber zählt, beläuft sich ihre Zahl allein auf der Insel Seeland auf 3000–4000. Aus diesem Vergleich geht anscheinend hervor, dass die Richtung der skandinavischen Besiedlung eine nordwärts gehende war.

Südlich von Dänemark sind die germanischen Erzeugnisse der Steinzeit sehr allgemein nur auf der Insel Rügen, die wie die dänischen Länder und Schonen besonders reich an Feuerstein war, dem damaligen Material für die Herstellung der Schneidewerkzeuge. Auf dem Festlande sind Gegenstände derselben Art, wenn auch weniger zahlreich, besonders in Schleswig-Holstein, im östlichen Teil von Hannover, in Mecklenburg, Vorpommern und im nördlichen Brandenburg, im Großen und Ganzen also zwischen der Nieder-Elbe und der unteren Oder gefunden worden, in einem Gebiete, das ein Kulturzentrum der germanischen Urwohnplätze südlich von der Ostsee bildet. Außerhalb dieses Gebietes, dessen Südgrenze über den Harz führt, waren die steinzeitlichen Funde nach hergebrachter Auffassung so spärlich, dass sie vom archäologischen Gesichtspunkt aus wesentlich als Einfuhr aus den ältesten Germanenländern im Norden und Westen erscheinen. Eine neuere Altertumsforschung (worüber unten) lässt indessen die germanischen Ansiedlungen in Nordwestdeutschland auch Landesteile zwischen der Oder und der Weichsel umfassen. Abb. 3.

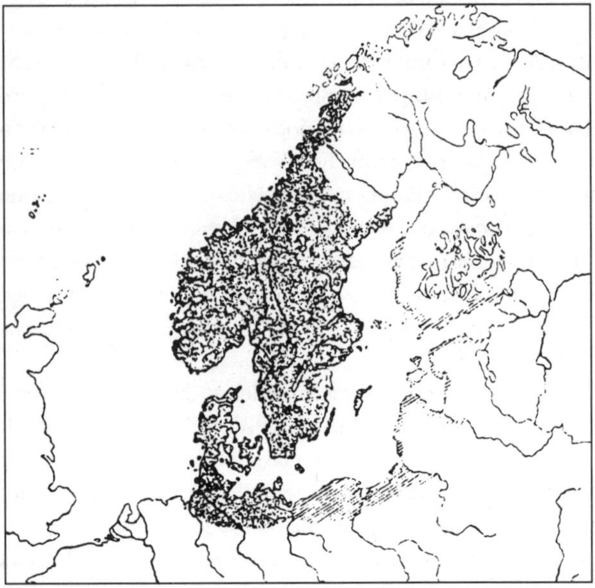

Abb. 3. Das Land der Prägermanen am Ende der Steinzeit ca. 2000 v. Chr. Skandinavien und Norddeutschland nach O. Montelius 1917.

Vgl. die Literaturnachweise zu § 13. Dazu noch für

Schweden: O. Montelius, *Über die Einwanderung unserer Vorfahren in den Norden*, Archiv für Anthropologie Bd. 17, *Kulturgeschichte Schwedens*, Leipzig 1906, *Germanernas hem* in Nordisk Tidskrift, Stockholm 1917, A. Kock, *Är Skåne de germanska folkens urhem?* (Svensk hist.-tidskr. 1905).

Norwegen: vor allem die gute Übersicht bei H. Shetelig in dem § 13 zit. Werke *Primitive Tider i Norge* (mit sehr reichhaltigen Literaturnachweisen);

Dänemark: vor allem das S. 42 erwähnte Werk *Sønderjyllands stenalder* von S. Müller;

Nord-Deutschland und den Norden überhaupt: G. Kossinna, *Die Herkunft der Germanen*, Würzburg 1911, und vor allem B. Nerman, *Die Herkunft und die frühesten Auswanderungen der Germanen* (Kgl. Vitterhets Historie och Antikvitets Akademiens Handlinger 34: 5, Stockholm 1924), Kap. I: ›*Der Ursprung der Germanen*‹.

§ 21. Die im vorigen Paragraphen behandelten rein archäologischen Argumente finden eine gewisse Stütze in der Anthropologie. Die in § 12 erörterte Hypothese von der skandinavischen Herkunft des indogermanischen Volkstammes wurde ja damit begründet, dass der dolichocephale, blonde und hoch gewachsene Volkstypus, der nach einigen älteren Anthropologen der indogermanischen Rasse gemeinsam und eigen wäre, für Skandinavien und Schweden besonders charakteristisch ist. Diese Körperbeschaffenheit kommt aber den Skandinaviern nur als Germanen zu. Schon antike griechische und römische Schriftsteller schildern die Germanen als hoch gewachsene, hellfarbig, hell- oder rothaarig und blauäugig – eine Zusammenstellung dieser Zeugnisse findet man bei K. Zeuss in der klassischen Arbeit v. J. 1837, *Die Deutschen und die Nachbarstämme* (S. 50 ff.) – und Tacitus hat in seiner *Germania* Cap. IV sie ausdrücklich als eine »eigenartige, reine und nur sich selbst gleiche Rasse« (*propria et sincera et tantum sui similis gens*) mit den oben genannten Eigenschaften hingestellt. Diese Charakteristik bezieht sich wohl in erster Linie auf die Süd- oder Westgermanen, mit denen die Griechen und Römer in unmittelbare Berührungen kamen. Aber in der Hauptsache muss sie auch für die anderen damaligen Germanenstämme gelten, denn der betreffende Typus findet sich in unserer Zeit an vielen Orten des germanischen Europa wieder, vor allem im mittleren Schweden und in anderen inneren Teilen Skandinaviens.

Von größtem Interesse für unsere Frage sind die vor etwa 30 Jahren veröffentlichten umfangreichen Messungen zahlreicher Schädelfunde aus schwedischen Gräbern der Steinzeit. Das i. J. 1899 erschienene grundlegende Werk des schwedischen Anthropologen G. Retzius: *Crania suecica antiqua* gründet sich auf nicht weniger als 117 von ihm untersuchte Schädel aus vorgeschichtlicher Zeit, nämlich auf 44 steinzeitliche, 21 bronzezeitliche und 52 eisenzeitliche, und von diesen Schädeln sind nicht nur die allermeisten Langschädel, sondern die Schädel aus jeder der drei vorhistorischen Perioden im Allgemeinen dolichocephal. Aber die Dolichocephalie ist – wohl zu merken – nicht durchgängig: Kurzschädel finden sich auch, wie man erwarten kann. Die Schädelformen des nordeuropäischen Neolithikums weisen überhaupt auf dieselben Grundverhältnisse wie die der heutigen Nordeuropäer: Kreuzung muss zwischen den Nachkommen mindestens zweier verschiedener Rassen stattgefunden haben. Diese Rassen erscheinen zum Teil untermischt, vertreten aber chronologisch zwei verschiedene Kulturen. Der Langschädeltypus gehörte besonders den großen Steingräbern an. Die zweite Rasse (oder möglicherweise eine von mehreren) sei kurzschädelig und sicher die im Lande ältere gewesen.

Dass die vorhistorische Bevölkerung Schwedens im Großen und Ganzen dieselben Rassenverhältnisse aufweist wie die heutige, erhellt aus den eingehenden Untersuchungen schwedischer Wehrpflichtiger, die in dem i. J. 1902 erschienenen monumentalen Werke *Anthropologia Suecica* von G. Retzius und C. M. Fürst vorliegen. Die in der Steinzeit gewöhnlichste Schädelform ist fortwährend die normale in Schweden. Nicht weniger als 87 % der schwedischen Wehrpflichtigen waren dolichocephal, und diese Schädelform ist besonders kennzeichnend für einen breiten Gürtel quer durch das mittlere Schweden: Dalsland (mit dem reinsten Typus), Wärmland, Dalarna, Hälsingland, Närke, Wästmanland, Södermanland. Der Kurzschädeltypus ist verhältnismäßig gewöhnlich in Uppland, erscheint aber auch in Südschweden, wenn auch weniger ausgeprägt als in der letztgenannten Landschaft. Nach der »Anthropologia suecica« ist der Mittelindex für ganz Schweden (wehrpflichtige Jünglinge) 77,86, am größten in Lappland 79,56, am niedrigsten in Södermanland 76,81, auf den großen Inseln Öland und Gotland bzw. 78,14 und 78,75. Nach den neueren Untersuchungen des Rassenbiologischen Instituts zu Uppsala beträgt der Mittelindex für ganz Schweden (ausschließlich Lappland) 77,7, für Gotland 78,3.

Das genannte Werk von Retzius und Fürst gibt außerdem einen interessanten Bericht über die Körpergröße, sowie die Haar- und Augenfarbe der Bevölkerung Schwedens. Wenn auch diese

Untersuchungen nach heute etwas veralteter Methode ausgeführt sind – so sind ja die Wehrpflichtigen ihrer Körpergröße nach noch nicht ganz erwachsen –, bestätigen sie jedenfalls die auch sonst bekannte Tatsache, dass die Schweden eines der stattlichsten Völker der Erde sind, sowie dass Hellfarbigkeit für sie höchst charakteristisch ist. Aber auch diese Züge sind nicht auf die verschiedenen Teile des Landes gleichmäßig verteilt. Die südlichsten Provinzen, Schonen und besonders Blekinge, hatten wie Wästerbotten und Lappland die kleinsten Rekruten. Die durchschnittliche Größe für ganz Schweden (ausgenommen Lappland) ist nach den vom Rassenbiologischen Institut gesammelten Angaben 172,3 cm, in einigen Landschaften des Reichs sogar viel höher, auf dem verhältnismäßig isolierten Gotland z. B. 173,7 cm. In der Frage nach der Blondheit nimmt Dalsland wieder die erste Stelle ein, während die meisten norrländischen Landschaften, die an die Zone einer brünetten Lappenbevölkerung grenzen, auch in dieser Beziehung zurücktreten. Nach den Ergebnissen des schwedischen Rassenbiologischen Instituts (die mit den Angaben der »Anthropologia Suecica.« in dieser Beziehung im Allgemeinen sehr gut übereinstimmen) verteilt sich die Augenfarbe in Schweden (außer Lappland) auf folgende Weise: helle Augen 87,1 %, melierte Augen 8,0 %, braune Augen 4,9 %, die Haarfarbe so: hellblondes 6,8 %, dunkelblondes oder cendréfarbiges 62,7 %, braunes 25,0 %, schwarzbraunes 2,0 %, schwarzes 0,2 %, rotes 3,3 %.

Für die Steinzeit Norwegens wäre es nach H. Shetelig (Primitive Tider S. 351) immer noch zu gewagt, in der Rassenfrage eine bestimmte Anschauung vorzuführen. Die heutige Bevölkerung ist jedenfalls anthropologisch weit weniger gleichartig als die schwedische. Hin und wieder, und zwar besonders im Osten, begegnet man Gegenden mit ausgeprägter Dolichocephalie, im größeren Teile des Landes herrscht aber Mesocephalie, an gewissen Orten – sowohl an der Süd- als an der Nordküste – sogar überwiegende Brachycephalie. Nach H. Bryn ist der Mittelindex in ganz Trøndelag an der Hand eines großen Rekrutenmaterials (2000) 78,0, in ganz Norwegen östlich des Gebirges 77,45. Was die Körperlänge betrifft, erreichen die heutigen Norweger indessen fast denselben Mittelwert wie die Schweden: in ganz Trøndelag beträgt dieser unter 21-jährigen Männern 172,0 cm, in Norwegen östlich des Gebirges unter 21-jährigen Männern 172,2 cm.

Anthropologische Untersuchungen liegen nunmehr auch für Island vor: der Kopfindex zeigt unter 844 männlichen Individuen im Alter von 20–40 Jahren einen Mittelwert von 78,13, die Körpergröße einen Mittelwert von 173,5 cm. Was die Farbenmerkmale betrifft, begegnen uns auf Island wie in Norwegen gleichartige Verhältnisse wie in Schweden. Die Ergebnisse der bisherigen Untersuchungen bestätigen unbedingt die herrschende Auffassung von der überwiegend hellen Komplexion der Nordländer.

In Dänemark zeigt die heutige Bevölkerung etwa dieselbe Mischung wie das jüngere Steinzeitvolk: 70 % sind Langschädel, 30 % Kurzschädel oder Übergangsformen. Die Durchschnittshöhe der Männer ist geringer als in Schweden und Norwegen (167 cm). Von den Farbenmerkmalen fehlt mir eine Statistik.

Die ansehnliche Körpergröße und die helle Komplexion sind also spezifisch skandinavische Eigenschaften, die gegen Süden abnehmen. Sie sind aber nicht, wie man früher anzunehmen geneigt war, mit ausgeprägter Dolichocephalie verbunden: Der Durchschnittsskandinavier von heute ist vielmehr mesocephal. Die Rede von den hoch gewachsenen, blauäugigen, hellhaarigen und – langschädeligen Skandinaviern, die in unserer anthropologischen Literatur lange herkömmlich war, ist daher unberechtigt. Diesem Urteil ist auch die besonders früher herrschende Anschauung unterworfen, dass die genannten Eigenschaften den »reinen Indogermanen« zukämen, die man daher aus Skandinavien herleiten wollte. Von Südschweden und Dänemark gelangt man – hebt mit Recht F. Kauffmann in seiner Altertumskunde 164 hervor – ohne Unterbrechung durch Norddeutschland zu einem großen Ausbreitungsfeld von Kurzschädeln in Mitteleuropa, wo die Indogermanen noch dichter sitzen als in der Ostseezone. Dieser Zustand führe darauf, dass gerade im Norden eine ganz eigenartige Rassenmischung stattgefunden habe, deren Ergebnis eine durchschnittliche Körpergröße von mehr als 170 cm und eine um mehr als das Doppelte die Kurzschädel überwiegende Anzahl von Langschädeln gewesen sei.

Die eben erwähnte mitteleuropäische Kurzschädelzone ist in unserer Zeit ihrer Sprache nach hauptsächlich deutsch, aber anthropologisch macht sie den Eindruck, sehr gemischt zu sein, und ist tatsächlich das Ergebnis einer Verschmelzung von mehreren verschiedenen Volkselementen: germanischen, keltischen und slawischen, wozu ein vorgeschichtliches unbekannter nichtindogermanischer Herkunft hinzukommt. Diese ungleichartigen ethnischen Bestandteile führten selbstverständlich nicht zu einem einheitlichen Volkstypus im Sinne des skandinavischen. Leider ist Deutschland, und zwar besonders Mittel- und Norddeutschland, immer noch eines der rassenkundlich mindest erforschten Länder, aber dank den bahnbrechenden, nach naturwissenschaftlicher Methode ausgeführten Untersuchungen eines Rudolf Virchow (1821–1902) sind mindestens die Hauptzüge auch der deutschen Anthropologie uns bekannt geworden. Die besonders für Schweden so kennzeichnende Langschädelform hat sich nicht als gemeingermanisch erwiesen. In den alemannischen und fränkischen so genannten Reihengräbern ist sie allerdings eine sehr beständige. Aber bei den friesischen Schädeln ist – hebt Virchow schon im Jahre 1876 hervor – der durchgreifende Charakter seit 1000 Jahren »eine stark zur Brachycephalie neigende Mesocephalie«. Wie groß die Unterschiede in der Zahl der Schädelformen in den verschiedenen Gegenden Nord- und Mitteleuropas heutzutage sind, lehrt eine von J. Franke i. J. 1889 veröffentlichte Tabelle, in welcher die Mesocephalen weggelassen sind. Unter den Norddeutschen (Friesen), die im Lichte der geschichtlichen Überlieferung betrachtet als der verhältnismäßig reinste der kontinentalgermanischen Stämme, ja als ein nahezu ganz unvermischter erscheint, kommen auf 100 Köpfe nur 18 Langschädel[1] (Index unter 75), aber 31 Kurzschädel (Index 80 und mehr), wobei es jedoch vielleicht kein Zufall ist, dass bei den Mittel- und Ostfriesen die Brachycephalie, bei den Zuidersee-Insulanern dagegen die Dolichocephalie ein wenig mehr in den Vordergrund tritt. Die Dänen zeigen nach derselben, jetzt etwas veralteten Statistik (vgl. S. 80 oben) 57 Dolichocephalen und nur 6 Brachycephalen, aber bei den Mitteldeutschen (Franko-Thüringern) verhalten sich die Langschädel zu den Kurzschädeln wie 12:66, bei den Süddeutschen (Altbayern) wie 1:83, bei den Tirolern bei Bozen wie 0:90.

Die angeführten Zahlen beweisen so klar wie nur möglich, dass die brachycephale Schädelform heute unter den Deutschen die weitaus herrschende ist. Die Annahme einer einfachen »urgermanischen« Schädelform wurde auch schon von Virchow mit vollem Recht als »durchaus willkürlich« abgelehnt. Niemand habe den Nachweis geliefert, dass alle Germanen dieselbe Schädelform besaßen oder dass sie eine von Anfang an ganz einheitliche Nation bildeten, als deren reinsten Typus man die Sueven und Franken anzusehen hätte – diese Aussage kann heutzutage als allgemein anerkannt gelten, und es ist wohl eine starke Übertreibung, wenn dennoch H. Günther in seiner *Rassenkunde des deutschen Volkes* (12. Aufl. S. 344) aus den Skelettresten der genannten südgermanischen Reihengräber schließen zu können glaubt, Mittel- und Westeuropa möge noch in der Merowingerzeit etwa so »nordisch« gewesen sein wie heute Schweden.

Was den sonstigen »germanischen Typus« anbetrifft, hat die seit der Römerzeit berühmte germanische Blondheit, die noch heutzutage für die Skandinavier so bezeichnend ist, unter den heutigen Kontinentalgermanen eine sehr ungleiche Verteilung. Wir wissen dies durch die Ergebnisse der in den Jahren 1874–77 durchgeführten Virchow'schen Schulkinderuntersuchung, die sich auf nicht weniger als 10 Millionen Kinder erstreckte und ganz Deutschland, Österreich, die Schweiz und Belgien umfasste. Als »Blonde« wurden hier aufgenommen: Kinder mit heller Haut, blondem Haar und blauen Augen, als »Braune«: Kinder mit dunkler Haut, braunem oder schwarzem Haar und braunen Augen. Die Zahl der so bestimmten Blonden stieg in Deutschland auf 31,8 %, in Österreich auf 19,7 %, in der Schweiz auf 11,1 % (während die schwedische Heeresuntersuchung 1897–99 54 % »Blonde« in Schweden zählt). Die »Braunen« dagegen zeigten in Deutschland 14,05 %, in Österreich 23,17 %, in der Schweiz 25,7 % (die schwedische Heeresuntersuchung aber 3 %, die italienische 66,3 %).

Von besonderem Interesse sind hierbei die Erhebungen in Preußen und Bayern, wo sie die größten Gebiete umfassen und eine Vergleichung des Nordens und des Südens gestatten. Es wurden hier im Ganzen 4 127 766 preußische und 760 379 bayrische Kinder untersucht. Man ersieht aus den Verhältniszahlen der beiden Landschaften, dass die blonde Rasse im Norden, die brünette im Süden stärker vertreten ist. Die historischen Merkmale des altgermanischen Typus fanden sich in Preußen bei mehr als einem Dritteil (35,47 %), in Bayern nur bei einem Fünfteil (20,36 %) der Schulkinder, und die drei Kategorien der brünetten Rasse (braune Haare, braune Augen, weiße Haut; braune Haare, braune Augen, braune Haut; schwarze Haare, braune Augen, braune Haut) ergaben in Preußen 11,63, in Bayern dagegen 21,09 %, also im Süden fast die doppelte Zahl, und dabei ist nicht zu übersehen, dass die rein braune Gruppe (Nr. 3 bei Virchow) in Bayern mehr als doppelt, die schwarze (Nr. 4) sogar mehr als viermal so stark vertreten ist als in Preußen. In Bayern selbst stellt sich ein ähnlicher Gegensatz der nördlichen und südlichen Kreise heraus, wobei ganz besonders das Donaugebiet als die Verbreitungsstraße der Braunen hervortritt. Der Norden, aus welchem dereinst die blonden Eroberer, die Kimbern, die Sueven, die Franken und die Sachsen hervorbrachen, ist immer noch am reichsten an hellfarbiger Bevölkerung, und es unterliegt wohl kaum einem Zweifel, meint Virchow mit Recht, dass die braunen Elemente, wenn anders sie einwanderten, vom Süden und nicht vom Norden gekommen sind, oder dass, wenn sie vor der hellfarbigen Einwanderung schon im Lande saßen, sie nicht nach Norden, sondern zum Teil nach Süden, zum Teil auch nach Westen zurückgedrängt worden sind, der einen ähnlichen Gegensatz zeigt wie der Süden.

So überzeugend deutlich dieses Bild auch sein mag, so werden wir doch, setzt Virchow fort, wahrscheinlich darauf verzichten müssen, seine Analyse in eine so nahe Verbindung mit den historischen Überlieferungen zu bringen, dass für jeden Landesteil das allmähliche Werden der jetzigen Zustände ersichtlich werden könnte. In den acht Jahrhunderten von Augustus bis auf Karl den Großen haben die Völkerschaften Deutschlands so vielfach ihre Sitze gewechselt, dass von vielen jede Spur verloren gegangen ist. Für den Beginn weiter gehender Forschungen habe man daher mit Vorsicht zu wählen, wo man den Hebel der naturwissenschaftlichen Untersuchung am sichersten auf den beglaubigten Untergrund historischer Überlieferung aufsetzen könne. Solcher Gegenden gebe es in Deutschland äußerst wenige, vielleicht nur eine einzige, und das sei Friesland. Den sehr eingehenden Virchow'schen Untersuchungen der Rassenverhältnisse dieses Landes entnehme ich hier nur die interessante Zusammenstellung der ostfriesischen Zahlen mit den Gesamtzahlen für Preußen und Bayern. Der »blonde« Typus (blonde Haare, blaue Augen, weiße Haut) zeigt in Ostfriesland 44,04 %, in Preußen 35,47, in Bayern 20,36, der so genannte brünette Typus (mit allen ihren Variationen) in Ostfriesland 6,30 %, in Preußen 11,63, in Bayern 21,09 %. Und in den noch nördlicher liegenden so genannten Uthlanden (auf den nordfriesischen Inseln Föhr, Sylt, Pellworm, Nordstrand, Amrum, Rømø) zeigt sich die Hellfarbigkeit der Bevölkerung noch deutlicher, besonders wenn man die Einzelergebnisse in Bezug auf Haar- und Augenfarbe zusammenstellt. Man erhält dann die Zahlen: blaue Augen 60,66 %, braune Augen 11,14 %, blonde Haare 82,40 %, braune Haare 15,53 %, brandrote Haare 0,55 %. Im Ganzen lehrt also dies, dass der früher hervorgehobene Gegensatz in der Verteilung der hellen und dunklen Bevölkerung zwischen dem Norden und Süden sich nur noch mehr verschärft, wenn man das äußerste Glied der nördlichen Bevölkerung für sich in die Vergleichung eintreten lässt.

Die Virchow'sche Schulkinderuntersuchung umfasste also nur die Feststellung der Haar-, Haut- und Augenfarben, nicht auch die der Körperhöhe, Kopfform, Gesichtsform usw., entsprach somit lange nicht in allem den Ansprüchen einer modernen Rassenforschung. Zu einer Minderung des Wertes der Schulkinderuntersuchung trägt wohl auch – bemerkt H. Günther in seiner Rassenkunde des deutschen Volkes – das Nachdunkeln bei, das in Europa meist als eine Folge der Bastardierung: als ein Hinweis auf entweder nordische oder ostbaltische Blutbeimischung betrachtet wird. Doch ist das Nachdunkeln wohl bei weitem nicht so häufig bei Zusammenfassung der drei Merkmale: helle Haut, helle Haare, blaue Augen, da es schon bei Zusammenfassung zweier Merkmale (helle Haare, helle Augen) nicht mehr so gewöhnlich ist wie bei Braunäugigen, die als Kinder helle Haare hatten. Die Virchow'schen Ergebnisse können daher im Großen und Ganzen noch heute einer Rassenkarte des deutschen Sprachgebietes zugrunde gelegt werden. In der Hauptsache werden sie durch die Untersuchungen des englischen Rassenforschers Parsons an deutschen Kriegsgefangenen in England bestätigt. Ein Vergleich ist dadurch erschwert, dass der Engländer seine Untersuchungen an Erwachsenen vorgenommen hat, bei denen sich das Nachdunkeln meist schon ausgewirkt hat, aber die Verteilung der Haut-, Haar- und Augenfarben in Deutschland scheint in der Zwischenzeit der beiden Untersuchungen (1874–1919) jedenfalls keine nennenswerten Verschiebungen erfahren zu haben, d. h. die gegenseitige Stellung der Gebiete deutscher Sprache zueinander, ihre verhältnismäßige größere oder geringere »Helligkeit« zeigt sich im Großen und Ganzen in gleicher Abstufung heute wie vor 50 Jahren, ja vielleicht wie vor einigen Jahrhunderten. Diese größere oder geringere Helligkeit der einzelnen deutschen Landschaften ist nach Günther durch nordisches und »ostbaltisches« Blut bedingt. Innerhalb der hellen Gebiete hätte man nach Parsons' Karten mit zwei Rassen zu rechnen: einer hoch gewachsenen, langschädlig-schmalgesichtigen, die im Nordwesten Deutschlands am stärksten vertreten sei, und einer kurz gewachsenen, kurzschädlig-breitgesichtigen, die besonders dem Nordosten (Ostpreußen, Posen) charakteristisch sei. Beide Rassen seien hellhaarig und helläugig. Erst in Mittel- und Südwestdeutschland verbänden sich niedriger Wuchs und Kurzköpfigkeit mit dunklen Farben. Norddeutschland hingegen zeige bei gegen Osten abnehmendem Wuchs und zunehmender Kurzköpfigkeit keine Abnahme der Helligkeit, ja in Posen und Ostpreußen, wo die Körperhöhe (vielleicht als Folge eines »ostbaltischen« Rasseneinschlags) besonders sinkt, sogar wieder eine Zunahme der Helligkeit.

Dass der blonde Germanentypus in Mittel- und vor allem in Süddeutschland nicht mehr der vorherrschende ist, beruht also zweifelsohne auf Rassenmischung mit fremden Volkselementen. In ältester Zeit hat man eine den Alpengegenden eigentümliche nicht-indogermanische so genannte alpine Urrasse in Betracht zu ziehen, in etwas jüngeren Zeiten Kelten, Thrazier, Ungarn, Rumänen und Slawen.

In der Frage nach dem Zentrum des ältesten Ausbreitungsgebietes der Germanen ist also – wenn wir das oben Bemerkte zusammenfassen wollen – die vor- und frühgeschichtliche Hirnschädelbildung als ein sehr unzuverlässiges Beweismittel zu betrachten. Bedeutsamer ist jedenfalls die mehr oder weniger ausgeprägte Hellfarbigkeit, die man schon in der Zeit der ältesten klassischen Überlieferung als ein wichtiges germanisches Körpermerkmal empfand. Da der helle Typus in gewissen norddeutschen und skandinavischen Landesteilen, vor allem im mittleren Schweden, wo die Bedingungen ihrer Erhaltung vor fremden Einwirkungen günstiger als anderswo waren, am allerreinsten erscheint, ist dies offenbar als Anzeichen davon zu betrachten, in welcher Richtung man die älteste Heimat der Germanen zu suchen hat.

Wegen der antiken Nachrichten über die körperlichen Eigenschaften der Germanen vgl. noch O. Bremer, *Ethnographie* §§ 22–25 und vor allem E. Norden, *Die germanische Urgeschichte in Tacitus Germania*, Leipzig u. Berlin 1920, bes. S. 105 ff.

Zu der steinzeitlichen Rasse Schwedens vgl. noch C. M. Fürst. *Zur Kraniologie der schwedischen Steinzeit* (Kgl. Svenska Vetenskapsakademiens Handlingar, Bd. 49, Nr. 2, 1912).

Zu dem Retzius-Fürst'schen Rassenwerke vergleiche man noch das reiche Bildermaterial bei H. Lundborg, *Svenska folktyper*, Stockholm 1919, sowie die soeben erschienenen statistischen Mitteilungen von Dr. phil. I. Florström: *Skilda antropologiska typer inom Sverges landsbygdsbefolkning, härads-(tingslags-)vis. Preliminär översikt (i utdrag).* Lund 1926. Das anthropologische Hauptwerk für das heutige und ehemalige Schweden (mit guten Überblicken über die übrigen nordischen Länder) ist: H, Lundborg und F. J. Linders, *The Racial Characters of the Swedish Nation. Anthropologia Suecica* MCMXXVI (XIV + 182 + 108 Seiten in Folio, 45 Abbild. usw.), Uppsala 1926.

Zur norwegischen Anthropologie vgl. eine Reihe Arbeiten von H.

Bryn, besonders *Trøndelagens antropologi. Bidrag til belysning av det norske folks antropologi i begynnelsen av det 20: de aarhundrede* (Det Kgl. norske videnskabers selskabs skrifter 1917, nr. 2, Trondhjem 1918) und *Anthropologia Norwegica I. Det østenfjeldske Norges antropologi* (Skrifter utgit av Det Norske Videnskaps-Akademi i Oslo, I, Mat. naturv. Klasse 1925, nr. 6, Oslo 1925).

Zur isländischen Anthropologie vgl. G. Hannesson, *Körpermaße und Körperproportionen der Isländer. Ein Beitrag zur Anthropologie Islands*, Reykjavik 1925. Vgl. dazu K. Hildén, *Die Runõ-Schweden in anthropologischer Hinsicht*, Helsinki 1926 (Fennia 47, nr. 3). mit Referaten der skandinavischen Ergebnisse.

Zur deutschen Anthropologie vgl. R. Virchow, *Beiträge zur physischen Anthropologie der Deutschen, mit besonderer Berücksichtigung der Friesen* (Abhandl. der Kgl. Akad. der Wiss. zu Berlin 1876, Phys. Klasse, 1. Abteil.); J. Franke, *Somatisch-anthropologiscbe Beobachtungen*, bei A. Kirchhof, Anleitung zur deutschen Landes- und Volksforschung VIII, Stuttgart 1889, *Der Mensch*. 3. Aufl., Leipzig 1911; H. F. K. Günther, *Rassenkunde das deutschen Volkes*, 12. Aufl., München 1928.

Anmerkung 1. In der Frage nach den steinzeitlichen Rassen Dänemarks ist außer der S. 58 referierten Ansicht von Sophus Müller auch eine zweite wenigstens der Erwähnung wert. Nach H. A. Nielsen, *Bidrag til Danmarks forhistoriske Befolknings – saerligt Steinåhldersfolkets – Anthropologie* (Aarbøger f. n. Oldkyndighed 1906, S. 237 ff.), *Ydertigere Bidrag til Danmarks Stenaldersfolks Anthropologie* (Aarbøger f. n. O. 1911, S. 81 ff.) und *Fund i Sværdborg og Mullarup moser af Skeletdele af Mennesker fra den ældste Stenalder* (Aarbøger f. n. O. 1921, S. 205 ff.) waren die ältesten bekannten Menschen Dänemarks von einem hoch gewachsenen palaeolithischen Typus, der an die französische Cro-Magnon-Rasse sehr erinnerte. Etwa denselben Standpunkt vertreten für Schweden, in Schriften die zu § 13 angeführt werden, O. Montelius (*De mandelformiga flintverktygans ålder*) und S. Lindqvist (*Den nordiska benåldern*): beide gelangen zu dem Ergebnis, dass der langschädelige, sog. nordische Typus mit dem Cro-Magnon-Typus sich deckte und unter den nach der Eiszeit in den Norden eingewanderten Rassen der älteste war. Der schon in der jüngeren Steinzeit nicht seltene skandinavische Kurzschädeltypus wäre dann jüngeren Ursprungs. Vgl. auch die Übersicht bei B. Nerman, *Die Her-*

kunft und die frühesten Auswanderungen der Germanen, Kap. I: *Der Ursprung der Germanen* (s. oben). Gegen die Herleitung der indogermanischen Bevölkerung Skandinaviens aus dem spätpaläolithischen Cro-Magnon-Typus spricht aber ganz entschieden, dass die indogermanische Völkerwelle, nach heutiger sprachwissenschaftlicher Anschauung, in diesen fernen Zeiten (nach Montelius etwa 7000–5000 v. Chr.) Frankreich noch nicht erreicht hatte. Der westlichste Zweig der ältesten kontinentalen Indogermanen, die Kelten, wohnten nach dem im § 18 Gesagten in den mittleren und westlichen Teilen des Kontinents, in der Nähe der Prägermanen, und zwar wesentlich wohl nicht weit westlich von dem Rheinstrome. Vgl. z. B. Hirt, *Die Indogermanen* II, Karte IV, K. F. Johansson, Fig. 3: *Indogermanernas utbredning* bei G. Ekholm, De arkeologisk-etnologiska problemen i Östersjöområdet (Ymer 1923, S. 63). Die große Bedeutung der zur Kontrolle herangezogenen sprachlichen Gesichtspunkte zeigt sich hier schon in Bezug auf die Urgeschichte der Indogermanen. Gegen die Cro-Magnon-Hypothese erheben sich in letzter Zeit auch archäologische Bedenken (s. G. Ekholm, *Ymer* 1926, H. 2).

Anmerkung 2. Mit dem genannten Cro-Magnon-Typus beschäftigt sich auch der böhmische Anthropologe F. Paudler in dem 1924 erschienenen anregenden Werke *Die hellfarbigen Rassen und ihre Sprachstämme, Kulturen und Urheimaten* (Heidelberg, Carl Winter). Der physische Typus der Germanen sei ein Mischtypus zwischen gewöhnlicher (»nordischer«) heller Rasse und sog. heller Cro-Magnon-Rasse. Die erstgenannte wäre indogermanischen Ursprungs und vom Südosten eingewandert, die Letztere vorgermanisch und ureinheimisch. Paudlers in dieser Frage benutztes Material ist aber aus dem Werke »Anthropologia suecica« geholt und lässt so weitgehende Schlussfolgerungen nicht zu, wie mir von berufenster Seite: Prof. Carl Fürst (durch die Vermittlung des Sprachforschers und Anthropologen Dr. R. Nordenstreng in Uppsala) brieflich mitgeteilt wird. D. h. die Möglichkeit eines Cro-Magnon-Einschlages in der Bevölkerung der germanischen Länder hat Fürst damit nicht verneint: Er hält nur die Sache nicht für erwiesen oder aus dem vorhandenen Stoffe erweisbar.

Anmerkung 3. Eine in der letzten Zeit gefundene neue rassenkundliche Methode, die auf den Reaktionen des Blutes fußt, möge hier wenigstens angedeutet werden. Die Bedeutung der Blutreaktion für die

Erforschung der Menschenrassen wird heutzutage ziemlich allgemein benutzt. Ringsum in der Welt in zahlreichen Ländern ausgeführte Blutgruppenuntersuchungen der letztverflossenen Jahre haben erwiesen, dass die Menschen bezüglich der Beschaffenheit ihres Blutes in vier deutlich getrennte Gruppen verteilt werden können, die man in der Fachliteratur mit A, B, O und AB bezeichnet und von denen jede ihren konstanten und eigentümlichen Bluttypus besitzt. Die vier Typen sollen durch zwei oder drei nach den Mendel'schen Gesetzen sich vererbende Anlagen bedingt sein, die sich in verschiedener Weise kombinieren. Ihre nach Prozenten berechnetes Vorkommen bei einem jeden der bisher untersuchten Völker ist konstant. In Ungarn z. B. ist der »Rassenindex« (nach der Hirschfeldschen Formel $\frac{A + AB}{B + AB}$) der Deutschen ganz derselbe wie derjenige der Deutschen in Deutschland, von denen die erstgenannten mehrere Jahrhunderte getrennt gewesen sind. Die ungarischen Zigeuner zeigen denselben Index wie die Inder, von denen sie sich etwa 800 Jahre früher abgezweigt hatten, während der Index der ungarisch-sprechenden Ungarn sich demjenigen der Türken nähert. Bei verschiedenen Völkern kommen aber recht große Unterschiede vor. So ist z. B. der sog. A-Typus allgemeiner in Westeuropa und nimmt gegen Osten ab, während der B-Typus seine größte prozentuale Ausbreitung in Ostasien zeigt und gegen Westen seltener wird. Es bietet sich vielleicht hier ein neues wichtiges Hilfsmittel der anthropologischen Forschung dar. Die heutigen Ergebnisse sind gewiss mehr vorbereitender Art, aber schon die bis jetzt erzielten (Hirschfeld'schen) Indexübereinstimmungen zwischen den germanischen Völkern, die ich hier nach einem Übersichtsartikel (in der finnl. Zeitschr. Duodecim, Jahrg. 1925, Nr. 9) des finnländischen Serologen Prof. O. Streng zitiere, fallen sehr auf: Die Deutschen zeigen den Index 2,8, die Dänen 2,5, die Deutschen in Schleswig-Holstein 3,1, die Schweden 3,3 beziehungsweise 3,5, die Norweger 3,3, die Isländer 3,3. Vgl. dagegen die ungarischen Zigeuner mit 0,6, die Japaner mit 1,7, die Chinesen mit 0,8, die Indianer mit 9,6 usw. In Finnland weist Streng in dem angeführten Aufsatze einen deutlichen Unterschied zwischen Finnen und Schweden sowie zwischen Finnen und Russen nach. Eine übersichtliche graphische Darstellung der Ergebnisse auf dem Gebiete der Blutgruppenforschung gibt Streng in seiner Schrift *Eine Völkerkarte, eine graphische Darstellung der bisherigen Isoagglutinationsresultate* (Acta societatis medicorum fennicae »Duodecim«, Tom. VIII, Fasc. 1, Helsinki 1926). Vgl. dazu O. Streng und Elsa Ryti, *Die Blutgruppenverteilung bei Gesunden und Kranken in Suomi* (Finnland) (ebenda, Fasc. 6, Helsinki 1927). Beide Untersuchungen beruhen auf der Bernstein'schen Theorie der drei Erbfaktoren (Klin. Wochenschr. 1924). Aus der Streng'schen Karte lässt sich direkt herauslesen, wie groß oder klein der Unterschied zwischen den in dieser Hinsicht untersuchten Völkern ist. Die unten abgedruckte, von Prof. Streng mir gütigst zur Verfügung gestellte neu revidierte und ergänzte Völkerkarte fasst die bisherigen Ergebnisse zusammen. Daraus wird die Leistungsfähigkeit der Blutgruppenforschung für die Anthropologie einigermaßen ersichtlich. Man beachte die den verschiedenen Völkern auf der Karte erteilten Plätze. Die Nummern der Karte bezeichnen folgende Volksgruppen[2]: 1 = Deutsche, 2 = Deutsche in Ungarn, 3–4 = D(eutsche) in Rumänien, 5 = D. in Leipzig, 6 = D. in Kiel, 7 = D. in Berlin, 8 = D. in Schleswig-Holstein, 9 = D. in der Schweiz, 10 = D. in Frankfurt, 11 = D. in Köln, 12 = D. im Rheinland geboren, 13 = D. in Potsdam, 14 = D. in Angeln, 15 = D. in Frankfurt, 16 = D. in Herne, 17 = D. im Nordostharz, 18 = D. in Peterstal, 19 = D. in Berchtesgaden, 20 = D. in Zürich, 21–22 = Deutsche, 23 = D. in Amerika, 24–25 = Engländer, 26–33 = Nordamerikaner, 34–35 = Schotten, 36–37 = Franzosen, 38–39 = Österreicher, 40 = Belgier, 41 = Holländer, 42–44 = Schweden, 45 = Skandinavier, 46 = Norweger, 47–48 = Dänen, 49 = Isländer, 50 = Grönländer, 51–56 = Italiener, 57 = Malteser, 58 = Serben, 59 = Griechen, 60 = Bulgaren, 61 = B. in Rumänien, 62–64 = Rumänen in Rumänien, 65 = R. in Transsylvanien, 66 = Slovaken, 67 = Kleinrussen, 68–68a = Polen, 69 = Tschechen, 70–75 = Russen, 76–81 = Ungarn, 82 = Lappen in Finnland, 83–34 = Lappen in Schweden, 85–87 = Finnen in Finnland, 88 = Finnen in Westfinnland, 89 = F. in Ostfinnland, 90 = F. in Nordfinnland, 91 = F. insgesamt, 92 = Finnlandschweden in Wörå usw. (Mittel-Österbotten), 93 = Finnlandschweden in Närpes usw. (Süd-Österbotten), 94 = Finnlandschweden auf Åland, 95 = Tataren, 96 = Baschkiren, 97 = Türken, 98 = Araber, 99 = Chinesen, 100 = Malaien, 101–106 = Chinesen, 107–125 = Japaner, 126–130 = Koreaner, 131 = Jawanesen, 132 =

Sumatraner, 133 = Holländisch-Indier, 134–135 = Mandschuren, 136–137 = Karafuto, 138–143 = Philippiner, 144–151 = Aino-Volk, 152–162 = Formosaner, 163–166 = Australier, 167 = Melanesier, 168 = Indochinesen, 169 = Inder, 170 = Zigeuner, 171–174 = Indianer, 175–179 = Neger, 180 = Armenier, 181–184 = Juden.

Zur Erläuterung dieser Karte sei nach Streng-Ryti, S. 43 f. noch bemerkt: »Die Verschiedenheiten der großen Volksgruppen, Indianer, Mongolen, Europäer, Neger usw., sind ja deutlich genug wahrzunehmen. Dass aber auch ganz verschiedene Völker beinahe dieselbe Gruppenverteilung aufweisen können, ist auf der Karte ebenfalls zu sehen, was auch ganz natürlich ist, denn jede jetzt existierende Blutgruppenverteilung kann als Resultat von in verschiedener Richtung – rechts und links, oben und unten in der Karte – erfolgten Völkermischungen entstanden sein. Zwei nebeneinander auf der Karte stehende »Völkerpunkte« beweisen also nicht, dass die resp. Völker miteinander verwandt sind; sie sind nur in isoagglutinatorischer Hinsicht (ihrer Blutgruppenverteilung nach) einander ähnlich. Wie eine Mischung mit anderen Völkern, so kann auch eine isolierte Entwicklung eines durch den Zufall zusammengesetzten Volkssplitters, z. B. auf einer Insel, eine von der ursprünglichen abweichende Gruppenverteilung zur Folge haben. Sonst scheint diese Verteilung bei einem homogenen Volke – genügend große und einwandfrei gemachte Observationen vorausgesetzt – konstant zu sein. Jedenfalls ist eine Veränderung derselben durch irgendwelche andere äußere Einflüsse (wie etwa durch Krankheiten) bis jetzt nicht bewiesen. Mit historischen, philologischen, archäologischen u. a. Tatsachen kombiniert scheint uns die serologische Forschung eine gute Ergänzungsmethode für die Anthropologie zu bedeuten …« (Tafel IV. Abb. 4)

1 Bremer, *Ethnographie* § 25 (S. 767) nennt hier nur 12 Langköpfe, aber dies ist ein nicht berichtigter Druckfehler.

2 Näher in der von Streng und Ryti herausgeg. Schrift S. 45 ff.

§ 22. Dass das älteste Zentrum der germanischen Stämme in Nordeuropa lag, und zwar zunächst in den Ländern des südlichen Ostseebeckens, wobei das südliche und mittlere Skandinavien mit umliegenden Inseln einbegriffen ist, scheint ferner aus einigen Wanderungssagen sowie aus gewissen auf Skandinavien hinweisenden Völker- und Ländernamen hervorzugehen.

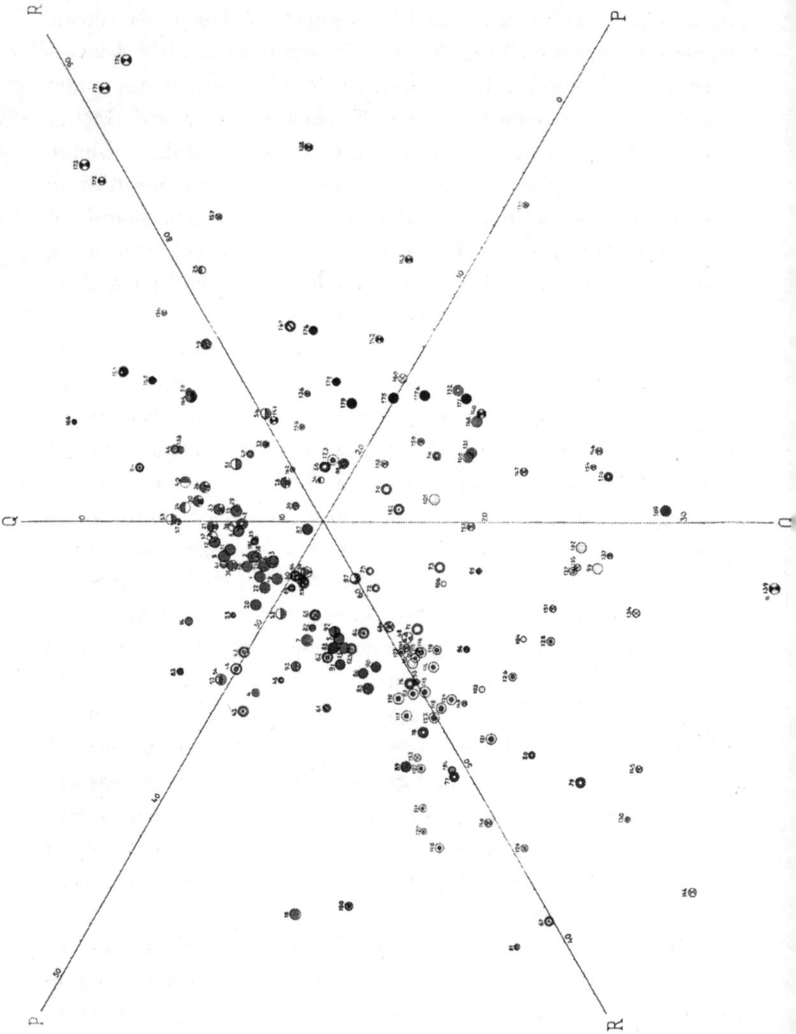

Abb. 4 Völkerkarte nach der Blutgruppenforschung
(Prof. Dr. O. Streng).

Die wichtigste der Wanderungssagen, eine alte gotische Volksüberlieferung, ist durch Jordanes, den lateinischen Schriftsteller, auf uns gekommen. Seiner Herkunft nach selber ein Ostgote, verfasste er um das Jahr 550 ein historisches Werk über das Gotenvolk: *De origine actibusque Getarum*, das eigentlich nur einen Auszug der vom König Theoderich veranlassten zwölf Bücher umfassenden, leider aber verloren gegangenen Gotengeschichte Cassiodors darstellt. Jordanes (ed. Mommsen) berichtet hier an zwei Stellen über die Auswanderung der Goten aus Skandinavien; ihren Aufenthalt im nördlichen Deutschland und ihren Wanderzug von dort. Hier interessiert uns vor allem der Anfang des Berichts, wo es (Get. IV 25) heißt:

»Ex hac igitur Scandza insula, quasi officina gentium, aut certe velut vagina nationum cum rege suo nomine Berig Gothi quondam memorantur egressi: qui ut primum e navibus exeuntes terras attigerunt, illico loco nomen dederunt. Nam odieque illic, ut fertur, Gothiscandza vocatur. Unde mox promoventes ad sedes Ulmerugorum, qui tunc Oceani ripas insidebant, castra metati sunt eosque commisso proelio propriis sedibus pepulerunt, eorumque vicinos Vandalos iam tunc subiugantes suis aplicavere victoriis ...«. Die Auswanderung von Scandia erwähnt Jordanes noch ein zweites Mal, wo von dem Teilstamme der Gepiden die Rede ist, die später angelangt sind und den Inseln in der Weichselmündung den Namen Gepedoios (= Gepederinseln) gegeben haben: *»Meminisse debes* – J. wendet sich an den Mann, dem er seine Arbeit widmet – *me in initio de Scandzae insulae gremio Gothos dixisse egressos cum Berich rege suo, tribus tantum navibus vectos ad ripam Oceani citerioris, id est Gothiscandza. Quarum trium una navis, ut adsolet, tardior nancta nomen genti fertur dedisse; nam lingua eorum pigra gepanta dicitur. Hinc factum est, ut paulatim et corruptae nomen eis ex convicio nasceretur Gepidas. Nam sine dubio ex Gothorum prosapie et hi trahent originem; sed quia, ut dixi gepanta pigrum aliquid tardumque designat, pro gratuito convicio Gepidarum nomen exortum est, quod nec ipsud credo falsissimum: sunt etenim tardioris ingenii et graviores corporum velocitate. Hi ergo Gepidae tacti invidia, dum Spesis provincia commanerent in insulam Visclae amnis vadibus circumactam, quam patrio sermone dicebant Gepedoios ...«*

Der Kern in dieser Überlieferung ist, dass die Goten einst unter einem König aus Scandia (geschr. Scandza) nach der Weichselniederung kamen, dass ein Zweig von ihnen, die Gepiden, etwas später übersiedelten und dabei den Inseln an der Flussmündung den zusammengesetzten Namen *Gepidoios* (ostgot. Form für **Gepid-aujōs*) gaben, dass ferner die Goten bei ihrer Ankunft die an der Küste wohnenden Ulmerugier (got. **Hulmarugeis*, aisl. *Holm-rygir*, ags. *Holm-rycum* l.*-ryʒum*, D. Pl., ›die Insel Rugen‹) besiegten und vertrieben, vor ihrer Auswanderung nach dem Schwarzen Meere auch die Wandalen unterjochten usw., und es liegt kein Grund vor, die Wahrheit dieser Angaben zu bezweifeln. Der Name Scandza ist, wie gesagt, mit dem germanisch-lateinischen *Scandia* identisch, einer Kürzung von *Scandinavia*, das seinerseits eine von Plinius überlieferte fehlerhafte Variante der sowohl bei ihm als anderen klassischen Autoren vorkommenden Lesart *Scadinavia* (auch *Scatinavia* d. h. **Scathinavia*) darstellt. Dieser zusammengesetzte Name hat sich in aisl. *Skáney*, nschw. *Skåne* (vgl. ags. *Scedenig*) erhalten. Das zweite Kompositionsglied (*-avia*) ist eine Latinisierung des germ. **awī* (got. **awi*, Gen. Sg. *aujōs*) = aisl. *ey* ›Insel‹, nhd. *Aue*, eig. ›feuchte Ebene am Wasser‹. Das erste Glied, germ.-lat. *Scadin-*, ags. *Sceden-(ig)*, das spätnordisch als *Skān-, Skån-, Skan-(ör)* auftritt, ist Gegenstand mehrerer unsicherer Deutungsvorschläge gewesen. Die alte lappische Benennung Skandinaviens *Skadesisuolo* (*-suolo* = ›Aue‹)[1] ist m. E. besonders zu beachten. Die Urvorstellung, die mit dem Namen verbunden war, kann natürlich nicht mehr sicher erschlossen werden, und diese ganze Frage ist hier unwesentlich. Die frühzeitige Übernahme und Umbildung des Namens durch die Lappen beweist jedenfalls, wie schon der Landschaftsname *Skåne* ›Schonen‹ (*Scadinavia*), dass die gotische Stammsage in ihrem »Scandza«, einen ureinheimischen, germanischen Landesnamen überliefert hat.

Auch der Ausdruck *Gothiscandza*, womit Jordanes die gotischen Wohnplätze an der Weichselmündung bezeichnet, ist in verschiedener Weise gedeutet worden. Th. v. Grienberger, *Untersuchungen zur gotischen Wortkunde* (Sitzungsber. d. Wiener Akda., phil.-hist. Kl. Bd. XLII, Wien 1900) und im Anschluss an ihn

R. Much, *AfdA.* 45, 117 haben den Namen als **Gutiskandia* ›got. Küste‹ auffassen wollen (vgl. den Friesengau *Nordendi*). W. Bessell in *Ersch und Grubers Enzyklopädie*, Erste Sektion, Bd. 75, 148 und A. Kock *Svensk historisk Tidskrift* 1905, S. 19 dagegen als **Gothisc-Scandza* (vgl. SCHWEDISCH-POMMERN, RUSSISCH-POLEN usw.). Nach der letzten Deutung weist *Gothiscandza*, wie das einfache *Scandza*, unmittelbar auf Skandinavien als Heimat der Goten. In neuerer Zeit vertreten aber mehrere Forscher die Meinung, dass diese Heimat nicht im eigentlichen Skandinavien, sondern in Gotland zu suchen sei, dessen Bevölkerung schon im Mittelalter den Namen »Gutar« trug. Die Hypothese eines vorhistorischen Zusammenhangs zwischen den kontinentalen Goten und Gotland wurde zuerst von dem Norweger S. Bugge (*Norges Indskrifter med de ældre Runer* I 148 ff.) ausgesprochen, und zwar aufgrund der engen sprachlichen Verwandtschaft zwischen dem Bibelgotischen und der in Gotland vormals wie noch heute gesprochenen Mundart. Für diese Annahme können auch gewisse Berührungen zwischen den Ortsnamen Gotlands und den Gegenden nordöstlich von der Weichselmündung herangezogen werden. Von den bekannten zwei Nehrungen z. B. wurde ursprünglich die Benennung *Neria*, *Nergia* (*Neria Curonensis* bei Duisburg) gebraucht, die einem germ. **naria-* oder **nariō* ›schmale Landzunge‹ entspricht und im Namen des Kirchspiels *När* in Gotland sowie in dem bekannten schwedischen Landschaftsnamen *Närke* wie auch in einigen See-, Insel- und Flussnamen in Södermanland (*Närsjö*, *Närjeholme*, *Närio* oder *Näria aa*) wiederkehrt. Der ostpreußische Flussname *Elbing* (*Ilfing* bei Alfred) ist ein Diminutivum zu schwed. *älv*, aisl. *elfr* (vor allem von *Göta-älv*) = nhd. *Elbe*, lat. *Albis*. Der Flussname *Guthalus* bei Plinius (= Memel od. Pregel?) könnte ein **Gutanus* (sc. *fluvius*) darstellen (vgl. aisl. *himinn*, got. *himins*: as. ahd. aschwed. *himil*) und dann mit dem gotländischen Flussnamen *Guteå* verwandt sein. Auch der Volksname der »Gutar« oder »Goten« selbst findet sich östlich von der Weichselniederung wieder, wenn auch nur in älterer, unverschobener Lautform. Die Litauer benennen noch heute mit dem Namen »Gudden« (lit. *gudai*) die Polen und Weißrussen, deren Vorfahren früher Untertanen der Goten-Gudden waren, d. h. die alten Aisten (Balten) kannten nicht nur die Goten, sondern auch die unter gotischer Herrschaft stehenden Slawen unter dem Namen »gudai«. (Vgl. bes. den unten verzeichneten Aufsatz von Buga, S. 31.) Falls es sich hier um die alten »Gutar« in Gotland handelt, hat der Ausdruck *Scandia* in ältester Zeit die Insel Gotland mit einbegriffen. Auf der Ptolemaeischen Karte von Groß-Germanien (*Wanderungen u. Siedelungen der germanischen Stämme in Mittel-Europa* von R. v. Erckert, Kartenblatt VI) finden sich tatsächlich westlich vom großen *Scandia* drei kleinere Inseln: *Scandiae minores* (die dänischen Inseln): Hieraus erhellt, dass der geographische Begriff *Scandia* schon sehr früh ein allgemeinerer war, als die namengeschichtliche Verbindung *Scandinavia – Skåne* an sich erkennen lässt. Während des älteren Mittelalters waren die Vorstellungen der Südeuropäer über Skandinavien und dessen Umfang begreiflicherweise recht unklar. Der Name bezog sich wohl schon damals auf den skandinavischen Norden im Allgemeinen.

Die neuere Archäologie ist aber nicht geneigt, der vornehmlich mit sprachlichen Argumenten begründeten Hypothese von der gotländischen Abkunft der Goten ohne weiteres beizutreten. Forscher wie G. Kossinna und E. Blume suchen zwar die Heimat der Goten zunächst auf Gotland, aber der Erstgenannte vermutet in seinem letzten Beitrage zur Frage (*Das Weichselland*), dass wohl auch festländische Schwedenstämme, in Sonderheit die Ost- und Westgoten im heutigen Götaland, sich ihnen angeschlossen hätten, und O. Almgren bemerkt in einer Besprechung der Arbeit Blumes, dass die Goten sich durch die Gräber nicht näher an Gotland als an gewisse andere Teile Südskandinaviens, wie an Östergötland, knüpfen ließen und dass, wenn die Goten von Gotland ausgewandert wären, dies früher stattgefunden haben müsste, als jetzt behauptet wird, zunächst am Anfang der Periode 300–150 v. Chr.: wenn, fährt Almgren fort, die Goten erst um oder etwas vor Chr. Geb. nach der Weichselmündung gelangt wären – wie Kossinna und Blume annehmen – dann müsste ihre Hauptmasse nicht von Gotland, sondern von dem Festlande Südschwedens gekommen sein. Diese Beweisführung glaubt B. Nerman ergänzen und wesentlich bestätigen zu können: Eine Zusammenstellung gewisser sprachlicher Gesichtspunkte mit Jordanes' eigenen Angaben sowie mit dem archäologischen Material führt ihn zu der Annahme, dass die Goten nicht aus Gotland, sondern aus dem alten Götaland, Öster- und Västergötland, ausgewandert seien, und dass diese Auswanderung etwa in der Zeit um Chr. Geburt stattgefunden haben müsse. Die ursprüngliche Identität der alten Goten und der Götar (**gautōz*) des schwedischen Festlands wird ferner auch von E. Wessén verfochten, dessen Begründung vor allem religions- und namensgeschichtlicher Art ist. Er meint auch einen Terminus a quo für die Auswanderung angeben zu können. Nach Jordanes hätten die Goten im Kampfe mit Ulmerugiern und Wandalen sich Wohnsitze an der Weichselmündung bereitet. Die gotische Stammsage setze also voraus, dass die Wandalen bereits vor der Ankunft der Goten dort sesshaft waren. Die Wandalen aber sind nach herkömmlicher Meinung etwa gleichzeitig mit einigen anderen Stämmen, nach der römischen Überlieferung in Folge einer Naturkatastrophe, einer gewaltigen Sturmflut, aus der jütländischen Halbinsel, zunächst aus dem alten Vendel (heute Vendsyssel) ausgewandert und nebst Warnen sowie einem Teile der Ambronen ostwärts gegangen, während Kimbern, Teutonen und die Mehrzahl der Ambronen die Elbe entlang zur Donau und Save zogen. Diese kimbrisch-teutonische Völkerwanderung hat den geschichtlichen Zeugnissen gemäß etwa 120 vor Chr. ihren Anfang genommen. Die Goten könnten somit nicht früher an die Weichsel gelangt sein. Anderseits lehrt uns der oben erwähnte litauische *Gudai*-(Gudden-)Name, der den alten Gotennamen in unverschobener Lautform zu bewahren scheint, dass die gotische Einwanderung mit dem jüngsten Standpunkt der schematisierenden archäologischen Chronologie nicht in vollen Einklang zu bringen ist. In der Zeit um Chr. Geb. kann sie nicht stattgefunden haben, denn vom Anfang der Periode nach Chr. ist der Name bereits in lautverschobener Form überliefert (Strabon, Plinius). Die Gotenepoche an der Weichsel wäre hiernach bereits vor der germanischen Medienverschiebung angebrochen: in diesem Falle doch erst im ersten Jahrhundert vor Chr. und mit Rücksicht auf die Chronologie der Lautverschiebung sowie auf die vorgeschrittene Stufe der uns bekannten ältesten gotischen Sprachform (des 4. Jhs.) eher früher als später. Das Ausgangsland der Wanderung ist mit aller Wahrscheinlichkeit nicht nur in Gotland, sondern auch in Götaland zu suchen. Die beiden Landes- und Volksnamen sind nahe verwandt: alte Ablautformen ein und desselben Wortes[2]. Noch die späteren Festlandsgoten fühlten sich dem Gautenstamm zugehörig. *Gautr* war der Stammheros der Gauten-Götar, **Gauts* (Gapts) derjenige der ostgotischen Amaler[3] und das in zahlreiche kontinentalgermanischen Personennamen als 2. Glied eingehende *-gaut* (ahd. *-gôz)* erklärt sich nur, wenn es sich auf die kontinentalen Goten bezieht. – Wegen gewisser auffallender sprachlicher Übereinstimmungen des Gotischen und Nordgermanischen ist Kap. V zu vergleichen.

Von einer südskandinavischen Landschaft, nach einer wahrscheinlichen Annahme den dänischen Inseln, vor allem Seeland, wanderten einstens auch die germanischen *Heruler* gegen Süden aus. Eine Abteilung des Volkes, die es verschmähte, sich unter römische Hoheit zu begeben, fasste im Jahre 512 den Entschluss, von der Donau-Gegend in das äußerste Land in der entgegengesetzten Richtung, nach Skandinavien (Θούλη) zu ziehen, um dort neben den Gauten (οἱ Γαυτοί) neue Sitze zu nehmen. Prokopios, der den merkwürdigen Zug beschreibt (*De bello Gotth.* II 15), sagt zwar nicht, dass die Heruler ehemals Bewohner von Skandinavien gewesen, sodass sie etwa nur wieder in ihre alten Sitze zurückgekehrt wären. Wenn man aber diesen Bericht mit dem bei Jordanes (*Get.* III 23) vorkommenden zusammenstellt: dass die Dänen *»Herulos propriis sedibus expulerunt«*, darf man wohl folgern, dass die Heruler von Haus aus einen südskandinavischen Germanenstamm bildeten. Der herulische Volksname ist tatsächlich in nicht weniger als fünf urnordischen Runeninschriften erhalten, und es wird wohl mit Recht angenommen, dass es die vertriebenen Heruler waren, die die Kunde der gotischen Runen nach dem Norden brachten (vgl. Kap. IV § 45). Auch die Heruler bewahrten vielleicht eine dunkle Ahnung von einer nordischen Heimat, wenn auch dies literarisch nicht überliefert ist.

Aus Nordeuropa stammen sodann auch die LANGOBARDEN. Wie bei den Goten hat die Erinnerung an die alte Heimat sich auch hier in Sage und Ortsnamen erhalten. Im Beginn unserer Zeitrechnung wohnten sie an beiden Seiten der unteren Elbe, in einer Landschaft, die im Mittelalter Bardengau (*Bardangā*) hieß. Der Hauptort, Bardowiek (*Bardanwīc*) lag bei dem heutigen Lüneburg. In diesem Stammlande wird ihrer zuerst im Jahre 5 nach Chr. Erwähnung getan. Von hier brechen Teile des Volkes um 160 auf und ziehen unter wechselvollen Schicksalen gen Süden. Vom Jahre 568 hebt ihre italische Periode an. Der Stammname haftet noch an dem Landschaftsnamen LOMBARDEI, im 15. Jh. *Lombardy, Lumbardie*, mhd. *Lampardîe*, vgl. auch *Lombárde*, 14. Jh. *Lombarder*, it. *Lombardo*, von lat. *Langobardus*. Über den Namen vgl. R. Much, *Hoops' Reallex.* 3, 123 ff. Die Wanderungssage des Volkes ist uns in mehreren alten Quellen bewahrt, deren Berichte zuletzt bei J. V. Svensson, *Namn och bygd* 1921, S. 76 ff. sowie bei B. Nerman (in der u. angef. Schrift) zusammengestellt sind. Die älteste Quelle ist die fränkische sog. *Fredegars-Chronik*, geschrieben um 640 n. Chr., die jüngste eine nordische: die berühmten *Gesta Danorum* des Saxo Grammaticus. Nach den meisten dieser Berichte sind die Langobarden von Skandinavien (Scathanavia, Scadanau, Scadinavia, Scatenauge) ausgewandert. Der zuverlässigste dieser Gewährsmänner, der langobardische Geschichtsschreiber Paulus Diaconus beschreibt in seiner in den achtziger Jahren des 8. Jahrhunderts geschriebenen *Historia Langobardorum* (I 7–11) die Insel Scadinavia, aus der die »Winnilen« (Langobarden) ausgewandert wären, in folgenden Worten, die ganz besonders auf die Landschaft Schonen zu passen scheinen: *»Haec igitur insula, sicut retulerunt nobis qui eam lustraverunt, non tam in mari est posita, quam marinis fluctibus propter planitiem marginum terras ambientibus circumfusa«*. Paulus berichtet u. a. noch, dass die Winnilen (= Langobarden) von den Wandalen angegriffen worden wären, und eine ältere Quelle, *Origo gentis Langobardorum*, geschrieben etwa um 670, verlegt den Kampf in eine Zeit, in der die Langobarden noch in *Scadanau* wohnten. Die Wandalen saßen in ältester Zeit tatsächlich unweit von Schonen, im nördlichsten Jütland, wenn die (schon oben berührte) Hypothese richtig ist. Die nächstfolgende, aus dem Anfang des 9. Jahrhunderts stammende Quelle, die sog. *Historia Langobar-*

dorum codicis Gothani, lässt aber die Langobarden nicht von Skandinavien her, sondern von der Landschaft *Scatenauge* an der Elbe ausgegangen sein, eine Lokalisierung, die sich mit den historisch bewährten Stammsitzen der Langobarden zu decken scheint. Für skandinavische Herkunft sprechen aber auch gewisse positive: rechts- und namengeschichtliche (vgl. R. Much in *Hoops' Reallex.*), wie vor allem archäologische Verhältnisse. Nach den Letztgenannten müsste die Auswanderung aus Schonen beim Übergang zur Eisenzeit oder in der ältesten Periode dieser Epoche geschehen sein. Dies soll mit der archäologischen Erforschung Schonens ausgezeichnet übereinstimmen (B. Nerman, vgl. unten). Sprachliche Indizien, wie Volks- und Ortsnamen, die bestimmt auf Schonen hinwiesen, fehlen aber ganz, denn die von Edw. Schröder (*Germ.-roman. Monatschr.* 10, 65 ff.) und R. Much (in der unten ang. Schrift) herangezogenen norddeutschen *wedel*-Namen beweisen nichts für Schonen, da diese Namen im Norden (sogar in Finland) recht allgemein und auch bei den Westgermanen als einheimisch denkbar sind. Die Hypothese von der skandinavischen Herkunft der Langobarden ist allzu schwach begründet. Möglich ist, dass die langobardische Volkssage von der gotischen beeinflusst ist und dass die Landschaft Scatenau an der Elbe auf Verwechselung mit der schon von Plinius erwähnten Insel Sca(n)dinavia beruht, die im 7–8. Jahrhundert in Südeuropa wohl allgemein bekannt war. Auch in diesem Falle lag aber die älteste Heimat der Langobarden unweit von den Gestaden der Ostsee.

Zu den germanischen Völkern des Kontinents, die hier in Betracht kommen, gehören noch die Burgunden, einer der berühmtesten Stämme der germanischen Völkerwanderung. In die Geschichte treten sie bereits im 1. Jh. n. Chr. durch Plinius unter dem Namen *Burgundiones* ein. Ihre damalige Heimat liegt in Nordostdeutschland. Der griechische Geograph Ptolemaios, der um 150 n. Chr. in Alexandria tätig ist, kennt sie als ein großes Volk in Posen. Später gründen sie das im Nibelungenliede verherrlichte mächtige Burgunderreich am Rhein und sodann, in Ostfrankreich, das Reich Burgund, dessen wir uns im französischen Landschaftsnamen *Bourgogne* immer noch erinnern. In grauer Vorzeit – den archäologischen Untersuchungen gemäß in der Zeit um 150 v. Chr. oder während der letzten Hälfte des 2. Jh. v. Chr. – ist dieses Volk aus der kleinen Ostseeinsel Bornholm, die noch im Mittelalter dem Erzbistum von Lund angehörte und wo noch heutzutage ein dänischer Dialekt gesprochen wird, nach Nordostdeutschland ausgewandert. Die Insel hieß noch im 13. Jh. altbornholmisch *Burgundarholm*, altdänisch *Borghundarholm* und noch im 14. Jh. altwestnordisch *Borgundarholmr*, d. h. die Insel *Borgund*, eig. ›Hochland‹ (*borg* – ›Anhöhe, Hügel‹), genannt so nach ihrer klippigen Küste. Der Inselname liegt in diesem Falle dem Volksnamen zugrunde. Bereits König Alfreds Übersetzung von Orosius' Weltgeschichte aus der Zeit um 900 n. Chr. nennt die Einwohner Bornholms *Burgendas*. Ein Inselname *Borgund* findet sich jedoch auch in Norwegen. Für die Herkunft der Burgunden aus »Skandinavien« findet sich endlich auch ein literarisches Zeugnis. In einer Heiligenlegende, *Vita S. Sigismundi regis* (Mon. Germ., Scriptores rer. Merov. II 333 ff.) heißt es »*Tempore Tyberii senioris Augusti* … *egressu est quaedam gens de insula quam mare Oceanum cingit; cuius vocabulum est Scanadavia, qui ex vocabulo quoque regionis* … *Scanadavii nuncupati sunt. Cumque alia regna vel regiones* … *penetrassent, ibi iussione imperatoris Tyberii burgos ultra flumen Rhenum* … *custodire coacti sunt. Unde et Burgundiones nuncupati sunt et usque hodie Burgundiones vocantur*«. Man hat gemeint, dass diese Angabe auf die langobardische Volkssage zurückginge, aber J. V. Svensson weist a. a. O. gewisse auffällige Verschiedenheiten in den beiden Überlieferungen nach und bemerkt außerdem, dass der Bericht in Vita S. Sigismundi sich mit den Ergebnissen der Altertumsforschung im besten Einklang befindet.

Wie eingewurzelt und verbreitet der Glaube an eine ehemalige Heimat im Norden bei den germanischen Völkern einmal war, erhellt mittelbar daraus, dass sogar Stämme wie Sachsen und Franken, bei denen er keiner Wirklichkeit entspricht, sich ihn zugeeignet haben. In einer alten Quelle, *Frechulfs Chronik* (etwa vor d. J. 830), heißt es tatsächlich: »*Scandza insula, de qua Gothi et ceterae nationes Theotiscae exierunt*«. Die ganze Betrachtungsweise wird nur so erklärlich, dass der Name *Scandia* im Mittelalter den erweiterten Sinn der Ostseegegend, überhaupt des Nordens angenommen hatte.

Für die übrigen vom Norden her ausgezogenen Germanenstämme fehlen Wanderungssagen, aber als Ortsnamen erhaltene alte Volksnamen gemahnen manchmal bis in das Mittelalter oder gar in die Gegenwart hinein an eine nordische Heimat. Die Tragweite dieser Ortsnamenzeugnisse möge aber keineswegs übertrieben werden. Derartige Beweise können grundsätzlich nur als Ergänzungen dienen und für die Richtung des Auszuges sind sie nur für den Fall zu verwerten, dass die Wanderung auch geschichtlich verbürgt ist.

Etwa in derselben Zeit wie die Burgunden kamen vielleicht auch die Rugier nach Nordostdeutschland. In seiner *Germania* kennt Tacitus sie an der Südküste der Ostsee, und Jordanes berichtet, wie schon gesagt ist, dass die *Ulmerugi* d. h. ›Inselrugier‹ (got. **hulms* = awnord. *holmr*) bei der Ankunft der Goten an der Weichselmündung dort ansässig waren. Der Name *-rugi* ist identisch mit dem Volksnamen *Rugi*, womit Jordanes die Rygen, awnord. *Rygir*, *Rygiar* im alten Rogaland, jetzt *Ryfylke* im südwestlichen Norwegen, bezeichnet. Die Einwohner der Inseln an der Küste werden schon im 9. Jh. als eine Abteilung des Volkes die *Holmrygen*, altwestnordisch *Holmrygir* genannt. Derselbe Volksname erscheint in ags. *Ruȝum*, *Holm-ryȝum* und langob. *Rugi-land* (das im 5. Jh. in Österreich errichtete Rygenreich). Die Archäologie hat bisher, ebenso wenig wie die Geschichte, keine direkte Beweise für die Herkunft der Rugier aus Rogaland geliefert. Trotz der Namenidentität ist die nordische Herkunft dieses Volkes daher nicht erwiesen.

Von der jütischen Halbinsel sind mehrere Germanenstämme ausgewandert. Der vermutete Auszug der (im Kap. V etwas näher zu behandelnden) Wandalen aus dem alten Vandal (Saxo *Vandala*, *Vendila*), *Vændlæfolk*, *Vændlesysæl* (dem jetzigen Vendsyssel) im nördlichsten Jütland wurde in diesem Paragraphen bereits erwähnt. Die schon bei Cleasby-Vigfusson (Dictionary S. 693) uns begegnende Zusammenstellung des Volksnamens mit diesem Ortsnamen, worüber näher in *Svenska Fornminnesföreningens Tidskrift* 9, 330 und bei G. Kossinna in den *Indog. Forschungen* 7,

281, kann richtig sein, wenn auch Kossinna später (*Das Weichselland* S. 16) seine Meinung geändert hat. Der Aufbruch der Wandalen geschah dann wohl gleichzeitig mit dem der KIMBERN und TEUTONEN. Die Schicksale der beiden letztgenannten Völker im Süden, in den Ländern an der Donau und am Rhein, in Gallien und Spanien sowie im Zentrum des römischen Imperiums kennen wir aus der Geschichte. Sie wurden schließlich besiegt, die Teutonen 102 v. Chr. bei Massilia, die Kimbern das nächstfolgende Jahr im nördlichen Italien. Die Kimbern waren von südeuropäischem Standpunkt aus die bedeutenderen, denn Jütland wird seit dem 2. Jh. nach. Chr. von den klassischen Autoren »die kimbrische Halbinsel« genannt und ihre Nordspitze, Skagen, schon im 1. Jh. (Plinius) *promontorium Cimbrorum*, »die kimbrische Landspitze«. Der dänische Bezirksname *Himmerland*, altdän. *Himbersysæl* – das Gebiet liegt südöstlich vom Limfjord und hat Aalborg als Hauptort – gemahnt uns rein sprachlich an das historisch bekannte Kimbernvolk. Lat. *c* in *Cimbri* wurde als *k* ausgesprochen, aber dürfte weder einem unverschobenen vorgermanischen *k* noch einem germanischen χ (d. h. *h*) entsprechen. Im letzteren Fall läge lateinische Lautsubstitution vor, die aber hier kaum annehmbar ist, da wir in der Schrift niemals, selbst nicht in den Varianten, ein *ch* oder *h* im Anlaut finden (Schönfeld, *Wbch.* 64). Die Kimbern waren aber unter ihrem Zuge gen Süden vielfach in Beziehungen zu Kelten (Bojern, Helvetiern u. a.) gekommen und hatten bei ihrem Zusammenstoß mit den Römern wohl schon einen starken keltischen Einschlag erlitten: Ihr Name kam daher wohl in keltischer Lautform zu den Römern, vor allem mit *K-* für *H-* (*Ch-*) im Anlaut. Die Geschichte des Teutonennamens ist eine ähnliche. *Teut-* in lat. *Teutoni* ist etymologisch identisch mit germ. *þeuþ*-in altwestnord. *þj óð* f. ›Volk‹ sowie in dem Ortsnamen altdän. *Thiuth*, dem jetzigen Thy in der Landschaft nordwestlich vom Limfjord an der Nordsee. Der Name der Teutonen (germ. **þeuðanōz*) wurde wie der der Kimbern schließlich keltisiert und ist in dieser Gestalt durch die Römer auf uns gekommen (vgl. gall. *Teuto-matus, Teutobodiâci, Teutates* bei Stokes, *Urkelt. Sprachschatz* S. 131 u. Schönfeld, *Wbch.* s. v.).

Nach klassischen Autoren sollen zu diesen Zeiten auch die HARUDEN, die später in Gallien gegen Caesar kämpften, von der jütischen Halbinsel hergekommen sein, und ihr Name erinnert an die Landschaft isl. *Hǫrð* (**Haruð*), adän. *Harth* oder *Harthesysæl*, heute *Harsyssel* südwestlich des Limfjordes. Vgl. ags. *harað*, ahd. *harod*, mhd. *hart* ›Wald‹, z. B. im SPESSART und HARZ (*harudorum pagus* 852). Die norwegischen *Hǫrðar* (Jordanes: *Arochi* für **Harothi*) in *Hǫrðaland*, der Gegend von Hardanger (**Harðaangr*) und Bergen, waren nach M. Olsen (*Christiania Videnskapsselsk. Forh.* 1905, 5, S. 22) von Jütland vor 500 n. Chr. ausgewandert.

Die AMBRONEN, die bei Livius und Strabon erwähnt werden, erscheinen als Wandergefährten der Teutonen auf ihrem Zuge gegen Süden 120–102 f. Kr. und wohnten wohl an der Westküste Schleswigs, wo die Insel AMRUM (1231 *Ambrum*, vgl. die *Ymbre* im ags. Widsith) noch heute an sie gemahnt.

Bei Ptolemaios wohnen die Αὐαπινοί (= Warnen) neben den Ὄμβρωνες in der Nähe der Weichselquellen. Anfänglich stammten vielleicht auch sie von Jütland her. Sie waren hier Nordnachbarn der Angeln in Schleswig. Ein Name wie *Warnaes* = ›Warna naes‹, d. i. *promunturium Varinorum*, die Nordostecke von Sundewitt, bewahrt vielleicht ihren Namen[4].

Ein wandalischer Volksstamm in Schlesien trägt bei Ptolemaios den Namen *Silingai* und erscheint noch im 5. und 6. Jahrhundert im Gefolge der Wandalen. Germ. *Siling-* hat das altslaw. *Slęzĭ* abgegeben, woraus unser Schlesien eine Verdeutschung darstellt. Der Volksname wäre nach Kossinna und Noreen (vgl. die unten ang. Schriften) von dem dänischen (altnord.) Inselnamen *Selund* (zufrühst etwa 955) abgeleitet. Auch für diese Auswanderungshypothese fehlen sichere geschichtliche Indizien und eine bloße Namenetymologie ist unzureichend. Noreen stützt sich gewiss auch auf Bodenfunde, aber diese sind hier nicht beweiskräftig. R. Much hat daher neuerdings (*Altschlesien*, Bd. I, H. 3/4, S. 117 ff.) die Verbindung *Silingi*: *Seeland* mit Recht abgelehnt, ohne aber selber die Volksnamenfrage sicher erledigen zu können. Über die ältesten Wandalen, Ambronen und Warnen sind wir besser unterrichtet. Auf Jütland fanden sich ihre Reste vielleicht noch in geschichtlicher Zeit, wenn nämlich die Worte in Widsith 32: *Ymbrum*, 59 mid *Wenlum ic waes ond mid Wærnum* auf sie zu beziehen sind.

Als die ersten urkundlich bezeugten germanischen Auswanderer im Süden galten bis in die letzte Zeit die BASTARNEN und SKIREN, die beide schon etwa um 200 v. Chr. am Schwarzen Meere auftreten. Ihre Vorgeschichte ist dunkel. Die *Sciri* kamen nach Plinius (*Nat. Hist.* IV 97) aus dem unteren Weichselgebiet. Eine Unterabteilung der Bastarnen, die im Norden der Westkarpathen sesshaften *Sīdones*, stammten nach Much a. a. O. vielleicht von der pommerschen Küste. Die ganze Beweisführung liegt leider auch hier im Volksnamen: die Ptolemaeische Karte kennt hier ein Volk der *Sīdīnoi*, und dies kann eine mit *Sīdones* ganz gleichbedeutende Ableitung von germ. *sīdōn* »Seite, Küste« sein, die den Begriff Küstenbewohner ausdrückt. Älter dürften aber die noch weniger bekannten sog. Alpengermanen in der Schweiz sein: die *Gaesaten* und ihre vielen Teilstämme, wie die *Seduni, Daliterni, Tulingi-Tylangii, Calucones*, deren Einwanderung in den Alpen nach R. Much aufgrund literarischer Zeugnisse vielleicht sogar in die Zeit vor 500 v. Chr. anzusetzen ist. Diese Zeitbestimmung ist freilich, wie auch Much einräumt, recht unsicher. Das wirklich Bezeugte – und dazu gehört m. E. vor allem, dass mehrere der genannten Völker, wie vor allem Much gezeigt hat, Namen tragen, die ein germanisches Gepräge haben (»Skiren« – ›die schieren, unvermischten‹, »Bastarnen« ›die Bastarde‹, »Daliterni« – ›die Talbewohner‹, »Tulingi[-Tylangii]« = ›die Hochlandbewohner‹) – berechtigt uns wohl jedenfalls, »die Anfänge germanischer Geschichte über die Kimbernzeit um mehr als ein Jahrhundert zurückzuversetzen«.

Neuere Literatur in den in diesem Paragraphen behandelten Fragen: K. AHLENIUS, *Pytheas Thuleresa* (Språkvetenskapliga sällskapets i Uppsala förhandlingar 1891–94); *Die älteste geographische Kenntnis von Skandinavien* (Eranos III, 1898); O. ALMGREN, Besprechung der Arbeit von E. Blume, s. unten (*Mannus* V u. VIII); DERS. VERF., *Zur Rugiarfrage und Verwandtes* (Mannus 20, 1 ff.): T. J. ARNE, *Det stora Svitjod*, Stockholm 1917, S. 1 ff.; E. BLUME, *Die germanischen Stämme und die Kulturen zwischen Oder und Passarge aur römischen Kaiserzeit* I,

II (Mannusbibliothek Nr. 8, 14); K. Buga, *Die Vorgeschichte der aistischen (baltischen) Stamme im Lichte der Ortsnamenforschung* (Streitberg-Festgabe, Leipzig 1924). S. 31; S. Bugge, *Norges Indskrifter med de œldre Runer* I, Christiana 1891–1903, S, 154 ff.; N. Carlsson, *Det gotländska i-omljudet* (Göteborgs Högskolas Årsskrift 1921), S. 58; O. v. Friesen, *Rö-stenen i Bohuslän och runorna i Norden under folkvandringstiden*, Uppsala 1924, Kap. III; B. Hesselman, *Sammalverket Sverige* (1914), S. 520; H. Hirt, Die altgermanischen Lehnwörter im Baltischen (PBB. 23, 330 ff.); T. E. Karsten, *Germanisch-finnische Lehnwortstudien*, Helsingfors 1915 (= Acta Soc. Scient. Fennic. T. 45, Nr. 2), S. 203 ff.; ders. Verf., *Fragen aus dem Gebiete der germanisch-finnischen Berührungen* (= Översikt af Finska Vet. Soc. Förhandl. Bd. 64, Afd. B, Nr. 3), S. 92 f.; ders. Verf., *Om Östersjöländernas äldsta folk- och ortnamn* (Arkiv för Svenska Österbotten, Bd. 1, Wasa 1921); ders. Verf., *Zur Kenntnis der ältesten germanischen Lehnwörter des Ostseefinnischen (unter Berücksichtigung der iranischen und baltisch-slavischen Wörter)* in Acta Scandinavica Philologica, Bd. 1, 1926, S. 244 ff.); F. Kauffmann, *Deutsche Altertumskunde*, Bd. 1–2 (München 1913–23).; A. Kock, *Är Skåne de germanska folkens urhem?* (= Svensk historisk tidskrift 1905); *Arkiv för nord. fil.* 34, 70 ff.: G. Kossinna, *Die ethnologische Stellung der Ostgermanen* (Indog. Forschungen Bd. 7 1896); ders. Verf., *Die deutsche Vorgeschichte* (= Mannusbibl. Nr. 9), 2. Aufl. 1914, S. 145 ff.; ders. Verf., *Das Weichselland ein uralter Heimatboden der Germanen*, Danzig 1919; W. La Baume, *Vorgeschichte von Westpreußen*, Danzig 1920; Hj. Lindroth, *Namnet Gottland* (Namn och bygd II (1914); R. Loewe, *Die ethnische und sprachliche Gliederung der Germanen*, Halle 1899, S. 11 ff.; S. Lönberg, *Adam af Bremen*, Uppsala 1897, S. 26 ff.; R. Much, Die betreffenden Artikel in Hoops' Reallexikon (1913–18): ders. Verf., *Deutsche Stammeskunde* (Samml. Göschen), 3. Aufl. 1920; ders. Verf., *Der Eintritt der Germanen in die Geschichte* (aus den »Germanistischen Forschungen«, Wien 1925); ders. Verf., *Germanische Stämme in Ostdeutschland im klassischen Altertum* (aus Volz, *Der ostdeutsche Volksboden*, 2. erw. Aufl., Breslau 1926, S. 101 ff.); ders. Verf., *Der Name Silinge* in Altschlesien, Mitteilungen des Schlesischen Altertumsvereins, Bd. 1, H. 3/4, Breslau 1926); B. Nerman, *Die Herkunft und die frühesten Auswanderungen der Germanen*, s. oben; A. Noreen in *Studier tillegnade Esaias Tegnér 13. 1. 1918*;

DERS. VERF., *Nordens älsta folk- och ortnamn* (Fornvännen 1920); H. PHILIPP BEI NORDEN, *Die germanische Urgeschichte in Taciti Germania*, S. 472 ff. (über die Alpengermanen aus kartographischem Gesichtspunkt); H. PIPPING, Gutalag och Gutasaga (København 1905–07) p. CXII; L. SCHMIDT, *Geschichte der deutschen Stämme*, Berlin 1904–11; DERS. VERF., *Allgemeine Geschichte der germanischen Völker*, München-Berlin 1909; DERS. VERF., *Die germanischen Reiche der Völkerwanderung* (Wissenschaft u. Bildung Nr. 120, Leipzig 1913); DERS. VERF., *Geschichte der germanischen Frühzeit*, Bonn 1925; G. SCHWANTES, *Vorgeschichtliches zur Langobardenfrage* (Nachrichtenblatt für Niedersachsens Vorgeschichte 1921, Nr. 2); M. SCHÖNFELD, *Wörterbuch der altgermanischen Personen- und Völkernamen*, Heidelberg 1911; K. STJERNA, *Bidrag till Bornholms befolkningshistoria under järnåldern*, Stockholm 1905, S. 119 ff. (»Utvandringen från Bornholm. Burgunderna«); W. STREITBERG, *Gotisches Elementarbuch*, 5–6. Aufl., S. 5; E. WADSTEIN, *Die nord. Völkernamen bei Ptolemaios* (Minnesskrift utgiven av Philologiska Samfundet i Göteborg 1925, S. 193, 197); E. WESSÉN, *Studier till Sveriges hedna mythologi och fornhistoria*, Uppsala 1924, S. 81 ff. sowie *De nordiska folkstammarna i Beowulf*, Stockholm 1927, S. 5 ff. (über die Heruler), S. 23 f. (über die Langobarden).

1 Über *Skadesisudo* vgl. zuletzt A. F. LILJEHOLM in *Folkminnen och folktankar* 1926, S. 157 ff.

2 Damit fallen grundsätzlich die Versuche, die Völkernamen *Gautar* (*Götar*) und Goten aus den Ländernamen *Gautland* bzw. GOTLAND herzuleiten. Über diesen letzteren Standpunkt näher bei F. TAMM, *Svensk etymologisk ordbok*, S. 268, Th. v. GRIENBERGER, *Zeitschr. f. d. Alt.* 46, 158, A. NOREEN, *Spridda studier* II2 93, III 132 f., *Fornvännen* 1920, S. 44, bei SCHÜCK, *Folknamnet Geatas* (1907), S. 5, Note 2, H. LINDROTH, *Namn och bygd*, Jahrg. 1914, S. 75, 1917, S. 48 f. (anders aber in *Våra ortnamm* 1923, S. 107). Dagegen ist die Möglichkeit eines ursprachlichen Zusammenhangs mit *Gautelfr* »utgjutningsälven« *zu giutan* ›ausgießen‹ nicht ganz abzuweisen, denn die Möglichkeit besteht, dass der ganze Volksstamm, sowohl die »Gutar« als die »Goten«, einstens von dem Lande des Gautelfr ausgegangen ist. Vgl. aisl. *Raumar*, ags. *Réamas*: awn. *Raumelfr* (= Glommen); awn. *Vermar* ›die Bewohner von Värmland‹: *Värmeln*, * *Virmil* (Seename); germ.-lat. *Ambrones: Amrum, Ambrum* (Insel in der Nordsee).

3 *Gautr*, der heros eponymus der Gauten, gilt in Norwegen zugleich als Odensname. Nicht weniger als drei kontinental-germanische Völker leiten ebenfalls die Ahnen ihrer Könige von Gautr: die Goten, Angeln und Langobarden – ein Zeugnis von der alten Vorstellung von Skandinavien als eine vagina gentium, s. Hj. Falk, *Odensheite* (Videnskapsselskapets [i Kristiania] Skrifter II, Hist.-filos. Kl. 1924, Nr. 10), S. 11 f.

4 Vgl. Müllenhoff, *Nordalb. Studien* 1, 129, R. Much, *Zeitschr. f. d. Alt.* 57, 159. Der Name bezieht sich vielleicht wie schon Bugge, *Helgedigt.* 132 ff. annahm, auf den Fjord an der Mündung der Warnow bei Warnemünde (vgl. *Varinsfjǫrðr* Helgakv. Hund. 1, 27) und auf die dort im 11. und 12. Jh. ansässigen slawischen *Warnawi* od. *Warnabi*. Wie beim Namen *Silingi-Silesia – Schlesien* kann ein slawisierter altgermanischer Name hier fortleben.

§ 23. Dass die zentralen Gebiete der prägermanischen und urgermanischen Heimat Küstenstrecken an nördlichen Meeren, nicht nur an der Ostsee, sondern auch der Nordsee umfasst haben, lässt sich ferner aus dem germanischen Wortschatz folgern. Dieser verweist u. a. nicht selten auf ein Leben am und auf dem Meere, und zwar am und auf einem nördlichen. Zahlreiche, allen altgermanischen Sprachen gemeinsame Ausdrücke für den Charakter der Seelandschaft, für Wetterbezeichnungen, Himmelsgegenden, Tiere einer nördlichen Fauna, das Schiff und seine Teile, Utensilien des Fischfanges, fabelhafte Meerwesen, z. B. das deutsche Wort »Nixe« (schwed. *Näcken*) und dgl. legen hiervon beredtes Zeugnis ab. Ein solches Wort ist die urgermanische Bezeichnung des Walfisches: ahd. *wal*, ags. *hwæl*, awnord. *hvalr*, schwed. *val* und finn. *valas (-kala)* als urgermanisches Lehnwort. Demselben Stamme gehört nhd. *Wels* und das altpreußische *kalis* ›Wels‹, wogegen lat. *squalus* wohl unverwandt ist. In der europäischen Urzeit bezeichnete das Wort wohl den größten Flussfisch, den Wels und wurde von den Germanen am Nordmeer später auf den größten Seefisch, den Walfisch übertragen.

Ein mehr indirekter Hinweis auf Aufenthalt am Meere und zwar an der Nordsee liegt in der germanischen »Woche«. Lange vor dem Erscheinen der siebentägigen römischen, d. h. römisch semitischen Woche müssen die Germanen durch eigene Beobachtung zur Erkenntnis und Unterscheidung eines wochenartigen Zeitmaßes gekommen sein. Das Wort *Woche* ist so viel wie »Wechsel«, nämlich des Mondes, und da es der Wechsel des Mondes ist, der die für ein Volk von Seefahrern so wichtigen, in ganz Europa, abgesehen von den für die Germanen nicht in Betracht kommenden Küsten des Atlantischen Ozeans, nur an der Nordsee bedeutungsvollen Gezeiten, Ebbe und Flut, regelt. so folgt hieraus, dass die Germanen, die in ihrer Woche eine auf die Vierteilung des Mondmonats gegründete Frist schon in prähistorischer Zeit ausgebildet hatten[1], im Umkreis der Nordsee gesessen haben müssen.

Das gemeingermanische Wort *Glas* bezeichnete, wie niemand bezweifelt, in urgermanischer Zeit den eigentlichen Reichtum der Nord- und Ostsee, den Bernstein, lat. *glēsum*, und es ist der Handel mit ihm, der auf dem Wege über das südöstliche Europa die wahrscheinlich in Mesopotamien erfundene Bronze nach dem Norden gebracht hat. Durch den Verkehr dieser Handelsstraße ist dem urgermanischen Wortschatz auch das Wort »Erz«, ahd. *aruzzi* einverleibt worden, das sich am wahrscheinlichsten an das sumerische (also mesopotamische) *urudu* ›Kupfer‹ anknüpfen lässt. Zu gleicher Zeit können gewisse Spuren das mesopotamischen Sexagesimalsystems, wie das Großhundert (120) oder Schock (60) den Germanen zugeführt worden sein. Hieraus ergibt sich, dass die späteren Germanen bereits in der Bronzezeit, die nach archäologischer Schätzung den größten Teil des zweiten und die erste Hälfte des ersten Jahrtausends v. Chr. einnimmt, an den Nordmeeren gesessen haben. Der Ansatz wird weiter dadurch bestätigt, das sich in dem urgermanischen Wortschatz auch solche Kulturbegriffe nachweisen lassen, welche gerade für die Bronzezeit charakteristisch sind. So fanden sich z. B. für den Begriff des Schwertes, der charakteristischsten Waffe dieser Epoche, an deren Stelle in der neolithischen Zeit der steinerne oder kupferne Dolch stand, im urgermanischen Wortschatz nicht weniger als drei verschiedene Ausdrücke, das deutsche Schwert (schwed. *svärd*), got. *haírus* (awnord. *hjǫrr)* und got. *mēkeis* (finn. *miekka*). Für diesen Begriff gab es noch keine indogermanischen Ausdrücke, ebenso wenig wie für die ebenfalls bereits in urgermanischer Zeit bekannten Begriffe des Zinnes, durch dessen Zusatz Kupfer zu Bronze wurde, und der Waage, die für den Handel bei der Abwägung des Metalls unentbehrlich ist.

1 Vgl. O. Schrader, *Germanen und Indogermanen* (Die Geisteswissenschaften 1913, H. 8, S. 196 ff.). Über das Wort »Woche« anders, aber verfehlt E. Wessén, *Zur Geschichte der germ. N-Deklination*, Uppsala 1914, S. 171 ff., bes. S. 179: die Woche sei eigentlich »Abwechslung, eine Wechselregierung, eine Reihenfolge der die Tage beherrschenden (römischen) Gottheiten«. Dass die jetzige Wocheneinteilung von den Römern (am Niederrhein) entlehnt ist, steht fest, aber das Wort war schon vor unserer Ära bei den Germanen geläufig und zwar in dem Sinne einer längeren (14-tägigen) Frist, des Mondwechsels (vgl. z. B. Mogk, *Hoops' Reallex.* 3, 314). Ein Residuum dieser vorauszusetzenden, aber interngermanisch nirgends belegbaren Grundbedeutung dürfte im finnischen Lehnworte *viikko* II erhalten sein: nach Lönnrot, Finskt-svenskt Lex. 964 = ›längerer Zeitraum‹; vgl. die vielen Ableitungen: *viikompi* (Komp.) ›en längre tid‹, *viikkoinen* ›långvarig, ›gammal‹, *viikokas* ›långvarig, beständig‹, *viikollinen* ›långvarig, dröjande, uthållig‹, *viikostua* ›stadna qvar längre tid, dröja länge‹, *viikotella* ›dröja, söla, dröna, förhala tiden‹. Für eine sehr alte Entlehnung spricht auch die finnische Dehnung des Stammvokals: *viikko* (-o = -å) aber germ. *wikō*. Man wende hiergegen nicht ein, dass eine Dehnung auch im finn. *paasto* ›Fasten‹ erscheint, denn germ. »fastan« ist kein erst in christlicher Zeit entstandenes Wort, sondern war »wahrscheinlich schon ein religiöser Begriff unserer heidnischen Vorfahren« (Kluge, *Wbch.*). Vgl. andererseits die finnische Kürzung in einem Lehnwort urgermanischen Gepräges wie *rikas* »germ. **rīkiaz* ›reich‹. Hiermit verfällt auch der alte Verdacht, dass das Wort »Woche« ein Lehnwort, und zwar eine Umbildung des lat. *vices* ›Wechsel‹ sei.

§ 24. Südlich der Ostsee erweitert sich die germanische Ansiedlung nur langsam. Hier werde ich zuerst die nördlichen, mittleren, westlichen und südlichen, jetzt deutschen Landgebiete behandeln, die oben nur in Kürze angedeutet wurden.

Die auf historische und archäologische Argumente gegründete Lehre vom Lande zwischen Oder und Elbe oder Weser als einem südlichen Teile der prägermanischen Heimat lässt sich auf sprachlichem Wege – durch eine Prüfung der Flussnamen – gewissermaßen stützen[1]. Der Hauptfluss ist die Elbe. Der Name kehrt auf nordischem Boden u. a. und vor allem im *Göta Älv* wieder, wird aber, und zwar schon in altnordischer Zeit, auch appellativisch gebraucht, in awnord. *elfr*, aschwed. *ælf*, nschwed. *älv* (auch in Finnland, womit ich eine falsche Angabe bei Hellquist, *Sv. Et. Ordbok* s. v. berichtige), doch nur von größeren Flüssen. In Deutschland scheint er als Gattungsname nur in mndd. *elve* ›Strombett‹ belegt zu sein. Als deutsche Weiterbildungen mögen die Ortsnamen Elbing (unweit von der Weichselmündung) und die nicht wenigen Elbingen, Albungen (Schröder, Hoops' *Reall.* 2, 76) genannt werden. Der Name verweist auf ein urgerm. **Albī* (got. **Albi*, Gen. **Albjōs*), woraus das lat.-griech. *Albis*, z. B. Tacitus, *Germ.* 41. Die Bojer in Böhmen dürften die Elbe so wie die Germanen benannt haben, und Much bei Hoops, *Reall.* I 56 bezeichnet den Namen als ›kelto-germanisch‹. Ein urkeltischer Wortstamm *alb-* ›weißlich‹ (vgl. lat. *albus*) war freilich vorhanden – es gehören hierher u. a. *Albeis* ›die Alpen‹, *Albion* ›Weißland‹ (Stokes, *Urkelt. Sprachschatz* S. 21) und ein Nebenfluss der Seine, der beim Kosmographen von Rav. *Albis*, später *Alba*, jetzt *Aube* heißt (Much, a. O.) –, aber uralte germanische Weiterbildungen wie awnord. *ǫlpt, alpt, ælptr* ›Schwan‹ und neuschwed. *ölmt* (Estl.) id. sowie *Ant-, Änt-* in Seenamen (Schweden u. Finnland) aus einer nasalinfizierten Form **albunt-* (s. z. B. T. E. Karsten, *Svensk bygd i Österbotten* I (1921), 258 u. dort a. Lit.) erweisen den germanischen Namen als einheimisch.

Für die sonstigen norddeutschen Flussnamen stehen sichere Deutungen nur selten zur Verfügung. Die Gewässernamen sind überhaupt schwer zu deuten und lassen sich öfters nur unter Berücksichtigung der anliegenden Ortschaften etymologisch begreifen – ein Gesichtspunkt, der in nordischer Ortsnamenforschung schon vor ein paar Jahrzehnten im Einzelnen beachtet und angewandt wurde[2] und später auch für die Deutung deutscher Flussnamen geltend gemacht wird [Schröder, *Reallex.* 2 (1913–15), 72 ff]. In Bezug auf große Teile des jetzt deutschen Kontinents ist die Flussnamendeutung außerdem durch einen bunten Nationalitätenwechsel erschwert. Germanisch ist jedenfalls nicht nur Elbe, sondern auch die Namen ihrer größten Zuflüsse: der Havel (Habola 789, Havela 981) auf der östlichen Seite und der Saale (bei Strabon Σάλας) auf der westlichen. Schon Müllenhoff hat (*Deutsche Altertumskunde* 2, 211 ff.) den ersten Namen als *l*-Ableitung zu mhd. *have* ›Hafen, Meer‹, den zweiten als vorzeitliche deutsche Benennung eines Salzflusses erfasst, und zwar beides wohl mit Recht (vgl. Much, *Hoops' Reallex.* 4, 74). Bremer, *Ethnographie* § 40 und z. B. Hellquist, *Svenska sjönamn* S. 52 halten allerdings den Flussnamen Saale für »wahrscheinlich keltisch«, Bremer sogar den Namen der Elbe, ohne aber hierfür einen wirklichen Grund beigebracht zu haben, denn ein solcher liegt, wie gesagt, nicht in dem Vorkommen eines französischen Aube (*Albis*). Gehört doch schon dieser Teil des Elbgebietes archäologisch zu der prägermanischen Heimat, deren Südgrenze ja über den Harz ging (vgl. § 20), und mehrere Naturnamen uralten Gepräges der nächsten Umgebung sind sicher oder wahrscheinlich germanisch, wie die Flussnamen Unstrut, Bode, Wipper, Sorge, Elster (Schröder, *Hoop' Reallex.* 2, 74) und vor allem der alte Gebirgsname Harz (vgl. § 22, S. 81). Auf diese Frage ist aber hier nicht der richtige Platz näher einzugehen. Es sei hier nur noch festgestellt, dass die Annahme einer keltischen Besiedlung in dieser Gegend vorläufig unbegründet ist.

Auch für den zweiten großen Fluss, den die südlichen Berge nach Norden in die Ostsee entsenden, darf man – sagt mit Recht Müllenhoff *DA.* 2, 209 – einen rein deutschen Namen erwarten, weil er notwendig dem ältesten Bereich der Germanen angehörte und der heutige Name Oder – *Odagre, Odogra* 892, *Adora* bei Widukind I 28, *Oddora* bei Adam von Bremen IV 3 – in den Slawenländern so gut wie nie vorkommt und nur aus dem älteren Deutschen umgeformt zu sein scheint. Müllenhoff denkt (wie noch Bremer § 40) an etymologische Verbindung mit dem von Ptolemaios überlieferten Namen Οὐιαδούα. Much, *Hoops' Reallex.* 3, 389 lehnt diese Möglichkeit mit Recht ab. Der ptolemaeische Name gemahnt an den irischen Fluss Οὐίδουα, kann aber ebenso gut, wie öfters bei diesem Autor, eine Verderbnis sein.

Der Name ODER ist, wenn germanisch, jedenfalls von den Slawen umgebildet und in dieser Gestalt auf uns gekommen. Vgl. die polnischen Formen *Odra, Odora* und lit. *audra* ›Flut‹. Die bei Widukind (967–68) belegte Namensform *Adora* scheint mir die ursprüngliche zu sein. Jedenfalls erinnert an sie ahd. *ādara* f., mhd. *āder*, nhd. *Ader*, ags. *ædre*, in Plur. u. a. ›spring (of water)‹, aschwed *āþra* f., ›vattenåder, källåder, källsprång‹, auch im schwed. Seenamen *Ådran* und als zweites Glied in finnländischen (österbottnischen) Flussnamen auf *-ådran* (T. E. Karsten, *Svensk bygd i Österbotten* I 105). Für germanische Herkunft spricht hier und in den oben angeführten Fällen schon das weibliche Geschlecht der Namen: die Elbe, Oder, Saale, Havel, Wipper usw., denn die germanischen Flussnamen auf deutschem Gebiet sind durchweg Feminina, und zwar nach dem Oberbegriff got. *alva* ›Fluss‹. Dagegen begegnet uns unter den Flussnamen von West- und Süddeutschland eine Reihe Maskulina wie RHEIN (*Rhenus*), MAIN (*Moinus*), NECKAR (*Nicer*), LECH (*Licus* neben *Lica*), INN (*Aenus*) u. a. Nach Müllenhoff *DA*. 2, 219 und H. Jacobsohn (*Indogermanisches Jahrbuch* I (1914), S. 236) verraten diese Namen schon durch ihr Geschlecht ihren fremden (keltischen) Ursprung. In manchen Fällen hat dann das deutsche Sprachgefühl das ursprünglich keltische Maskulinum in ein Femininum gewandelt, wie die DONAU für *Danuvius*, die WAAL für *Vacalus, Vacalis* usw., vgl. mhd. die INDUS, die TIBER usw. Neben diesen Maskulinen gehen doch auch keltische Flussnamen weiblichen Geschlechts (in Übereinstimmung mit dem keltischen Namen für Fluss: altkelt. *Abona* etc.), und man hat auch damit zu rechnen, dass die Flussnamen mit maskulinem Geschlecht bereits der vorkeltischen Urbevölkerung angehörten (Hirt, *Indogerm. Jahrb.* I 236).

Der Flussname WESER kann also, unbeschadet seines femininen Geschlechts, keltischen Ursprungs sein. Die klassische Namensform *Visurgis* wird von Much, *Hoops' Reallex.* 4, 422, nach dem Vorgang Müllenhoffs *DA*. 2, 215, aus einem urdeutschen **Visuriā* (zu ahd. *wisa* ›pratum‹) hergeleitet, aber da ein sicher germanischer Flussname dieser Prägung sonst nirgends, wohl aber – wie M. Förster, *Streitberg-Festgabe S.* 59 ff. einleuchtend dartut – ein inselkeltisches **Visuriā* vielfach in England nachgewiesen ist, vertritt die norddeutsche Weser offenbar eine kontinentalkeltische Namenbildung derselben Herkunft, eine Bildung, die sich sonst im wallonischen *Vesdre* (bei Lüttich) wieder findet. Diese Folgerung liegt umso näher, als wir auf dem Kontinent auch einem keltischen Flussnamen **Wis-erā* mit Suffixablaut beobachten: in der nhd. WERRA aus ahd. *Wirraha* sowie in den zwei französischen *Vézère* (*Visera*, 9. Jh.), Nebenflüssen der Dordogne und der Isle.

Das Wesertal bildet also gewissermaßen eine Ostgrenze des Keltentums in Nordwestdeutschland. Nicht nur der Hauptfluss, sondern auch die größeren Nebenflüsse wie WERRA im Süden (siehe oben!) und ALLER im Norden tragen Namen nach anscheinend keltischer Bildungsweise, hier mit einem *r*-Suffix (wie z. B. die Flussnamen TAUBER < *Dubra* zu cymr. *dubr*, ir. *dobar* ›Wasser‹, DOVER = altbrit. *Dubris*, ISAR bei München = Iser in Flandern, ISÈRE, Nebenfluss der Rhône, Oise, älter *Isara*, Nebenfluss der Seine). Dies hindert aber nicht, dass kleinere Flüsse oder Flussteile auch hier von den später eingerückten Germanen benannt sind: wie z. B. die FULDA und vielleicht die EDER (*Adrana*) im Süden sowie der Fluss- und Ortsname BREME (Brehmen) und die HUNTE im Norden. Ursprünglich keltisch ist aber der ganz ungermanische Flussnamentypus auf *-f*, *-aff*, *-eff*, *-uff* im hochdeutschen, *-ep*, *-up*, *-pe* im niederdeutschen Gebiete. Die Namen treten massenhaft in der Rheinprovinz, Westfalen, Hessen, Baden, Elsass-Lothringen auf, kommen aber vereinzelt noch östlich der Weser, bis in die untere Wesergegend nordöstlich von Bremen vor. Es ist grundsätzlich unberechtigt, mit Bremer *Ethnographie* § 69 und Kossinna *PBB.* 26 (1901), 282 f. (vgl. auch Schröder, *Reallex.* 2, 75, Much, *ib.* 3, 26, Streitberg, *Gesch. der idg. Sprachwissenschaft* II: Germanisch S. 61) für diese geographisch sehr begrenzten Namen, die aus jetzt bekanntem germanischem Sprachstoff durchaus unerklärbar sind, trotz alledem germanischen Ursprung in Anspruch zu nehmen. Ein für diese deutschen Namen vorausgesetztes gallisches *apa* = lat. *aqua* (z. B. bei Fick-Stokes S. 5) muss als nirgends belegt außer Betracht bleiben. Das schon von Müllenhoff *DA.* 2, 227 ff. herangezogene ir. *ab* ›Fluss‹

(Belege bei Bremer § 69 Note 2) ist hier genug. Müllenhoff nahm mit Recht an, germ. *apa* sei aus kelt. *aba* (vor der Lautverschiebung) entlehnt, aber nach Bremer verböte die Lautverschiebung dies, weil diese Flussnamen auch in der Rheinprovinz und in den Niederlanden vorkommen, wo die Germanen erst nach der Lautverschiebung eingerückt wären. Diese Schlussfolgerung war voreilig. Der von Bremer aufgrund des thüringischen Höhenzugnamens FINNE, der sicher keltisch wäre, angenommene Terminus ad quem der Lautverschiebung (das 4. Jh. v. Chr.) ist nicht erweisbar. Der Name FINNE ist wahrscheinlich germanisch (vgl. Kap. I, S. 18). Mindestens die Mediaverschiebung dürfte erst ein paar Jahrhunderte v. Chr. eingetreten sein (vgl. die vor der Lautverschiebung übernommenen finnischen Lehnwörter!). Bei den deutschen *apa*-Namen handelt es sich außerdem um eine keltische Ableitung, die bei den Deutschen später in selbständigen Gebrauch kam. Die südlichsten Vertreter des Typus sind vielleicht nur jüngere Nachbildungen, wie z. B. ASCHAFF bei Aschaffenburg (*Ascapha* beim Kosmographen von Rav.) auf der rechten Mainseite, an der Südgrenze des ganzen Gebietes. Hier wie öfters ist das Vorderglied ein deutsches Wort.

Weiter gegen Westen werden die keltischen Flussnamen immer allgemeiner. Etymologisch ganz unklar ist noch der Name der Ems (bei Plinius *Amisis*, Mela *Amissis*, Tacitus *Amisia* etc.), ahd. alts. *Emisa*. Much, *Hoops' Reallex*. 1, 78 vermutet ein got. **Amisi*, **Amisjos*, keltogermanischen Ursprungs, beschränkt sich aber sonst darauf, auf Müllenhoff zu verweisen, der das norweg. Vb. *amsa* ›antreiben‹ vergleicht. In Anbetracht norwegischer Flussnamen wie *Hønsa, Løxa*, *Mors* und Busennamen wie *Birgsi* (**Bergisa*) und *Jalsi* oder altschwedischer Seenamen wie **Hulse, *Mulse, *Vin(d)se* (Hellquist in *Svenska landsmål* XX. 2, S. 35 f. u. Lit.) könnte hier ein germanischer Flussname vorliegen. Aber als Namenstamm ist vielleicht nicht *Am-*, sondern *Aim-* anzusetzen, denn der Name *Ems* erscheint auch unter den Gewässern der Eder in Hessen und wird hier i. J. 1404 *Eymese* geschrieben. Da wir nebenan eine »Elbe« finden: i. J. 1074 *Aelvinu* i. Dat., 1200 *Elbena*, also eine Diminutivbildung mit *-în* Suffix (vgl. ELBE: ELBING, schwed. *älv*: *Elfving*), handelt es sich wohl nur um eine

Übertragung der Namen der beiden Hauptflüsse im Norden. Mit Rücksicht auf die mittelalterliche Schreibung *Eymese* = Ems (Hessen) ist die lat. Namenform *Amisia* etc. mit ihren Stammsilben *-a* vielleicht wie das schon bei Plinius belegte *sapo* für germ. **saipu-* (fi. *saipua* ›Seife‹) zu beurteilen, d. h. germ. *ai* kann hier vulgärlateinisch (wie später im Romanischen) durch *a* wiedergegeben sein (J. Brüch, *Der Einfl. der germ. Sprachen auf das Vulgarlatein*, S. 127, 130, 131). Germ. *aim-* ergab aber altfriesisch *ēm-* (vgl. nhd. Ems) und ahd. *eim* (vgl. *Eymese*). Dann läge die Anknüpfung an den in nordischen Gewässernamen so gewöhnlichen Wortstamm aim (awnord. *eimr* m. ›Nebel, Rauch‹) sehr nahe; vgl. Hellquist *Sv. landsmål* XX. 1, S. 107, T. E. Karsten, *Svensk bygd i Österbotten* I 247 f. Bei Müllenhoff wird auch der an Ems erinnernde Name von Emden an der Ems beigezogen. Die formgeschichtliche Stellung dieser Namen ist aber, was das ableitende *-d-* anbetrifft, von germanischem Gesichtspunkte aus ganz dunkel. Für germanische Herkunft spricht der Name des Nebenflusses Hase, alts. ahd. *Hasa* (vgl. bei Tacitus die *Chasuarii*, **Hasu-wari̯ōs*, ›die Anwohner der Hase‹).

Der oben behandelte Name der Ems mag als Schulbeispiel der vielen ungelösten Rätsel dienen, die uns in deutscher und anderweitiger Flussnamendeutung immer noch entgegentreten. Keltisch ist aber auf alle Fälle der Name des Rheins, ahd. *Rīn* < urkelt. **Reinos*, ebenfalls der Name der Waal, des südlichen Mündungsarmes: kelto-latein. *Vacalus* (Caesar), kelto-germ. *Vahalis* (Tacitus), *Vachalis* (Sidonius Apollinaris). Es ist in der Ordnung, dass der Name bei Caesar mit *c* erscheint, bei Tacitus in lautverschobener Form mit *h (ch)*. Er muss den Germanen also schon vor der Lautverschiebung (d. i. vor Chr.) bekannt geworden sein. Vielleicht hatten sie schon damals diesen Teil des Rheinstromes überschritten. Keltisch sind desgleichen alle Namen der rechtsrheinischen Nebenflüsse: Lippe, Embscher, Ruhr, Sieg, Lahn, Main und Neckar. Dafür spricht bei Main und Neckar auch ihr männliches Geschlecht. Das Stromgebiet des Oberrheins war also ursprünglich von Kelten besiedelt. Die ältesten Ortschaften tragen dementsprechend keltische Namen: Mainz (*Moguntiacum*), mit dem in rheinischen Ortsnamen so gewöhnlichen Suffix *-ac(um), iac(um)*, heute *-ach, -ich* gebildet, WORMS (*Borvetomagus*, eig. ›das Feld (= ir. *mag*) an der Bormita‹ (Fluss), Bonn <*Bonna* <*Bononia* (= *Bologna, Boulogne*) usw.

An der Südgrenze des ältesten Germanengebietes verbinden sich die keltischen Namen mit Ausläufern des deutschen Mittelgebirges, wie mit dem TAUNUS, dem *Semanus saltus* (Thüringerwald), den *Sudeti montes* (Erzgebirge) und der *Gabreta silva* (Böhmerwald). Keltisch ist gewiss auch die Kollektivbezeichnung des ganzen Gebirges: *Hercunia* silva < indog. **Perkunia* zu cymr. *erchynu* ›erheben‹, *cwn* ›Höhe‹, gall. *cuno-* ›hoch‹ (in Ortsnamen: 'Αϱ-κύνια ὄϱη, urkelt. *(p)arkunion* ›Berg‹ (Fick-Stokes, *Urkelt. Sprachschatz* 18, 84, H. Pedersen, *Vgl. Gramm. der kelt. Spr.* I, S. 91). Hirt, *Indog. Forsch.* I 480 und im Anschluss an ihn z. B. Much, *Reallex.* 2, 507 denken dagegen an Ableitung aus idg. **perqu-* ›Eiche‹. Ahd. *Fergunua* (805) aus **Fergunia* sei also eig. ›Eichwald‹: vgl. germ.-lat. *Bacenis silva* (Caesar) = ›Harz‹, *Boconia, Buconia*, ahd. *Buohhunna* = die waldige Umgebung von Fulda im Mittelalter, beides = ›Buchenwald‹, sowie die von Baumnamen abgeleiteten norwegischen Inselnamen *Eikund, *Öspund* (jetzt *Asponn*), deren deutsche Ableitung an die des lat. *Virgundia* (*virgunnia*), mhd. *Virgunt* (des Namens eines Höhenzuges zwischen Ansbach und Ellwangen) erinnert. Gegen germanische Herkunft für ahd. *Fergunna* spricht indessen recht entschieden die geographische Lage des Gebirges, wenn nämlich die Südgrenze der Germanen – wie Ph. Kropp, *Latènezeitliche Funde aus der keltisch-germanischen Völkergrenze* (Mannusbibl. V, 1911) meint – während der Bronzezeit den Harz berührte und noch während des älteren Teiles der Latènezeit nördlich des Thüringerwaldes ging. Wird doch Thüringen noch bei Ptolemaios mit dem Namen Τευϱιοχαῖμαι d. i. ›die germanischen Bewohner des früher von den keltischen *Teurii* bewohnten Landes‹ bezeichnet (Schönfeld, *Wbch.* 223).

Wenn ursprünglich keltisch, wurde der Name **Perkunia* jedenfalls schon urgermanisch, d. h. bereits vor unserer Zeitrechnung und vor der Lautverschiebung von den Germanen übernommen. Die *t*-Ableitung in mhd. *Virgunt* etc. ist in diesem Falle sekundär. Bei den Goten ging der alte Gebirgsname in appellativischen

Gebrauch über (vgl. got. *faírguni* = ›Berg, ὄρος‹, nicht aber = ›Eichwald, Wald‹!) und wurde zum Neutrum nach dem Hauptwort awn. *bjarg, berg* N. (vgl. got. *baírgahei* ›Bergland‹). Als Appellativum erscheint das Wort auch in angelsächsischen Kompositis auf *fiergen-*›mountain‹. In der altwestnordischen Dichtersprache vertritt das Götternamenpaar *Fjǫrgynn-Fjǫrgyn* eine männliche bzw. weibliche Personifizierung desselben Wortes. Die animistische Gleichstellung eines Naturgegenstandes und dessen Gottes ist sowohl unter indogermanischen als finnisch-ugrischen Völkern reichlich bezeugt[3]. Auch im südlichen Schweden kannte man das Wort, wohl aber nur im appellativischen Gebrauch, wie im Angelsächs.: vgl. die Seenamen *Færghinsgyl, Færghingyl* 1349 (*Sv. Dipl.* VI 108), jetzt FÄRGEGÖL in Småland, *Färgaren* (Kalmarlän) und den Kirchspielnamen *Firghelanda* 1403 (wohl aus **Firghenlanda, *Firghellanda*), jetzt FÄRGELANDA in Wästergötland. Von den Germanen ging es weiter zu den Balten, Slawen und Finnen. Aus ostgermanischer Quelle stammen lit. *perkúnas* ›Donnergott, Donner‹, lett. *pērkūns, pērkunis,* altpreuß. *percunis* ›Donner‹ slaw. *prĕgyni, prĕgynja* ›Berg‹ (vgl. got. *faírguni*), *perunu* ›Donnergott‹ (? got. **Faírhuns*), finn. *perkele, perkule, piru* ›Teufel‹, estn. *pergel, porgal* ›Teufel‹, *põrgu* ›Hölle‹ (< **perku,* vgl. got. *faírguni*). Zum bloßen Fluch herabgesetzt scheint das Wort nicht nur bei Finnen und Esten (s. oben), sondern selbst bei den Schweden Finnlands (als *fargen, an-färga, -firga*) fortzuleben. Es handelt sich hier offenbar um ein uraltes Wanderwort, obschon wir die Wege der Wanderung im Einzelnen nicht mehr festlegen können[4]. Unter den dem Hercynischen Gebirgszug entlang wohnenden keltischen Volksabteilungen in Mitteldeutschland waren die Volcae, wie schon angedeutet wurde, in politischer und kultureller Beziehung die bedeutendsten. Von ihnen empfingen wohl die Germanen, nebst ihren alten keltischen Kulturwörtern (denen ich unten einen besonderen Abschnitt widme), auch den hier behandelten Gebirgsnamen, der wie die appellativen Anleihen unter alle Germanenstämme Verbreitung fand. Die Bedeutungsfunktion ist aber eine verschiedene. Als Göttername erscheint das Wort im wirklichen Volksleben nur bei Litauern und ? Slawen, bei Mordvinen, Ostseefinnen, baltischen und finnländischen Schweden. Altwestnord. *Fjǫrgynn-Fjǫrgyn* scheinen dagegen – dies ist mir von Prof. Magnus Olsen mündlich mitgeteilt worden – keine volkstümliche Gottheiten gewesen zu sein, nur mythische Dichterschöpfungen. In den norwegischen Ortsnamen treten sie uns nie entgegen.

Der genannte mitteldeutsche Berglandgürtel – er nimmt in den Ardennen seinen Anfang und läuft durch das Riesengebirge und die Sudeten in die Karpaten aus – bildete eine Südgrenze der urgermanischen Heimat. Geschichtliche und sprachliche Tatsachen bezeugen, wie z. T. schon gezeigt wurde, dass die südlich von dieser Gebirgszone liegenden historischen Germanengebiete ehemals von Kelten bewohnt waren. Dass ihr Nordabhang seit alters von Germanen besetzt war, wird schon durch die germanischen Gebirgsnamen Harz und Finne wahrscheinlich gemacht (vgl. S. 30, 104). In denselben Gegenden, einer Zone, deren Richtung etwa durch die geographischen Punkte Haarstrang–Rothaargebirge im Westen (an den Oberläufen von Ruhr und Sieg, der Nebenflüsse des Rheins) und Finne im Osten (südlich der Unstrut, des Nebenflusses der Saale) angegeben wird, verläuft die alte und heutige Sprachgrenze zwischen Hochdeutsch und Niederdeutsch. Diese noch in unseren Tagen so bedeutungsvolle deutsche Sprachgrenze wird leichter verständlich, wenn sie zugleich als eine uralte Germanengrenze gelten darf. Nördlich der hochdeutsch-niederdeutschen Sprachgrenze herrscht tatsächlich noch heutigentags – sagt F. Kauffmann in seiner *Deutschen Altertumskunde* I 70 – eine weit altertümlichere deutsche Sprachform und ein weit zäher am alten deutschen Wesen haftendes Volkstum als in den südlich von jenem Grenzverlauf erworbenen hochdeutschen Volkslanden, die nach ihrer ganzen Struktur unmöglich zum Mutterland der Germanen geschlagen werden können. »Jene Südgrenze des niedersächsischen Idioms im hercynischen Wald ist, sprachgeschichtlich beurteilt, die Scheidelinie, bis zu der das wesentlichste Merkmal urgermanischer Sprache, die germanische Lautverschiebung, sich räumlich erstreckt hat« (vgl. germ. **Fergunia* < **Perkunia*, ahd. *Walha* ›Welsche‹ < *Volcae*). Die hochdeutsch-niederdeutsche Sprachgrenze fällt auch – bemerkt Kauffmann – ungefähr mit der Verbreitung derjenigen deutschen Bevölkerung zusammen, die man als blondhaarig bezeichnen darf, weil sie nicht über 10 % Brünette aufweist, im Berglande außerdem mit der für das alte niedersächsische Bauernhaus geltenden Südgrenze, die erst von der Weser ab hinter der Sprachgrenze zurückbleibt. Auf den letzteren Umstand möchte ich jedoch keinen Wert legen. Aus der Volkskunde ergibt sich überhaupt nur wenig für die Heimatbestimmung. Die Ausbreitung der materiellen Kultur und ihrer Typen ist unempfindlich gegen die Volksgrenzen.

Die von sprachlichem Gesichtspunkt aus etwa so fixierbare urgermanische Sprachgrenze im Süden ist im Großen und Ganzen identisch mit der ältesten Südgrenze der archäologischen Germanenheimat, wie diese oben (§§ 19–20) skizziert wurde. Die von hier ausgegangene Verbreitung der Germanen gegen Süden ist nur sehr allmählich vorgeschritten. Bestimmte Data sind vorläufig unbekannt. Die literarische Überlieferung schweigt, zunächst wenigstens, völlig, und die aus der Sprachgeschichte, vor allem der Ortsnamenforschung gewonnenen Angaben sind chronologisch nicht beweiskräftig. Ergiebiger sind die archäologischen Funde, aber ihre Beurteilung ist in der Regel eine sehr subjektive und verschiebt sich mit der Zeit. Aus den Zeitbestimmungen G. Kossinnas[5] sei hier jedoch Folgendes mitgeteilt: Um 1000 v. Chr. standen die Germanen noch in der Nähe des Harzes im Bodetal. Im 8.–7. Jahrhundert war am linken Saaleufer etwa die Unstrutmündung erreicht. Im 5. Jahrhundert wurde die Finne überschritten, bereits im 9.–8. Jahrhundert die Weser südlich des 53. Grades und an der Mündung noch früher. Gleichzeitig oder noch etwas eher wurde die Emsgegend von der Mündung bis an die hannöverisch-westfälische Grenze, schließlich auch die holländischen Provinzen Drenthe und Groningen besetzt. Im 5.–4. Jahrhundert sind die Landgebiete zwischen oberster Hunte und Hase besiedelt, wie auch das mittlere Lippegebiet und die Gegend um Dresden. Etwa gleichzeitig war im NW. die Ems überschritten, im 3. Jahrhundert auch der untere und mittlere Rhein.

Dies alles ist nur ungefähre Berechnung, und einige verstreute Denkmäler der urkundlichen Geschichte sind als Ergänzungen daher willkommen[6]. Das Vorrücken der Germanen gegen ihre keltischen Nachbarn im Westen hat spätestens im Laufe des 4. Jahrhunderts v. Chr. angefangen. Pytheas von Massilia (um 345 v. Chr.) erwähnt (nach Plinius) das germanische Volk der Guiones (am ehesten für Inguiones[7] an der deutschen Nordseeküste. Um 300 v. Chr. wanderten die Volcae nach Süden und ließen sich teils in Gallien, teils in Kleinasien, teils am Fuße der Ostalpen nieder (Justinus 32, 3, vgl. Caesar, *Bell. Gall.* 6, 24). Die sog. Alpengermanen erschienen bereits einige Jahrhunderte v. Chr. in der Schweiz (vgl. oben S. 105). Der große Zug der Kimbern und Teutonen am Ende des 2. Jahrhunderts v. Chr. bekam mittelbare Bedeutung für die Verbreitung der Germanen: Die Helvetier räumten wegen der Einbußen, die sie hierdurch erlitten hatten, zum großen Teil ihre älteren Sitze, die jetzt in die Hände von Sweben aus dem innern Deutschland kamen, und zogen nach der Schweiz. Nicht viel später verließen die Kelten in der Hauptsache auch Böhmen und Mähren. Um 71 v. Chr. überschritten germanische Heerscharen unter der Leitung Ariowists, des Swebenkönigs, den Oberrhein und fassten festen Fuß im Elsass und in der Pfalz. Im Jahre 58 erschienen swebische Abteilungen am Mittelrhein. Im Jahre 56/55 gingen Usipier und Tenkterer über den Niederrhein und ließen sich unter den keltischen Eburonen nieder. Mähren wurde um 8 v. Chr. durch die Mainsweben besetzt, Böhmen etwa gleichzeitig durch die südlich vom Main wohnenden Markomannen unter Marbod.

1 Über germanische Gewässernamen als Hilfsmittel für die Siedlungsgeschichte vgl.: für Deutschland E. Schröder in *Hoops' Reallex.* 2, 72, für Skandinavien E. Hellquist, *Svenska landsmål* XX: 5 und z. B. für Finnland R. Saxén, *Finländska vattendragsnamn* (Stud. i nord. fil. I. 3, Helsingfors 1910), T. E. Karsten, *Äldre germansk kultur i Finland belyst av ortnamnen* (Stud. i nord. fil. II. 2, 1911, S. 33 ff.) und *Svensk bygd i Österbotten nu och fordom. En namnundersökning* I, Helsingfors 1921. – 2 Vgl. z. B. O. Rygh, *Norske Elvenavne* (1904), *Forord.* – 3 Vgl. z. B. F. Liljeholm in *Folkminnen och Folktankar* 1926, S. 164. – 4 Näheres über dieses Wanderwort in meinen *Fragen aus dem Gebiete der germanisch-finnischen Berührungen* (1922), S. 72 ff. Die Zusammenstellung lit. *Perkúnas*: ved. *parjányas* ›Regen, Regengott‹

(LIDÉN, *Armenische Stud.* S. 90, FALK in *Ark. f. nord. fil.* 1926, S. 40) ist aus lautlichen Gründen abzulehnen. – 5 G. KOSSINNA, *Die vorgeschichtliche Ausbreitung der Germanen in Deutschland* (Zeitschr. des Vereins für Volkskunde VI (1896). Vgl. die S. 93 zit. Arbeit von KROPP. – 6 Vgl. L. SCHMIDT, *Allg. Geschichte der germanischen Völker* (1909), S. 23 f., R. MUCH, *Deutsche Stammeskunde*, 3. Aufl., S. 56. – 7 Über den Völkernamen *Guiones* näher bei M. SCHÖNFELD, *Wbch. der altgerm. Personen- u. Völkernamen* S. 122.

§ 25. Es folgen hier alsdann die ostdeutschen Siedlungsgebiete. Den aus den Altertümern bis zum Anfang dieses Jahrhunderts gezogenen Schlussfolgerungen gemäß wären die nördlichen Weichselgegenden erst in der Bronzezeit, zwischen 900–700 v. Chr., germanisiert worden. In großen Teilen der jetzigen polnischen Länder im Umkreis der Weichsel, bis nach Galizien und weiter hinauf, hätte man aber nach O. Montelius *Germanernas hem* (vgl. § 20, Lit.) zahlreiche Arbeiten aus dem jüngeren Teil der Steinzeit angetroffen, die den gleichzeitigen schwedischen so ähnlich wären, dass sie eine Auswanderung von Schweden her nach diesen Gegenden wahrscheinlich machten. Obgleich ich mich gegen die Annahme dieser frühzeitigen schwedischen Niederlassungen in Ostdeutschland skeptisch verhalte, sprechen die herbeigezogenen Übereinstimmungen der Funde doch dafür, dass die prägermanische Besiedlung vielleicht auch diesen Teil des Weichseltales schon damals erreicht hatte. Die Hypothese wird durch die unten erwähnte neolithische Indogermanensiedlung in den früheren Ostseeprovinzen mittelbar gestützt, und die Altertumsforschung der letzten Jahre glaubt, besonders was Westpreußen anbetrifft, dafür auch direkte Zeugnisse beibringen zu können.

Das älteste uns bekannt gewordene Germanenvolk im Osten des deutschen Kontinents sind die BASTARNEN (vgl. § 22). Auf der römischen Reichskarte (*Tabula Peutingeriana*) erscheinen die Karpaten durch den Namen *Alpes Bastarnicae* als ihre alten Stammsitze. Am Nord- und Ostabhange dieser Gebirgskette dürften in der Tat die Bastarnen ihre ältesten nachweisbaren Wohnplätze gehabt haben. Um die Wende vom 3. zum 2. vorchristlichen Jahrhundert haben sie sich von hier aus zum

Schwarzen Meere verbreitet, wie wir aus einem Fragment des griechischen Geographen Demetrius von Kallatis (um 200 v. Chr.) erfahren. Um 190 v. Chr. bedrängen sie im Vereine mit den im § 22 genannten germanischen Skiren die griechische Stadt Olbia und spielen in den nächstfolgenden Jahrhunderten eine nicht unbedeutende geschichtliche Rolle, verschwinden aber mit dem Jahre 295 n. Chr., als ein letzter Rest von ihnen auf römischem Gebiet in Thrakien angesiedelt wurde. Ihre geschichtlichen Erlebnisse interessieren uns hier nicht des Näheren. Es sei nur bemerkt, dass ihre alte Heimat in den Karpaten noch unter den späteren und sogar heutigen Germanen einige dunkle Nachklänge hinterlassen hat. Der germanische Sprachschatz hat ein paar uralte Lehnwörter aufzuweisen, die wahrscheinlich eben durch die Bastarnen zuerst übernommen wurden. Vermittler waren wohl die nordwestlich von den Karpaten ansässigen Thraker. Solche Wörter sind nhd. HANF, schwed. *hampa* < thrak. *kán(n)abis* und got. *paida* ›Rock‹, mhd. ahd. *pfeit* ›Hemd‹ < thrak. (kleinas.-gr.) βαίτη ›Ziegenfell‹, Lederrock‹. Auch das Letztere lebt noch fort: in nhd. (bayr.-österr.) *pfaid* und in dem finnischen Lehnwort *paita*. Die beiden Termini haben sich an der Lautverschiebung beteiligt, rühren also aus vorchristlicher Zeit her. Auf dieselbe Periode weist der Name *Harfaða fjǫll* der awnord. Hervararsaga[1], wenn damit die Karpaten (ὁ Καρπάτης ὄρος) oder irgendein Teil von ihnen gemeint ist. Hiernach zu urteilen wohnten Germanen spätestens einige Jahrhunderte v. Chr. in der unmittelbaren oder mittelbaren Nachbarschaft der Thraker und der Karpathen.

Vgl. bes. die zu § 22 verzeichneten Arbeiten von E. BLUME und G. KOSSINNA. Ferner: O. SCHRADER, *Sprachvergleichung und Urgeschichte*, 3. Aufl. (1907), S. 502 f., L. SCHMIDT, *Allg. Gesch. der germ. Völker* S. 24, 51 f., R. MUCH, *D. Stammeskunde*, 3. Aufl., S. 25, 35. 126 f., *Der Eintritt der Germanen in die Weltgeschichte* S. 3 ff.

1 Vgl. R. HEINZEL, *Über die Hervararsaga* (Sitz: Ber. der Wien. Ak. 114 (1887), R. MUCH, *Deutsche Stammeskunde* S. 35.

§ 26. Die Weichsel bildete in ältester Zeit eine Art Grenze zwischen den Germanen und den Balto-Slawen. In klassischer Überlieferung heißt ihr Name lat. *Vistla* (Plinius), *Vistula* (Mela),

Bisula (Amm. Marc.), später auch *Visula* (Einharts Vita Caroli), gr. Ptolem. Οὐιστούλας aus lat. *Vistula*. Das *-t-* ist hier, wie die Schreibung *Bisula, Visula* zeigt, sekundär eingeschoben, d. h. die Römer haben mit aller Wahrscheinlichkeit den Namen in seiner slawischen Lautform *Vĭsla* entlehnt. Der deutsche Name WEICHSEL lässt ein altgermanisches **uīhslō* voraussetzen. Zu der niederdeutschen Form *Wīssel* vgl. ahd. *wīhsela* f. ›Weichsel, Kirsche‹. mnd. *wissel-*; ags. *Wīsle* in Alfreds Orosius ist wohl Entlehnung aus dem Niederd., während ags. *Wistla (wudu)* Wids. 121 von der römischen Form *Vistula* beeinflusst sein kann. Da germ. *-hsl-* und slaw. *-sl-* beide zusammen nur aus idg. *-ksl-* entstanden sein können, wird man auf eine gemeinsame idg. Urform **u̯eikslā* od. **u̯ikslā* (? Wz. *u̯eik* =›feucht‹) hingewiesen[1]. Dieser Flussname hat unter den Germanen und Slawen selbständig fortgelebt[2] und beweist, dass die betreffenden Stämme wenigstens schon in einer späteren idg. Periode im Stromgebiet der Weichsel oder ihrer Nähe wohnten. Aus urindogermanischer Zeit stammt diese Nachbarschaft keinesfalls (vgl. § 3). Die von J. Grimm aufgeworfene Hypothese von einer besonderen baltisch-slawisch-germanischen Urgemeinschaft hat sich durch die spätere Forschung nicht bewährt: Das Baltisch-Slawische und das Germanische gehören vielmehr verschiedenen Hauptabteilungen des Indogermanischen an (den *satem-* bzw. *centum-*Sprachen). In gutem Einklang hiermit stammen auch die recht zahlreichen slawischen und die wenigen baltischen Lehnwörter aus dem Altgermanischen erst aus etwas jüngerer Zeit (vgl. § 44). Sprachliche Beziehungen zwischen Balten-Slawen und Germanen, wenigstens mittelbare, kamen aber sicher schon vor Chr. Geburt vor. Davon zeugt einerseits die § 22, S. 95 erwähnte litauische Bezeichnung der Polen und Weißrussen als »Goten« (*Gudai*), andererseits der germanische »Wenden«-Name: Tacitus *Venethi*, Plinius Venedi, anord. *Vinðar*, ahd. *Winida*, der den Germanen schon vor der Lautverschiebung bekannt gewesen sein muss. Vgl. den damit wohl verwandten keltischen Volksnamen *Veneti* bei Holder s. v., außerdem die *Veneti*, gr. 'Ενετοί an der Adria, an der Nordgrenze Makedoniens und in Paphlagonien.

Archäologische wie geschichtliche und sprachliche Gründe

sprechen also dafür, dass auch Teile des Landes zwischen der Oder und der Weichsel von den Urgermanen besetzt waren.

1 Vgl. J. v. Fierlinger, *KZ.* 27, 479 f. und bes. H. Petersson, *Studien über die indog. Heteroklise*, S. 245 f. Man beachte, dass das *l*-Suffix auch in germanischen Gewässernamen recht gewöhnlich ist (Hellquist, *Svenska sjönamn*, Sv. landsmål XX, 2: 32, Rygh, *Norske Elvenavne*, S. 378). – 2 Anders Müllenhoff, *DA.* 2, 208 und R. Much, *Hoops' Reall.* 4, 422: nhd. *Weichsel* und nnd. *Wíssel* seien aus slaw. *Visla* entlehnt. Diese Annahme ist nicht notwendig. Bei einem Flusse von der Größe und Bedeutung der Weichsel kann gut ununterbrochene germanische Namenüberlieferung vorliegen. Vgl. die Elbe!

Die Randgebiete der urgermanischen Besiedelung

§ 27. Die dänischen, schwedischen, norwegischen und norddeutschen Landschaften bildeten sozusagen zentrale Teile des prägermanischen Sprachbereiches. Südlich von der Ostsee und der Nordsee entwickelt sich diese Ansiedelung, wie wir schon sahen, nur sehr langsam. Im Osten ist das Bild ein anderes. Hier hatte die indogermanische Niederlassung, wenn wir den Funden trauen dürfen, bereits vor dem Ausgang der jüngeren Steinzeit, mindestens etwa 2000 Jahre v. Chr., die westlichen Küstengegenden sowohl Finnlands als der ostbaltischen Länder erreicht. Die ältesten Spuren menschlicher Kultur in Finnland stammen vielleicht schon aus der Anzyluszeit, die etwa 5000–6000 Jahre v. Chr. liegt. Es handelt sich noch um eine primitive Fischer- und Jägerbevölkerung unbekannter Rasse und Herkunft. Die nordischen Archäologen erblicken darin recht einstimmig eine älteste Grundlage für die Kulturen der nordeuropäischen Steinzeit: einerseits für die skandinavischen, die als vor-indogermanisch aufgefasst werden, andererseits für die finnländischen, die man als eine vor-finnischugrische zu bezeichnen pflegt. Der finnländische Archäologe Dr. J. Ailio geht einen Schritt weiter und lässt den ältesten finnländischen Kulturkreis, der im Gegensatz zu der Schnurkeramik der späteren Bootaxtkultur durch Kammkeramik gekennzeichnet wird, die Vorfahren der heutigen Finnen vertreten, die in Finnland ohne Unterbrechung von der Steinzeit an gewohnt hätten. Mitten unter diesen vorfinnischen Ureinwohnern taucht im westlichen und südwestlichen Finnland, von Fredrikshamn (Hamina) im Osten bis zu der Gegend von Lappo (Lapua) im Nordwesten, in der dritten Periode der Steinzeit etwa 2000–2500 v. Chr., ein neues Volk auf mit höherer Kultur, wahrscheinlich auch mit Ackerbau und Viehzucht: das von unseren Archäologen nach den schönen bootförmigen, mit Schaftlöchern versehenen Streitäxten des Stammes so genannte Bootaxtvolk, das sich mit den Trägem der einheimischen Fischerkultur bald vermischt. Dieses eingewanderte Volk von Ackerbauern wurde früher – von dem Begründer der finnländischen Altertumsforschung J. R. Aspelin[1], dem Schweden O. Montelius[2] und der ganzen älteren finnländischen Archäologenschule – aus Schweden hergeleitet, aber seit etwa einem Jahrzehnt sucht unsere Steinzeitarchäologie das Ausgangsland der neuen Kultur nicht in Schweden, sondern im östlichen Mitteleuropa, von wo sie entweder über die Ostseeprovinzen oder das östliche Schweden oder unmittelbar über das Meer, über Gotland und Åland nach Finnland gelangt wäre.[3] Diese Theorie von dem Ursprung der finnländischen Bootaxtkultur fußt letzten Endes auf den § 13 (S. 56) erwähnten Forschungen Sophus Müllers über die dänische Steinzeit, zunächst aber auf einem in die Augen fallenden Unterschied zwischen der für die finnländische und die schwedische Bootaxtkultur charakteristische Keramik.

Die Beziehungen zwischen dem finnländischen Festlande und Schweden scheinen somit noch während der dritten Periode der Steinzeit verhältnismäßig schwach gewesen zu sein, Österbotten jedoch ausgenommen, wo der Verkehr mit dem nördlichen Skandinavien etwas lebhafter war. Erst gegen Ende der Steinzeit treten in Finnland skandinavische Ausfuhrartikel in größerer Zahl auf, doch ohne unserer steinzeitlichen Kultur im Ganzen ein skandinavisches Gepräge aufdrücken zu können. Es waren einer älteren archäologischen Anschauung gemäß zunächst die Åland-Inseln, die die älteste germanische Einwanderung nach Finnland vermittelten. Die jüngere Forschung ist hier vorsichtiger. Aus der von H. Hausen in der Zeitschrift *Fennia*, Bd. 28, veröffentlichten geologischen Karte über Åland erhellt, dass sich damals nur diejenigen Gegenden, die gegenwärtig mehr als 30 m über dem Meere liegen, über die Wasserfläche erhoben, sodass selbst das åländische Festland nur einige unbedeutende Schären bildete. Diese konnten nur einer geringfügigen Bevölkerung ein Auskommen bieten und waren als Brücke zwischen Finnland und Schweden kaum von Bedeutung. Die steinzeitliche Wohnplatzkultur der Åland-Inseln um 2500 v. Chr. zeigt aber in ihren ältesten Kulturschichten nahe Verwandtschaft mit denen der ostschwedischen Wohnplätze im mittleren Schweden. Spuren von einem Verkehr mit Finnland erscheinen erst im Laufe einer späteren Periode dieser Wohnplatzkultur. Im Großen und Ganzen ist das neolithische Rassenproblem Ålands daher mit dem der ostschwedischen Wohnplätze identisch. Wie im Kap. II angedeutet wurde, sind die schwedischen Archäologen uneinig hinsichtlich dieses Problems. Einige nehmen an, dass die indogermanischen Vorfahren der Schweden schon am Ende der Eiszeit ihr Land in Besitz genommen hätten, andere Forscher dagegen, dass eine einheimische Strandbevölkerung unbekannter Herkunft sich später mit einem aus Mitteleuropa eingewanderten indogermanischen Ackerbauvolk vermischt hätte. Die finnländische Forschung neigt zum letzteren Standpunkt hin: Die älteste Bevölkerung Ålands hätte folglich ihrer Meinung nach irgendeiner nichtindogermanischen Urrasse angehört. Nicht ganz bedeutungslos für diese Rassenfrage ist ein in dem älteren, oberen Teil des steinzeitlichen Wohnplatzes entdecktes Menschenskelett. Wir finden hier einen ausgeprägten Langschädel mit der Indexzahl 73,8. Das Fundinventar ist indes zu knapp, um allgemeine Folgerungen in der åländischen Nationalitätenfrage der Steinzeit zu ermöglichen. Die Lösung des Rätsels ist umso schwieriger, als die Schädel der steinzeitlichen Wohnplätze in Uppland eine bunte Menge verschiedener Typen aufweisen, die sich ähnlich wie die wechselnden Schädelformen des steinzeitlichen Kontinents (vgl. § 21) nur unsicher auf verschiedene Völker verteilen lassen. Die schwedische Bootaxtkultur gewann aber, wenn man die Bodenfunde richtig beurteilt hat, keinen festen Fuß in Åland. Dagegen macht sich hier ein Einfluss vom westlichen Finnland her bemerkbar. Ein mit dem schwedischen Bootaxtvolke wohl urverwandter Zweig der eingewanderten Indogermanen war hier ein führendes Volkselement,

Es ist also wohl möglich, dass es die Bootaxtkultur war – eine Variante gewisser gleich benannten Kulturformen in Schweden, Dänemark, Deutschland und den Niederlanden – die zu der indogermanischen Besiedelung Westfinnlands den Grund legte. Die finnländischen Träger der so bezeichneten Zivilisation scheinen noch während der Bronzezeit hier existiert zu haben, aber dieser uns nur unvollkommen bekannte Kulturabschnitt steht schon gänzlich unter schwedisch-skandinavischer Einwirkung und man darf wohl annehmen, dass der indogermanische Volksstamm des Landes bereits in lebhaften Verbindungen mit Mittelschweden stand und durch schwedische Einwanderungen verstärkt worden war. Von der Herkunft und Rasse der gleichzeitigen Bronzekultur Ostfinnlands weiß man noch weniger: Sie war finnisch oder vielleicht lappisch. Aus der frühesten Eisenzeit, die in Skandinavien und besonders in Schweden etwa 500 Jahre v. Chr. ihren Anfang nimmt, fehlen bis zu den ersten nachchristlichen Jahrhunderten so gut wie alle Funde in Finnland. Diese Fundarmut beim Übergang zur Eisenzeit, die sich auch in den meisten Gegenden Skandinaviens beobachten lässt, erklären einige Forscher aus Veränderungen in den Bestattungssitten, andere aus einer größeren Entvölkerung, die infolge von Klimaverschlechterung zu dieser Zeit eingetreten wäre[4], andere wiederum durch eine im letzten Jahrtausend v. Chr. stattgefundene große Expansion der Kelten über ganz Mitteleuropa, wodurch Skandinavien gegen die Einflüsse von Mitteleuropa und den Mittelmeerländern her isoliert worden wäre.[5] Wie dem auch sein mag, gehören die ältesten finnländischen Funde aus dieser Periode dem zweiten Jahrhundert n. Chr. an. Sie stammen aus dem südwestlichen Teile des Landes, aber das Fundgebiet und die Kolonisierung erweitert sich stufenweise gegen Norden und Osten.

Die Mehrzahl der Funde aus der ältesten Eisenzeit Westfinnlands vertreten Typen, die auch den baltischen Ländern zukommen und die als Erinnerungen an die aus Estland und Livland eingewanderten finnischen Stämme betrachtet werden. Diese baltisch-westfinnländische Kulturform ist indes mit ostgermanischen Bestandteilen ganz imprägniert, ja ist fast vollständig germanisch. Mit großer Wahrscheinlichkeit umfassten daher die neu angekommenen finnischen Stämme auch germanische Volkselemente, und dieses germanische Volkstum wurde während der ganzen folgenden Eisenzeit durch rege Verbindungen mit Schweden verstärkt. Im Großen und Ganzen trägt jedoch schon die ältere eisenzeitliche Kultur des westlichen Finnland kein rein skandinavisches, sondern ein gemischtes finnisch-germanisches Gepräge, und die altgermanischen Züge des Kulturbildes treten vor der rein oder überwiegend finnischen immer mehr zurück. Die Wikingerzeit (800–1050) hat in Åland einen durchaus schwedischen Charakter, ist aber auf dem Festlande durch eine fortdauernde Abschwächung der skandinavischen Kulturelemente und eine Zunahme der ostbaltischen gekennzeichnet. Die finnisch-germanische Mischkultur des westfinnländischen Eisenalters wird in den damaligen Kulturzentren in Bezug auf Funde[6] und Sprache allmählich rein finnisch, aber zahlreiche Überreste altgermanischer Art bleiben im Volkstypus, in Sage, Lied und Sprache auch hier zurück. Die Küstengegenden Westfinnlands hatten sich indes im Laufe der Jahrtausende infolge einer starken Landhebung – sie erreicht ihre höchste Stärke in Österbotten mit einer sekularen Hebung von 0,9 m in der Gegend von Wasa – immer weiter gegen Westen verschoben, und der größere Teil der heutigen schwedischen Küstensiedlung ist alter Meeresboden, der erst in der Morgendämmerung der Geschichte bewohnbar geworden war. Aber auch hier ist die ethnische Zusammensetzung der Bevölkerung lange nicht so einheitlich, wie sie hätte werden müssen, wenn das Land ausschließlich von Schweden aus besiedelt worden wäre. Die Grundlage der zum größeren Teil noch heute bestehenden schwedischen Küstensiedlung West-Finnlands ist in der Tat von Germanen-Schweden und Finnen gemeinschaftlich gelegt worden. Von den inneren Flusstälern und den Flussmündungen waren die beiden Volkselemente nach ihren zeitweiligen alten Fischerdörfern in den Schären übergesiedelt und hatten, wie alte Urkunden und Ortsnamen bezeugen, an verschiedenen Orten hier längere oder kürzere Zeit zusammengelebt. Aufgrund seiner Isolierung von den finnischen

Stammsitzen im Binnenlande und eines immer zunehmenden Verkehrs mit Schweden, der schließlich (im 12. und 13. Jh.) die Eroberung des ganzen Landes herbeiführte, hat das germanische Volkselement in großen Teilen der Küstengegenden seitdem nicht bloß sein Volkstum behauptet, sondern an mehreren Stellen das finnische mehr oder weniger vollständig absorbiert. Ein alter schwedischsprechender Volksstamm bewohnt jedenfalls noch heute weite, zusammenhängende Landgebiete im südlichen und mittleren Österbotten, in Nyland, in den Schären des eigentlichen (= südwestlichen) Finnland und auf Åland. In Satakunta sind die schwedischen Ansiedlungen, die sich einstens mit dem Tale des Kumoflusses weit in das Binnenland erstreckten, heutzutage fast ausgestorben. Gegenwärtig (nach der Statistik des Jahres 1920) beträgt der schwedische Volksstamm Finnlands 341 000 »anwesende« Personen. Diese Schwedenbevölkerung steht zu wesentlichen Teilen ihres Bestandes in einem ununterbrochenen Zusammenhang mit der gemischten finnisch-altgermanischen in Westfinnland. Im südlichen und mittleren Österbotten ist es mir gelungen, durch kombinierte Untersuchungen der Landhebung und zahlreicher daran erinnernder Schären- und Gewässernamen diese schon aufgrund rein sprachlicher Indizien wahrscheinliche Annahme zu bestätigen. Die betreffenden Namen – z. B. *Wörd*, Kirchspielname, zu altschwed. *vör* ›Hafen‹ (vgl. *apud portum Vera* i. J. 1367), für einen Ort, der etwa 10–11 km vom HEUTIGEN Meeresstrande liegt, oder *Havändan* ›Meeresende‹ für einen noch entlegeneren Teil desselben Kirchspiels – zeigen zuweilen ein Alter von 1000 bis 2000 Jahren, etwa wie einige bei antiken Autoren belegten kontinentalgermanischen Orts- und Flussnamen (worüber s. § 42). Sie rühren also z. T. geradezu von späturgermanischer Zeit her.[7]

1 Z. B. in der Schrift *Suomen suku pakanuuden aikana*, Helsingfors 1885. – 2 Vgl. besonders den Aufsatz *När kommo svanskarna till Finland?* (Finsk Tidskrift 1898). – 3 Vgl. die zu § 13 angeführten Schriften von A. Europaeus und A. Hackman. Anders der Schwede G. Ekholm, *Finländska stenåldersfrågor ur svansk synpunkt* (Fornvännen 1922). – 4 Vgl. vor allem die Untersuchungen des schwedischen Naturforschers Sernander, speziell *Die schwedischen Torfmoore als Zeu-*

gen postglazialer Klimaschwankungen (in den Berichten des II. Internationalen Geologenkongresses, Stockholm 1910). - 5 Vgl. S. MÜLLER, *Vor Oldtid*, S. 472 und bes. S. LINDQUIST, *Den keltiska hansan* (Fornvännen 1920, S. 113 ff.). - 6 Vgl. A. HACKMAN, *Svanskbygdernas förhistoria* (Det svenska Finland II, 1922), S. 24 ff. - 7 Näher bei T. E. KARSTEN, *Ortnamnens vittnesbörd* (Det svenska Finland II), *Zum Anfangsterminus der germanisch-finnischen Berührungen* (Soc. Sc. Fennica, Comment. Humanar. Litterarum I 2), *Svensk bygd i Österbotten* II, S. 339 ff., *Landhebung und Sprachgeschichte* (»Die Umschau«, Jahrg. 1925 (Frankfurt a. M.), S. 605–607.

§ 28. Wenn die heutige schwedische Volkssprache in Finnland und Estland genetisch als besondere Gruppe unter den Sveadialekten gerechnet wird, beruht ihre sprachgeschichtliche Stellung wesentlich auf späterer Entwicklung. Der Verkehr mit dem nördlichen und mittleren Schweden und die Einwanderungen von dort sind vor allem seit Anfang der im 12. Jahrhundert beginnenden historischen Zeit so lebhaft gewesen, dass aus der in Finnland und den alten Ostseeprovinzen gesprochenen urgermanisch-urnordischen Sprachform, wenn sie sich der Schmidtschen Wellentheorie (Vgl. S. 48) gemäß weiter entwickelte, wohl nur eine schwedische Mundart entstehen konnte. Uralte Verbindungen mit den Mälargegenden und Uppland sind tatsächlich nachweisbar, und zwar nicht nur in der gesprochenen Sprache, sondern auch in den finnländischen Ortsnamen. Nach dem uppländischen Küstengebiet »Roden« oder »Ro(d)slagen«, dessen Name das altschwedische Wort *rōþer* (Gen. *rōþs*) ›Rudern, Wasserfahrt‹ enthält, benannte die Finnisch sprechende Bevölkerung Finnlands frühzeitig sowohl Schweden (*Ruotsi*)[1] als dessen Volk (*ruotsalaiset*) und übertrug diesen Namen später auf ihre eigenen Landsleute mit urnordischer Sprache, die wegen der sprachlichen Einheitlichkeit auf dem damaligen nordgermanischen Volksgebiete sich von der Bevölkerung des mittleren und nördlichen Schwedens nicht sehr abheben konnte. Ferner spiegelt sich die landschaftliche Einteilung des eisenzeitlichen Uppland in so genannte »hunda«- oder »hundare«-Gebiete (z. B. in den alten »Folkland«-Namen ATTUNDALAND, d. h. *Ātt-hunda-land* ›Gebiet, das acht sog. hund-Bezirke umfasste‹, FJÄDRUNDALAND, TIUNDA-

LAND etc.) in dem finnländischen Landschaftsnamen SATAKUNTA wieder, wo das finnische Wort *kunta* dem urnord. **hunda* = ›100‹, ›Volksmenge, -abteilung und deren Land‹ entspricht, während finn. *Sata-* = ›100‹ wohl nur eine Übersetzung von urnord. *hunda* = ›100‹ ist (vgl. die Zahlworte als Vorderglieder in den uppländischen Vorbildern). Hier sind uns belangvolle sprachliche Altertümer erhalten.

An die alten Kulturbeziehungen zu Schweden gemahnen uns noch heute zahlreiche fennisierte Namen verschiedener Ortschaften Westfinnlands. Das alte Kirchspiel BIRKALA (finn. *Pirkkala)* am Oberlauf des großen Kumoflusses, unweit von Tammerfors, trug sonach mit aller Wahrscheinlichkeit den Namen des alten »Birka«, der bekannten Handelsstadt im Mälarsee (*-la* ist ein finnisches Lokalsuffix). Andere Namen sind im Allgemeinen germanisch, nordisch, ohne irgendeine bestimmte Herkunft anzudeuten. Den Großteil von ihnen bilden alte Gewässernamen, vor allem Bezeichnungen für größere und kleinere Flüsse, deren fruchtbare Täler die Ansiedler an sich lockten. AURAJOKI (Aura å) bei Åbo (Turku) ist am wahrscheinlichsten der ›Griesfluss‹ (awnord. *aurr* = ›Gries‹, ›Griesboden‹), PERNIÖ (Bjärnå) nördlich von Åbo, eig. wohl der ›Bärenfluss‹, KARVIAN JOKI in Satakunta vielleicht ›der Steinfluss‹ usw. Aber wie betreffs der norddeutschen Flussnamen schon bemerkt wurde, sind die Gewässernamen öfters schwierig zu deuten, und hierdurch geschieht auch ihrem Wert für die Siedlungsgeschichte Eintrag.[2]

Zu den sprachlichen Spuren der älteren germanischen Besiedlung Finnlands gehören ferner zahlreiche germanische-Lehnwörter bei den Finnen. Wir können aber nicht sicher wissen, welche von diesen vielleicht schon in den Ostseeprovinzen übernommen waren. Die etwas jüngeren sind jedenfalls finnländischer Herkunft. Hierüber mehr im Kap. IV (Abb. 5).

1 Die alte Zusammenstellung *Ruotsi-Roslagen* wird von V. THOMSEN, *Ryska rikets grundläggning genom skandinaverna* (1882), S. 85 ff. endgültig als die richtige erwiesen. – 2 Vgl. meine Arbeiten *Germanisch-finnische Lehnwortstudien*, S. 225 ff., *Ortnamnans vittnesbörd* (Det svenska Finland Bd. 2, S. 49 ff.), über Birka-Birkala bes. *Svensk bygd i Österbotten* II 381 ff.

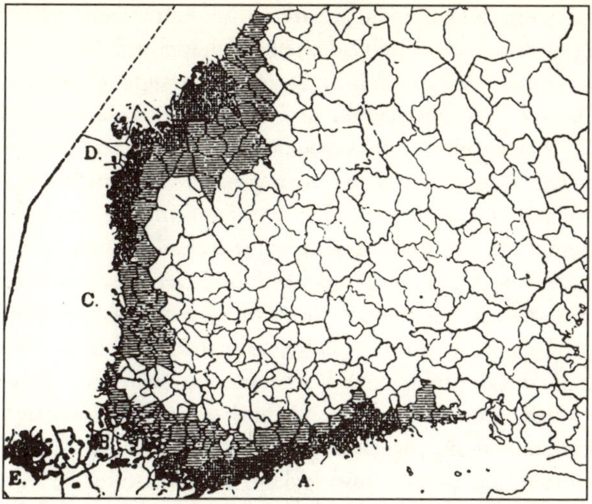

Abb. 5. Das heutige und ehemalige schwedische Besiedlungs-Gebiet Finnlands: A = Nyland, B = Eigentliches (d. h. südwestliches) Finnland, C = Satakunta, D = Österbotten, E = Åland.
Die hellere Farbe bezeichnet die mutmaßliche Ausdehnung der gemischten schwedisch-finnischen Besiedlung am Ende der älteren Eisenzeit ca. 700–800 n. Chr.

§ 29. Die oben behandelten archäologischen und sprachgeschichtlichen Zeugnisse werden von den anthropologischen im Allgemeinen bestätigt, obwohl dieses Beweismaterial noch sehr unvollständig ist. Beobachtungen über Schwedisch sprechende Landwehrmänner aus verschiedenen Teilen des Landes weisen auf einen Rassencharakter[1], der von dem ausgeprägt nordgermanischen teilweise beträchtlich abweicht, wie er in unseren Tagen vor allem in gewissen inneren Landschaften Schwedens, sowie z. B. auf den isolierten Ålandinseln anzutreffen ist. Der Index der Langschädelform wechselt zwischen 70 und 74,9, während derjenige der Kurzschädel bis an 90,0 und darüber reichen kann. Die Schweden Ålands weisen den Mittelwert 79,2 (eine Mittelklasse) auf, die Schweden Nylands 79,3, die des schwedischen Südösterbotten 80,2. Die Letztgenannten gehören schon einem ausgeprägten Mischtypus an, denn die finnische Bevölkerung derselben Landschaft zeigt dasselbe Schädelbild. Früher scheint die Langschädelform auch in Österbotten allgemeiner gewesen zu sein. In einem berühmten Gräberfeld in Südösterbotten (Isokyrö) aus der Zeit der Völkerwanderung (6.–7. Jh.) wurden i. J. 1884 acht Menschenschädel ausgegraben, alle ausgeprägt dolichocephal.[2] Der Unterschied zwischen finnland-schwedischem und gemein-finnischem Schädeltypus ist indes noch heutzutage im Großen und Ganzen recht bestimmt. Der schwedische ist im Allgemeinen dolichocephal, umfasst aber 30–41 % Brachycephalen. Unter den Finnen ist die Brachycephalform die überwiegende im Binnenlande, im Osten und Norden (mit einem Mittelindex von ca. 81–82), während der Prozentsatz der Dolichocephalen im eigentlichen (südwestlichen) Finnland, in Südösterbotten, Tawastland und Nyland größer ist (51–65 %), also in Teilen des Landes, wo die Bevölkerung in Bezug auf ihre ethnische Herkunft teilweise germanisch oder schwedisch ist.

Die schwedische Bevölkerung Schwedens ist, wie schon hervorgehoben wurde (vgl. S. 78), im Allgemeinen sehr hoch gewachsen. Unter den Schweden Finnlands sind die Åländer die längsten, mit einer Mittellänge von 170,0–170,3 cm. Demnächst kommt die Bevölkerung in den Schären bei Åbo mit 169,4 cm, sodann die Bevölkerung in Nyland und die in Österbotten mit 168,3 bzw. 168,0 cm. Die Angleichung zwischen germanischer und finnischer Rasse kommt überall zum Vorschein und fällt besonders in Österbotten sehr auf. Im südlichen Teile der Landschaft erreicht die Mittellänge der Finnen die Zahl 167,9. Im ganzen Lande beträgt die des schwedischen Volkselements 168,42 cm, die des finnischen Elements 166,78 cm. Diese Ergebnisse beruhen indes auf Messungen, die schon in den Jahren 1885–92 vorgenommen wurden und wehrpflichtige Jugend zum Gegenstand hatten, also Personen, die nicht erwachsen waren. Die Verbesserung der äußeren Lebensbedingungen hat auch hier eine Zunahme des Phänotypus verursacht. Später ausgeführte Untersuchungen von Männern zwischen 25 und 45 Jahren haben höhere Mittelwerte ergeben[3]: 172,96 cm für Schwedisch sprechende, 170,91 cm für Finnisch sprechende. Körperlänge und Dolichocephalprozent stimmen somit im Allgemeinen überein. Große Schwankungen sind aber zu notieren auch unter den Finnischsprechenden. In den südwestlichen Teilen, wo eine Mischung mit der nordischen Rasse sicher nachweisbar und sehr ausgeprägt ist, kommen die größten, in den inneren und östlichen Teilen, wo diese Mischung sehr gering oder kaum vorhanden ist, die kleinsten vor. Wenn wir nur die rein finnischen Gegenden ins Auge fassen, ist die mittlere Größe der finnischen männlichen Bevölkerung ca. 169 cm.

Hinsichtlich der Haar- und Augenfarbe weichen die Schwedisch und Finnisch sprechenden Bestandteile der Bevölkerung nicht sehr voneinander ab. Die Behauptung, die Brachycephalen seien dunkel und nur die Dolichocephalen hell, hält nicht Stich, was die Finnen anbetrifft – dies wurde schon im Jahre 1884 durch R. Virchow auf Reisen in Finnland festgestellt. Bei genauerer Beobachtung der dunklen und hellen Bevölkerungselemente Finnlands erweist sich die Blondheit freilich in den schwedischen Gegenden als allgemeiner, als in den rein finnischen, aber auch auf dem Verbreitungsgebiet der finnischen oder, richtiger gesagt, sog. ostbaltischen Rasse, ist die Bevölkerung überwiegend von hellem Typus. Noch in Savolax (Savo), im inneren Finnland, erscheint die helle Augenfarbe bei 76,3 %, die blonde Haarfarbe bei 58 %. Hieraus geht deutlich hervor, dass diese überwiegend helle Komplexion nicht nur durch Mischung mit der hellen nordischen Rasse zu erklären ist, sondern als ein Rassenmerkmal auch der ostbaltischen Rasse gelten kann.[4]

Belangvoll für die finnländische Rassenfrage ist außerdem die § 21, Anm. 3 besprochene Blutgruppenforschung und die zugehörige, dort abgedruckte Rassenkarte. Was die Verteilung der verschiedenen Blutgruppen anbetrifft, existiert (nach Streng-Ryti) erstens ein auffallender, konstanter Unterschied zwischen den Ost- und Westfinnen. Dieser Unterschied zeigt sich auch auf der Streng'schen Karte: Der Platz der im Osten geborenen und im Osten wohnenden Finnen ist hier weit nach links verschoben, der im Westen lebenden mehr nach rechts. Dieses Material wurde später durch O. Sievers (vgl. unten) ergänzt, und im großen Ganzen bestätigt es die Richtigkeit der bis jetzt erzielten achäologischen, sprachwissenschaftlichen und anthropologischen (aus äußeren Körpermerkmalen geholten) Ergebnisse. Nach diesen war die prähistorische Finnenbevölkerung Westfinnlands, wie oben gezeigt wurde, nicht nur in ihrer kulturellen Entwicklung, sondern auch somatisch und sprachlich von Germanen mehr oder weniger stark beeinflusst. Von der seit alters in Finnland ansässigen Schwedenbevölkerung handelt ganz besonders die jüngst erschienene Abhandlung von O. Sievers.[5] Die finnland-schwedischen Untersuchungsreihen bei ihm liegen den aus verschiedenen Teilen des Landes geholten gemein-finnischen sehr nahe, fallen aber doch nirgends mit denselben zusammen. Die Untersuchungen im mittleren schwedischen Österbotten (Munsala, Oravais und Wörå), in der Gegend zwischen den Städten Wasa und Nykarleby, gaben eine Gruppenverteilung ab, die an die der Finnen im westlichen Finnland in auffallendem Grade erinnerte. Die Åland-Schweden sowie die Finnland-Schweden in Süd-Österbotten (Närpes) und in West-Nyland (Snappertuna) wiesen dagegen im Vergleich mit den »gemeinen Finnen« größere Unterschiede auf: in West-Nyland und Süd-Österbotten lässt sich die Verschiebung nach Schweden am besten erkennen, indem die Blutgruppenwerte hier im Großen und Ganzen zwischen den finnischen und den skandinavischen liegen. Alles dies steht nun mit den historisch, sprachlich und anthropologisch beglaubigten Tatsachen im besten Einklang. So ist z. B. im mittleren schwedischen Österbotten (Wörå etc.), wo sich die Blutgruppen fast ganz wie bei den Westfinnen verteilen, der Ortsnamenbestand mit finnischen Namen stark vermischt und der somatische, ursprünglich germanisch-schwedische Typus der Bevölkerung sehr ausgeglichen. Süd-Österbotten (Närpes-Harde) dagegen, wo ich schon im Jahre 1923[6] aufgrund der Ortsnamen die reinste schwedische Gegend der ganzen Landschaft glaubte gefunden zu haben, ist hinsichtlich der Blutgruppenverteilung weitest gegen Skandinavien verschoben. Betreffs der Åland-Insulaner habe ich bereits im Jahre 1920[7] aus archäologischen und vor allem onomatologischen Gründen die Vermutung ausgesprochen, dass sie ihrem Kern nach eine uralte autochthone nordgermanische Inselsiedlung darstellen, die von zwei Seiten her:

von Schweden und Finnland starke Einflüsse empfangen habe, aber sprachlich dem schwedischen Finnland näher stehe. Mit dieser Anschauung stimmen die eben referierten Ergebnisse der Blutgruppenforschung auf das beste überein. Und das allgemeine Blutbild des festländischen (westlichen und südlichen) Schwedisch sprechenden Finnland ist, im Vergleich mit dem gemein-finnischen und demjenigen der nächsten germanischen Nachbarländer, vielleicht so zu deuten, dass der ureinheimische, mehr oder weniger gemischte germanisch-finnische Volkstypus im Ganzen auch hierselbst rassisch noch besteht, aber doch in gewissen Teilen (z. B. in Närpes und Snappertuna), wie auch die Sprache andeutet, durch stärkere Nachschübe von Schweden her einen stärkeren Einschlag schwedischen Blutes empfangen hat. Aufgrund einer archäologischen und onomatologischen Beweisführung wurde das vorhistorische Alter der schwedischen Bevölkerung Finnlands in der Tat schon vor ein paar Jahrzehnten durch verschiedene Forscher (O. Montelius, K. B. Wiklund, T. E. Karsten) als Arbeitshypothese aufgestellt und verteidigt.

1 F. W. Westerlund, *Om svenskarnas i Finland kroppsliga eganskapar aller antropologi* (Det svenska Finland Bd. 2) und Y. Kajava, *Suomalaisten rotuominaisuuksia* (Suomen suku, Helsinki 1924). – 2 A. Hackman, *Ein Opferfund der Völkerwanderungszeit in Finland* (Festschrift für Montelius, 1913). – 3 Y. Kajava a. a. O. – 4 I. Wilskman, *Tilastollisia tietoja Suomen koulunuorison ruumillisesta kehityksestä*, I–III (Helsinki 1916–22); K. Hildén, Dis *Runö-Schweden in anthropologischer Hinsicht* (Helsinki 1922), S. 42 ff. – 5 O. Sievers, *Studier över isoagglutinationen med särskild hänsyn till blodgruppernas fördelning inom Svenska Finland*, Helsingfors 1927. (Dazu anerkennend Y. Ustvedt in *Tidskrift for Den Norske Laegeforening*, Nr. 5, 1. Ausg. 1927). – 6 T. E. Karsten, *Svensk bygd i Österbotten II*, S. 285. – 7 Ders. Verf., *Varifrån har Finlands svensktalande befolkning kommit?*, Helsingfors 1920, S. 7 ff.

§ 30. In Estland sind die Nationalitätsverhältnisse der Steinzeit noch dunkler als in Finnland. Nach O. Montelius wären Germanen von Schweden schon 2000 Jahre v. Chr. nach den Ålandinseln, Finnland und den vormaligen russischen Ostseeprovinzen ausgewandert. Heutzutage wird indes die älteste ostbaltische

Ansiedlung ähnlich wie die finnländische gedeutet. Zufrühest findet man dort eine sog. kammkeramische Fischerkultur, deren Träger möglicherweise derselben »finnischen« Rasse angehörten wie die des gleich benannten finnländischen Kulturkreises. Während eines späteren Abschnittes der Steinzeit erscheint auch hier eine Bootaxtkultur, aber die estländischen Bootäxte sind Mischformen zwischen schwedischen, finnländischen und zentralrussischen Äxten. Diese Bootaxtzivilisation war wahrscheinlich indogermanisch wie die finnländische, skandinavische und zentraleuropäische.

Das Bronzealter Finnlands weist zunächst auf Schweden hin, aber die noch ärmere est- und livländische gehört wie die ostpreußische einer südostbaltischen Kulturform an, die von der skandinavischen gewissermaßen abweicht. Die ältesten Funde der Eisenzeit rühren auch in Estland aus der Zeit um Chr. Geburt her. Von einer vorchristlichen baltischen Eisenzeit kennt man vorläufig nur vereinzelte Spuren, die von einem fortdauernden nordostdeutschen Einfluss zeugen. Als Träger dieser ostgermanischen Kulturform gelten finnische Stämme, zwischen denen germanische Ansiedlungen eingestreut waren. Sie besteht hier noch während der ganzen römischen Eisenzeit und macht sich vom zweiten Jahrhundert an wie gesagt auch im südwestlichen Finnland bemerkbar, wo sie mit einem starken ostbaltischen Kultur- und Volksstrom eingeführt wird. Das Vorhandensein germanischer Ansiedlungen im Ostbaltikum während älterer und jüngerer Perioden der Eisenzeit bestätigt sich durch eine Menge germanischer Lehnwörter in den ostseefinnischen Sprachen. Über diese ausführlicher im nächsten Kapitel.

Vgl. A. Hackman, *Die ältere Eisenzeit in Finland I* (Helsingfors 1905), S. 289 ff.; T. J. Arne, *Det stora Svitjod* (Stockholm 1917), S. 1 ff.; A. M. Tallgren, *Zur Archäologie Eestis* I: *Vom Anfang der Besiedelung bis* etwa 500 n. Chr., Dorpat 1922.

§ 31. Dieses Bild wird durch eine Anzahl alter germanischer Volks- und Landesnamen ergänzt. Unter ihnen sind vor allem die Landschaftsnamen Kurland, Livland und Estland zu erwähnen, bei denen wohl auch die Vorderglieder germanisch sind, jedenfalls der alte Volksname Esten, der bei Tacitus als *Aestii* erscheint.

Auch einzelne Ortschaften an diesen Küsten sind unter alten, unzweideutig germanischen Namen bekannt. In Kurland sind zu nennen Domesnäs, Neria oder Nergia Curonensis, in deutscher Form Nehrung, die schmale Landzunge am Kurischen Haff, dessen Name sich mit norweg. *näring* ›große Landzunge‹ in der Hauptsache deckt. Der livische Volksname steckt in Finnland in der alten, schon bei Agricola (1548) belegten, wegen des finnischen (und estnischen) *ei*-Diphthonges nur schwer erklärbaren Form *leiviskä* ›Liespfund‹. Im nördlichen Österbotten erscheint er außerdem als Hof- und Familienname, also wohl in der ursprünglichen Bedeutung ›livländisch‹; Vgl. auch das südfinnländische (Ost-Nyland) Livs(k)land = ›Livland‹.

Der Landesname ESTLAND ist in seiner heutigen Verwendung jungen Ursprungs. In altschwedischer Zeit hieß das Land WIRLAND, bei Heinrich von Lettland VIRONIA, und die Finnen Finnlands nennen es noch heute Viron-maa. Der Esten-Name dürfte eigentlich einem am Frischen Haff in Samland sesshaften germanischen Volk von Bernsteinsammlern zugehört haben, bekam aber bald die Funktion eines zusammenfassenden baltischen Volksnamens. Bereits Tacitus spricht von den *Aestiorum gentes*. Der Ostgote Jordanes (ca. 550 n. Chr.) erwähnt aufgrund der Gotengeschichte Cassiodors, dass die Estier dem Ostgotenkönig Ermenrich († 375) unterworfen waren, und schreibt ihnen eine lange Küstenstrecke an der Ostsee – *longissimam ripam oceanti germanici* – östlich der Weichselmündung als Wohnsitz zu. Einhart, der Biograph Karls des Großen (nach 817), kennt sie an der Seite der Slawen (*Sclavi*). Der Name bezieht sich hier auf ein baltisches Volk, wie auch bei König Alfred von England am Ende desselben Jahrhunderts. In diesem Sinne kam er noch vor kurzem bei den Litauern in ihrem *Aismareis*, d. h. Aistenhaff (= Frisches Haff) vor. In den altnordischen Quellen bezeichnet Eistland aber schon das Land südlich vom Finnischen Meerbusen, der Volksname Eistr, Eistir die finnische Bevölkerung des Landes. Diese Namenübertragung erklärten K. Zeuss und K. Müllenhoff damit, dass die finnischen Esten Estlands dort einer baltischen (litauisch-lettischen) Bevölkerung, wirklichen »Aisten«, nachgefolgt wären, deren Volksnamen sie übernommen hätten.

Die Annahme scheitert an der Tatsache, dass sichere Spuren einer litauischen Ansiedlung auf dem Gebiete des heutigen Estland vorläufig fehlen: Der Boden der alten Litauer lag in der Tat mehr gegen Osten und Süden. Der suggerierende Einfluss der genannten Autoritäten wirkt aber noch heute stark in der Vorgeschichte der Germanen, und so scheint auch die zuletzt besprochene Meinung nicht leicht vertilgbar zu sein. Neuerdings findet sie sich wesentlich wieder bei K. Buga in dem in der Streitberg-Festgabe veröffentlichten Aufsatz über die Vorgeschichte der aistischen (baltischen) Stämme im Lichte der Ortsnamenforschung. Buga lässt (S. 40) die Kuren vor dem 9. Jahrhundert, von den Litauern gedrängt, die Ostsee, und zwar bei Memel, Polangen und Windau, erreichen. Aus dem ganzen späteren Kurenlande treiben sie die früheren Einwohner hinaus oder saugen sie in sich auf. Es waren dies Finnen, welche damals Nachbarn der Preußen oder, wie sie in jener Zeit noch hießen, der Aisten gewesen wären. Als solche sollte sie bereits Tacitus (*Fenni*) und Ptolemaios (Φέννοι) gekannt haben. Weil diejenigen Finnen, die durch die Kuren von der Seeküste vertrieben wurden, Unterworfene der Preußen-Aisten waren, wäre es ganz klar, warum die Germanen auch diese Finnen als Aisten betrachteten: germ. **aistz*, an, *eistir*, Pl., deutsch Eisten (Esten) (= finnisch *virolaiset*, lett. *igauńi*). Nun weiß man aber – muss ich hierzu bemerken – nichts darüber, wie weit südwärts diese »Finnen« in Wirklichkeit saßen und ob sie jemals unmittelbare Nachbarn der Aisten-Preußen und ihnen unterworfen gewesen. Und wenn sie es waren, kommt hier doch zunächst der südliche Zweig, die Liven, in Betracht, nicht der nördliche Zweig, der allein den Esten-Namen trägt. Die ursprünglichen »Aisten« waren überhaupt keine Balten im sprachlichen Sinne des Namens, sie waren vielmehr oder zum Teil wenigstens Germanen, wie aus Tacitus' Schilderung des Volkes in seiner *Germania* Cap. 45 in unzweideutigster Weise hervorgeht: *Sed et mare scrutantur ac soli omnium [Germanorum] succinum, quod ipsi glēsum vocant.* Zur Zeit des Tacitus war gerade das Wort *glēsum* die gewöhnliche germanische Bezeichnung des Bernsteins, und dass es auch unter den germanischen »Aisten« an der Ostsee gebraucht wurde, beweist das von ihnen entlehnte lettische *glīsis* (< got. **glēsaz*) in derselben Bedeutung. Der zweifelsohne von Germanen geprägte Eisten-Name ist, wie er etymologisch auch gedeutet werden möge, ursprünglich ein geographischer: er bezieht sich eigentlich auf die samländische Bernsteinküste, zufrühst vielleicht auf das heutige Frische Haff, das alte Aistenhaff, ags. *Éstmere* (Alfred, Oros.), lit. *Aismareis*, dessen Nordende an der Westküste Samlands liegt, die eben der reichste Fundort des Bernsteins ist. »Eistlande (ags. *Éastland*) war also wohl ein älterer Name des späteren Samland. Aber aufgrund der großen Bedeutung des Bernsteins im Handel der Bronzezeit und der nachchristlichen Eisenzeit, besonders auch im Ostbaltikum, wo der Bernstein von den ersten Jahrhunderten n. Chr. an bis ins 11. Jahrhundert als Perlenschmuck zu häufiger Verwendung kommt, ist es erklärlich, wenn der Name »Eistland« unter den entfernteren germanischen Nachbarn allmählich auch auf andere Teile des ostbaltischen Küstenlandes bezogen wurde. Wandernde Namen derselben Art sind – um nur einige nahe liegende bekannte Beispiele herauszugreifen – u. a. finn. *Ruotsi* = Schweden, eig. bloß das heutige Roslagen (vgl. S. 131), fi. *Saksa* = Deutschland, eig. nur das Land des nördlichsten deutschen Stammes (der Sachsen), fi. *Venäjä (*Venädä)* = Russland, eig. das Land der Wenden. Zur Zeit des Tacitus war die begriffliche Erweiterung der Namen Eistland-Aesti zum Teil wenigstens schon vollzogen, denn die von ihm erwähnten »Aistenvölker« umfassten nicht nur Germanen, sondern gewiss auch Balten. Tacitus' Beschreibung seiner aistischen »gentes« wird nur unter dieser Annahme erklärlich. Sprachlich stehen nämlich seine Aestii, die sonst gute Germanen sind, den Britanniern näher als den übrigen »Sweben« (Ostgermanen). Dies ist natürlich eine Zusammenwerfung zweier sprachverschiedener Völker.

Der germanische Teil des genannten Volkskomplexes ist nicht nur historisch (durch klassische Autoren wie Tacitus, Ptolemaios und Jordanes) und sprachgeschichtlich (durch die altgermanischen Lehnwörter bei Slawen und Balten), sondern auch bodenkundlich, sagengeschichtlich und runologisch gesichert.[1] Nach neueren archäologischen Forschungen entwickelt sich in Ostpreußen – gerade im alten »aistischen« Samland und anliegenden Gegenden – vom Beginn unserer Zeitrechnung an eine germanische Kultur, die den Goten zugeschrieben wird und sich über eine Periode von mehr als 500 Jahren erstreckt. Dieses Gotenreich ist vielleicht das REIÐGOTALAND der altwestnordischen Hervararsaga, und hier ist die Heimat der HREÐ-GOTUM des Wídsíth – des angelsächsischen Gedichtes aus der Völkerwanderungszeit – sowie der *hraiþkutum* der altschwedischen Röker Inschrift zu suchen. Wenn die »Hreiðgotar« mit O. v. Friesen (a. a. O.) als die »Nestgoten«, d. h. die im Nest (awn. *hreiðr*), in den alten Sitzen, zurückgebliebenen Goten zu erklären sind, erweisen sie sich auch durch ihren Namen als alteinheimisch in ihrem Lande. Dieser aistische Germanenstamm könnte sich erobernd auch über die angrenzenden finnischen Landstriche verbreitet haben, um später in die unterworfenen aufzugehen. Dann wären die ältesten germanischen Lehnwörter der Finnen auf die Rechnung dieser »Goten« zu setzen. Dies ist auch die herkömmliche Auffassung (vgl. Kap. IV). Sie ist aber nicht hinreichend begründet. Die germanischen Nachbarn der ostbaltischen Finnen waren keine zufälligen Eroberer, sondern feste Ansiedler im Lande. Und als »Goten« hätten sie wohl auch den Unterjochten ihren alten Stammnamen aufgezwungen, wie z. B. die schwedischen »Rodsen« den Slawen-Russen. Kein Finnenstamm hat aber den gotischen Namen getragen. Im Ostbaltikum heißen die nördlichsten Finnenstämme in germanischem Munde »Esten«. Nur ein oder das andere gotische Kulturwort (vgl. fi. *kuningas* ›König‹) könnte sich auch zu den Finnen verbreitet haben.

Die Verwendung des Namens »Eistland« in dem heutigen beschränkten Sinne, von dem Lande südlich vom Finnischen Meerbusen, begegnet zuerst in der altisländischen Sagaliteratur. Dass der alte Gesamtname der ostbaltischen Küste hier auf ein Teilgebiet, und zwar gerade auf dieses, übertragen wurde, lässt sich historisch leicht erklären, denn mit keiner anderen ostbaltischen Landschaft haben die Skandinavier und vor allem die Schweden seit uralter Zeit und zwar besonders während der Wikingerzeit in so regen Verbindungen gestanden wie gerade mit Estland. Unzweideutige Zeugnisse davon sind uns die altnordischen Sagas, mehrere altschwedische Runensteine, die noch heute fortlebende schwedische Volkssprache Estlands sowie zahlreiche Ortsnamen. Im Innern des nördlichen Estland sind z. B. die Stadtnamen Pskov (d. Pleskau mit sekundärem *l*) und Narwa wahrscheinlich alte germanische Flussbenennungen. Der erstere ist zunächst ein russischer Flussname Psková (vgl. das finnische *Pihkowa*, estnische *Pihkwa*), zuletzt aber ein altgermanisches **Fiskawá*, während der letztere sich mit dem in nordischen Gewässernamen nicht ungewöhnlichen Wortstamm *narw* ›eng‹ (z. B. Nǫrfasund ›Gibraltarsund‹) vergleichen lässt.[2] Die altuppländischen Landschaftsnamen auf *-hunda*, zu denen ich das finnische Satakunta gestellt habe (S. 131), spiegeln sich in Estland in mittelalterlichen Provinznamen wie Loppegunda, Murumgunda, Normegunda u. a. dgl. wieder. Innerhalb des heutigen schwedischen

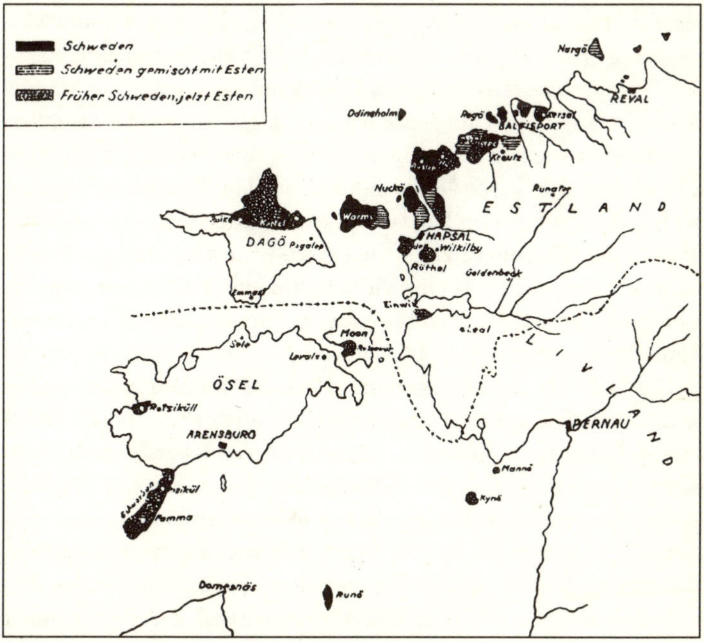

Abb. 6. Schwedisch-Estland

Ansiedlungsgebietes an der West- und Nordküste Estlands kommen schwedische Ortsnamen allgemein vor, aber auch auf heute estnischem Gebiet finden sich solche Namen und dienen uns als Zeugnisse der früheren Ausbreitung der schwedischen Ansiedlung. Die Festlandsbezirke WIEK (Wik) und EGELAND (Öland) sind heutzutage fast vollständig estnisiert, aber die Namen sind unzweideutig schwedisch. Der Name der Festlandsgemeinde RICKHOLTZ ist Verdeutschung eines schwedisch-dialektalen *RIGG-HULT (ausgespr. RIKUL), eig. RYGG-HULT, d. h. ›Bergrückenwald‹. Schwedisch ist auch der alte Stadtname REVAL (eig. ›Sandbank‹). Aus den Schären sind schwedische Namen wie RUNÖ, KÜNÖ, ÖSEL, MON, DAGÖ, ORMSÖ, NUCKÖ, ODINSHOLM, RÅGÖARNA, NARGÖ, ULVSÖ, VRANGELSHOLM u. a. zu nennen. Diese Schwedenansiedlung, die jedenfalls auf die Wikingerzeit zurückzuführen ist, hängt nach vielem zu urteilen irgendwie mit der soeben berührten vorhistorisch altgermanischen zusammen, die uns u. a. in den ältesten germanischen Entlehungen der Finnen entgegentritt (Abb. 6). Hierfür spricht gewissermaßen schon für heutige Volkskultur der estländischen Schwedensiedlungen. Diese ist lange nicht ausgeprägt schwedisch. Aus dem kulturellen Ausgleich zwischen den Esten und den Schweden Estlands hat sich – sagt der schwedische Sprachforscher G. Danell in seiner Abhandlung über den Nuckö-Dialekt (Stockholm 1905, S. 29) – eine ziemlich einheitliche schwedisch-estnische oder, vielleicht eher, estnisch-schwedische Mischkultur ergeben, wozu die den beiden Völkern gemeinsame Naturumgebung beigetragen haben kann. Dem älteren schwedischen und estnischen Siedlungsgebiet gemeinsam ist, meinen eigenen an Ort und Stelle gemachten Beobachtungen zufolge, u. a. ein zum Teil noch heute bestehender äußerst primitiver Baustil (z. B. die sog. Rauchstube). Abb. 7–8.

Vgl. T. E. KARSTEN, *Germanisch-finnische Lehnwortstudien* S. 204 ff., und *Fragen aus dem Gebiete der germanisch-finnischen Berührungen* S. 47 ff. (n. dort zit. Lit.). – 1 O. v. FRIESEN, *Rökstenen* (Stockholm 1920), S. 108 f. u. dort zit. Lit. – 2 Wegen der altgermanischen Ortsnamen im Ostbaltikum vgl. bes. auch G. v. SABLER, *Über die Herkunft des Flussnamens Narowa* (Sitzungsber. der Gel. Estn. Ges. 1910); *Der Ursprung des Namens Pernau* (Sitzungsber. der altertumforschenden

Abb. 7 Rauchstube in Womos (Ormsö), Schwedisch-Estland

Abb. 8 Rauchstube in Taibel, unweit von Hapsal, Estnisch-Estland

Ges. zu Pernau 1910–12, Bd. 7); *Der Ursprung der Namen Pskov, Gdov* usw. (Bull. de l'Acad. des Sciences de St. Petersbourg 1914); *Die altgermanische Herkunft des Namens der livländischen Stadt Schlock und verwandter kurländischer Güternamen.* Zugleich ein Blick in die nationale Vorgeschichte des ostbaltischen Landes (aus der Rigaschen Zeitung Nr. 157, 1914).

§ 32. Der Volkstypus ist eine Bestätigung des Gesagten, denn er ist lange nicht ungemischt schwedisch auf schwedischem Siedlungsgebiet, auch nicht ungemischt estnisch auf estnischem. Anthropologische Messungsergebnisse sind auch hier vorhanden, aber sehr spärliche. Nach den bisherigen Untersuchungen zu urteilen, dürfte der Schädel-Index der ostbaltischen Rasse ca. 80–81 betragen. In Estland liegt er in den Grenzgebieten der meso- und brachycephalen Gruppe, neigt aber mehr zur brachycephalen Seite hin. Was die Körpergröße anbetrifft, sollte gemäß einer Untersuchung vom Jahre 1926 ungefähr die Hälfte aller gemessenen Männer größer als 170 cm sein. Der helle Typus ist der vorherrschende auch unter den Esten. Die Runö-Schweden sind die einzigen im Ostbaltikum, die anthropologisch näher untersucht worden sind. Folgende Notizen entnehme ich einer im Jahre 1926 erschienenen, auf Untersuchungen des Jahres 1921 basierten Veröffentlichung des finnländischen Anthropologen K. Hildén[1] über die Bevölkerung dieser sehr isolierten Insel. Alle Bewohner, mit Ausnahme einiger bejahrten Greise und der Säuglinge, wurden gemessen. Sie bilden keine einheitliche anthropologische Gruppe, sondern sind ein typisches Bastardierungsprodukt zweier ethnischer Hauptelemente. Das eine Rassenelement könnte durch folgende Eigenschaften charakterisiert werden: Körpergröße bei Männern ca. 176 cm, bei Frauen ca. 163 cm; Längenbreiten-Index bei Männern ca. 78,5 cm, bei Frauen ca. 80 etc., schließlich blonde Haarfarbe und helle Augen. Die andere Rasse dagegen etwa folgendermaßen: Körpergröße bei Männern ca. 169 cm, bei Frauen ca. 158 cm; Längenbreiten-Index bei Männern ca. 80,5 cm, bei Frauen ca. 82 etc., schließlich auch hier blondes Haar und helle Augen. Endergebnis: Die gegenwärtige Runö-Bevölkerung ist hauptsächlich durch Mischung nordischer und finnischer (so genannter ostbaltischer) Rassen-

Abb. 9 Wohnstube auf der Insel Runö im Rigaerbusen, Schwedisch-Estland

Abb. 10. Speerspitze von Kovel

elemente entstanden oder – in Anbetracht der Geschichte der fraglichen Ansiedlung, die im Jahre 1341 zum ersten Mal erwähnt wird und damals offenbar schon lange zum schwedischen Sprachgebiet gehört hatte – vielleicht richtiger ausgedrückt: durch die Infiltration eines ostbaltischen (wesentlich estnischen) Elements in eine ursprünglich nordische Bevölkerung. Abb. 9.

1 *Die Runö-Schweden in anthropologischer Hinsicht* (Fennia 47, Nr. 3) und daselbst zit. Lit.

§ 33. Am Beginn unserer Zeitrechnung, wenn nicht früher, hatten finnische, neben ihnen wahrscheinlich auch germanische Volkselemente in Estland und Livland nach West-Finnland auszuwandern angefangen, wie hier schon angedeutet wurde. Diese uralte, nordwärts gehende baltische Völkerbewegung hat zusehends bis in neuere Zeiten fortgedauert. Darauf deutet eine beträchtliche Menge finnischer Wörter estnischen Ursprungs, die von der neueren finnischen Sprachforschung in Finnland an den Tag gebracht worden ist, ebenso eine nicht geringe Anzahl finnländischer Ortsnamen in der nördlichen Nachbarschaft Estlands (in Nyland, im eigentlichen Finnland und in den Schären Ålands wie des Finnischen Meerbusens), die ein finnisches VIRO-(›Est‹) oder schwedisches EST- enthalten. Andere schwedische Ortsnamen, gemeinsam für Estland und die südlichen und westlichen Teile Finnlands, finden sich auch. Diese Ortsnamen bestätigen sozusagen den durch die schwedischen Volksdialekte erwiesenen alten Verkehr zwischen den Ländern südlich und nördlich vom Finnischen Meerbusen.

Vgl. H. OJANSUU, *Suomen kielen tutkimuksen työmaalta*, Jyväskylä 1916, S. 98 ff.; T. E. KARSTEN, *Fragen aus dem Gebiete der germanisch-finnischen Berührungen*, S. 92 ff.; *De nordiska ortnamnen som historiska minnesmärken med särskild hänsyn till Finnland* (Historisk Tidskr. för Finland 1917), *Finsk Tidskrift* 1920, H. 5, S. 313 ff.

Kapitel IV
Die germanische Ursprache und unsere Quellen ihrer Erkenntnis

§ 34. Mehrere der zahlreichen Völker und Völkerstämme, die in der Morgendämmerung der geschichtlichen Zeit uns im indogermanischen Europa begegnen, sind, wie im Kap. II (S. 63) schon gesagt wurde, mehr oder weniger wahrscheinlich aus einer Mischung von Indogermanen und anderssprachigen Autochthonen hervorgegangen. Bei dieser ethnischen Verschmelzung haben die indogermanischen Volkselemente sprachlich den Sieg davongetragen: Die Ureinwohner wurden indogermanisiert, doch wahrscheinlich so, dass sie einen Teil der unterscheidenden Merkmale ihrer Sprache auf die neue indogermanische übertrugen. Im Einzelnen lässt sich dieser Vorgang höchstens spurenweise nachweisen (vgl. z. B. über die Sprachreste der Prähellenen Griechenlands Hirt, Die Indogermanen 1, 58 u. 2, 569), aber das Endergebnis, wobei der nähere Zusammenhang der indogermanischen Sprachverwandtschaft durch tief gehende Störungen der ursprünglichen Laut- und Formen- und Akzentsysteme aufgehoben wurde, wird kaum anders zu erklären sein. An sich kann auch derjenige Indogermanenzweig, der schließlich »germanisch« wird, einer sprachlichen Umbildung dieser Art unterworfen gewesen sein. Eine Mehrzahl verschiedener Prozesse kommt hierbei in Betracht: 1. die sog. Lautverschiebung, 2. die Verlegung des beweglichen und musikalischen indogermanischen Wortakzents als Starkton auf die erste Silbe, meist die Stammsilbe, und als Folge davon die Schwächung oder das Schwinden der Endsilben, sowie 3. der Verfall der indogermanischen Flexionskategorien.

Die in der allgemeinen Struktur der Sprache durchgreifendste dieser Umwälzungen ist wohl die Lautverschiebung. Aus den gewiss sonderbaren Übereinstimmungen, die bei diesen Lautprozessen, auf deren Einzelheiten ich an dieser Stelle nicht eingehen werde, überall zutage treten, folgerte schon K. Müllenhoff in seiner *Deutschen Altertumskunde*, Bd. 3, S. 196 f., dass man in den betreffenden Lautprozessen den Beginn des Sonderlebens einer germanischen Sprachgruppe, das älteste Merkmal ihrer Abtrennung zu suchen habe, aber zugleich auch, dass wir uns die Germanen »damals nicht als ein sonderlich großes, ausgedehntes Volk, jedenfalls nur als ein Volk mit unbedeutenden dialektischen Differenzen denken können«. Die ältesten, schon vor der endgültig durchgeführten Lautverschiebung übernommenen germanischen Lehnwörter der Finnen (vgl. § 50) haben die alte Lehre im Grunde erschüttert. Der geographische Spielraum der Lautverschiebung hat sich hiermit vielmehr als ein sehr weiter erwiesen, ein Ergebnis, das u. a. für die Frage nach der Erklärung des ganzen Lautprozesses von Bedeutung zu sein scheint. Die Verschiebungsakte sind zwar allen Germanenstämmen zuletzt gemeinsam, sie haben aber dennoch erst auf einzelsprachlichem Boden stattgefunden. Sie treten uns dadurch räumlich etwas näher. Erleichtert aber dies auch ihr Verständnis?

In der viel besprochenen Frage nach den Ursachen der germanischen Lautverschiebung sind vorläufig nur die Fälle des sog. grammatischen Wechsels befriedigend erklärt worden. Auch wenn die frühere Formulierung des von Karl Verner gefundenen Gesetzes im Einzelnen nicht ganz richtig war, behält die Entdeckung an sich immerhin ihre fundamentale Bedeutung. Die übrigen Verschiebungen sind aber Gegenstand einer bunten Reihe abweichender Erklärungsversuche gewesen. Mit der älteren, urgermanischen Lautverschiebung, deren Wirkungen auch die entlegensten Germanenstämme erreicht haben, ist bekanntlich die jüngere, hochdeutsche nahe verwandt, wenn auch keineswegs identisch. Jacob Grimm glaubte an einen inneren Zusammenhang zwischen den beiden Lautprozessen: die zweite Verschiebung war eine Fortsetzung der ersten. Die Mehrzahl der Germanisten von heute haben eine andere Ansicht, die auf den bekannten grundlegenden Untersuchungen W. Braunes und

H. Pauls beruht[1]: die beiden Verschiebungen gehen in ihren Wirkungen zu sehr auseinander, um einen gemeinsamen Grund zu haben. Der Grimm'sche Standpunkt hat aber heutzutage wieder mehrere Vertreter gefunden, vor allem R. C. Boer[2], der sich besonders auf die energisch expiratorische Aussprache der anlautenden *p, t, k* im Skandinavischen (vgl. z. B. *t* > *ts in* Kopenhagen, wie *Zivoli* für *Tivoli*), sowie auf eine im neueren Dänisch (1300–1350) hervortretende Entwicklung intervokalischer Tenues zu Medien beruft. In allen diesen Lautprozessen – dem germanischen, dem hochdeutschen und dem dänischen – erblickt er die Wirkungen einer einheitlichen treibenden Kraft, eine den germanischen Sprachen innewohnende, nach langen Zwischenräumen auftretende artikulatorische Tendenz der gesteigerten Exspiration. Die germanische Tenuisverschiebung hätte ihre Grundursache in der starken exspiratorischen Anfangsbetonung gehabt sowie in der stark aspirierten Aussprache, die für die Tenues wohl der ganzen germanischen Welt früher bezeichnend war. Die Medienverschiebung wiederum, die das Aufgeben des Stimmtones der Media bedeutete, war die Folge einer von demselben germanischen Starkton hervorgerufenen Schwächung des freien indogermanischen musikalischen Akzents. Bei den lautlichen Vorgängen des Verner'schen Gesetzes war dieser bewegliche musikalische Akzent wohl schon etwas geschwächt, aber noch nicht gänzlich außer Funktion geraten.

Etwa dieselbe Auffassung begegnet uns bei G. Baesecke, *Einführung in das Althochdeutsche*, vgl. besonders §§ 66, 153. Der Beweger der starken ahd. Sprachentwicklung, auch der Lautverschiebung, war der Anfangsakzent. Die Gesamtheit der Geräuschlautverschiebungen – die das Hochdeutsche von den übrigen germ. Sprachen trennt – sei ein unteilbares Ganzes. Sie sei deutlich einer Periodizität unterworfen: der größtenteils noch vorhistorischen Spannung Tenuis > Affricata > Fricativa, Media > Tenuis folgt größtenteils in historischer Zeit die Entspannung Tenuis > Media, Fricativa > Media, und zwar fortschreitend in der Richtung Labial > Dental > Guttural und von Bayern nach Alemannien und Franken, aus dem Gebiete der größten in das der kleinsten Akzentenergiedifferenzen; die Spannung ein Ausgleich des durch den Anfangsakzent hervorgerufenen Silbenverlustes, die Entspannung eingetreten, nach dem das Gefühl davon verloren war: eine Parallele zur Auf- und Abentwicklung der Diphthonge und der Sprossvokale. So wäre die ganze Bewegung ohne Einfluss fremden Volkstums erklärlich.

Diese Erklärungsversuche berücksichtigen also nur den eigenen Charakter der germanischen Sprache. Gegenüber diesen und anderen Hypothesen ähnlicher Art, die ich hier übergehe, steht die eingangsweise schon angedeutete, die mit SPRACHMISCHUNG rechnet. Dieser Weg zur Lösung des Lautverschiebungsrätsels wurde schon vor Jahren betreten, zuerst von K. Penka, *Origines ariacae* (1883). Der Gedanke ist von anderen Forschern näher ausgeführt worden: von K. Nörrenberg in *Globus* 77 (1900), S. Feist, *Kultur, Ausbreitung und Herkunft der Indogermanen* (1913) und *Indogermanen und Germanen* (3. Aufl. 1924), F. Kauffmann, *Deutsche Altertumskunde* I (1913), K. Wessely in *Anthropos* (1917–18), A. Meillet, *Caractères généraux des langues germaniques* (1926). Die germanischen Sprachen vertreten tatsächlich keine ungestörte Entwicklung der indogermanischen Grundsprache, sondern haben bei der hier stattgefundenen Sprachmischung vielmehr ihren indogermanischen Charakter in wesentlichen Beziehungen verloren. Über Rasse und Sprachklasse der vermuteten Ureinwohner weiß aber die Sprachforschung vorläufig nichts, und R. C. Boer findet die bisher dargestellten Hypothesen in der Frage nicht ohne Grund romantisch. Ganz aussichtslos ist es, das schwierige Problem archäologisch beantworten zu wollen. Wenn die prägermanische (vorneolithische) Kulturstufe des skandinavischen Nordens von einigen heutigen Altertumsforschern »vorfinnisch-ugrisch« oder »vorlappisch« genannt wird, fehlt ihnen ein wirklicher Grund hierfür. Sprachliche Argumente könnten hier beweiskräftig sein, aber solche sind nicht vorgebracht worden.

In meinen Germanisch-finnischen Lehnwortstudien (1915) stellte ich mich bestimmt ablehnend den früheren Versuchen gegenüber, die Erscheinungen der ersten Lautverschiebung auf eine ethnische Mischung von Kelten und Germanen zurückzuführen. Die Annahme scheitert an den außerordentlich weiten

Volksgebieten der ältesten Prägermanensiedlung, vor allem im Osten, wo sie schon in neolithischer Zeit nachzuweisen ist. Auch die Feist'sche Hypothese von einer verhältnismäßig späten, erst in der ersten Hälfte des letzten vorchristlichen Jahrtausends stattgefundenen Indogermanisierung Nordeuropas ist kaum ernst zu nehmen. In diesem Falle müssten die skandinavischen Ortsnamen Reste der prägermanischen Ursprache bewahren. Möglich ist aber, dass die indogermanischen Vorfahren der Germanen sich schon in neolithischer Zeit mit irgendeinem nichtindogermanischen Skandinavenvolk ethnisch gemischt hatten. Nach längerem Zusammenleben wurden die Ureinwohner von den Indogermanen schließlich absorbiert, aber erst nachdem sie der Sprachentwicklung ihrer indogermanischen Herrscher eine neue Richtung gegeben.

Unter den Lautprozessen der urgermanischen Lautverschiebung lässt sich besonders einer: die Verschiebung der Medien zu Tenues (*b, d, g* > *p, t, k*) nur schwer allein auf interngermanischem Grunde erklären, weil das Urgermanische selbst in gewissen Stellungen (im Anlaut, nach Nasalen usw.) Mediae aus indogermanischen Mediae aspiratae (*bh, dh, gh*) entwickelt. Die Neigung zu tönenden Lauten tritt im Allgemeinen stark hervor auf nordgermanischem Boden, wo z. B. das jüngere Dänisch (1300–1350) die intervokalischen Tenues zu Medien übergehen lässt (dän. *löbe* ›laufen‹ neben schwed. *löpa*, dän. *æde* neben schwed. *äta*, dän. *stryge* neben schwed. *stryka*). Nun heißt z. B. lat. *vidēre* im Got. *witan*, im Schwed. *veta*. Hier tritt uns also der entgegengesetzte Prozess entgegen: die Entwicklung einer intervokalischen Media zu Tenuis. Dies ist auf phonetischem Wege anscheinend nicht erklärbar. Wenn der Anfangston des Urgermanischen wirklich so stark war, dass er allein die Mediaverschiebung veranlasste, erheischt die Entstehung dieses auffällig starken Akzents eine besondere Erklärung. Von allen Vorgängen der Lautverschiebung, die auf fremdem Einfluss beruhen könnten, muss gewiss die Medienverschiebung zunächst in Betracht gezogen werden.

Die für die Ostseeländer zur Zeit der Einwanderung der Prägermanen anzunehmende Urbevölkerung entbehrte vielleicht tönende Verschlusslaute, wie die umwohnenden Finnen streng genommen noch heutzutage und z. B. die alten Etrusker und Räter in Südeuropa. Als die germanischen Langobarden, Bayern und Alemannen einige Jahrhunderte n. Chr. in rhätoromanisches Siedlungsgebiet eindrangen, wurde ihre germanische Mundart allmählich auf das Urvolk übertragen, das jedoch die ihm fehlenden germanischen *b-*, *d-*, *g-*Laute gegen eigene *p-*, *t-*, *k-*Laute vertauschte. Die der Urbevölkerung eigene Aussprache der germanischen Laute wurde unter den eingewanderten Germanenstämmen allmählich verbreitet, und damit war – vermutet Fr. Kauffmann in der *Zeitschrift f. d. Philologie* Bd. 46 (1915) – die oberdeutsche Medienverschiebung durchgeführt (um 500 n. Chr.). Die Möglichkeit, ja die Wahrscheinlichkeit dieser Annahme lässt sich (trotz O. Behaghel in seiner Arbeit *Die deutsche Sprache* ((1917)), S. 13) nicht bestreiten, und die urgermanische Medienverschiebung kann dazu ein älteres Gegenstück bilden. Nörrenberg, Feist und Wessely haben dies grundsätzlich schon hervorgehoben. Sie berufen sich besonders auf das Finnische als eine derjenigen Sprachen, die bei der Aufnahme fremden Sprachgutes die ihnen selbst fehlenden fremden Medien durch eigene tonlose Laute ersetzen. Feist betont, dass z. B. die urgermanischen Wörter *gernas* (nhd. *gern*) und *diuris* (schwed. *dyr*) bei den Finnen *kernas* bzw. *tiuris* lauten. Das ist richtig, beweist aber noch nicht, dass diese und andere finnische Wortanleihen auch die geringste Rückwirkung auf die germanischen Substrate ausgeübt hätten, noch weniger, dass diese Rückwirkung so umfassend und intensiv war, dass sie die vorgermanische Medienklasse restlos in germanische Tenues umgewandelt hätte. Es fehlen hier noch sehr wichtige Glieder in der Beweiskette.

Unten werde ich eine Anzahl unbestreitbarer Beispiele dafür anführen, dass eine germanische Mundart gerade aufgrund finnischer Einwirkung beträchtlich beeinflusst worden ist, ja ihren allgemeinen Charakter wesentlich verändert hat. Die Beispiele sind aus dem Bereiche einer nordgermanischen Dialektgruppe geholt: aus der heutigen schwedischen Volkssprache östlich der Ostsee. Hier befinden wir uns immerhin an einem Außenrande der altgermanischen Siedelung, auf einem ihrer Teilgebiete, wo

Germanen bis zum Anfang der Geschichte, zum Teil bis zum heutigen Tag, also während der Zeit von etwa zwei Jahrtausenden neben einer finnischsprachigen Bevölkerung gelebt haben. Der durchgreifende kulturelle und sprachliche Einfluss, den die Finnen von germanischer Seite aus erfahren haben, ist eine bekannte Tatsache, auf die ich unten noch zurückkomme. Aber das kulturell dominierende germanische Volkselement wurde auch seinerseits dabei beeinflusst. Diese Einwirkung erweist sich weniger durch eigentliche Lehnwörter. Von zwei nebeneinander wohnenden Völkern pflegt der Regel nach nur das kulturell unterlegene von dem anderen Wörter aufzunehmen. Neuschwedische Lehnwörter aus dem Finnischen kommen jedoch vor. Z. B.: *håp*: fi. *haapio* (Boot), *kappe*: fi. *kappa* (ugf. Metze), (näver) *kont*, *-kunt*: fi. *kontti* (Tornister von Birkenrinde), *mjärde*: fi. *merta* (Reuse), *pajt*, *pajta*, *pajto*: fi. *paita* (Hemd), *palva*: fi. *palvata* (Fleisch räuchern), *parm*: fi. *parmas* (Heumaß), *pate*: fi. *pato* (Fischdamm), *pojke*: fi. *poika* (Knabe), *pörte*: fi. *pirtti* (Rauchstube), *rappa-kalja*: fi. *rapa-kalja* (Dünnbier), *ria*?: fi. *rühi* (Darre), isl. *sóta*: fi. *sota* (Streit) usw. Es handelt sich hier meistens um ausschließlich finnländische Anleihen; vgl. noch schw. dial. Finnl. *pino* (Holzstoß) < fi. *pino* id., das selbst auf germ. **finō* beruht, schwed. dial. (Österbotten), *vata* (Zugnetz) < fi. *vata* id. < schwed. dial. Finnl. *vada* swm. id., schw. dial. Öb. *kutul* koll. (kleine Fische) < fi. *kutuli* id.: vgl. ags. *cudele* ›Tintenfisch‹ (engl. *cuttlefish*). Andere finnische Wörter sind in die hochschwedische Sprache Finnlands gedrungen, z. B. *mujka* (kleine Maräne), andere sogar in die schwedische Reichssprache, wie (siehe oben!) *kappe*, *kont (kunt)*, *mjärde*, *parm*, *pata*(*-e*), *pojke*, *pörte*, *rappa-kalja*, die alle bei Hellquist, *Svensk etymologisk ordbok* gebucht sind. Vgl. noch schwed. dial. Norrland *håp* ›Boot‹ und z. B. in Wästerbotten *rabboxe* (= Finnl. Nyland *rappoxe*) ›kleine Maräne‹ < fi. *rääpys* (Pl. *rääpykset*) id., das auch von den Russen aufgenommen ist. Die schwedischen Entlehnungen gehören hauptsächlich dem Bereiche einer verhältnismäßig primitiven Kultur, vor allem dem des Fischfangs an.

Auf dem Gebiete der Lautlehre sind die Einflüsse jedenfalls denkwürdiger. Die in urnordischer (vor ca. 700 n. Chr.) und älterer altschwedischer Zeit von den Finnen aufgenommenen germanischen Lehnwörter, die irgendeinen der Laute *p, t, k* in der Stellung nach kurzem oder langem Vokal oder nach Diphthong oder nach *l, r, n* enthalten, erscheinen mit GEMINIERUNG dieser Laute: vgl. fi. *kauppa* ›Kauf‹ ~ germ. **kaupa*, fi. *lattia* ›Fußboden‹ ~ germ. **flatia*, fi. *miekka* ›Schwert‹ ~ got. *mēki*. Die finnischen Geminaten *-pp-, -tt-, -kk-* erklären sich daraus, dass die *p-, t-, k*-Laute der germanischen Substrate eine etwas mehr aspirierte Aussprache hatten als die finnischen Laute. Finnische Lehnwörter mit inlautenden Tenues aus jüngerer altschwedischer und mittelschwedischer Zeit treten dagegen gleich regelmäßig mit kurzem *p, t, k* auf: vgl. fi. *kupari* ›Kupfer‹, *vati* ›Fass‹, *haka* ›Haken‹. In diesen jüngeren Anleihen hat die schwedische Volkssprache in Folge einer langwierigen Einwirkung von finnischer Seite her die altherkömmliche Aussprache der fraglichen Tenues schon aufgegeben. Die unaspirierten (inlautenden) *p-, t-, k*-Laute sind tatsächlich heute eins der wichtigsten Merkmale der schwedischen Volkssprache in Finnland und Estland. Die finnischen und die schwedisch-finnländischen Tenues haben sich auf Grund eines während mehrerer Jahrhunderte fortdauernden gegenseitigen Einflusses einander so genähert, dass sie sich fast decken, denn z. B. in fi. *katu*: schwed. dial. Finnl. *gatu* ›Gasse‹ oder fi. *haka*: schwed. dial. Finnl. *haka* ›Haken‹ vernimmt man keine Verschiedenheit in der Tenuisaussprache.

Ein zweiter finnischer Einfluss phonetischer Art tritt uns auf dem genannten Dialektgebiete in dem Aufgeben der musikalischen Zweisilbenakzentuation entgegen. Akz. 2 fehlt im Estlandschwedischen gänzlich sowie im größten Teil des schwedischen Finnland. Ein starker Anfangston ist hier fast überall die einzige hörbare Betonung. Auch junge Lehnwörter mit ursprünglicher Endbetonung verlegen den Hauptton auf die Anfangssilbe: *maskín* > *másjin* (Estl., Ormsö), *armé* > *árrmiddju* (Österbotten, Wörå), *kusín* > *kúsin* (Österb., Terijärvi).

Ein ganz besonderes Interesse für das Problem der Genesis der urgermanischen Medienverschiebung haben die nicht allzu wenigen Fälle, wo ein schwedisches Wort oder ein schwedischer Ortsname östlich der Ostsee (in Finnl. od. Estl.) eine Tenuis an die Stelle einer echtschwedischen Media oder tönenden Spirans einsetzt. Aus Finnland gehört das bereits erwähnte österbottnische *vata* ›Zugnetz‹ (Wasa-Gegend) hierher: Es gibt ein gleichbedeutendes finn. *vata* wieder, das seinerseits auf das schwedische Dialektwort *vada* (Nyland) zurückgeht. Das finnische Wort *luoto* ›Klippe, kleine Insel‹ setzt ein urnordisches **flōðō* (schwed. *flöd*, awnord. *flúð* f. ›unterseeischer Felsen‹) voraus. Das finnische *luoto* wurde dann später zurückentlehnt. Ein schwedisches *-lot* (= fi. -luoto) ist nämlich heutzutage und seit mehreren Jahrhunderten ein geläufiger Schärenname in den österbottnischen und westfinnländischen Küstengegenden (*Berg-, Bod-, Harv-lot* usw., also zuweilen mit schwedischen Vordergliedern). Ein urnordisch- oder schwedisch-finnisches Wort erscheint in diesen beiden Fällen in schwedischer Aussprache, u. a. mit *t* für zu erwartendes echtschwedisches *d*.

Auf estländischem Boden zeigt in analoger Weise eine Mehrzahl schwedischer Hofnamen Tenuis für ältere Media und zwar offenbar aufgrund estnischer Einwirkung. Während einer im Sommer 1924 nach den alten Schwedensiedlungen Estlands gemachten Studienreise notierte ich folgende Fälle dieses Lautwandels.

Im Kirchspiel Nuck (Nuckö), wo Schweden und Esten seit Jahrhunderten zusammenleben, finden sich im Dorf Paschlep die Höfe *Priggja* (= Brygga), *Kargusj* (= Galgärds, Gammal-), *Tīkusj* (= Dykers), im Dorf Harga (estn. Harja) *Tāvets* (= Davids), vgl. finn. *Taavetti* ›David‹, im Dorf Sutlep *Pleesi* (= Bleß in Klottorp). In Runö ist der Hofname *Prus* wohl mit *Brus* in Nuck (Sutlep) identisch, und der offizielle Schriftname *Haggars* wird *hakasj* ausgesprochen. Zu der letztberührten Aussprache finden sich zwei Analoga im Norden des Sprachgebiets. Der offizielle Kirchspielname *Nuckö* (deutsch *Nuck*) dürfte ein altschwedisches **Nugga* wiedergeben: Das hochdeutsche *Nuck* verhält sich dazu wie nhd. *Rücken* zu schwed. *rygg*. Die offizielle nhd. Namensform *Rickholtz* einer zu Nuckö gehörigen Filialgemeinde geht ebenfalls auf schwed. **Rigg-hult* zurück (schwed. dial. *rigg* = *rygg* ›Rücken‹, hier ›Wald-‹). Die lokale schwedische Aussprache dieser Namen ist *Noka* bzw. *Rikul*, also mit *k* für *gg* wie in Runö *Hakasj* für *Hag-*

gars. Diese Aussprache fällt auf und ist kaum rein schwedisch. Auch die Runö-Aussprache *pīka* ›Mädchen‹ (= altschw. *pīka, pīgha*, neuhochschwed. *piga*, aber finn. *piika*) dürfte estnisch beeinflusst sein.

Eine heutige germanische Ostseemundart hat also ihr Akzentuationssystem fast durchweg geändert, ihre aspirierten Tenues in unaspirierte verwandelt, sowie in einer beträchtlichen Anzahl von Fällen ihre Mediae gegen Tenues vertauscht, und zwar dies alles wegen der Einwirkung einer nicht verwandten Nachbarsprache: des Finnischen bzw. des Estnischen. Kann nun aber auch die URGERMANISCHE Medienverschiebung aus diesem äußersten östlichen Vorposten des ältesten Germanentums hervorgegangen sein? Sicherlich nicht! Wenn man die sehr nahe liegende Analogie der herangezogenen finnländisch- und estländisch-schwedischen Beispiele für die Erklärung der urgermanischen Medienverschiebung ausnutzen will, wird man annehmen müssen, dass die von Süden eingewanderten Indogermanen bereits in den zentralen Teilen der urgermanischen Heimat von einem Urvolk beeinflusst wurden, dessen Sprache den allgemeinen Typus der ostseefinnischen Mundarten besaß, ohne aber darum der jetzt bekannten finnisch-ugrischen Sprachklasse angehört zu haben, eine Bedingung, die nicht notwendig ist und nicht einmal aufgestellt werden kann. Aus dem Gesichtspunkt der materiellen Kultur wird dieses nichtindogermanische Urvolk tatsächlich von einer nordischen Archäologenschule vorausgesetzt. Die Träger der ältesten kulturellen Gegensätze Nordeuropas teilen sich ihrer Auffassung nach in zwei auch sprachlich verschiedene Volksrassen. Sprachlich betrachtet lässt sich das Bestehen dieser Rassengegensätze im ältesten Norden nicht direkt erweisen, aber andererseits auch nicht bestimmt verneinen. Es sind jedoch gewisse dunkle Andeutungen über sie da. Zunächst könnte man versucht sein, die bekannte Annahme einer wenn auch sehr entlegenen Urverwandtschaft der indogermanischen und finnisch-ugrischen Sprachstämme hier zu verwerten. Ist diese von mehreren bekannten Sprachforschern, auch von Finnougristen vertretene oder doch wenigstens nicht bestrittene Ansicht richtig, könnte man vielleicht annehmen, dass eine Verzweigung des zu dieser Sprachklasse gehörigen Volkes in einer grauen Vorzeit mit derjenigen Indogermanengruppe Beziehungen gehabt habe, durch welche das germanische Nordeuropa sein indogermanisches Gepräge bekam. Die ältesten skandinavischen Ortsnamen bestätigen freilich nicht die Annahme, stehen ihr anderseits aber nicht ganz im Wege. Elof Hellquist äußert sich in *Sverges sjönamn* folgendermaßen in dieser Frage. Vom sprachlichen Gesichtspunkt aus gäbe es keinen triftigen Grund, unter den Ortsnamen Schwedens auch nur einen einzigen namhaft zu machen, der auf eine nicht-germanische Sprache zwingend hinwiese. Darin läge aber noch kein vollgültiger Beweis dafür, dass die ältesten Bewohner Schwedens einer und derselben Rasse angehörten. Man weiß erstens gar nicht, inwieweit die Nomaden des skandinavischen Steinalters die Gewässer, an denen sie sich zeitweise aufhielten, benannten. Und geschah dies auch, so sei es ja möglich, dass die neuen Herren des Landes diese Namen gegen andere ihres eigenen Fabrikates vertauscht haben, denn in der Geschichte der Namengebung erfährt man auch sonst, dass Gewässer und Ortschaften im Verlauf der Zeiten zuweilen ihre Namen gewechselt haben.

Es finden sich aber einige germanische Ortsnamen in Skandinavien, in denen man mittelbare Erinnerungen an dieses Urvolk erblickt hat, auch wenn sie uns über seine Nationalität nichts zu sagen haben. In den Vordergliedern einiger südskandinavischen Ortsnamen, wie *Finnveden* in Småland (*Finnaithae* bei Jordanes, ca. 550 n. Chr., *Finnéði* bei Adam von Bremen, *Finnenses* bei Saxo = die nordgermanischen Bewohner von *Finn-(h)eiði*, eines früher von »Finnen« bewohnten Landes), *Finhult* in Skåne, *Finnholt* in Norwegen (Romerike) u. a., hat man eine alte indogermanische Benennung desjenigen niedrigen Fischer- und Jägervolkes sehen wollen, das in der Steinzeit, stellenweise bis nach Uppland im Norden, an der Seite der eingewanderten indogermanischen Ackerbauer gelebt zu haben scheint. Adolf Noreen hat zwar schon im Jahre 1903 (*Spridda studier II*) vermutet, dass der *Finnen*-Name sich anfänglich nur auf eine in kultureller Hinsicht niedrige Volksschicht innerhalb der germanischen Bevölkerung Skandinaviens bezogen habe, aber dies ist sehr unwahrscheinlich, denn in historischer Zeit bezeichnet das Wort überall eine von den eigentlichen Skandinaviern geographisch und ethnisch gesonderte Volksindividualität. Als die problematischen Ureinwohner von den eingewanderten Indogermanen absorbiert worden waren, übertrug sich der Finnen-Name zunächst auf die Lappen, die den Namen tatsächlich getragen haben und zum Teil noch tragen: die nordskandinavischen »Skridfinnar« bei Prokopios und Jordanes (Schönfeld S. 279) waren Lappen, und die Norweger nennen ihre Lappen noch heutzutage »Finner«. Wenn die Skandinavier seit alters die Bewohner Finnlands mit dem gemeinsamen Namen »Finnar« bezeichnen, charakterisieren sie sie dadurch als ein besonderes, nicht-skandinavisches Volk.[4] Auf eine nicht-indogermanische Steinzeitbevölkerung weist, nach dem norwegischen Sprachforscher Magnus Olsen[5] möglicherweise auch eine norwegische, weit nach Norden hinaufgehende Ortsnamengruppe hin, die das Wort *vist* ›Wohnung‹ enthält. Diese Namen fallen geographisch mit den Wohnplätzen der älteren norwegischen Steinzeit zusammen, die man irgendeinem nichtgermanischen Volk hat zuschreiben wollen.

Es wurde schon bemerkt, dass das »finnische« Urvolk des germanischen Nordens kaum als ein spezifisch finno-ugrisches gedacht werden kann, und zwar weil die finnisch-ugrischen Sprachen und ihre Träger mit voller Sicherheit irgendwo im inneren Russland (westlich von der Uralgegend) ihre Wiege hatten, und in vorchristlicher Zeit, soviel wir wissen, noch nicht nach Skandinavien verzweigt waren. Die sog. kammkeramische Ureinwohnerkultur im östlichen Finnland, die von der heutigen finnländischen Archäologie den Vorfahren der Finnen zugeschrieben wird, ist zwar stellenweise auch in Westfinnland zu beobachten, und wohl bekannte Altertumsforscher wie G. Kossinna und O. Almgren sind geneigt, auch die ältesten Kulturen Skandinaviens zu diesem Kulturkreise zu rechnen. Aber dies ist alles nur vage Hypothesenbildung. Für die betreffende sog. Substrattheorie behalten die von mir gesammelten baltisch- und finnländisch-schwedischen Beispiele daher nur einen sehr mittelbaren Wert: Weil die treibenden Kräfte der Sprachentwicklung wohl immer etwa dieselben waren, wird die besagte Theorie umso stärker und glaubwürdiger erscheinen, je zahlreicher die aus lebenden Sprachen geholten Beweise der Sprachmischung sind. Das postulierte Urvolk im Zentrum der germanischen Ostseesiedlung deckt sich wahrscheinlich mit den »Fenni« des Tacitus (vgl. über diese § 40). Da es unerwiesen, ja ausgeschlossen ist, dass die germanischen Skandinavier ihre eigenen, dieselbe germanische Sprache redenden Landsleute als »Finnen« bezeichnet hätten, waren die unter diesem Namen bekannten Volkselemente, ebenso wenig wie heute, wohl keine Skandinavier germanischer Herkunft. Über ihre Rassenzugehörigkeit und Sprachklasse wissen wir aber nichts. Als ureingeboren in -ihrem Lande können sie jedenfalls teil- und stellenweise lange genug fortgelebt haben – davon zeugen ja Ortsnamen wie die oben herangezogenen Finnweden, Finnhult u. a. –, um die Sprache ihrer nächsten indogermanischen Nachbarn stärker oder schwächer zu beeinflussen. Die Einwirkung kann sich aber wesentlich darauf beschränkt haben, dass sie die urgermanische Anfangsbetonung hervorrief. Eine solche Betonung, und zwar dazu eine sehr ausgeprägte, ist noch heute sehr charakteristisch z. B. für alle ostseefinnischen Sprachen. Für die Annahme einer derartigen Einwirkung spricht gerade der soeben erwähnte finnische und estnische Einfluss auf die Betonung der finnländisch- bzw. estländisch-schwedischen Volkssprache, die hierdurch fast durchgehend ihre ursprüngliche musikalische Akzentuation verloren hat. Dass der im Urgermanischen auf die Stammsilbe verlegte germanische Starkton ganz von selbst entstanden sei, also ohne jeden äußeren Anstoß, auf Grund einer an sich dunklen inneren Triebkraft des eigenen Volkstums, ist höchst unwahrscheinlich, und eine interne Erklärung vom Germanischen aus hat er noch nicht gefunden. Eine äußere Bedingung dieser Erklärung wäre wohl, dass die verschiedenen Germanenstämme zur Zeit der beginnenden Verschiebungsvorgänge auf irgendeinem einheitlichen Landgebiete, also ohne größere Verkehrshindernisse, zusammengelebt hätten, wie schon K. Müllenhoff und später R. C. Boer betont haben. Aber diese Annahme ist, wie im Anfang meiner Auseinandersetzung hervorgehoben wurde, durchaus falsch. Andererseits hat die

Entstehung des germanischen Starktons aufgrund eines fremden Einflusses ein schlagendes Analogon wenigstens im Lateinischen: Der freie musikalische indogermanische Akzent wurde ursprünglich auch hier durch Starkton auf der Stammsilbe ersetzt, und zwar zunächst wohl aufgrund einer etruskischen Einwirkung.[6] Sonst betont auch das Insel-Keltische (Irische), eine dem Germanischen nah stehende indogermanische Sprache, die Anfangssilbe des Wortes. Beruht auch dies auf fremder Spracheinwirkung: hier vonseiten einer britannischen Ursprache?[7]

Die germanische Tenuisverschiebung ist in der Hauptsache wohl ein Werk des so entstandenen germanischen Starktons und ist in diesem Falle nur mittelbar durch eine Ureinwohnersprache verursacht. Die postulierte nicht-indogermanische Ursprache war aber möglicherweise nicht nur durch Anfangsbetonung, sondern auch durch ihren Mangel an tönenden Verschlusslauten charakterisiert, wenigstens in starktonigen Silben, und dann war sie bei der urgermanischen Medienverschiebung vielleicht auch unmittelbar beteiligt. Der oben erörterte Nuckö-Hofname *Kárgusj* (= Galgårds) hatte, wohl zu merken, *k* für *g* nur in der starktonigen ersten Silbe, nicht in der schwächer betonten zweiten, in guter Übereinstimmung z. B. mit dem estnischen Wort *kõrgè* = fi. *kórkèa* ›hoch‹. Die baltisch-schwedische Mediaverschiebung *g* > *k* ist hier offenbar von dem starken Anfangston abhängig, während andererseits estn. *kõrgè* vor der verhältnismäßig schwach betonten zweiten Silbe Media für Tennis einsetzt.

Nicht nur die germanische Tenuis-, sondern wohl auch die Medienverschiebung hängt sonach mit der Betonung: mit der Umwandlung der hauptsächlich musikalischen indogermanischen Betonung in die energisch expiratorische des Germanischen und dessen starken Anfangston irgendwie zusammen, denn dieser Akzent war das wesentlich Neue in der germanischen Sprachentwicklung. Diese neue Betonungsweise verlangt aber ihre Erklärung, und vom Germanischen aus ist sie nicht gefunden, überhaupt wohl nicht zu finden. Da die germanischen Stämme bei ihrer Ausbreitung über den deutschen Kontinent nicht in wüste, unbevölkerte Gegenden gelangten, sondern vielfach zunächst mit keltischen Urbewohnern in Berührung kamen, deren Wortschatz und Ortsnamen sie teilweise übernahmen, liegt es sehr nahe, bei der Erklärung dieser Betonung an die Kelten zu denken. Vgl. vor allem H. Hirt in seiner *Geschichte der deutschen Sprache* (S. 91)[8]: Das Deutsche zeige uns die Entwicklung einer germanischen Sprache auf keltischer Grundlage. Die Durchdringung des fremden Volkselementes durch das Germanische sei sicher am stärksten in der Nähe der alten Heimat gewesen. So erklärt sich Hirt, dass die hochdeutsche Lautverschiebung sich da findet, wo die Kelten saßen. Die Grenze der hochdeutschen Lautverschiebung stimme zu einem gewissen Teil mit der alten Keltengrenze überein. Ein ursächlicher Zusammenhang zwischen den beiden Erscheinungen lasse sich nicht abstreiten. Und da die erste germanische Lautverschiebung in ihrer Grundrichtung dieselbe ist wie die zweite, habe man – meint Hirt – auch bei jener mit keltischem Einfluss zu rechnen. Die (unten zu behandelnden) Lehnwörter, die das Germanische aus dem Keltischen übernommen hat, vor allem eine lange Reihe von Eigennamen, sprechen für eine Herrschaft der Kelten über die Germanen. Auf diese Herrschaft könnte nach Hirt die große Umwandlung der vorgermanischen Betonung zurückzuführen sein. Es wurde aber schon bemerkt, dass dieser Kelteneinfluss die entlegenen, weit verstreuten nordischen Germanenstämme nur sehr mittelbar berührt hat und daher als alleiniger Erklärungsgrund hier kaum genügen kann, denn nach dem in § 24 Gesagten bildet das Wesertal eine gewisse Ostgrenze für das norddeutsche Keltentum. Wenn ein fremder Einfluss bei der Erklärung des in Rede stehenden Vorgangs nötig ist, kann dieser sonach nur von einer autochthonen nicht-indogermanischen Ostseebevölkerung ausgegangen sein. Stellt es sich aber – gegen alle Vermutung – heraus, dass dieses fremde Volkstum ein Selbstbetrug ist, hat man das Problem der urgermanischen Akzentversetzung anders zu lösen, wenn eine Lösung hier überhaupt möglich ist. Die Trennung der Prägermanen von den indogermanischen Sprachgenossen war jedenfalls die äußere Bedingung dafür, und die Ostseezone hat doch mindestens eine andere, wenn auch viel beschränktere Eigentümlichkeit der Betonung herbeigeführt: den livischen, lettischen und dänischen Stoßton.

Der von verschiedenen Forschern vorausgesetzte fremde Einfluss bei der germanischen Lautverschiebung ist sonach jedenfalls stark übertrieben worden, und von wirklichen Beweisen ist hier vorläufig keine Rede. Zu den allzu schwach oder gar nicht begründeten Vermutungen gehört auch der von K. Wessely angenommene Kausalnexus zwischen dem »Verner'schen Gesetz« und dem finnischugrisch-samojedischen »Stufenwechsel«, der an die germanische Lauterscheinung gewiss erinnert. Hier ist wohl »Einwirkung« Von der einen oder anderen Seite her ausgeschlossen. Höchstens könnte hier an verblichene Reminiszenzen einer einst gemeinsamen, sehr entlegenen Vorzeit gedacht werden. Wie dem aber sein mag, sind die Anzeichen einer durch Sprachmischung hervorgerufenen Sprachwandlung und zwar besonders diejenigen, die hier oben aus den Gegenden östlich von der Ostsee mitgeteilt wurden, schon so zahlreich, dass man den fremdsprachigen Einfluss auch in Bezug auf die urgermanischen Vorgänge einer ernsten Überlegung zu unterziehen hat. Die Indizien einer in dieser Richtung gehenden Lösung der Frage sind da und konnten hier nicht übergangen werden. Ich verweise noch auf einen bekannten parallelen Vorgang: die armenische Media-Verschiebung, die sich ungesucht auf dem Wege der Sprachmischung erklären lässt.[9]

1 Paul-Braune, *Beiträge zur Gesch. d. deutschen Sprache u. Lit.* 1, 1 ff., 6, 538 ff. – 2 R. C. Boer, *Over den Samenhang der Klankverschiuvingen in de Germaansche Dialecten* (Neophilologus 1, 103 ff.), *Oergermaansch Handbock*, Twede Druk (Harlem 1924), S. 136 f. – 3 Vgl. vor allem K. B. Wiklund in *Le Monde oriental* I (1906), H. Paasonen *in den Finnisch-ugrischen Forschungen* VII (1907), O. Schrader, *Sprachvergleichung und Urgeschichte* 3 2, 523–525. – 4 T. E. Karsten, Om *östersjöländernas äldsta folk- och ortnamn* in Arkiv för Svenska Österbotten I (1921), S. 121 f. – 5 M. Olsen, *Stedsnavn og arkaeologi* (Oldtiden 1914); vgl. aber N. Lindqvist, *Bjärka-Säby ortnamn* (1926), S. 382 ff. – 6 F. Skutsch, *Der lateinische Akzent* in der Glotta I, 187 ff., S. Feist, *Indogermanen u. Germanen*[3] S. 50. – 7 Über die Beeinflussung der keltischen Sprachentwicklung durch das britannische Urvolk s. H. Zimmer bei K. Meyer in der *Zeitschr. für celtische Philologie* IX (nach Feist, *Indogermanen u. Germ.*[3] S. 50). Vgl. A.

MEILLET, *Caractères généraux* S. 40. – 8 Vgl. noch H. NAUMANN, *Versuch eimer Geschichte der deutschen Sprache als Geschichte des deutschen Geistes* [Deutsche Vierteljahrsschr. f. Lit. Wiss. u. Geistesgesch. I (1923), S. 139–160]. U. a. werden hier die germ. und die hd. Lautverschiebung aus der Berührung der Indogermanen mit den Autochthonen der norddeutschen Tiefebene bzw. der Germanen mit den Kelten und andern romanisierten Bewohnern Süddeutschlands erklärt. – 9 Vgl. A. MEILLET, *Caractères généraux des langues germaniques*[3], S. 39 f.

§ 35. Ganz belanglos für den gemeinindogermanischen Sprachcharakter waren gewiss auch nicht die eventuellen neuen Bestandteile, mit denen der indogermanische Wortschatz der Prägermanen jetzt bereichert wurde. Der ältere Wortvorrat der germanischen Sprachen zerfällt in zwei große Gruppen: indogermanische Erbworte, die mehreren indogermanischen Einzelsprachen gemeinsam sind, und eine andere Wortkategorie, die sich in den etymologischen Zusammenhang des indogermanischen Wortschatzes bis jetzt nicht einreihen ließ und daher vielleicht ganz sprachfremder Herkunft ist.[1] Der Sprachvergleicher S. Feist[2] hat den Umfang des nicht etymologisierbaren deutschen Sprachguts auf ein Drittel des gesamten deutschen Wortschatzes, der russisch-deutsche Philologe Fr. Braun das nicht etymologisierbare germanische Sprachmaterial auf 30 % des gesamten germanischen Wortschatzes berechnet. Besonders auffällig ist – hebt Feist hervor – dass sich ein großer Teil der germanischen Ausdrücke für das Seewesen und damit Zusammenhängendes in den anderen indogermanischen Sprachen nicht wieder findet: Wörter wie See, Segel, Nachen, Kahn, Kiel, Spant, Bord, Brise, Hafen, Damm, Reede, Ebbe, Sturm, Zeit (Gezeiten), Fels, Klippe, Strand, Geest, Laich, Netz, Reuse, schwimmen, Stange, Steuer usw. Ebenso haben fast alle germanischen Fischnamen (mit Ausnahme von Lachs und vielleicht schwed. norw. *harr* ›Thymallus‹), wie auch zahlreiche Pflanzen-, Vogel- und Tiernamen, keine auswärtigen Beziehungen. Es handelt sich aber meistens um sprachliche Ausdrücke, die mit der einheimischen Natur zusammenhängen und nicht so leicht durch fremden Import verdrängt werden. Solche etymologisch dunklen germanischen Wörter sind tatsächlich in jedem neueren etymologischen Wörterbuche anzutreffen. F. Kauffmann[3] hat derartige Belege aus anderen Begriffsgebieten angeführt, z. B. gemeingermanische Wörter, wie arm, arg, Zauber, Kraft, Adel (edel), (Ant)litz, Hand, Zehe, Bein; Held, Weib, Knabe, Schalk, Dieb; klug, krank, siech, öde, eben; Rauch, Reis, Wald, Winter, Ort, Grund, Tag, Honig (gegen idg. *milip*); bergen, flehen, fliehen, laufen, rufen, rügen, schneiden, trinken, zünden u. v. a. Einwände gegen ihre Beweiskraft sind gewiss vielfach erhoben worden. So von R. Much schon i. J. 1915 in einer Besprechung der Kauffmannschen *Altertumskunde* I (*Zeitschr. f. d. Alt.* 37, 74)[4]: Man werde gut tun, sich allen diesen Versuchen gegenüber skeptisch zu verhalten, weil dabei die niemals ruhende Wortschöpfung übersehen werde, ferner die Möglichkeit, dass altindogermanisches Sprachgut immer nur auf engerem Bereich vorhanden war oder durch Sprachverlust im übrigen Gebiet auf einen solchen engen Bereich eingeschränkt wurde. Dazu komme, dass durch schärfere Untersuchung und neuere etymologische Funde Jahr für Jahr von dem Stock des Isolierten und Unerklärten ein Teil abbröckele. Und würde überhaupt – fragt Much – viel von der Sprache der fremden Urbewohner innerhalb des Germanischen fortgelebt haben? Das Verhalten des Germanischen und Romanischen dem Keltischen, der ostdeutschen Dialekte dem Slawischen, des Russischen dem Finnischen gegenüber spreche nicht dafür. Doch ist z. B. die Zahl der slawischen Lehnwörter der ostdeutschen Dialekte – bemerke ich hierzu – gar nicht so gering, wie aus diesen Behauptungen gefolgert werden könnte; ich verweise auf die vollständige Liste bei Hirt, *Etymologie der nhd. Sprache*, 2. Aufl., S. 144 ff. (vgl. auch Feist a. a. O. S. 91 f.). Recht zahlreich sind auch die russischen Entlehnungen aus dem Finnischen: vgl. die zur Zeit der Much'schen Besprechung noch nicht bekannt gewordenen Untersuchungen von J. Kalima: *Die ostseefinnischen Lehnwörter im Russischen* (Helsingfors 1915) und *Syrjänisches Lehngut im Russischen* (Finnisch-ugr. Forsch. 18 (1927), 1–56). Eine ganz besondere Beachtung verdient die bunte, große Menge der älteren und jüngeren finnischen Lehnwörter in den finnländischen und baltischen Schwedenmundarten, worüber auf R. Saxén, *Finska lånord i östvenska dialekter* (Svenska landsmål XI, Stockholm 1895) hinzuweisen ist. Diese Sammlungen nicht-indogermanischen Sprachmaterials in indogermanischen Sprachen zeigen uns, wie wenig gemeingültig die von Windischs[5], Hirt[6] u. a. verfochtene Meinung in dieser Frage tatsächlich ist. Entlehnungen aus der Sprache der Unterworfenen sind, wie wir sehen, in historischer Zeit öfters reichlich zu belegen. Hier müssen nur die verschiedenen, höheren und niedrigeren Schichten der Bevölkerung auseinander gehalten werden, etwa wie in der Schriftsprache die verschiedenen Stilarten. So hat die hochschwedische finnländische Schriftsprache, die vorzugsweise die Sprachform der GEBILDETEN Klassen wiederspiegelt, von den Finnen nur wenig übernommen, die breiten schwedischen BAUER- und ARBEITERSCHICHTEN dagegen, die mit den Finnen alltäglich zusammenleben und etwa auf derselben Bildungsstufe stehen und immer gestanden haben, recht viel. Die verschiedenen Kulturschichten innerhalb einer eine und dieselbe Sprache sprechenden Bevölkerung scheinen in dieser Frage bisher nicht die ihnen zukommende Beachtung gefunden zu haben. Auch unter den ältesten Indogermanen müssen verschiedene Kulturschichten vorausgesetzt werden, und so darf auch die urgermanische Kulturstufe nicht überschätzt werden: die Kluft zwischen den Entwicklungsstufen der »primitiven« Urgermanen und der fraglichen Urbewohner kann keinesfalls eine allzu tiefe gewesen sein. Die Möglichkeit der Übernahme nicht-indogermanischer Wörter ins Urgermanische lässt sich daher nicht a priori zurückweisen, wenn anderseits auch vor ihrer Überschätzung gewarnt werden kann. Möglich und sogar wahrscheinlich ist, dass sich unter den etymologisch dunklen Wörtern manches noch als indogermanisch erweisen wird – darauf deutet die von Hirt in dem oben angeführten Werk gegebene neue Liste der hierher gehörigen Zusammenstellungen. Dagegen wird das von E. Prokosch[7] empfohlene Verfahren, die Zahl dieser etymologisch isolierten Wörter auf dem Wege der Theorie der »Wurzelerweiterung und Wurzelvariation« zu vermindern, nie zum Ziele führen, dazu ist die Methode doch allzu willkürlich. Bei einem großen Teil von diesen Wörtern handelt es sich wohl um speziell germanische Neuschöpfung. Denn auch wenn die fraglichen Beispiele als fertige Wörter in dem Kreise der verwandten Sprachen nicht nachweisbar sind, können sie in vielen Fällen mit Hilfe von indogermanischen Sprachmitteln gebildet sein. In der sehr langen vor- und urgermanischen Periode, während der die Prägermanen der Ostseeländer von ihren indogermanischen Sprachgenossen getrennt waren, sind nach aller Wahrscheinlichkeit auch germanische Grundwörter (nicht nur Derivata) auf der Basis indogermanischen Sprachmaterials gebildet worden. Ein beträchtlicher, nicht etymologisierbarer Rest des Wortschatzes wird aber übrig bleiben, und hier kann die postulierte Ureinwohnersprache in Betracht kommen. Über Rasse und Sprache dieses Volkstums wissen wir jedoch nichts. Sicher ist nur, dass kein einziges der oben angeführten dunklen Wörter erweislich finnisch-ugrisch ist. Die oben verzeichneten finnischen Lehnwörter des Nordgermanischen sind etwas jüngerer Herkunft. Andere Sprachen nicht-indogermanischer Klasse finden sich heutigentages nicht in der Umgebung.

1 Ein erster, jetzt stark veralteter Versuch einer Zusammenstellung des urgermanischen Wortschatzes findet sich bei E. Förstemann, *Geschichte des deutschen Sprachstamms* (Nordhausen 1874) I, 399 f. Größeren Anforderungen entspricht der *Wortschatz der germanischen Spracheinheit* von A. Torp und Hj. Falk (= A. Fick, *Vgl. Wörterbuch der indog. Sprachen*, 4. Aufl., Bd. 3, Göttingen 1909), aber auch hier bleibt noch viel zu wünschen übrig: der überaus reiche Sprachschatz der noch lebenden Volkssprachen ist nicht genügend berücksichtigt, die ältesten Entlehnungen bei fremden Völkern gar nicht. – 2 S. Feist, *Indogermanen und Germanen*, 3. Aufl., S. 88 ff. – 3 F. Kauffmann, *Deutsche Altertumskunde* I, 66, Note 5. – 4 Vgl. jetzt auch W. Streitberg, *Gesch. der idg. Sprachwissenschaft II: Germanisch*, S. 51 f. – 5 E. Windisch, *Zur Theorie der Mischsprachen und Lehnwörter* (Ber. der Kgl. sächs. Ges, der Wiss. 1897, S. 101 ff.). – 6 H. Hirt, *Indogermanische Grammatik* I, 171 f. – 7 E. Prokosch, *The Hypothesis of a Pro-Germanic Substratum* (The Germanic Review, Vol. I, Nr. 1, 1926). Im Ganzen wird die Substrattheorie von Prokosch gebilligt, aber mit anderer Auffassung der Zeitfrage. Die germanische Sprache sei eine direkte Fortsetzung der urindogermanischen, ohne irgendeine prähistorische nicht-indogermanische Sprachschicht. Die Indogermanen da-

gegen vertreten nach P. eine im hohen Grade gemischte Volks- und Sprachgruppe. Hier lässt er aber unbeachtet, dass die Germanen bereits als Indogermanen nach dem Norden gelangten, wo sie seit Jahrtausenden sesshaft sind, und dass eine bestimmte Grenze zwischen einer vorgermanischen und einer ausgeprägt germanischen Sprachstufe überhaupt nicht existiert. Die großen Veränderungen, die in der germanischen Ursprache den übrigen indogermanischen gegenüber vorgegangen sind, fallen sicher in die Zeit NACH der Trennung der germanischen Stämme von den idg. Sprachgenossen und sind gerade als Folgeerscheinungen dieser Isolierung und der neuen Verhältnisse zu betrachten. So spiegelt auch das spezifisch Germanische im Wortschatz der Germanen – wie schon angedeutet wurde – zum nicht geringen Teil die charakteristisch nordische Natur wieder.

§ 36. In jüngster Zeit wurde wieder ein Versuch gemacht, das Rätsel der nordeuropäischen Urrasse seiner Lösung näher zu bringen. Im Jahre 1922 erschien die Untersuchung Fr. Brauns: *Die Urbevölkerung Europas und die Herkunft der Germanen* (= Japhetitische Studien zur Sprache und Kultur Eurasiens I) sowie i. J. 1923 eine von N. Marr: *Der japhetitische Kaukasus und das dritte ethnische Element im Bildungsprozess der mittelländischen Kultur* (= Japhetitische Studien II). Die vorindogermanische Bevölkerung unseres Weltteils wird zu einem großen einheitlichen Sprachgebiet gerechnet, das außerdem die kaukasischen sowie die vielen kleinasiatischen Sprachen umfasst hätte. Vorläufig sind diese Annahmen lauter Phantome.

Vgl. A. MEILLET in *Bulletin de la Société de Linguistique* 22 (1921), S. 262 f., G. SCHMIDT in den *Neuphilologischen Mitteilungen* 1924, Nr. 4/8, S. 221–230, S. FEIST, *Indogermanen und Germanen*, 3. Aufl., S. 52–54.

§ 37. Die älteste charakteristisch germanische Sprachform scheint während eines langen Zeitraums, zum Teil weit über den Anfang der christlichen Zeitrechnung hinaus, in wichtigen Stücken ihr rein urgermanisches Gepräge bewahrt zu haben. Sie befand sich aber in ständiger Entwicklung, und auf verschiedenen Gebieten des Verkehrs kamen mundartliche Differenzen wohl frühzeitig zum Vorschein. Die eigentlich urgermanische Sprachstufe ist mindestens bereits ein paar Jahrhunderte nach Chr. zu

Ende mit dem Erscheinen der ältesten literarischen Denkmäler, der gemeingermanischen Runenschrift.

Unsere Quellen für das Studium der Sprache und der Kulturverhältnisse dieser Urzeit sind selbstverständlich dürftig. Unmittelbare Sprachdenkmäler fehlen, wie aus den indogermanischen Periode. Unsere Vorstellungen von der urgermanischen Sprache ruhen zunächst auf den Ergebnissen der sog. historischen Sprachforschung: auf vergleichenden Untersuchungen der altgermanischen Sprachen und der heutigen Dialekte, in denen wichtige, der Schriftsprache verloren gegangene altertümliche Züge nicht selten erhalten geblieben sind. Für die Erkenntnis der germanischen Urzeit stehen uns indes auch gewisse sehr wichtige direkte Hilfsmittel zur Verfügung, deren allgemeine Art und Bedeutung in den folgenden Abschnitten näher zur Sprache gebracht werden wird. Ich erörtere zuerst die Quellen des einheimischen Wortschatzes, dann die des entlehnten, in dieser Reihenfolge: 1. Germanisches Sprachgut bei klassischen Autoren und in lateinischen Inschriften der Römerzeit; 2. Germanisches Sprachgut im Slawischen und Baltischen; 3, Die gemeingermanische Runenschrift; 4. Germanische Lehnwörter bei Finnen und Lappen; 5. Fremde Bestandteile des ältesten germanischen Wortschatzes.

1. Germanisches Sprachgut bei klassischen Autoren und in lat. Inschriften der Römerzeit

§ 38. Unsere ältesten literarischen Nachrichten über germanische Zustände rühren von dem griechischen Schriftsteller Pytheas von Massilia her, der zwischen 340 und 320 v. Chr. eine Schiffsreise bis in die Nordsee unternahm. Das griechisch abgefasste Werk, in dem er seine Erlebnisse während der Reise niedergelegt hatte, ist verloren gegangen, aber durch einige klassische Autoren, u. a. durch den Griechen Strabon in seiner Γεωγραφικά v. J. 18 n. Chr. und den Römer Plinius d. Ä. in seiner *Naturalis historia* v. J, 77 n. Chr. sind einzelne Mitteilungen aus diesem Werke auf uns gekommen. Der Letztere kann uns sogar aufgrund eigener Erfahrungen über die Germanen berichten, weil er selbst sowohl die Rheingegend als die untere Elbe besucht hatte. Bei weitem wichtiger sind die uns durch Gajus Julius Caesar (100–44 v. Chr.) vermittelten Angaben. Im Jahre 58 v. Chr. besiegte er den Germanenfürsten Ariovistus im südlichen Elsass, überschritt den Rhein in den Jahren 55 und 53 v. Chr. und beschenkte uns im Jahre 52 v. Chr. mit seinen ausgezeichneten *Commentarii de bello Gallico*, worin er uns auch über die Germanen unterrichtet.

Unsere Hauptquelle für das alte Germanien sind aber die Schriften des Römers C. Cornelius Tacitus, vor allem seine *Germania* v. J. 98 n. Chr. Das Werk beruht nicht nur auf schriftlichen Urkunden, sondern zum großen Teil auf mündlichen Nachrichten von Personen, denen Germanien und seine Völker bekannt waren.[1] Seine *Annales* von der Zeit um 115 n. Chr. und seine *Historiae* für die Jahre 14–69 und 69–97 sind uns ein Ersatz für ein verloren gegangenes Werk des Plinius d. Ä., der in 20 Büchern die germanischen Kriege behandelt hatte. Tacitus war selber nicht in Deutschland, wohl aber am Niederrhein gewesen.

Der Letzte, der vor den großen Völkerwanderungen nordeuropäische Völker und Länder zusammenfassend dargestellt hat, ist der Geograph Klaudios Ptolemaios in seinem in der Mitte des 2. nachchristlichen Jahrhunderts herausgegebenen Werke »Φεωγραφική ὑφήγησις«. Er will eigentlich nur den Geographen Marinos, der zu Beginn des 2. Jahrhs, n. Chr. gewirkt hatte, berichtigen und ist tatsächlich zum Teil mit besseren Kenntnissen ausgerüstet als Tacitus, den er übrigens nicht benutzt zu haben scheint. Aber auch bei ihm begegnen zahlreiche Irrtümer und Willkürlichkeiten. Es findet sich hier eine Menge von Volksstämmen, Bergen, Flüssen und Ortschaften, aber zuweilen falsch lokalisiert und mit stark verdrehten Namen. Wie vor allem E. Wadstein nachgewiesen hat, können jedoch von den vierzehn nordischen Völkernamen des Ptolemaios die allermeisten mit großer Wahrscheinlichkeit identifiziert werden, indem sie mit bestimmten, zum größten Teil noch existierenden nordischen Ortsnamen zusammengehören dürften. Lokale Kartenskizzen scheinen ihm als Vorbilder gedient zu. haben.[2]

1 Zur Überlieferung vgl. vor allem E. Norden, *Die germanische Urgeschichte in Tacitus Germania* S. 451 ff., zu den Realien z. B. G. Wilke, *Archäologische Erläuterungen zur Germania des Tacitus* (Leipzig 1921). – 2 Vgl. zu den Namen bei Ptolemaios: R. Much, *Hoops Reallex.* passim, G. Schütte, *Paul Braunes Beitr.* 41. 43 ff. und *Ptolemy's Maps of Northern Europa. A Reconstruction of the Prototypes.* Published by the Royal Danish Geographical Society, Kopenhagen 1917, J. V. Svensson, *Ptolemaeus' redogörelse för folken på än Skandia*, Namn och bygd 7 (1919), 1 ff., E. Wadstein, *Die nordischen Völkernamen bei Ptolemaios* in Minnesskrift utg. av Philologiska Samfundet i Göteborg (1925). S. 189–200.

§ 39. Tacitus teilt die Germanen, in der Hauptsache nach Plinius, in eine westliche Gruppe der »Ingevonen«, »Istevonen« und »Hermmonen« ein (vgl. unten § 68), sowie in eine östliche Abteilung der »Lugier«, die den »Vandiliern« bei Plinius entsprechen. Außerdem hat er uns eine beträchtliche Anzahl einzelner germanischer Völkernamen vermittelt. Caesars *Bellum gallicum* kennt etwa 20 germanische Stämme, Tacitus' *Germania* bereits etwa 50. Aus diesen Zeiten sind uns außerdem zahlreiche germanische Personennamen bekannt. Da die römischen Heere nicht selten mit germanischen Bestandteilen stark vermischt waren, da bei römischen Kaisern sogar germanische Kohorten und Leibwachen bestanden und hervorragende germanische Männer sich an den geschichtlichen Ereignissen in Italien öfters beteiligten, wird es uns kaum Wunder nehmen, dass das germanische Namenmaterial der römischen Überlieferung aus dem Beginn unserer Ära so außerordentlich reich ist. Die vielen Volksnamen treten hier in den Vordergrund unseres Interesses und zwar unter diesen zunächst

Der Germanenname

Das klassische Altertum lernte erst spät zwischen Germanen und Kelten zu scheiden, unter anderen deshalb, weil diese Völker körperlich einander sehr ähnlich waren. Der Name »Germanen« kam bei den Römern erst durch Caesar in allgemeinen Gebrauch. Sie machten ihre Bekanntschaft mit den Germanen und ihrem Volksnamen zunächst in Gallien. Aus Cap. II in Tacitus *Germania* geht mit Bestimmtheit hervor, dass der Germanenname ursprünglich von einem in mehrere Abteilungen gesonderten kleineren »germanischen« Stamm gebraucht wurde, der den Rhein zuerst überschritten und (in der Gegend der Ardennen) den Boden Galliens betreten hatte. Es waren dies die *Germani cisrhenani* Caesars, d. h. Germanen, die diesseits des Rheins wohnten (von dem gallischen Gesichtspunkt Caesars). Wenn auch diese anfänglich germanischer Nationalität gewesen wären, waren sie zu Caesars Zeit sicher schon keltisiert – dies erhellt daraus, dass ihre meisten Teilstämme wie auch die Häuptlinge ihrer mächtigsten Abteilung keltische Namen trugen. In dieser Frage, wie in der sehr nahe liegenden nach der germanischen oder keltischen Herkunft des Germanennamens gehen jedoch die Ansichten jetzt wie früher sehr auseinander. Wenn Caesar von belgischen Volksstämmen germanischer Herkunft spricht, bedeutet dies vielleicht nur, dass die fraglichen Stämme von einem rechtsrheinischen Lande ausgewandert waren, das später Germania genannt wurde. Bei der Auswanderung hatten sie, wie öfters zu geschehen pflegt, ihren Stammnamen denen überlassen, die ihre Wohnplätze zunächst einnahmen. Die neueingezogenen Stämme waren wirkliche Germanen, und von ihnen ging der Name in keltischem und germanischem Munde weiter, zu den kontinentalen und skandinavischen Germanenstämmen.

Trotz der Gelehrsamkeit und des Scharfsinns, der in neuerer Literatur entwickelt worden ist, um dem Gesamtnamen der germanischen Völker einen germanischen Ursprung zu ermitteln, ist der entscheidende Beweis hierfür m. E. noch nicht beigebracht. Ich suche die Frage hier von einem Gesichtspunkt zu beleuchten, der meines Wissens noch nicht die ihm gebührende Beachtung gefunden hat. Bei allem gegenseitigen Verkehr zwischen zwei Nachbarvölkern pflegt in der Regel nur das kulturell oder politisch unterlegene von dem anderen Wörter aufzunehmen. Die Entlehnungen der Skandinavier von Finnen und Lappen sind höchst unbedeutend im Vergleich mit den langen Verzeichnissen von germanischen Wörtern, die wir an finnischer und lappischer Seite aufweisen können. Die zahlreichen Anleihen der

Germanen von den Römern während der Machttage der Letzteren werden unten in einem besonderen Abschnitt erörtert. Dagegen ist der gleichzeitige altgermanische Wortvorrat der Römer sehr geringfügig (vgl. unten). Ein stärkerer germanischer Einfluss auf die Letzteren beginnt mit dem Vulgärlatein und den romanischen Sprachen, also erst nach dem Eintritt des politischen Verfalls der Römer in der Zeit der germanischen Völkerwanderung. Die Hauptmasse der altgermanischen Lehnwörter des Französischen stammt erst aus der Periode der gallischen Oberhoheit der Franken im 5. Jahrhundert. Die meisten dieser Entlehnungen sprechen von Krieg und Kriegsausrüstung, von politischen und sozialen Verhältnissen. Sogar die gallischen Personennamen sind zu nicht geringem Teil fränkisch. Die Litauer und Letten wie die Preußen übernahmen Wörter schon von den alten Goten und überaus zahlreiche von den Deutschen vom Beginn der deutschen Ordensherrschaft an. Heutzutage strotzt z. B. das Litauische von deutschen Wörtern. Die Zahl der germanischen Elemente des Slawischen war schon in alter Zeit eine sehr beträchtliche und ist mit der Zeit stetig gewachsen. Dagegen fehlen gemeingermanische Entlehnungen von diesen östlichen Völkern. Ein gewisser slawischer Einfluss auf die Deutschen macht sich erst im späteren Althochdeutschen bemerkbar. Ein herrschendes Volk unterlässt indes – jedenfalls in seinen höheren, dominierenden Schichten – nicht nur seinen allgemeinen Wortschatz aus dem des unterjochten oder unterlegenen Volkes zu bereichern, wenn es dazu keinen besonderen Anlass hat; es erschafft aus eigener Sprache sogar eigene Volksnamen für das Letztere. Der unter den Schweden und übrigen Skandinaviern von den Finnen, früher und zwar in Norwegen noch gegenwärtig auch von den Lappen gebrauchte Finnenname ist ein germanisches Wort, welches anfänglich mit aller Wahrscheinlichkeit irgendein nordisches, aber nichtgermanisches Ureinwohnervolk mit nomadisierenden Lebensgewohnheiten bezeichnet. Der Lappen-Name ist mutmaßlich ein im Mittelalter entstandener nordgermanischer Spottname für die unter den Skandinaviern gering geschätzte lappische Volksrasse. Die Lappen gebrauchen nicht diesen Namen, und dass er kaum finnisch ist, zeigt die einen jungen *i*-Stamm enthaltende finnische Namensform *Lappi* (Gen. Sg. *Lapin*, vgl. dagegen das echtfinn. *Suomi*, Gen. Sg. *Suomen*), die von den Schweden entlehnt ist: der Name scheint nur einer germanischen, vor allem im Nordischen recht verbreiteten Wortgruppe gehören zu können, wozu u. a. mhd. und mndd. *lappe* ›einfältiger Mensch‹. Den kulturell hoch stehenden, aber übermütigen Griechen und Römern galten alle Ausländer, die nicht die lateinische Sprache redeten, also auch die Germanen, als »Barbaren«. Das Wort ist eine lautnachahmende Reduplikationsbildung, eig. ›Person die undeutlich redet‹ = aind. *barbara* ›Stammler‹, ›Person nichtarischer Herkunft‹. Vgl. im 17. und 18. Jh. Barbar in engerer Bedeutung = ›Bewohner Nordafrikas‹, jetzt ›Berber‹. Die baltischen Litauer, Letten und Preußen wurden unter den Germanen früh als »Aisten« zusammengefasst, also mit einem Namen, der ursprünglich wohl einen germanischen Volksstamm bezeichnet hat und jedenfalls germanischer Abkunft ist. Die Slawen wurden den Germanen zuerst als »Wenden« bekannt (vgl. finn. *Venäjä* = Ryssland). Der schon bei Plinius und Tacitus belegte Name ist unbekannter Herstammung, jedenfalls nicht slawisch.

Dagegen nennt ein kulturell oder politisch unterlegenes Volk ein mächtigeres und angeseheneres Nachbarvolk in der Regel nach dem zunächstliegenden Grenzstamme oder Grenzlande des Letzteren. Die Ostseefinnen nennen Schweden und dessen Volk »Ruotsi«, »Ruotsalaiset« nach »Ro(d)slagen« im mittleren Ostschweden, Deutschland und die Deutschen »Saksa«, »Saksalaiset« nach den Sachsen. Die Slawen kannten die alten Weichsel-Goten unter ihrem eigenen Namen: »Guddai« (= ›Goten‹). Mit dem Verschwinden des Volkes geht der Name auf die herrschenden Klassen der Polen und Weißrussen über. Vgl. den Namen der Russen. Die Ungarn und die Südslawen bezeichnen die Deutschen als »Svábok«, »Svabi« nach den Schwaben, die Franzosen die Deutschen als »Allemands« nach dem großen, mächtigen Einzelstamme der Alemannen an ihrer Südostgrenze, die Römer ihr angrenzendes östliches Nachbarvolk als »Graeci« nach dem kleinen hellenischen Volke im Nordwesten von Griechenland. Dass die Kelten mindestens noch ein paar Jahrhunderte vor Caesar hinsichtlich ihrer Bildung und ihrer politischen Herrschaft den germanischen Nachbarn überlegen waren, unterliegt wohl keinem Zweifel, wie aus sowohl archäologischer als sprachlicher Seite erwiesen worden ist (vgl. unten § 57). Von dem hier erörterten Gesichtspunkte aus müssten sie also unter ihren germanischen Nachbarn den Namen irgendeines keltischen Volksstammes, der diesen besonders nahe stand, getragen haben: Sie hießen bei ihnen tatsächlich WALHÔS (nhd. Walchen) nach dem Volksstamme der Wolken. Und die kulturell dominierenden Kelten haben dann ihrerseits dieser Regel gemäß von den unterlegenen Nachbarn keinen germanischen Namen gebraucht. In Anbetracht dieser Umstände müsste der Germanenname zunächst keltisch sein. Sonst bildet er eine Ausnahme von der so erschlossenen Regel.

Nun wissen aber die Etymologen – Keltisten wie Germanisten – nichts über den Namen, was außerhalb loser Vermutungen läge. Wie die allermeisten Volks- und Stammnamen ist auch der Name »Germanen« nicht sicher deutbar. Seiner altüberlieferten äußeren Form zufolge ist er aber sicher keltolateinisch und schließt sich zunächst, wie besonders Ed. Norden nachgewiesen hat, einer großen keltischen Gruppe von Stamm- und Personennamen an, die auf *-māni* oder *-āni* endigen. Das westgermanische GERMEN- (GARMAN-) in Personennamen kann den Volksnamen enthalten, dazu könnten beliebig viele Parallelen angeführt werden. Die lokale Beschränkung des Volksnamens und der darauf zurückgehenden übrigen Namen auf das Gebiet der ältesten kelto-germanischen Berührungen ist wohl auch ein Anzeichen des nicht-germanischen Ursprungs.

Die heutige skandinavische und deutsche Aussprache des Namens (mit haupttoniger zweiten Silbe) ist jedenfalls ganz ungermanisch, nur eine Wiedergabe des lat. *Germáni*, unter welchem Ausdruck Kelten wie Römer zunächst ihre DEUTSCHEN Nachbarn verstanden. In England bedeutet *German* noch heute nur ›deutsch‹, *Germany* nur ›Deutschland‹. Zufrühst bezeichnete der Name, wie gesagt, nur einen einzelnen Westgermanenstamm. Wenn er sich gegenwärtig in gelehrtem Sinne auf eine ganze Völkerfamilie bezieht, wie übrigens zum Teil schon bei Caesar und Tacitus, handelt es sich um eine Bedeutungserweiterung mit vielen allgemein bekannten Parallelen. Man beachte z. B. finn. *Venäjä* = ›Russland‹, eig. nur das ›Wendenland‹ in der Nähe der Ostsee, finn. Saksa = ›Deutschland‹, eig. ›Sachsenland‹ franz. l'Allemagne = ›Deutschland‹, eig, nur ›Alemannien‹ usw.

Aus der sehr großen und verstreuten Literatur, die dieser Namenfrage gewidmet ist, seien hier nur folgende neuere Beiträge erwähnt. Th. Birt, *Die Germanen* (München 1917), F. Hartmann, *Germanus* (Glotta 9, 1–32), E. Norden, *Germani. Ein grammatisch ethnologisches Problem* (Sitzungsber. der Kgl. Preuß. Ak. d. Wiss. 1918, Bd. 50, S. 95–138). *Die germ. Urgeschichte in Tacitus Germania*, S. 351 ff., F. Kluge, *Unser Deutsch*, 4. Aufl., S. 28–32, R. Much, *Der Name Germanen* (Wien 1920), J. Schnetz, *Der Name Germanen* (PBB. 47, 470 ff.).

Sonstige klassische Völkernamen

§ 40. Aus der großen Menge hergehöriger Namen mögen nur einige wichtigere hier Erwähnung finden. Die Deutbarkeit der Namen und die kulturelle Stellung der betreffenden Völker ist bei der Auswahl bestimmend gewesen.

Bereits bei Tacitus treten uns z. B. Namen wie Suiones und Fenni entgegen. Die Suiones sind schon hier mächtig durch ihre Heere und Flotten, und ihr Name ist der einzige Völkername in Skandinavien. Das schwedische Volk war sonach schon vor 2000 Jahren das erste im Norden. Im Gegensatz zu ihnen zeichnen sich die taciteischen Fenni durch eine »außerordentliche Unkultur« und »abstoßende Dürftigkeit« aus. Sie haben keine Waffen, keine Pferde, keine festen Wohnungen, leben von wilden Früchten, tragen Tierfelle als ihre einzige Anzüge und liegen auf dem bloßen Boden. Auf den Pfeilen, die sie aus Mangel an Eisen mit Knochenspitzen versehen, beruht all ihre Hoffnung, die Jagd ist ihr einziger Beruf, den die Weiber mit den Männern teilen. Sie wohnen nicht einmal in Häusern, sondern unter Zeltdächern, die aus Baumzweigen geflochten sind. Die Darstellung bei Tacitus ist überhaupt stark persönlich, einseitig, wenn auch vielleicht nicht bewusst tendenziös. Hier ruht sie zum Teil wenigstens auf älteren Wahnvorstellungen von dem entlegenen nordischen Volke. Wenn Tacitus mit seinen Fenni die Ostseefinnen gemeint hat, liegt hier eine Verwechslung vor mit irgendeinem anderen damaligen primitiven Volk, zunächst wohl mit den Lappen. In den Zeiten um Christi Geburt können die Finnenstämme in der Ostseegegend sich nicht mehr auf dieser sehr niedrigen Kulturstufe befunden haben, die Tacitus in seiner *Germania* ihnen zuschreibt. Seit mehreren Jahrhunderten waren sie schon damals einem tief gehenden indogermanischen Kultureinfluss unterworfen gewesen, teils einem älteren baltischen (litauisch-lettischen), teils einem jüngeren germanischen. So setzt vor allem eine Anzahl bei den Ostseefinnen vorkommender germanischer Wörter aus der Zeit um oder gleich nach Chr. Geburt einen bedeutend höheren Kulturstand voraus als den fraglichen. Man beachte z. B. finnische Entlehnungen mit rein urgermanischen Merkmalen, wie *kuningas* ›König‹, *ruhtinas* ›Fürst‹, *ruis* ›Roggen‹, *mallas* ›Malz‹, *vierre* ›Würze‹, *nauta* ›Rindvieh‹, *karja* ›Herde‹, *verka* ›Tuch‹ und zahlreiche andere.

Die Namen Suiones und Fenni sind Latinisierungen urgermanischer Namensformen und daher, unbeschadet ihrer römischen Umkleidung, außerordentlich wertvoll für die germanische Sprachgeschichte. Der Erstere, urgerm. **Suīonez* (aisl. *Suíar*, aschw. *Svēar, Svīar*) bedeutet etwa ›die eigenen, die seinigen‹ zu idg. *su(e)i-* in anorw. *svédáe* ›selbsttod‹, *svévíss* ›selbstklug‹, skr. *svayám* ›selber‹; vgl. *Sví-þióð* ›Schweden‹ sowie ahd. *ge-swīo* ›Verwandter durch Anheiratung‹[1], Fenni, urgerm. *Fennōz* (< vorgerm. **pent-nōz*) ist eine alte Nominalableitung des Verbalstammes got. **finþan* ›finden‹, eig. ›gehen und suchen‹: *fennōz* (< **fenþ-nôz*) also = ›Aufsucher, Sammler, Finder‹. Es handelt sich um ein altes Wanderwort. Das Wort wurde geprägt von den eingewanderten Nordindogermanen als Benennung der vermuteten nordischen Urbewohner. Als diese ihren besonderen ethnischen Charakter allmählich aufgaben und indogermanisiert wurden, übertrug sich der Name zunächst auf die Lappen, erst dann auf die heutigen Finnen (vgl. oben § 34). Dieser Volksname steckt auch im Landesnamen Finnland (eig. = Südwestfinnland).[2]

1 Zu dem Namen *Suiones* vgl. A. Noreen, *Spridda Studier* II 146 f., *Fornvännen* 1920, S. 32, T. E. Karsten, *Om östersjöländernas äldsta folk- och ortnamn* (Arkiv för Svenska Österbotten, Bd. I, 1921,

S. 112 ff.); ältere Deutungen verzeichnet Schönfeld, Wbch. S. 217. – 2 Zu dem Finnen-Namen sieh O. F. Hultman in *Finskt Museum*, 3. Jahrg. (1896). S. 81 ff., Noreen in *Spridda Studier* II 147 ff., T. E. Karsten, *Germanisch-finnische Lehnwortstudien* S. 228 ff., sowie im *Arkiv för Svenska Österbotten* Bd. I, 121 ff.; die alte Zusammenstellung *Fenni: Kvenir* (noch bei Kluge, *Deutsche Sprachgesch.* S. 52) ist unmöglich. Vgl. auch G. Schütte, *Vor Folkegruppe*, København. 1926, S. 117 ff.

Alamanni, gr. 'Αλαμανοί, germ. *Alaman(n)ōz*, vom 3. Jh. an. Das Vorderglied ist verstärkend (vgl. got. *alamans* Plur. ›Menschheit‹) und deutet wohl auf einen großen Völkerbund. Belege und Lit. bei Schönfeld, *Wbch.* S. 6.

Angli(i) (Tacitus), gr. 'Αγγειλοί 'Αγγίλοί (Ptolemaios). Vgl. ags. Engle und den Landesnamen Angeln (Jütland). Bel. und Lit. bei Schönfeld S. 21.

Baivari(i), germ. **Baiu̯ariōz*, vom 6. Jh. an. Eig. die Bewohner von Baja (= Böhmen < **Bai-haim-*, ahd. *Bêheim-*), dem nach seinen früheren Insassen, den keltischen Boii, genannten Lande. Bel. u. Lit. bei Schönfeld, S. 42. Zum Namen vgl. R. Much, *Neues Archiv* 46, 25 ff.

Burgundiones, germ. **Burgunoðionez*, *Burgundii*, germ. **Burgundiōz*, vom 1. Jh. an, eig. die ›Leute von Bornholm‹ (Burgundarholmr). Vgl. § 22, S. 78. Belege u. Lit. bei Schönfeld S. 55.

Cimbri, germ. **Himbrōz*, vom 4. Jh. v. Chr. an, eig. wohl die ›Leute von Himmerland‹ (Jütland), vgl. § 22, S. 80. Bel. u. Lit. bei Schönfeld S. 63.

Franci, germ. **Frankōz*, vom 3. Jh. an. Zu ano. *frakkr* ›promptus‹? Bel. u. Lit. bei Schönfeld S. 89. Wohl jüngere Bezeichnung der Chauchi, germ. **Hauhōz*, an der Küste der Nordsee. Der letztere Name enthält das Adj. got. *hauhs*, nur die Bedeutung ist hier unklar.

Gauti, germ. **Gautōz*, vom 6. Jh. an. Bel. u. Lit. bei Schönfeld S. 103. Vgl. § 22, S. 75.

Gutones, germ. **Gutonez*, von etwa 300 v. Chr. an. Vgl. § 22, S. 71. Uralte Ablautform zum vorigen Namen, aber Herkunft und Bedeutung sind umstritten. Dazu noch O. Almgren, *Hällristringar och kultbruk* (Stockholm 1927) S. 283 ff.

LANGOBARDI, germ. **Langobarðōz*, von etwa 100 n. Chr.; zweigliedrige Namensbildung, wohl = die ›Langbärtigen‹. Bel. u. Lit. bei Schönfeld S. 150. Vgl. § 22, S. 76.

MARCOMANNI, gr. Μαρκομαννοί, germ. **Markomannōz*, vom 1. Jh. n. Chr. an, eig. die ›Männer der Grenze‹. Bel. u. Lit. bei Schönfeld S. 161.

SAXONES, germ. **Sahsonez*, vom 2. Jh. n. Chr. an. Bel. u. Lit. bei Schönfeld S. 199. Enthält entweder germ. *sahsa-* ›Schwert‹ (eig. **Sahsaganautōz* ›Schwertbrüder‹?) oder dasselbe Wort in der älteren Bedeutung ›Stein, Klippe‹, vgl. die Bergnamen GLADSAX, SAXEKNUT in Schweden, AAVA-SAKSA in Nordfinnland (s. G. Langenfelt in *Anthropos*, Bd. 14–15, 1919–20, S. 311).

SILINGAE, gr. Σιλίγγαι, got. **Silingans*, 2. Jh., vom 5. Jh. SILINGI, germ. **Silingōz* > asla.w. *Slęzi* > nhd. Schlesien. Bel. u. Lit. bei Schönfeld 207. Vgl. § 22, S. 81. Nach R. Much, *Altschlesien* I 117 ff. = ›die mit Hosenträgern‹ (vgl. *Hazdingi* ›die mit weiblichem Haar‹). Nicht sicher deutbar.

SUEVI, germ. **suēbōz* od. **su̯ēu̯ōz*, jetzt ›Schwaben‹. Vom 1. Jh. v. Chr. an. Bel. u. Lit. bei Schönfeld S. 212. Sicher germanisch, aber kaum deutbar. Nach Hellquist, *Sv. Et. Ordb.* 915 Labialerweitertmg zu *suē-* im Volksnamen SVEAR: eine ganz willkürliche Annahme, da diese Erweiterung sonst nicht belegt ist. Daher ist es auch ganz willkürlich, mit B. Collinder bei R. Nordenstreng, *Europas människoraser och folkslag*, 3. uppl., S. 157 in dem Germanen-Namen das lat. *germanus* ›echt, richtig, natürlich, Blutsverwandter‹ als Übersetzung des Volksnamens »Suebi« wieder finden zu wollen.

TEUTONI, TEUTONES, germ. **þeuðanōz* =? ›Könige‹, vgl. *Eruli*, germ. **Erulōz* ›Fürsten‹ (Kluge, *D. Sprachgeschichte*, S. 109). Belege bei Holder, *Sprachschatz*, Lit. bei Schönfeld S. 224. Vgl. § 22, S. 80.

Die Stammbildung der germanischen Völkernamen ist, wie aus diesen Beispielen erhellt, öfters recht durchsichtig, die sonstige Etymologie und die Bedeutung aber fast immer mehr oder weniger unklar. Mehrere von ihnen dürften sich auf die allgemeine Volksart beziehen: SUIONES, FENNI, FRANCI, ALAMANNI, LANGOBARDI, während andere geographischer Natur sind: ANGLII,

Baivarii, Burgundiones, Cimbri, Marcomanni, vielleicht auch Gauti-Gutones, Saxones. Der letztere Gesichtspunkt würde sich wahrscheinlich ergiebiger erweisen, als in der herkömmlichen Namenforschung angenommen wird. Nur eine eingehende Ortsnamenkunde, eine urkundliche wie geographische, kann hier wirklich fördern.

Klassische Personennamen. Mythologisches

§ 41. Unter den latinisierten germanischen Personennamen ist zunächst eine große Gruppe zweigliedriger Zusammensetzungen hervorzuheben: Namen wie Ariovistus (Suevenkönig, 1. Jh. v. Chr.), Chariovalda (Batavenführer, etwa 100 n. Chr.), *Chlodavichus (Frankenkönig, etwa 500 n. Chr.) = urnord. Hlauduwigar etwa 500 n. Chr. (unser Ludwig), Segi-, Sigimerus (Cheruskerfürsten, 1. Jh. v. Chr. u. 1 Jh. n. Chr.), Sigimundus (Cheruskerfürst, 1. Jh. v. Chr.), Sigismundus (Burgundenkönig, 6. Jh. n. Chr.) usw. Der Namentypus ist indogermanisch: Die hier belegten Vorderglieder Chloda- und Sigi- entsprechen den idg. Gliedern *Kluto-* ›berühmt‹ und *Segho-* ›Kraft, Sieg‹ in altindischen, griechischen und keltischen Personennamen. Die gemeinindogermanischen Bildungen dieser Art sind gewiss recht wenige, aber die altgermanischen um so zahlreicher. Vgl. Kluge, *Deutsche Sprachgeschichte* S. 99 ff., Materialien bei Schönfeld, *Wbch.* Neben den zweigliedrigen Namen findet sich hier auch ein unzusammengesetzter Typus, Namen wie Arminius (Cheruskerkönig, 1. Jh. n. Chr.), Badvila (Ostgotenkönig, 6. Jh. n. Chr.), Bauto oder Baudo (Franke, vom 4. Jh. ab), Bleda (Ostgotenführer od. Attilas Bruder, vom 5. Jh. ab), Boio (Ostgote, 6. Jh.), Fara (Eruler, 6. Jh.), Gaina (Gotenführer, vom 4. Jh. ab), Gapt (lies Gaut), Gotenkönig, 6. Jh., usw. Es handelt sich öfters um sog. Kurznamenbildung. Vgl. z. B. Gaina: altd. *Gain-ard, Gain-oald* (Förstemann 571).

Tacitus ausgenommen, schweigen die auf uns gekommenen römischen Schriftsteller fast vollständig über den germanischen Götterglauben, aber an ihrer Stelle reden die Steine. Zahlreiche lateinische Inschriften, besonders aus dem Rheinland nördlich von Mainz, bewahren uns aus dem 2. und 3. Jahrhundert n. Chr.

die Namen einer imponierenden Zahl germanischer Götter und vor allem Göttinnen. Es sind zunächst kelto-germanische oder rein germanische Belege der von den Kelten übernommenen sog. Matronenverehrung, die auf germanischer Seite weiter ausgebildet wurde. An vielen diesen Göttinnen zu Ehren errichteten Steinen finden sich latinisierte germanische Namen wie Gabiae, Ala-gabiae oder mit keltischem Vorderglied Ollo-gabiae. Ala- (Ollo-) ist ein verstärkendes ›All-‹. Gabia, Plur. Gabiae ist lange ein Gegenstand verschiedener Deutungsversuche gewesen. In der Hauptsache ist es aber nur in einer Weise zu erfassen: als latinisierte Benennung einer altgermanischen, auch unter den Ost- und Nordgermanen verehrten Göttin der Fülle und des Reichtums namens **Gabī*, die mit der römischen Copia ihrem Wesen und ihrer Namensform nach identisch war. Das römische Vorbild ist als ein zusammengezogenes **Co-opia* zu deuten: eig. ›mit Reichtum (*ops*, Gen. *opis*) ausgerüstet‹. Altgerm. **Gabī*, belegt auch im *Garman-gabis*, dem westgermanischen Namen einer Fruchtbarkeitsgöttin, sowie in dem sprachlich jüngeren altnordischen *Gefjon*, weist demgemäß auf ein ursprüngliches **Ga-abī*.[1] Das zweite Glied deckt sich mit lat. *-opia*. Dagegen kann das präfigierte *Ga-* zunächst nur als Übersetzung des lat. *Co-* (= Com-) aufgefasst werden (ähnlich wie das *ga-* in got. *gamain* gegenüber lat. *com-munis*), nicht als lautgesetzliche Entsprechung davon, wie Kluge, *Neuphil. Mitteilungen* 1921, 123 f. annimmt.

Zu demselben germanischen Bildungstypus gehören die aus etwa derselben Zeit und derselben (niederrheinischen) Gegend stammenden germ.-lat. Göttinnennamen Alateivia und Alaferhviae. Vgl. altwestnord. *tívar* ›Götter‹ und *firar* ›Menschen‹, zum Erstgenannten besonders auch finn. Runkoteivas (karelischer Gott); s. W. Schulze, *ZfdA.* 54, 172 ff., T. E. Karsten, *Germ.-finn. Lehnwortstud.* S. 4 ff., *Fragen aus dem Geb. der germ.finn. Berühr.* S. 42 ff.

Die berühmteste in der altgermanischen Göttinnenschar ist die erdgeborene Nerthus in der *Germania* des Tacitus. Lit. bei Schönfeld S. 171. Vgl. zuletzt F. R. Schröder, *Germanentum und Hellenismus* (1924), S. 49 ff., E. Wessén, *Studier till Sveriges hedna mythologi och fornhistoria* (1924), S. 120 ff., M. Olsen, *Ættegård og*

Helligdom (1926), S. 249 ff., O. ALMGREN, *Hällristningar och kultbruk* S. 287 ff.

1 Näher in meinen *Fragen aus dam Geb. der germanisch-finnischen Berührungen* (1922), S. 86 ff.

LITERATUR. Die Hauptquelle für altgermanische Völker- und Personennamen, mit Ausschluss der skandinavischen und altenglischen, ist immer noch E. FÖRSTEMANN, *Altdeutsches Namenbuch*, Bd. I (1854, eine 2. stark umgearbeitete Auflage 1900). Eine kritische Sammlung und Bearbeitung der von den griechischen nad römischen Schriftstellern überlieferten Namen gibt M. SCHÖNFELD in seinem oben zit. *Wörterbuch der altgermanischen Personen- und Völkernamen nach der Überlieferung des klassischen Altertums bearbeitet* (1911). Eine Abschätzung dessen, was der gesamte älteste Namenbestand zur Aufhellung der frühesten Lautgeschichte beizutragen vermag, hat Schönfeld in der *Germanisch-romanischen Monatschrift* 4 (1912), 251 ff. gegeben. Vgl. auch O. FIEBIGER u. L. SCHMIDT, *Inschriftensammlung zur Geschichte der Ostgermanen* (1917).

Klassische Ortsnamen

§ 42. in lateinischer Umkleidung ist vor allem an das § 22 (S. 94) erwähnte SCA(N)DINAVIA zu erinnern, in welchem der eingeschobene Nasal einer fehlerhaften Handschrift entnommen ist. Der Name enthält das urgermanische **au̯ī̯ā* ›Insel‹, das dem nhd. *Aue* und dem neuschwed, *ö* entspricht. Das Vorderglied ist Gegenstand strittiger Meinungen gewesen. Intern germanisch lebt der ganze Name im ags. *Scedenig* und schwed. *Skåne* noch fort. Zusammengesetzte Ortsnamen sind schon damals auch sonst nicht ganz selten. Tacitus erwähnt am Niederrhein den Ort ASCIBURGIUM (jetzt Asberg). Der erste Teil des Namens deckt sich wesentlich mit dem Baumnamen *ask* (Vgl. nhd. ESCHE)[1], während der zweite Teil eine *ja*-Ableitung des Wortes BURG darstellt. Ptolemaios verzeichnet in seiner Geographie u. a. die Ortsnamen LUPFURDON und TULIFURDON, die mit germ. *furd* = nhd. FURT zusammengesetzt sind, also in ihren Schlussgliedern den heutigen FRANKFURT und OXFORD entsprechen. Länder- und Ortsnamen (sog. Siedlungsnamen) kommen jedoch in der Germania der Römerzeit nur verhältnismäßig selten vor. Dies hängt mit der ältesten germanischen Namengebung grundsätzlich zusammen. Die damalige geographische Orientierung wurde hauptsächlich durch Volksnamen vermittelt. Eigentliche Ländernamen gehörten zu den Ausnahmen. Die Namen z. B. der deutschen Landschaften gehen meistenteils auf alte Volksnamen zurück: Bayern, Hessen, Sachsen, Schlesien, Schwaben, Thüringen usw. Zahlreich waren dagegen schon in vorchristlicher Zeit die Naturnamen, u. a. die germanischen Flussnamen. Eine beträchtliche Zahl der norddeutschen Flüsse erscheinen schon bei Tacitus und anderen derzeitigen Autoren mit ihren heutigen Namen: Albis ist Elbe, Amisis oder Amisia ist Ems, Visurgis ist Weser, Vistula Weichsel usw. Die drei erstgenannten sind vielleicht keltogermanischer Herkunft. Die weibliche Geschlechtsform ist öfters (aber nicht immer) ein Kennzeichen des einheimischen Flussnamens. Vgl. § 24, S. 89.

1 Vgl. Th. Siebs bei Norden, *Die germanische Urgeschichte in Tacitus Germania.*

D. Die Hauptquelle für altgermanische Ortsnamen (mit Ausschluss der skandinavischen und altenglischen) ist E. Förstemann, *Altdeutsches Namenbuch,* Bd. 2 (1856–59), 2. Aufl. 1872, 3. »völlig neu bearbeitete und um 100 Jahre (1100–1200) erweitertes Auflage 1913–16 von H. Jellinghaus. Ein Wörterbuch der geographischen Namen in der klassischen Überlieferung ist von M. Schönfeld zu erwarten.

Appellativa

§ 43. Eine beträchtliche Zahl germanischer Wörter hat in das Volkslatein Eingang gefunden. Die bei Brüch, *Über den Einfluss der germanischen Sprachen auf das Vulgärlatein* (1913) gebrachte Liste der bis 400 n. Chr. belegten Wörter umfasst 102 Nummern. Als Beispiele solcher Belege seien hier angeführt:

alces ›Elentier‹ (Caesar, Plinius usw.).

brūtis ›Braut‹ (Inschr.).

framea ›Speer‹ (Tacitus usw.): Vgl. mnd. *treme* ›Querstange, Sprosse‹, awn. *þremjar* f. pl. ›ein Bestandteil des Schwertes‹ (*Reallex. d. germ. Altert.* 2, 81).

ganta ›Gans‹ (Plinius, Venantius Fortunatus usw.); Vgl. mnd. *gante* ›Gänserich‹, ags. *ganot* m. ›Wasservogel‹, engl. *gannet* ›Rotgans‹, ahd. *ganazo, ganto* ›Gänserich‹, als Lehnwort in prov. *ganta, ganto,* afrz. *gante, jante.* Germ. *gant-* ist eine Nebenform zu der *s*-Form *gans-* und der *r*-Form ags. *gandra* m., engl. *gander.* Die ganze Sippe gehört zu einer idg. Basis *ghan-* ›gaffen‹; vgl. bes. schwed. dial. (Österbotten) *kāndro* ›Gans‹ zu *kān* (< gana) ›gaffen‹.

glaesum, glesum ›Bernstein‹ (Plinius, Tacitus), vgl. lett. *glisis* id., gotisches Lehnwort.

melca ›Milchspeise‹ (Apicius).

sāpo ›Seife‹ (Plinius); vgl. finn. *saip(p)ua* ›Seife‹. Diphth. *ai* > *a* vulgärlateinische Entwicklung, vgl. *Jud. Festschr. Morf* (1905). S. 243.

ūrus ›Auerochs‹ (Caesar): ahd. *ūro, ūrohso,* ags. *úr,* isl. *úrr,* Gen. *úrar,* usw. (germ. **ūru-*).

vargus ›Strolch‹ (Sidonius Apollinaris): vgl. fmn. *varas,* Gen. *varkaan* ›Dieb‹; usw.[1]

Nicht weniger wichtig für die germanische Sprachgeschichte sind diejenigen Appellativa, die in den ältesten klassischen Völker- und Ortsnamen enthalten sind. Aus dem oben angeführten Namenschatz ergeben sich z. B. *-avia* ›Insel‹, *aski-* ›Esche‹, *-furd* ›Furt‹, *alƀ-* ›weiß‹ (= lat. *albus*), *sigis-* ›Sieg‹, *chario-* ›Heer‹, *lango-* ›lang‹, *marko-* ›Mark, Grenze‹, *mēros* ›berühmt‹, *-mund* in nhd. Vormund, usw. Zuweilen schimmert die alte germanische Suffixform hier noch durch, wie in *alces* (germ. **alʒi-*), *brūttis* (germ. **brūƀi-*), *asci-* (Vgl. das Koll. isl. *eski,* sv. dial. *äske,* wozu aschw. *Eskaesund* 1332), *sigis-* (got. *sigis* n.), *chario-* ›Heer‹ (got. *harjis,* m.), *lango-* (got. *laggs,* lat. *longus*), usw., aber wegen der fremdsprachigen literarischen Umkleidung ist der klassische Namenbestand in dieser Hinsicht doch weniger zuverlässig als die unten zu behandelnden VOLKSTÜMLICHEN finnischen Entlehnungen aus dem Urgermanischen.

Übrigens ist zu beachten, dass die Römer nicht nur die ältesten germanischen Eigennamen, sondern wohl auch die Appellativa, zum großen Teil wenigstens, zuerst aus gallischem Munde gehört haben. Ein keltischer Einfluss konnte bei der Wiedergabe nicht ausbleiben (Collitz, *Journal of Engl. and Germ. Philology* 6 (1907), S. 253 ff.). Hierher gehören noch z. B. lat.-gall. *brāca* ›Beinkleid‹ und *camisia* ›Hemd‹. Sie stammen, wie das oben angeführte *sāpo*, beide erst aus der Zeit nach der Lautverschiebung (im Gegensatz zu den keltischen Wörtern der Germanen, die z. T. vor der Lautverschiebung entlehnt sind). In *brāca* ist *ā* Lautersatz für urgerm. *ā̊*: vgl. finn. *ruokkeet* (lies *ruåkkeet*) ›Hosen‹ < urg. **brā̊kez* (aisl. *brók* Pl. *brøkr*). Lat. *camisia* deutet auf urg. **χamis-*. Das entsprechende finn. *hame'*, *hames* ›Frauenkleid‹ zeigt eine ältere Suffixform (*-es* > *-is*), aber nichtsdestoweniger einen schon lautverschobenen Anlaut. In den kelto-germanischen Lehnbeziehungen erscheinen die Germanen anfänglich nur als die empfangenden (vgl. Abschn. 5, b). Erst später, als die kulturelle und politische Oberhoheit der Kelten schon gebrochen ist, werden sie Darleiher.

1 Vgl. hierzu W. Meyer-Lübke, *Romanisches etymologisches Wörterbuch* (1911–1920) und Streitberg, *Geschichte der indogermanischen Sprachwissenschaft* II: *Germanisch*, S. 84 (mit Lit.).

2. Germanisches Sprachgut im Slawischen und Baltischen

§ 44. Germanen und Slawen traten sicher bereits in vorchristlicher, vielleicht schon spätneolithischer Zeit in Beziehungen miteinander. Dafür spricht einigermaßen der alte Flussname der Weichsel, der den beiden Völkern gemeinsam ist, vor allem aber Völkernamen wie derjenige der Wenden (Tacitus *Venethi*, Plinius *Venedi*, Ptolemaios Οὐενεδαι: kelt. *Veneti*) und derjenige der alten »Gudai« – Goten (= Polen und Weißrussen im Munde der Litauer, vgl. §§ 22, 26), denn beide zeigen Spuren der germanischen Lautverschiebung. Sichere Beweise einer vorchristlichen slawischen Entlehnung aus dem Germanischen fehlen aber bis jetzt. In der Geschichte der germanischen Lehnwörter des Slawischen, wie sie uns neuerdings in Kürze von Streitberg (*Gesch. der indogerm. Sprachwissenschaft* II 2, S. 63 f.) und Senn (*Germ. Lehnwortstudien* S. 41 ff.) gegeben ist, finden sich, außer den angeführten Volksnamen, keine Anhaltspunkte für diese Annahme. Kluge, *Urgermanisch*[3] 40 meinte tatsächlich, dass die älteste germanische Lehnschicht im Slawischen wegen einiger lateinischen Elemente wie altsl. *vino* (got. *wein*), *sakŭ* (got. *sakkus*), *ocitŭ* ›Essig‹ (got. *akeit*), *osilŭ* (got. *asilus*), *cèsarĭ* (got. *kaisar*) u. a. erst nach der Übernahme der lateinischen Lehnwörter ins Germanische den Slawen zugeführt sein könnte, wohl im 3.–5. Jahrhundert. Nach Senn (a. a. O. S. 44) soll aber K. Būga (*Kalba ir senove* I 63) das dritte vorchristliche Jahrhundert als Terminus post quem für die germanisch-slawischen Berührungen betrachten, freilich aus Gründen, die nicht mitgeteilt sind. Ein vorchristlicher Anfangsterminus ist von vornherein der wahrscheinlichere. Eine Liste der wichtigsten begrifflichen Lehnwortkategorien der Slawen aus dem Altgermanischen findet sich bei Kluge a. a. O. sowie revidiert bei Senn, S. 44 f. Sie enthält staatlich-kriegerische Begriffe, Begriffe des Handels und Verkehrs, Wörter für Ackerbau und Viehzucht, Feld und Wald, Haus und Hof, für Künste und Fertigkeiten, sowie kirchlich-religiöse Begriffe, im Ganzen etwa 58 Wörter.

Das auf uns gekommene altgermanische Sprachgut des Baltischen ist viel dürftiger und zum Teil schwieriger richtig zu beurteilen. Die germanisch-baltischen Beziehungen sind bei Streitberg a. a. O. nur gestreift, bei Senn S. 46 ff. dagegen zum Gegenstand einer etwas ausführlicheren Darstellung gemacht, die aber zum Teil sehr unkritisch, z. T. sogar ganz unhaltbar ist. In den drei baltischen Sprachen sind den neuesten Untersuchungen zufolge (K. Buga, Trautmann, Vasmer) im ganzen elf Lehnwörter aus dem Gotischen zu finden. Allen gemeinsam sind germ. **alu*, **aluþ* ›Bier‹ (lit. *alùs*, lett. *alus* ›Bier‹, preuß. *alu* ›Met‹, vgl. auch finn. *olut*, weps. *olus*, asl. *alŭ*) und got. **ēla* (preuß. *ylo* ›Ahle‹, lit. *ýla*, lett. *īlins* ›Pfriem‹). Dem Litauischen und Preußischen gemeinsam sind got. *faíhu* ›Vieh‹ (lit. *pẽkus*, preuß. *pecku* id.) und got. *sarwa* ›Waffen‹ (lit. *šárvas* ›Harnisch, Wehr und Waffen, Hausgerät‹, preuß. *sarwis* ›Waffen‹). Nur den Preußen bekannt sind: got. **reikeis* ›Herrscher, Herr‹ (preuß. *rikijs* ›Herr‹, das aber ebenso gut Entlehnung aus dem Deutschen sein kann, vgl. preuß. *rijks*, *rīks* oder *rīki* ›Reich‹: mndd. *rike* ›Reich, Kaiser‹), urgerm. **χelmaz*

›Helm‹ (preuß. *kelmis* ›Hut‹) und got. **hilms* ›Helm‹ (preuß. *ilmis* ›Scheune ohne Wände‹, vgl. neuschwed. dial. *(h)jälm* ›frei stehendes Dach, worunter Heu und Getreide aufbewahrt wird‹, awnord. *hialmr* ›Vorrichtung zum Aufbewahren von Heu etc.). Preuß. *ilmis* ist wegen seiner nur im Nordischen sicher nachgewiesenen Bedeutung nicht ohne Bedeutung für die Frage der besonderen Beziehungen der Goten zu den Nordgermanen (Lidén, *PBB* 31, (1906), S. 600 ff.). Das aus got. **lapins* hergeleitete preuß. *lapinis* ›Löffel‹ ist als Entlehnung unsicherer. Nur den Letten bekannt sind die kulturgeschichtlich wichtigen Wörter *glīsis* ›Bernstein‹ < germ. **glēsaz* (Tac. Plin. *glaesum*) und *klaips* ›Brot‹ < got. *hlaifs*, nur den Litauern *mìdus* ›Met‹ < got. **midu*: ahd. *metu, meto*. Die wenigen gotischen Entlehnungen der Litauer und der Letten wurden durch die Preußen vermittelt. Die gotischen Lehnwörter der Preußen lassen sich rein sprachlich drei verschiedenen Perioden zuweisen: einer vorgermanischen, einer urgermanischen und einer jüngeren gotischen. Die erste, die VOR der Lautverschiebung liegt, wird durch lit. GUDAI ›Goten‹ (= Polen und Weißrussen) vertreten, vielleicht auch durch den Stadtnamen GRAUDENZ, poln. GRUDZIĄDZ, falls er, wie Buga meint, eine Erinnerung an die einstige Besetzung des Weichselgebietes durch die ostgermanischen GREUTUNGI (GRAUTUNGI) bewahrt; die zweite durch preuß. *kelmis* <urg. **χelmaz*, die dritte durch preuß. *ilmis* < got. **hilmaz*, wo urgerm. *χ* (= *ch*, idg. *k*) schon zu *h* geworden war.

Gleichzeitig mit dem gotischen Einflusse müsste (vgl. Buga bei Senn S. 49) auch von Norden her germanischer Einfluss auf die baltischen Sprachen gewirkt haben. Das hierfür in Anspruch genommene lit. *gãtve* ›Straße, Gasse‹ beweist aber, trotz seiner geographischen Beschränkung auf Nordwest-Samogitien und Kurland, nichts Bestimmtes für das Nordische (vgl. got. *gatwō)* und lit. *kvietỹs*, lett. *kvieši* ›Weizen‹ sowie lit. *kliẽpas* ›großer Laib Brot‹ noch weniger für nordgerm. **chweitīz* (aisl. *hueite* – ahd. *weizzi*) resp. **chleifaz* (aisl. *hleifr*), denn diese »nordgermanischen« Urformen haben als falsch rekonstruiert nie existiert.

Eine Reihe germanischer Lehnwörter im Baltischen sei (nach Buga-Senn) durch das Slawische vermittelt: lit. *ãsilas*, preuß. *asilis* ›Esel‹, lit. *kãtilas*, preuß. *catils* ›Kessel‹ u. a.

Eine dritte Reihe baltischer Anleihen aus dem Germanischen gehört erst der Zeit der deutsch-baltischen Berührungen an. Diese, wie auch die frühaltschwedischen Lehnwörter des Russischen, liegen jenseits der Grenzen meiner Aufgabe.

Im Vergleich mit den im Abschnitt 4 (§§ 46–55) behandelten älteren germanischen Lehnwörter der Finnen und Lappen sind also die der Slawen und Balten sehr gering an Zahl. Und anderes ist auch nicht zu erwarten, denn soviel wir aus der Geschichte und sonst wissen, waren die Beziehungen der Weichsel-Germanen zu den Slawen und Balten viel weniger eng und von viel kürzerer Dauer als die der Germanen zu den Finnen und Lappen. Die Letzteren fingen gleich frühzeitig an, vor mehr als 2000 Jahren, bestehen aber noch heute. Die Weichsel-Goten dagegen waren schon einige Jahrhunderte n. Chr. mit ihrer Hauptmasse von ihren ostdeutschen Stammsitzen ausgewandert.

LITERATUR. J. GRIMM, *Deutsche Grammatik* I (1819), S. XXXIII, SCHAFARIK, *Slavische Altertümer* (1837–43), I, 428 ff., 437 f.; MIKLOSICH, *Die Fremdwörter in den slavischen Sprachen* (Denkschriften der Wiener Akademie 1867, Bd. 15); F. KLUGE, *Slavo-lettische Beziehungen* (Pauls Grundriss d. germ. Phil. I (1889) 321 f.); C. C. UHLENBECK im *Archiv f. slav. Phil.* 15, (1893), 481 ff.; H. HIRT in *PBB.* 23 (1898), 330 ff.; O. BREMER in Pauls Grundriss^2 III (1899), 826; R. LÖWE in *KZ.* 39 (1906), 313 ff.; J. PEISKER, *Die älteren Beziehungen der Slaven zu Turkotataran und Germanen und ihre sozialgeschichtliche Bedeutung* (1905), S. 57 ff.; E. LIDÉN in *PBB.* 31 (1906), 600 ff.; J. JANKO in *AfdA.* 33 (1909), 14 ff. und *Wörter und Sachen* I, 194 ff., LA BAUME, *Vorgeschichte von Westpreußen* (1920), S. 84–99; W. STREITBERG, *Geschichte der indog. Sprachwissenschaft* II: *Germanisch* (1918–1927), S. 63–6, A. SENN, *Germanische Lehnwortstudien* (1925), S. 41–53.

3. Die gemeingermanische Runenschrift

§ 45. Charakteristisch hierfür ist ein aus 24 Zeichen zusammengesetztes Runenalphabet. Man nennt es gemeingermanisch, weil es bei Volksstämmen im Gebrauch war, die alle drei Hauptzweige der germanischen Völkergruppe vertraten: den ostgermanischen, den nordischen oder skandinavischen und den westgermanischen. Die ältesten auf uns gekommenen Runenaufzeichnungen sind kontinentalgermanisch. Zu dieser Klasse gehören: 1) ein im Dorf Pietroassa in der Walachei gefundener goldener Halsring, der sog. Bukarester Ring: *Gutan(e) Jowi hailag*: dem Jupiter (d. i. Thonar) der Goten geweiht[1]; 2) eine eiserne Speerspitze mit Silbereinlagen von Kovel in Wolhynien (Inschrift: *Tilarids*, ein Personenname?, Abb. 10); 3) eine eiserne mit Silber eingelegte Speerspitze von Müncheberg in Brandenburg (Inschr.: *Ranja*, ein Personenname?); 4) goldener Fingerring von Körlin in Pommern; 5) degenerierte Fünfknopffibel von Freilaubersheim in Rheinhessen (Inschr. in zwei Zeilen, von denen nur die eine sicher lesbar: *Boso wraet runa* = (Ich) Boso ritzte die Runen, Abb. 11); 6) Fibel mit rechteckiger Kopfplatte und auswärts gewendeten Tierköpfen von Charnay im Dép. Côt. d'or; enthält den größeren Teil der westgermanischen Runenreihe von 24 Typen (Abb. 12); 7) eine ähnliche Fibel von Nordendorf in Bayern; 8) Fibel mit rechteckiger Kopfplatte und ovalem Fuß von Engers, Rheinprovinz; 9) und 10) zwei Fibeln mit halbrunder Kopfplatte und ovalem Fuß von Bezenye in Ungarn (nahe der Westgrenze); 11) ähnliche (zweite) Fibel von Nordendorf in Bayern; 12) Fragment einer wahrscheinlich der Nr. 11 ähnlichen Fibel von Ems in Nassau; 13) eine runde Spange von Osthofen in Rheinhessen; 14) runde Spange von Balingen in Würtemberg; 15) eine Spange von Friedberg in Oberhessen.[2] Hierzu kommt eine Anzahl vorzugsweise aus Namen bestehender Runeninschriften, die in drei besonderen, in den 1880iger Jahren aufgedeckten und in den 1890iger Jahren näher untersuchten Gräbern in Thüringen (Weimar) gefunden worden sind.[3]

Von diesen Inschriften sind diejenigen der Funde Nr. 1–2 gotisch. Hierher gehört auf Grund der Lage des Ortes vermutlich auch der Körliner Ring, der in sprachlicher Hinsicht keinen Anhalt gibt. Die Charnayer Spange aus Burgund ist burgundisch, alle übrigen Funde westgermanisch (deutsch).

Weit zahlreicher als die eben erwähnten gotischen und übrigen kontinental-germanischen Runendenkmäler sind die ältesten nordischen, die ebenfalls mit dem 24-typigen Alphabete aufgezeichnet sind. Die meisten von ihnen sind wie die kontinentalgermanischen ganz kurz: Sie enthalten nur einige wenige Worte. Der Eggjum-Stein in Norwegen (Sogn) hat die längste bekannte urnordische Inschrift, ungefähr 200 Runen, aber sie rührt nach dem norwegischen Sprachforscher M. Olsen, der das sprachhistorisch wichtige aber schwierige Denkmal zu deuten versucht hat, erst aus der Endperiode der urnordischen Zeit her, etwa 700. Die nordischen Inschriften finden sich am öftesten auf Steinen und sog. Brakteaten: Goldmünzen, die nur an einer

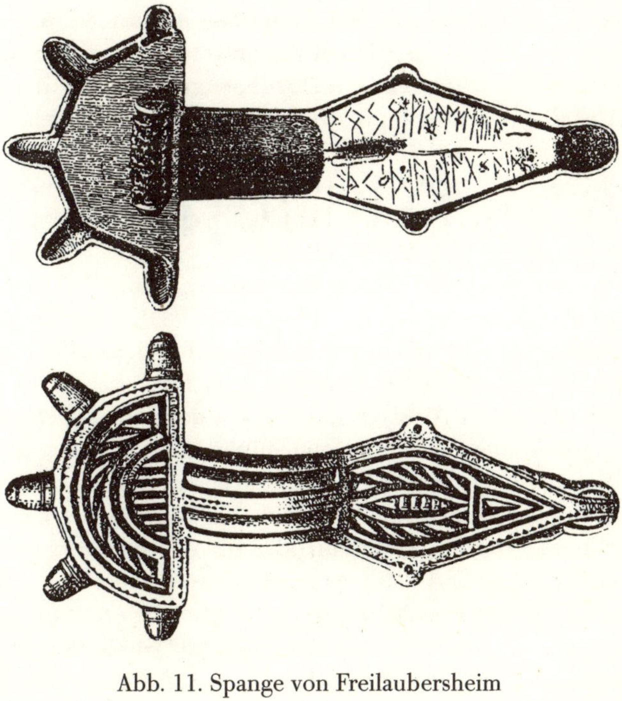

Abb. 11. Spange von Freilaubersheim

Seite geprägt und als Schmuck verwendet worden sind. Andere dieser Inschriften sind an Metall-, Knochen- und Holzgeräten, Waffen und Schmuckgegenständen angebracht. Die Runeninschriften auf einzelnen Gegenständen sind am leichtesten archäologisch zu datieren, weil andere Gegenstände derselben Art nicht selten unter Umständen angetroffen worden sind, die eine verhältnismäßig genaue Zeitbestimmung ermöglichen. Der älteste Runenfund im Norden ist vielleicht eine in Norwegen, Øvre Stabu in Kristiansamt, angetroffene Speerspitze mit Runenschrift aus der Zeit ca. 250. Demnächst folgt eine Reihe kulturhistorisch äußerst wichtiger Inschriften in einigen dänischen Moorfunden: in Vimose (Fünen), Torsberg (Schleswig), Nydam (Schleswig), Kragehul (Fünen). Diese Funde stellen einen außerordentlichen Reichtum an Gegenständen dar: Waffen, Schmuck, Putzsachen, Überreste von Kleidungsstücken, Geschirren, Werkzeugen, Hausgeräten, römischen Münzen usw. In Nydam fanden sich sogar zwei Boote, das eine für 28 Ruder und eichen. Man hat sich mit Recht die Frage gestellt, wie all diese vielen, bunten Gegenstände in die Moore geraten sind. Religiöse Motive scheinen zugrunde zu liegen: Die Funde waren wohl

Abb. 12. Runenspange von Charnay

eine den Göttern bestimmte Siegesbeute aus einer in der Nähe ausgefochtenen Schlacht.

Was das relative Alter der dänischen Moorfunde anbetrifft, so fällt dasselbe mit der Reihenfolge, in der die Funde hier aufgezählt wurden, zusammen: Vimose, Torsberg, Nydam, Kragehul. In der Frage nach dem absoluten Alter der Funde gehen aber die Meinungen der Forscher auseinander. Die schwedischen Archäologen Montelius und Salin verlegen die von Vimose und Torsberg spätestens auf ca. 250 und 300 n. Chr., die etwas jüngeren von Nydam und Kragehul spätestens auf 375 und 400 n. Chr., der schwedische Spachforscher A. Noreen Vimose auf ca. 250,

Torsberg auf gegen 300, Nydam auf gegen 400, Kragehul auf um 400. Nach dem dänischen Archäologen S. Müller wären sie etwas jünger, die jüngsten aus dem 6. Jh.

Unter diesen ältesten nordischen Runeninschriften ist die Torsberger die längste (21 Runen) und die sprachlich wichtigste. Sie lautet: *owlþuþewaʀ ni wajemariʀ* d. i. WULÞUÞEWAR (an. ULLÞÉR) DER NICHT TADELHAFTE [besitzt dies]. Innerhalb der älteren Gruppe urnordischer Runeninschriften ist übrigens die Inschrift auf einem der mächtigen Goldhörner von Gallehus, Schleswig (ca. 425 n. Chr.), besonders zu nennen: *ek hlewagastiʀ. holtijaʀ* (od. *holtingaʀ*). *horna. tawido* d. i. ICH HLEGESTR (altn. AUS HOLT (d. h.? Holstein) STELLTE DAS HORN HER (Abb. 13). Aus Norwegen erwähne ich den Einanger Stein mit der ältesten auf aufrecht stehendem Stein (Bautastein) vorkommenden Inschrift, die uns bekannt ist (gegen 400), aus Schweden den Stein von Kylver auf Gotland (um 400), der – wie auch der Brakteat von Vadstena, Schweden (5. Jh.) – uns die Reihenfolge des ganzen 24-typigen gemeingermanischen Runenalphabets bewahrt hat. Eine gute Übersicht über die Zeitfolge der archäologisch datierbaren urnordischen Runeninschriften gibt uns O. v. Friesen in *Rö-stenen i Bohuslän och runorna i Norden under jolkvandringstiden* (Upsala Universitets Årsskrift 1924), S. 30. Was besonders Schweden betrifft, verweise ich auf die kleine Schrift von E. Brate, *Sveriges runinskrifter* (1922), in der Schriftreihe »Natur och Kultur« (Nr. 11). Sie unterrichtet den Leser nicht nur über schwedische, sondern über nordische Runenschrift im Allgemeinen. In dieser kurz gefassten Darstellung beschränke ich mich auf Andeutungen über den heutigen Stand der Frage nach der Entstehung der Runenschrift und ihrer ältesten Periode, die für die Erkenntnis des Urgermanischen besonders wichtig ist.

Bevor ich weiter gehe, bemerke ich, dass der von mir im Anschluss an eine herkömmliche Terminologie gebrauchte Ausdruck »älteste nordische« oder »urnordische« Inschriften für die jütländischen etwas willkürlich ist. Die Bezeichnung als »nordisch« hat hier nur geographischen Sinn, denn die Stammeszugehörigkeit des Runenritzers ist uns ganz unbekannt. Die Schleswiger Inschriften waren wohl keinesfalls dänisch, da die Dänen erst etwas später hier eingerückt sind. Die Sprache scheint keine spezifisch nordischen Charakteristika zu bieten, wie schon Bremer, *Ethno*graphie § 111 bemerkt, denn die *R*-Rune kann auch als *z* gelesen werden. Andererseits sind auch die von Bremer für westgermanischen Sprachcharakter herangezogenen Beweise verfehlt. Nach Kluge, *Deutsche Sprachgeschichte* S. 148, könnte man den ältesten runischen Sprachcharakter, den man gewöhnlich als »urnordisch« bezeichnet, mit gleichem Fug und Recht als »gemeingermanisch« in Anspruch nehmen.[4] In der Inschrift des goldenen Horns aus Gallehus bei Tondern deutet *holtijaʀ* ›aus Holt‹, falls hiermit, wie noch Noreen, Aisl. *Grammatik*[4], Anhang S. 379 annimmt, Holstein, das alte *Holtsati*, gemeint wäre, keinesfalls auf skandinavische Herkunft des Runenritzers. Er war vielleicht ein Heruler, kann aber auch ein Angle, sogar ein Sachse gewesen sein. In seiner Heimat berührten sich nord- und westgermanische Stammesart. Die Heruler waren höchstens die Vermittler der Runenschrift. In der langen Zwischenzeit von der Rückwanderung der Heruler (ca. 200?) bis auf die Inschrift des goldenen Hornes (ca. 425) kann sich die Runenkunst zu den anderen jütländischen Stämmen leicht verbreitet haben. Man beachte auch, dass das Verbum *tawido* in dieser Inschrift (vgl. S. 193) nur gotisch und westgermanisch (noch im Mndd.) bezeugt ist, nirgends aber innerhalb des weiten nordischen Sprachgebietes.

Noch ein paar Worte in der allgemeinen Frage nach dem relativen Alter der germanischen Runeninschriften. Die ältesten nordischen Inschriften, die der dänischen Moorfunde, werden für ungefähr gleichzeitig mit oder nur unbedeutend jünger als die gotischen Inschriften gehalten, die unter allen die ältesten sein dürften. Aber sowohl die nordischen als die gotischen Inschriften sind wesentlich (200 bis 300 Jahre) älter als diejenigen Inschriften, die uns aus dem südwestlichen Germanien bekannt geworden sind, die sog. deutschen (s. S. 191). Dieser jüngeren Klasse gehören auch die anglo-friesischen in Friesland und England an. Die gemeingermanische Runenschrift verbreitete sich nämlich auch nach der Nordseeküste, sowie nach Britannien,

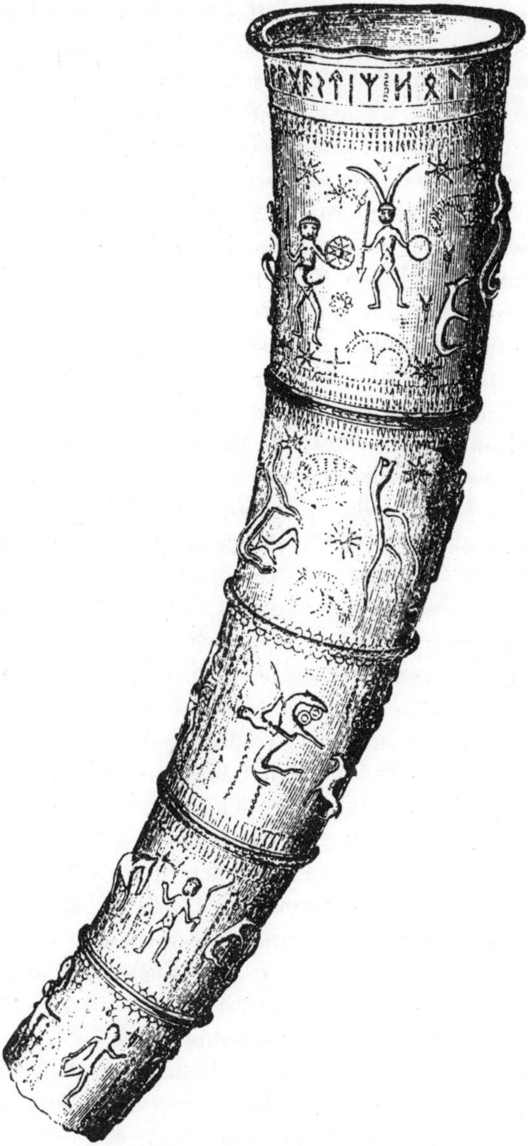

Abb. 13. Das Goldhorn von Gallehus

wurde nur dort etwas modifiziert. Unter den englischen Denkmälern ist besonders das Themse-Messer, ein im Jahre 1857 auf dem Boden des Flusses gefundenes Schwert, eher von etwa 700 als von etwa 800 n. Chr., zu erwähnen. Es zeigt uns eine angelsächsische Runenreihe von 28 Zeichen. Ferner der berühmte Frank'sche Runenschrein aus Elfenbein. Er gehört wahrscheinlich in die Zeit um 650. Auf allen vier Seiten und dem Deckel finden sich Skulpturen, die Episoden aus der biblischen Geschichte sowie aus der germanischen und römischen Heldensage (u. a. die Sage von Wieland, dem Schmiede) wiedergeben und die alle von Inschriften in angelsächsischer und lateinischer Sprache umgeben sind (Abb. 14). Beide Letztgenannten sind im British Museum aufbewahrt. Der einzige sicher gedeutete runengeritzte Fund aus Friesland, ein kleines Schwert von Arum, ist etwas älter als die englischen: spätestens aus dem 6. Jh.

Aus der soeben erwähnten chronologischen Tatsache: dass die gotischen Inschriften unter allen germanischen die ältesten und die Inschriften der dänischen Moorfunde mit ihnen etwa gleichzeitig sind, während die sicher westgermanischen um 200–300 Jahre jünger sind, ergab sich der Forschung vor mehr als zwanzig Jahren ein bedeutungsvoller Fingerzeig in der Frage nach dem Ursprung der germanischen Runenschrift und deren Wanderungen durch unseren Weltteil. Der schwedische Archäologe B. Salin stellte in dem großen Werke *Die altgermanische Thierornamentik* (Stockholm 1904) diesen Tatbestand mit der mächtigen germanischen Kulturbewegung zusammen, die sich in der Zeit der germanischen Völkerwanderungen in verschiedenen Richtungen und Zeiten in unserem Weltteil bemerkbar machen. Die runengeritzten Gegenstände lassen sich als Glieder einer langen, ununterbrochenen kulturhistorischen Entwickelungskette betrachten und ermöglichen so der Forschung, die Gegend des ersten Auftretens der Runenschrift unter den Germanen sowie ihre späteren Verbreitungswege zu bestimmen. Dieser Betrachtungsweise zufolge lernten die Germanen die Buchstabenschrift im 2. oder 3. Jh. nach Chr. in den Ländern unmittelbar nördlich und nordwestlich vom Schwarzen Meere kennen, wo sie einem starken Einfluss der klassischen Bildung, vor allem der griechi-

Abb. 14 Eine Seite des Runenschreins in British Museum

schen, unterworfen gewesen wären. Und welcher Germanenstamm hat diese Runen zuerst in Verwendung gebracht? Darüber besteht kaum mehr ein berechtigter Zweifel. Wir wissen sicher, dass das 2. und 3. Jahrhundert n. Chr. mit dem Erscheinen der Goten in Ost-Europa zusammenfallen. Um die Mitte des zweiten Jahrhunderts beginnen ihre Wanderungen gen Süden aus ihren ältesten historisch nachweisbaren Wohnsitzen an der Niederweichsel. Um 200 müssen sie das Schwarze Meer erreicht haben, denn bereits 214 wird ein erster Zusammenstoß mit den Römern erwähnt. Nach alledem zu urteilen, waren es die Goten, die wir für Träger derjenigen Germanenkultur zu erachten haben, die im zweiten Jh. nach Chr. unter starkem klassischen Einfluss am Schwarzen Meere aufblüht. Archäologische wie historische Tatsachen sprechen aber nach Salin dafür, dass die Goten nur allmählich ihre Grenzen gegen Süden erweitert hatten. Sie besiedelten die Küste des Schwarzen Meeres anfänglich vielleicht nur durch kleinere Auswandererscharen, und erst später verschob sich der Schwerpunkt ihres alten Machtbereiches gen Süden, entweder durch eine Massenauswanderung oder durch kräftiges Aufblühen der südlichen Kolonien. Trifft diese Vermutung zu, konnte gleichzeitig damit, dass die Goten diejenigen Wohnsitze noch innehatten, wo die Geschichte ihnen zuerst begegnet, eine bedeutendere gotische Kolonie mit der klassischen Kultur am Schwarzen Meere schon in Berührung gekommen sein. Die gotischen Ansiedler standen indes nach archäologischen Zeugnissen lange in Beziehungen zu ihrem Mutterlande an der Ostsee, und durch die Vermittlung dieses Kulturstromes wurde die am Schwarzen Meere geschaffene gotische Runenschrift nach dem Norden gebracht. Salins archäologische Hypothese wurde kurz nachher durch O. von Friesens runentypologische Untersuchung *Om runornas härkomst* (Uppsala 1904) kräftig gestützt; vgl. noch die vom selben Verfasser gegebenen späteren Beiträge zu der Frage: DIE RUNENSCHRIFT im *Reallexikon der germanischen Altertumskunde*, Bd. IV (Straßburg 1918–19), die 1924 erschienene, bereits angeführte Arbeit über den Rö-Stein in Bohuslän und den Artikel über die Runenschrift in Salmonsens dänischem Konversationslexikon, 2. Udg. (1926).

Unter den im Ganzen 24 Runen stammen nach v. Friesen nicht weniger als 16 sicher oder wahrscheinlich aus dem griechischen Alphabete, drei Runen entweder aus dem griechischen oder dem lateinischen Alphabete, vier Runen sicher, wahrscheinlich auch eine fünfte aus dem lateinischen. Diese eigentümliche Mischung griechischer und lateinischer Buchstabenschrift erscheint unter völlig ausgebildeter Stilisierung der einzelnen Zeichen schon im 2.–3. Jh. n. Chr. und zwar in so abgelegenen Gegenden wie Dänemark (Vimose, Fünen) und Norwegen (Øvre Stabu). Demnach stammt die gleichzeitige Verwendung von griechischen und lateinischen Typen in der gotischen Runenschrift schon aus der Zeit ihres ersten Erscheinens.

In einem seiner letzten Beiträge zu der Runenfrage, in dem schon erwähnten Buche über den Rö-stein, hat v. Friesen – in wesentlichem Anschluss an eine ältere. Hypothese von Sophus Bugge – näher ausgeführt, durch welches Volk die gotischen Runen im Norden bekannt gemacht wären. Es seien dies die Heruler gewesen, die bereits oben (S. 98) erwähnt wurden. Auf allgemein historische, archäologische, runologische und namengeschichtliche Gründe hin sucht v. Friesen hier nachzuweisen, dass die durch die oben besprochenen dänischen Moorfunde vertretene jütländisch-finnische Kultur aus der Periode 250–500 n. Chr. dem südskandinavischen Germanenstamm der Heruler gehörte. Dieses Volk wurde bald von den Dänen besiegt. Nach der Niederlage wanderten herulische Scharen nach den Gegenden des Schwarzen Meeres, wo sie bereits am Ende des 3. Jahrhunderts in Berührung mit den Goten standen. Diese Heruler-Kolonien standen fortwährend in Verbindung mit dem Hauptteile ihres Stammes in Schleswig und auf Fünen, und der nordwärts gehende Kulturstrom brachte die Runen nach den dänischen Inseln. Eine der sprachlichen Stützen dieser Theorie ist, dass nicht weniger als fünf urnordische Runeninschriften den herulischen Volksnamen in seiner urnordischen Form *erilaʀ* zu bewahren scheinen. Der Unterschied zwischen der lateinischen Namenform *(h)eruli* und der eben genannten runischen soll eine leicht erklärliche Umbildung sein: Das Latein habe das Suffix *-ila-* des fremden Namens gegen das herkömmliche lateinische *-ulus* ausgetauscht.

Von diesem ältesten nordischen Zentrum der Runen wäre die Schriftkunst weiter nach Westeuropa gegangen. Nach der Mitte des 4. Jahrhunderts hören die Verbindungen zwischen dem Schwarzen Meere und der Ostsee auf. Im nordwestlichen Deutschland – vor allem in Hannover mit Umgebung – sei aber die fragliche nordische Kultur eigentümlich ausgebildet worden, und von hier geht vor Mitte des 5. Jahrhunderts EIN Strom übers Meer nach. England, ein ANDERER nach Süden den Rhein entlang. Erst dieser vom nordwestlichen Deutschland ausgehende Kulturstrom hätte die Runen unter den Franken, den schwebischen Stämmen und den Burgunden bekannt gemacht.

So weit Salin und v. Friesen. Seitdem sind die thüringischen Funde (aus den 5.–7. Jahrhunderten) näher untersucht worden. Wie die meisten auf festländischem deutschen Boden aufgedeckten Runeninschriften finden sich auch diese auf Fundstücken, die sich der gotisch-germanischen Tierornamentik anreihen. Dies spreche kräftig für die soeben erörterte Annahme, dass die Erfindung der Runenzeichen den Goten zuzuschreiben sei. Und es sei sogar möglich, dass die kontinentaldeutschen Runen nicht den langen Umweg über Nordwestdeutschland gemacht haben, sondern – wie A. Götze und S. Feist meinen – dem alten Donauweg gefolgt sind. Sie wären dann zunächst auf das alte Ostgotenreich in Italien zurückzuführen. Sämtliche bisherige deutsche Runenfundstellen liegen an der Donau und in deren Nähe oder auf der Linie von da zum Rhein und zur Rhône. Außerdem ließen sich so frühe und so enge Beziehungen der kontinental-deutschen Stämme zu den Nordgermanen wie zu den Ostgoten historisch nicht nachweisen.

Wenn also auch die älteste germanische Runenschrift in ihrer völlig ausgebildeten Form nicht älter ist als vom Ende des 2. Jahrhunderts n. Chr., so war doch das Wort *rūna* schon viel früher unter den Germanen in Gebrauch gewesen. Sowohl seine Bildung als seine Bedeutung sind urgermanisch. Nicht nur in der Bibelübersetzung des Wulfila, sondern auch in anderer altgermanischer Literatur zeigt das Wort Bedeutungen wie ›Mysterium, Geheimnis‹, ›magische Zeichen und Formeln‹, und noch das neunorwegische Verbum *rūna* gibt Begriffe wie ›Wahrsagen, Zauberkunst ausüben‹ wieder. Das alte finnische Lehnwort *runo* bedeutet ›altes Lied‹, besonders ›Kalewala-Lied‹, hat aber ursprünglich wohl ein ›Zauberlied‹ bezeichnet oder aber setzt diese Bedeutung schon bei dem Originalworte voraus. Zum germ. Subst. *rūna* gehören – mit anderer Ablautstufe – die Verben ags. *réonian* ›murmeln‹ und mhd. *rienen* ›jammern‹. Die alten Zauberlieder der Germanen wurden tatsächlich unter Brummen hergesagt. Immer noch bedeutet das finnische Wort *luote* Gen. Sg. *luotte(h)en*, das aus urgerm. **blōtez* (schwed. *blot)* ›Opfer‹ entlehnt ist, ›Zauberlied‹, ›Weistumsrunen‹, ›Kraftworte‹ und das davon abgeleitete Vb. *luotattaa* ›brummen, murmeln‹. Dass die Germanen das Wort *rūna* später für ihre Schriftzeichen in Gebrauch nahmen, erklärt sich aus dem magischen Zwecke, für welchen diese ursprünglich verwendet wurden. Die zahlreichen Runeninschriften der sog. urnordischen Zeit wurden auf die Steine und andere Gegenstände nicht bloß um gelesen zu werden eingeritzt. Dies geht – bemerkt mit Recht der Norweger M. Olsen – aus der großen Gruppe von Runensteinen hervor, die nicht auf, sondern in dem Grabhügel selbst errichtet waren. Solche Inschriften konnten von keinem Lebenden gelesen werden: Es waren Beschwörungsinschriften, die für übernatürliche Mächte, mit denen der Tote verkehrte, bestimmt waren. Sie dienten vielleicht auch zum Schutz des Grabes und des Grabdenkmals gegen Grabschänder oder hatten vielleicht noch andere magische Zwecke, wie den Toten auf seinem Wege zur Unterwelt vor bösen Geistern zu bewahren. Vielleicht sollte auch der Tote durch die Zauberformel an das Grab gebunden werden, sodass er die Hinterbliebenen nicht als Gespenst schädigen könnte. Diese verschiedenen Zwecke erreicht der Runenmeister durch die ihm eigene Zauberkraft. Selber ist er geschützt vor dem Zauber, wie auf dem norwegischen Stein von Nordhuglen (ca. 400) gesagt wird: *ek ʒuðija unʒandi*^{R} *i̥ h̥ (uʒulu)*: ›Ich der Priester, der nicht vom Zauber getroffen werden kann, in Hugl [schreibe dies].[5]

Die urgermanische Magie zeigt sich schon vor der Erfindung der Runenzeichen als hoch entwickelte Weissagungskunst. Tacitus erzählt uns in Cap. X seiner *Germania*, dass die damaligen Germanen auf Wahrzeichen und Orakelsprüche ein ganz besonderes Gewicht legten. Das herkömmliche Verfahren bei der Wahrsagung war ein sehr einfaches. Der Zweig eines wilden, fruchttragenden Baumes wurde abgeschnitten und in Stäbchen zerteilt. Diese versah man mit besonderen Zeichen und verstreute sie aufs Geratewohl über ein weißes Laken. Der Priester oder Familienvater hob nun – den Blick gen Himmel gerichtet – je einen Stab dreimal in die Höhe und deutete dann die darauf eingeritzten Zeichen aus (die *notae* des Tacitus). Diese Wahrzeichen spielten einst eine Rolle auch unter den Nordgermanen oder wenigstens bei demjenigen nordöstlichen Germanenstamme, der zur Zeit des Tacitus und schon lange vorher in den südlichen und westlichen Gegenden Finnlands sesshaft war – darauf deutet das alte germanische Lehnwort *taika* bei den Finnen. Das Wort bedeutet ›Vorzeichen, Wahrsagung, Zauber, Aberglaube usw.‹ und lässt schon aufgrund der sehr zahlreichen finnischen Wortverbindungen, die es eingegangen ist, ein hohes Alter vermuten. W. Thomsen, *Einfluss der germ. Sprachen auf die finnisch-lappischen* S. 174, verglich es zunächst mit ahd. *zeigā* ›assignatio, demonstratio‹, und diese Zusammenstellung hat sich fast eines allgemeinen Beifalls erfreut, auch bei E. N. Setälä in dem von ihm herausgegebenen *Bibliographischen Verzeichnisse der germanischen Lehnwörter der Finnen v.* J. 1912–13 (S. 113). Die Deutung ist jedoch unhaltbar, denn ahd. *zeigōn*, nhd. *zeigen* ist eine spezifisch hochdeutsche Bildung, und auf das Hochdeutsche beschränkt sich auch das dazu gehörende Verbalabstraktum ahd. *zeigā*, das auch im Ahd. nur sehr spärliche Belege hinterlassen hat und sonst nur in mhd. *zeige* ›Weisung (des Weges), Anweisung‹, sowie in nhd. *Anzeige* fortleben dürfte. Finn. *taika-* lässt sich aber jetzt ungezwungen zu germ. **taikna* ›Wahrzeichen‹ stellen, doch nur in einer NICHT LAUTVERSCHOBENEN Form des Wortes: vorgerm. **daigna-*. Diese Auffassung habe ich in *Festschrift Kluge* S. 65 ff. näher begründet (vgl. auch unten § 50). Wenn Tacitus seine Germanen als gewandte Zeichendeuter schildert, bestätigt sich also dieser Ausspruch durch einen abgelegenen Vorposten unseres ältesten Germanentums. Die Weissagungskunst war im Volksleben der alten Germanen offenbar tief eingewurzelt, und wenn sie ihrer näheren Beschaffenheit nach uns auch unbekannt ist, dürfte man doch sagen können, dass sie der gotischen Runenschrift den Boden bereitet hat.

1 Diese von Loewe, *Idg. Forsch.* 26, 203 gegebene Deutung ist die offenbar richtige. Ältere Versuche verzeichnet Jellinek, *Gesch. der got. Sprache* (Grundr. d. germ. Phil.), 1926, S. 15.

2 Vgl. B. Salin, *Die altgermanische Thierornamantik*, S. 145.

3 Vgl. A. Götze, *Die altthüringischen Funde von Weimar*, Berlin 1912, S. Feist, *Thüringische Runenfunde* (Zeitschr. f. d. Phil. 45, 117 ff.).

4 Derselben Auffassung ist G. Neckel, *Die gemeingermanische Zeit* (Zeitschr. f. Deutschkunde, 1925, S. 14 ff.). Die Sprache der ältesten Runen als »urnordisch« zu definieren sei inkonsequent, weil sie kein sicheres oder wahrscheinliches nordisches Merkmal aufweist und ihrer Verbreitung nach mit den Skandinaviern nicht identifiziert werden kann.

5 Über die alte Runenmagie handelt zuletzt S. Agrell in *Arkiv f. nord. fil.* 43 (1927), 100 ff.

Anmerkung. Über ältere Literatur in der Runen-Frage unterrichtet der angeführte Aufsatz von O. v. Friesen in *Hoops' Reallex. IV.* Der alte Wimmer'sche Standpunkt in der Frage nach dem Ursprung der Runen, der schon wohl so ziemlich allgemein verlassen war, hat neuerdings in Wimmers Landsmann H. Pedersen einen eifrigen Vorkämpfer gefunden. Vgl. seinen Aufsatz *Runernes Oprindelse* in Aarbøger for nordisk Oldkyndighed, Jahrg. 1923, sowie desselben Verfassers *Sprogvidanskaben i det nittende aarhundrede* (København 1924), S. 213 ff. Inbetreff der Entstehung mehrerer der einzelnen Runentypen können freilich die Meinungen auseinander gehen. Dass aber die Runen im Südosten von Europa bei den Goten erfunden sind, nicht im Westen, wie Pedersen meint, scheint mir schon durch die archäologische Forschung festgestellt zu sein. Vgl. die vorläufige Antwort v. Friesens im Artikel »Runer« von Salmonsens Konversationslexikon, 2. Udg. Für die Heruler-Vermittlung ist soeben auch E. Wessén eingetreten (*De nordiska folkstammarna i Beowulf*, Stockh. 1927, S. 7 f.); vgl. aber L. Schmidt *PBB.* 51 (1927), S. 103 ff.

4. Germanische Lehnwörter bei Finnen und Lappen

§ 46. Eine wichtige Erkenntnisquelle der urgermanischen Sprache, ja die unzweifelhaft allerälteste und zuverlässigste von allen hier behandelten, hat sich uns in den zahlreichen germanischen Lehnwörtern erschlossen, die bereits mehrere Jahrhunderte, vielleicht ein halbes Jahrtausend vor Chr. in die Sprachen der Ostsee-Finnen, sowie in die der Lappen einzudringen anfing, Entlehnungen, von denen besonders die finnischen, aufgrund des erstaunlich konservativen Charakters mehrerer der finnischen Mundarten, durch ihre äußere Form die germanische Originalsprache in bewundernswert lautgetreuer Weise wiederspiegeln. Die auch für den Laien nicht selten ganz schlagenden lexikographischen Übereinstimmungen der germanischen und finnischen Sprachen sind auch schon längst ein Gegenstand wissenschaftlicher Beobachtung gewesen. Der Erste, der, so weit wir wissen, auf diese Frage seine Aufmerksamkeit richtete, war der Schwede Johannes Bureus († 1652), der Lehrer Gustav Adolfs. In seiner »Sumlen« genannten Handschrift (in einem noch nicht veröffentlichten Teile derselben) zählt er einige finnische Wörter auf, die aus dem Schwedischen entlehnt wären, u. a. das Wort *ruchtin* (= finn. *ruhtinas* ›Fürst‹), das er ganz richtig mit dem deutschen Worte ›Trochten‹, dem schwedischen ›drotten‹ zusammenstellt. Gegen Ende des 17. Jahrhunderts beginnt man die Frage näher zu untersuchen. Der deutsche Philosoph Leibniz († 1716) hat in einem an den schwedischen Bibliothekar Erik Benzelius d. j. (später Bischof und Erzbischof in Upsala, † 1743) gerichteten Briefe seine Ansicht von der Urbevölkerung Skandinaviens mitgeteilt: sie wäre mit Finnen und Lappen verwandt gewesen. In einem Schreiben an Benzelius v. J. 1716 sucht der finnlandschwedische Numismatiker und Maler Elias Brenner († 1717) die von Benzelius verbreitete Vermutung Leibnizens zu stützen: durch ein Verzeichnis von 23 finnischen Wörtern, die er mit altnordischen vergleicht und in denen er Reste einer in Skandinavien einst gesprochenen finnischen Ursprache sieht. Diesen Gedanken sucht eine unter dem Einfluss von Brenner und Benzelius stehende Dissertation *De Borea-Fennia* (Åbo 1732) von Matthias Hallenius († 1748) weiter auszuführen und zieht eine lange Reihe von finnischen und gotischen Wörtern heran, die als Beweise des finnischen Ursprungs der Goten gelten sollen.[1]

Zum eigentlichen Bahnbrecher auf dem Gebiete der germanisch-finnischen Lehnwortforschung wurde der Schwede Johan Ihre durch sein monumentales Werk *Glossarium suiogothicum* (Upsala 1769), ein historisches Wörterbuch der schwedischen Sprache mit reichlichen Belegen aus älteren schwedischen Sprachdenkmälern sowie mit Wortvergleichungen aus anderen germanischen Sprachen, wie auch aus dem Griechischen und Lateinischen. Es finden sich hier nicht weniger als etwa 170 richtige germanisch-finnische Wortzusammenstellungen, die sich auf zwei verschiedene Kategorien verteilen: gotisch-finnische und isländisch-finnische Wörter (»Ulphilana-Fennica.« und »fennica-islandica«). Unter diesen Zusammenstellungen kommen schon einige der sprachhistorisch allerwichtigsten vor, wie z. B. *kuningas* – König, *rengas* – Ring, *kello* – ahd. *scella* ›Schelle‹. Ihre glaubte freilich, dass diese Übereinstimmungen von GEGENSEITIGER Einwirkung herrührten, sogar, dass die meisten im Finnischen ihre Quelle hätten, indem sie von einer uralten finnischen Bevölkerung in Skandinavien entlehnt wären. In Schweden fänden sich – meint er an einer anderen Stelle (in seiner Vorrede zu Lindahls und Öhrlings *»Lexicon Lapponicum«* pag. IX–XXIII) – Spuren des Finnischen und Lappischen auch in den Ortsnamen.

Eine auffällige Geneigtheit, mit germanischen Entlehnungen aus dem Finnischen zu rechnen, kennzeichnet auch die nächstfolgenden Beiträge zu dieser Frage: die von dem Dänen Rasmus Rask († 1832) in seiner Preisschrift *Om det gamle nordiske eller islandske Sprogs Oprindelse* (1818) und dem Deutschen Jacob Grimm († 1863), schon in dem Aufsatze *Über das finnische Epos* v. J. 1846 (Hoefers Zeitschrift I 18 ff. = J. Grimm, Kl. Schriften, II 80). Unter den vierzig bei Rask verglichenen germanischen und finnischen Wörtern beschränkt sich jedoch die Übereinstimmung etwa in der Hälfte aller Fälle bloß auf ganz zufällige formale Ähnlichkeit. Grimm lässt in dem genannten Aufsatze (1846) den in Europa eindringenden Germanen nicht bloß keltische, sondern auch finnische Bewohner vorangehen. Und die Finnen hätten in dem Land selbst und bei der Berührung mit den Deutschen Eindrücke hinterlassen: »Wir gewahren sie in der Sprache der Gothen und anderer hochdeutscher Stämme, am stärksten in scandinavischen, unabhängig von Urgemeinschaft, die auch zwischen Finnen und Deutschen eintrat«. Der nordischen Mundart sollten alle solche Ausdrücke aus dem Finnischen zugeführt sein, die sie mit den übrigen deutschen nicht gemein hat, und umgekehrt hätte auch das Finnische seit der Bekehrung manche kirchliche Ausdrücke aus dem Schwedischen aufgenommen. Andere Bewandtnis hätte es – meinte Grimm – um »urverwandte, weder aus dem Deutschen ins Finnische noch aus dem Finnischen ins Deutsche gekommene Wörter«. Von solchen erwähnt Grimm an dieser Stelle zwölf Beispiele, aber höchstens für ein paar unter diesen lässt sich die Hypothese der Urverwandtschaft überhaupt diskutieren. Alle übrigen stammen mit Evidenz aus dem Germanischen her. In einem Nachtrag (»Über finnische Wörter« im Monatsbericht der Berliner-Akademie, Juni 1847, S. 175 = Kl. Schrift. II 112) vermehrte Grimm dies Verzeichnis um 15 germanisch-finnische Wortberührungen, von denen sich etwa die Hälfte durch die spätere Forschung bewährt hat. In seiner *Geschichte der deutschen Sprache* (Leipzig 1848) erörtert Grimm die Frage noch etwas ausführlicher. Er teilt hier im ganzen 31 Wortgleichungen mit, von denen jedoch etwa die Hälfte falsch ist.

Etwas weiter als Grimm kam Lorenz Diefenbach in seinem *Vergleichenden Wörterbuche der gotischen Sprache* I–II (1851). Die ebenso zahlreichen als nahen Berührungen des Finnischen mit den »deutschen Sprachen« ließen sich ihm zufolge nur zum kleineren Teile aus wechselseitiger Entlehnung deuten. Er will aber auch »die sicher entlehnten Wörter« anführen, »weil ihre Quantität und Qualität sowie der Grad ihrer Einverleibung in das Lautsystem und den ganzen Organismus der entleihenden Sprache von großer Wichtigkeit für die Beurteilung aller Berührungen der Sprachen untereinander sind«. Und viele der »nicht urverwandten« Wörter wären aus den deutschen Sprachen so völlig ausgewandert, dass sie nur noch im Auslande zu finden wären, so gewiss auch ihr deutscher Ursprung sei. »Und öfters bewahrte die Fremde – vgl. seine ›Vorbemerkungen‹ zum zweiten Band – ihre ursprüngliche Gestalt sowohl als die Fülle ihrer Bedeutungen treuer, freilich ihre Gestalt vielmehr als eine erstarrte, während diese im Mutterhause wuchs und verwuchs«. In diesen Worten begegnet uns schon eine Vorempfindung und Voraussage des künftigen, erst etwa 20 Jahre später völlig erkannten sprachhistorischen Wertes der germanischen Lehnwörter in den finnischen Sprachen.

Auch Diefenbach operiert aber noch sowohl mit Unverwandtschaft als mit wechselseitiger Beeinflussung und zwar in einem Umfang, der keine methodischen Rücksichten und keine Grenzen kennt. Einen bestimmten Umschwung in der Beurteilung der Beziehungen zwischen dem Finnisch-Lappischen und Germanischen brachte in demselben Jahre 1851 Franz Dietrich durch einen Aufsatz über *Zeugnisse eines vorhistorischen Standes des Schwedischen und einer gotischen Gestalt des Altnordischen aus dem Lappischen und Finnischen* (Hoefers Zeitschrift f. d. Wissenschaft d. Sprache 3, 32 ff.), wo er leider aber fast nur die lappischen Entlehnungen berücksichtigt, selten die durchsichtigeren finnischen. Trotz den vielen Mängeln im Einzelnen bedeutet diese Untersuchung einen wichtigen grundsätzlichen Fortschritt. Das Schlussergebnis ist richtig: Das Lappische enthält nordische Worte und Wortbedeutungen, die älter sind als die ältesten Quellen des Altnordischen, und ist somit unter die ältesten Erkenntnisquellen für das Germanische überhaupt zu stellen. In den frühesten Entlehnungen sieht er nicht nur einen dem Gotischen ähnlichen Lautstand, sondern auch in einigen Fällen ein noch älteres Konsonantenverhältnis, noch ältere Bedeutungen, ja sogar noch mehr: Einzelnes, was aus dem Nordischen entlehnt wäre, hätte in den Lautverhältnissen die gleiche Stufe mit dem Lateinischen, Griechischen und Indischen, wäre vor der Lautverschiebung übernommen. Wenn auch die hierfür herangezogenen Beispiele der heutigen Kritik nicht standgehalten haben, so bleibt – äußert mit vollem Recht W. Streitberg in seiner *Geschichte der germanischen Sprachwissenschalt*, S. 54 – die Arbeit doch in der Geschichte dieser Forschung »unvergesslich«: Sie hat nicht nur zum ersten Mal das Verhältnis der finnisch-lappischen und germanischen Entsprechungen richtig bestimmt, sondern auch den einzigartigen Wert der Entlehnungen erkannt und gewürdigt.

1 Näheres bei E. N. Setälä, *Lisiä suomalais-ugrilaisen kielentutkimuksen historiaan*, S. 75 ff., Helsingfors 1892 (Suomi III: 5).

§ 47. Die germanisch-finnische Lehnwortforschung wurde indes, wie zu erwarten war, zunächst von nordischen Forschern weitergeführt. Unter den finnländischen ist August Ahlqvist (der Nachfolger Elias Lönnrots als Professor der finnischen Sprache und Literatur an der Helsingforser Universität, auch bedeutender finnischer Dichter, † 1888) der eigentliche Bahnbrecher, durch sein im Jahre 1871 herausgegebenes Werk *De vestfinska språkens kulturord, ett lingvistiskt bidrag till Finnarnes äldsta kulturhistorie.* Der Leitgedanke war hier also ein kulturgeschichtlicher (vgl. die Kapitelüberschriften: Viehzucht, Ackerbau, Handwerke und Gewerbe, Wohnung, Hausgerät, Kleider, Seefahrt und Handel, Familie und bürgerliche Gesellschaft, Staat und Kirche). Die beiden ersten Kapitel erschienen zuerst in der Zeitschrift »Suomi«, Jahrg. 1866. Die gelehrte und geistreiche Arbeit – ein erster Versuch zur Gesamtbehandlung der verschiedenen fremden Kultureinwirkungen (einer germanischen, litauisch-lettischen und slawischen) auf die sog. westfinnischen Völker –, die i. J. 1875 in deutscher, etwas bearbeiteter Ausgabe erschien (*Die Kulturwörter der westfinnischen Sprachen, ein Beitrag zu der älteren Kulturgeschichte der Finnen*), ist heutzutage in unverdiente Vergessenheit geraten (wird z. B. in der von Streitberg in seiner soeben veröffentlichten Geschichte der indogermanischen Sprachwissenschaft, S. 52 ff. gegebenen Übersicht der germanisch-finnischen Lehnwortforschungen nicht einmal erwähnt), bezeichnet aber trotz ihrer ungenügenden Kritik in den linguistischen Einzelheiten sowie ihrer allzu kühnen kulturhistorischen Schlüsse nichtsdestoweniger einen bedeutenden wissenschaftlichen Fortschritt. Ohne Kenntnis der Vorarbeiten von Dietrich hat auch er erkannt, dass der Ursprung der gemeinsamen Wörter beinahe immer auf germanischer Seite zu suchen ist, und gleichfalls hat er eingesehn, dass die Entlehnungen zum großen Teile einer älteren germanischen (schwedischen) Sprachstufe entstammen.

Die Grundbedingung einer richtigen Lösung des von Ahlqvist

behandelten Kulturproblems: eine streng methodisch durchgeführte, rein sprachhistorische Auseinanderlegung des betreffenden großen Fremdwörterbestandes war aber noch nicht gegeben. Für den germanischen Teil des Stoffes stand sie erst kurz vor dem Abschluss des Ahlqvist'schen Werkes zu Gebote: in der bekannten Doktorarbeit des siebenundzwanzigjährigen Dänen Wilhelm Thomsen: *Den gotiske sprogklasses indflydelse paa den finske, en sproghistorisk undersögelse* (1869), die im folgenden Jahre in deutscher, vom Verfasser durchgesehener Übersetzung von E. Sievers herauskam: *Über den Einfluss der germanischen Sprachen auf die finnisch-lappischen, eine sprachgeschichtliche Untersuchung*. Nicht nur, dass die von früher her bekannten finnischen und lappischen Wortmaterialien hier in recht großem Umfang bereichert worden sind, besonders auch mit Rücksicht auf ihre Verbreitung über die verschiedenen westfinnischen Völkerstämme. Die Hauptsache ist, dass die ganze Frage hier zum ersten Mal einer wirklich methodischen, den Anforderungen der damaligen Sprachwissenschaft völlig entsprechenden Behandlung unterzogen wurde.

Die schon von Dietrich und Ahlqvist festgestellte Richtung der Wortentlehnung wird durch Thomsens eingehende Sprachanalyse endgültig bestätigt: die meisten Wörter, deren Übereinstimmung und unmittelbarer Zusammenhang in jenen zwei Sprachstämmen keinem Zweifel unterworfen sein kann, sind in den germanischen Sprachen zu Hause und von diesen in die finnischen übergetreten. Eine entgegengesetzte Strömung ist nach Thomsen in sehr enge Grenzen eingeschränkt: Deutliche Spuren eines lang andauernden finnisch-lappischen Einflusses auf die Germanen ließen sich fast nur in den zunächst angrenzenden neuschwedischen, teilweise auch neunorwegischen Mundarten nachweisen. Ein Teil von diesen jüngeren Lehnwörtern, die »ostschwedischen« (d. h. die in Finnland und in den Ostseeprovinzen gefundenen) sind später von R. Saxén (in der § 35, S. 166 genannten Untersuchung) eingehend behandelt. Ihre Zahl ist offenbar viel größer, als Thomsen sich vorgestellt hatte, und ihr Alter, das sich nicht sicher feststellen lässt, dürfte öfters ein höheres sein, als die Verbreitung an sich angibt. Mehrere der S. 155 verzeichneten finnischen Wörter in der heutigen schwedischen Reichssprache sind wahrscheinlich schon in urnordischer Zeit aufgenommen.

Die germanischen Entlehnungen der Finnen werden bei Thomsen in zwei chronologisch verschiedene Hauptstufen zerlegt: eine JÜNGERE aus historischer Zeit, die sich namentlich im Finnischen in Finnland, sowie im Lappischen in Norwegen und Schweden, weniger stark in den Sprachen der Ostseefinnen zeige, sowie eine ÄLTERE, die sich von der erstgenannten in mehreren Hinsichten wesentlich unterscheide, wenn sich die Grenzen der beiden Klassen in allen einzelnen Fällen auch nicht scharf genug festsetzen lassen. Der ältere Einfluss ginge auf eine germanische Sprachgestalt zurück, die ebenso alt oder zum Teil sogar älter wäre als das Bibelgotische. Und ferner ließe sich die Einwirkung einer solchen Quelle ungefähr gleichmäßig in der ganzen finnischen Sprachenfamilie, vom Onega bis zur Ostküste von Norwegen, von Kurland bis zum weißen Meer, verspüren. Die finnisch-lappischen Lehnwörter rechtfertigen aber nach Thomsen durchaus nicht die Annahme einer finnisch-lappischen Urgemeinschaft, d. h. einer Sprachperiode, wo der finnische und der lappische Volksstamm sich noch nicht getrennt hätten. Alles deute vielmehr auf eine parallele Einwirkung hin. Die Lappen, die sich in ihren jetzigen Wohnstätten seit einer fernen Urzeit in unmittelbarer Verbindung mit den Schweden und Norwegern befinden, verdanken ihre eigenen älteren germanischen Lehnwörter – d. h. diejenigen, die sie nicht durch die Finnen empfangen, denn finnischer Lehnwörter im Lappischen gebe es eine große Zahl – ausschließlich dem Urnordischen, d. h. derjenigen nordgermanischen Sprachgestalt, die uns sonst in den ältesten Runendenkmälern vom dritten und den folgenden Jahrhunderten an, sowie in zahlreichen finnischen Lehnwörtern aufbewahrt sei.

Etwa gleichen Alters oder z. T. sogar älter sind nach Thomsen die älteren germanischen Lehnwörter in den FINNISCHEN Sprachen. Zu dem finnischen oder auch sog. westfinnischen oder ostseefinnischen Volksstamme gehören: a) die Finnen in Finnland (mit Ausnahme einiger Küstenstrecken und Schärengebiete in Nyland, im südwestlichen Finnland und Österbotten, deren Bevölkerung schwedisch ist), im alten sog. Petersburger Gouvernement, sowie in gewissen Gegenden von Schweden und Norwegen; sie vertreten sprachlich und anthropologisch wesentlich zwei verschiedene Zweige: Tawasten im Westen und Karelier im Osten; b) die Karelier in Russland (in den alten Gouvernements Archangelsk, Olonez, Twer und Nowgorod); c) die Wepsen in den Gouvernements Olonez und Nowgorod; d) die Woten im sog. Petersburger Gouvernement; e) die Esten in Estland und Livland, sowie die Liven (kaum noch 3000) auf der nördlichsten Landspitze von Kurland. Über alle diese Volksstämme ergieße sich nun etwa in gleicher Stärke ein uralter germanischer Einfluss. Zu derjenigen Zeit, wo die Finnen dieser Einwirkung ausgesetzt waren, wahrscheinlich schon in den ersten Jahrhunderten unserer Zeitrechnung, sollten sie sich entweder noch nicht verzweigt oder jedenfalls in viel engerer Verbindung miteinander gelebt haben, als dies bei ihren heutigen Wohnsitzen denkbar wäre, die sie mindestens schon etwa um das Jahr 800 besessen hätten. Diese gemeinfinnische Urheimat sollte wesentlich in den Gegenden östlich vom Finnischen Meerbusen gelegen haben. Die große Mannigfaltigkeit der betreffenden Lehnwörter lehre zugleich, dass diese unmöglich auf zufällige Besuche des fremden Landes zurückgehen können, sondern nur als die Folge eines lang andauernden Zusammenlebens mit einem mächtigeren und gebildeteren, wahrscheinlich näher am Meere wohnenden Volke begreiflich sind, dessen Sprache von den Finnen wohl allgemein verstanden wurde, wie namentlich aus der genauen Bewahrung der entlehnten Wörter einleuchtet. Und diese Völkerberührungen, die so vielfache Spuren unter den finnischen Stämmen hinterlassen hätten, sollten in Mittelrussland oder eher in den einstigen Ostseeprovinzen stattgefunden haben.

Welchem Volksstamme gehörten nun diese Germanen an? Die historischen Zeugnisse weisen – meint Thomsen wie alle seine Vorgänger – zunächst auf die Goten hin, die bereits früh zeitig, zuletzt von Ptolemaios in der zweiten Hälfte des zweiten Jahrhunderts n. Chr., als Bewohner der Ostseeküste östlich von der Weichsel erwähnt werden. Aber außer den Goten kämen als Vermittler dieser Lehnwörter auch die Schweden in Betracht.

Diese standen schon lange vor dem 9. Jahrhundert, da sie das russische Reich gründeten, in nahen Verbindungen mit Nordrussland. Ein Zeugnis davon sieht Thomsen u. a. in der noch heutzutage an der Nordwestküste von Estland sowie an den angrenzenden Inseln sesshaften, beinahe 8000 Personen umfassenden Schwedenbevölkerung, die hier schon erwähnt worden ist (§§ 31, 32, 34)

Thomsen stellte daher etwa folgende Hauptthese auf: Der finnische Stamm war vor wenigstens anderthalb oder zwei Jahrtausenden dem Einflusse verschiedener, wenn auch einander nahe stehender germanischer Sprachen ausgesetzt, und zwar teils einer GOTISCHEN, die aber auf einer älteren Stufe gestanden haben muss als diejenige, die uns durch Wulfila bekannt ist, teils einer nordischen, teils vielleicht einer noch älteren gemeinsamen GOTISCH-NORDISCHEN. Den Einfluss aber noch weiter zurückzuschieben, bis zu der Zeit vor der ersten Trennung der germanischen Stämme, ja vor dem Eintreten der GERMANISCHEN LAUTVERSCHIEBUNG, wäre zu gewagt und auch nicht notwendig.

Diese Ergebnisse hält Thomsen in allem Wesentlichen fest in der ausführlichen Einleitung zu seinem 1890 erschienenen großen Werke *Beröringer mellem de finske og de baltiske (litauisk-lettiske) Sprog*. Er stellt nur einzelne seiner früher angenommenen Wortzusammenhänge als etwas zweifelhaft hin und hat seinen ursprünglichen Standpunkt in der Frage nach der westfinnischen Urheimat ein wenig modifiziert: die Wohnsitze der Finnen in der fraglichen Zeit (in den ersten Jahrhunderten unserer Zeitrechnung) wären unmittelbar nördlich oder eher nordöstlich von den baltischen Völkern zu suchen, also wesentlich östlich vom heutigen Livland und Estland (vom Finnischen Meerbusen und Ladoga im Norden bis gegen die Düna im Süden). In dieser Zeit hätten sich ostgermanische Stämme (besonders wohl Goten) an einem oder mehreren Punkten des genannten Gebietes in die Mitte der Finnen gedrängt. Andrerseits wären die Balten (Litauer und Letten) noch in diesen Zeiten, wenigstens in den Gegenden der Düna und am oberen Dnjepr, so weit nach Osten hin ausgedehnt gewesen, dass sie die Slawen und Finnen vollständig getrennt hatten. Die westfinnischen Sprachen enthalten in der Tat neben den germanischen Lehnwörtern eine große Zahl litauisch-lettische (sog. baltische), die nach Thomsen etwa gleich alt oder zum Teil sogar älter sind als die ältesten germanischen. Die zahlreichen slawischen Lehnwörter des Finnischen müssen demgemäß aus jüngerer Zeit herrühren (vgl. § 3, S. 11).

§ 48. Um das Gesagte zu verdeutlichen, seien hier einige Beispiele der ältesten germanischen Lehnwörtergruppen im Finnischen angeführt. Schon Thomsen verzeichnet u. a. folgende Wörter:

a) Staats- und Rechtswesen: *kuningas* ›König‹ (< germ. **kuningaz*); *ruhtinas* ›Fürst‹ (< germ. **druhtinaz*, vgl. ahd. *truhtīn*, ags. *dryhten*, isl. *dróttenn*, nschwed. *drottn-ing* ›Königin‹); *valta* ›Macht‹ (< germ. **valða-*, vgl. aschwed. *vald*, nschw. *våld*), auch in *valta-kunta* ›Reich‹, worin *-kunta* wesentlich = germ. **hunða-* ›Landschaft, Land‹ (vgl. die ›altuppländische *hund*-Einteilung S. 131), im Grunde aber vielleicht eine Umdeutung und Umbildung eines finnisch-ugrischen Wortes darstellt; *tuomita* ›richten‹ (< germ. **dōmjan*, Pret. **dōmiða*), *kihla* ›Pfand‹, eig. ›Geisel‹ (< germ. **gīsla-*, s. § 58); *sakko* ›Strafgeld‹ (< germ. **sakō*, vgl. schwed. *sak*-fälla); *varas*, Gen. *varkaan* ›Dieb‹ (< germ. **vargaz* = ›Verbrecher‹ im Got. u. Westgerm., während nord. *varg* als Tiername ein Ersatz des »verbotenen« (tabuierten) Wortes *ulv* = nhd. *wolf* ist); *vuokra* ›Miete‹ (< germ. **vōkra-*, vgl. nhd. *wucher*, schwed. *ocker*; *lai(h)na* ›Anleihe‹ (< germ. **laihna*, vgl. schwed. *lån*, nhd. *lehen*).

b) Aus der Waffenterminologie: *keihäs* ›Speer‹ (< germ. **gaizaz*, vgl. isl. *geirr*, nhd. *geer*); *miekka* ›Schwert‹ (< germ. **mēkia-*, vgl. got. *mēki*);

c) Gerätschaftsnamen: *jukko* ›Joch‹ (< germ. **juko-*, vgl. nhd. *joch*, schwed. *ok*); *neula* ›Nadel‹ (germ. **nēþlā*, vgl. nhd. *nadel*, schwed. *nål*); *raippa* ›Strick‹ (< germ. **raipa-*, vgl. schwed. *rep*); *rengas* ›Ring‹ (< germ. **hringaz* (so Thomsen!), vgl. schwed. nhd. *ring*);

d) die Wohnung und ihre Teile: *ansas* ›First‹ (< germ. **ansaz*, schwed. *ås*); *kammio* ›Kammer‹ (< germ. **skammiō*, vgl. aschwed. *skemma* ›kleineres Gebäude‹); *lattia* ›Fußboden‹ (< germ. **flatia-*, vgl. isl. *flet* ›Fußboden‹ und z. B. finnl. (nyländ.) dial. *fläte* ›Kahn (mit flachem Boden)‹; *marha-minta* ›Halfterriemen‹ (< germ. **marha-* ›Pferd‹ + *minþa-* ›Mund‹);

e) Bezeichnungen der Körperteile: *hartia* ›Schulter‹ (< germ. **harðiā*, vgl. schwed. dial. Finnl. *härda* ›Schulter‹); *lantio* ›Lende, Becken‹ (< germ. **lanðiō*, vgl. schwed. *länd*, nhd. *lende*);

f) Bezeichnungen der Kleidertracht: *hame* ›Frauenrock‹ (< germ. **hami-* (so Thomsen!), vgl. isl. *hamr*, Plur. *hamir* ›äußere Bekleidung‹; *paita* ›Hemd‹ (< got. *paida* ›Unterkleid‹, mhd. *pheit* ›Hemd‹ etc., vgl. unten § 56); *ruokkeet* ›Hosen‹ (< germ. **brōki-* (so Thomsen!), vgl. isl. *brók*, *pl. brøkr* ›Hosen‹).

g) Tiernamen: *ha(v)ukka* ›Habicht‹ (< germ. **haƀuka-*, vgl. schwed. *hök*, nhd. *habicht*); *lammas*, Gen. *lampaan* ›Schaf‹ (< germ. **lamƀaz*, vgl. mhd. (*lamb*); *valas* (*-kala*) ›Wal‹ (< germ. **hvalaz*, vgl. schwed. *val*, nhd. *wal*).

h) Ackerbau und Pflanzenterminologie: *aura, atra* ›Pflug‹ (< germ. **arþra-*, vgl. schwed. *årder*); *kaura* ›Haver‹ (< germ. **haƀran*, vgl. schwed. *havre*); *ruis*, Gen. *rukiin* ›Roggen‹ (< germ. **rugiz*, vgl. schwed. *råg*); *pelto* ›Acker‹ (< germ. **felþo-*, vgl. nhd. *feld*, aschwed. *fiaelder* ›Erdstück‹;

i) Mineraliennamen: *kulta* ›Gold‹ (< germ. **gulþa-*, vgl. nhd. *gold*, schwed. *guld*); *rauta* ›Eisen‹ (< awnord. *rauði*, obl. *rauða*), *tina* ›Zinn‹ (< germ. **tina-*, vgl. schwed. *tenn*, nhd. *Zinn*);

j) Eigenschaftsnamen: *armas* ›lieb‹ (< germ. **armaz*), *autuas* ›glückselig, wonnesam‹ (< germ. **auðugaz*, vgl. isl. *auðugr* ›reich‹); *hurskas* ›fromm‹ (< germ. **hurskaz*, vgl. isl. *horskr* ›klug, verständig, freundlich‹); *kaunis* ›schön‹ (< germ. **skauniz*, vgl. ahd. *scōni*, nhd. *schön*); *sairas* ›krank‹ (< germ. **sairaz*, vgl. schwed. dial. *sår* ›siech‹, nhd. *sehr*).

1 Die finnischen *-kunta*-Komposita sind bei Thomsen (Einfluss, S. XXX) falsch beurteilt; siehe wegen der obigen Auffassung meine *Germanisch-finnische Lehnwortstudien* S. 142 f. mit Lit.

§ 49. Die Thomsensche Untersuchung v. J. 1869–1870 enthält nicht weniger als etwa 300 ältere von den Finnen übernommene germanische Entlehnungen, von denen jedoch der größere Teil, wie gesagt, schon in der vorthomsenschen Forschung beobachtet worden war (vgl. die S. 205 erwähnten etwa 170 Wortzusammenstellungen bei Ihre). Seit dem Erscheinen von Thomsens

Erstlingsarbeit sind jetzt achtundfünfzig Jahre verflossen. Durch die in dieser Periode gemachten gewaltigen Fortschritte auf fast allen Gebieten der indogermanischen Sprachwissenschaft hat auch diese Lehnwortsforschung eine kräftige Förderung erfahren, wie anderseits auch die gleichzeitige Weiterforschung in finnisch-ugrischem Sprachbereich der Erkenntnis des Lehnwörterbestandes dieser Sprachgruppe zugute gekommen ist. Finnischerseits ist außerdem das große Lönnrot'sche Wörterbuch mit seinen unvergleichlich viel reicheren und zuverlässigeren (wenn auch lange noch nicht genügenden) finnischen Wortmaterialien erst seit dem Jahre 1886 der Forschung vollständig erschlossen gewesen. Der schwedische Sprachforscher K. B. Wiklund berechnet in einem im *Indogermanischen Jahrbuch V* (1917) erschienenen Überblick über die germanischen Lehnwörter im Finnischen und Lappischen die Zahl der urnordischen (d. h., vor ca. 700 n. Chr. übernommenen nordischen) oder noch älteren germanischen Lehnwörter der Finnen auf etwa 400 und zieht nicht in Zweifel, daß diese an sich hohe Zahl in Zukunft beträchtlich wird erhöht werden können. Die jüngeren Lehnwörter betragen mehrere Tausende, denn vor allem durch schwedische Vermittlung ist die finnische Sprache des ganzen internationalen Wortschatzes teilhaftig geworden. Einen annähernden Begriff von den bis auf das Jahr 1913 gewonnenen Ergebnisse dieser Forschung bekommt man aus einem in der Zeitschrift Finnisch-ugrische Forschungen dieses Jahrgangs auftretenden bibliographischen Verzeichnisse der in der Literatur behandelten älteren germanischen Bestandteile in den ostseefinnischen Sprachen. Dieser Bericht war jedoch schon bei seinem Erscheinen nicht ganz vollständig und ist auch in Betreff der dort gebotenen Beurteilung der einschlägigen Zusammenstellungen nur mit Kritik zu benutzen. Von den sehr zahlreichen seit 1870 gemachten Wortvergleichungen seien einige sprach- oder kulturhistorisch besonders wichtige Beispiele hier angeführt:

Fi. *elkiä, ilkiä* ›launig, übellaunig, boshaft‹, < germ. **elhia-* > isl. *illr* ›feindselig, böse‹ usw. (Karsten, *Lehnwortstudien* S. 79);

Fi. *kapalo* ›Windel, Einwickelung‹, dial. ›Walze, Rolle‹ usw. < germ. **kabalo-* > isl. *kafl, kafli* m. ›längliches rundes Holzstück‹, norw. dial. *kavl*, *mangel-*, *rull-kavl* ›Rolle‹ usw. (Karsten, *ibid.* S. 118);

Fi. *kiides* ›tiefe Grotte‹, *ketun kides* ›Fuchshöhle‹ < germ. **hīþez*, vgl. isl. *híð* n. ›Winterlager des Bären‹, nschwed. dial. Finnl. *björnhīder* ›Lager des Bären‹ (Wiklund, *Le monde orient.* 5 (1912), 241, Karsten, *Lehnwortstudien* S. 9, 85) [anders Toivonen *Finn.-ugr. F.* 18, Anz. 48].

Fi. *kukkaro* ›Beutel‹, auch ›Tabakbeutel‹, ›Feuerzeugbeutel‹; vgl. die Bedeutungen ›Tasche‹ in *kukkaro-mies* ›Zauberer‹ = schwed. *task-spelare* (*taska-* = Tasche), ›Blütenkelch‹ in *kukan kukkaro* sowie ›Sack‹ im Wepsischen, Karelischen und Olonetzischen. Germanisches Grundwort ist **kukaro-* ›Köcher‹, vgl. ags. *cocor*, ahd. *kokar*, ahd. *cochar* in dieser Bedeutung sowie die aus dem Germ. entlehnten Synonyma mlat. *cucurum* und mgr. κούκουρον. Mittelhochdeutsch und neuhochdeutsch wie in niederdeutschen Mundarten und im älteren Dänisch bezeichnet das Wort ›Behälter (in Köcherform)‹. Russ. *kokuru* ›Patronentasche‹ ist ein niederdeutsches Lehnwort. Aus lat. *cucurum* stammt das germanische **kukaro-* nicht, wie man früher glaubte, denn jenes steht ganz isoliert im Lateinischen und ist sicher eins der vielen volkslateinischen Anleihen aus dem Germanischen. Das klassische Latein gebraucht hierfür in der Regel das Wort *pharetra*, eine griechische Entlehnung. Unter germanischen Funden aus der Vorzeit sind die Pfeilköcher äußerst selten, weil das Material, aus dem sie hergestellt wurden, vergänglich war, doch sind solche mindestens in einem der S. 192 erwähnten Moorfunde (Nydam) aufgedeckt worden. Der dafür angewandte germanische Terminus **kukaro-* kann einheimisch sein, doch hat man darin auch (Brendal, *Da. Studier* 1920, S. 40) eine jüngere, nach der germanischen Lautverschiebung aufgenommene Anleihe aus altind. *kukula* ›Fruchthülse‹, aber auch = ›Rüstung‹ sehen wollen, wie z. B. gr. πέπερι, lat. *piper*, germ. *pfeffer* in letzter Linie auf altind. *pippali* zurückgeht. Nachdem der Bogen mit seinem Köcher als Schusswaffe außer Gebrauch geraten war, bekam der Köcher die Bedeutung ›Behälter im Allg.‹. So auch im Finnischen. Die finnische Bedeutung ›Blütenkelch‹ entstand durch sekundäre Anlehnung an das finnische Wort *kukka* ›Blume‹; vgl.

jedoch auch livisch *kukkor* ›Samenkapsel‹: altind. *kukula-* ›Fruchthülse‹ (Karsten, *Lehnwortstudien*, S. 121 f.).

Fi. *lieko* ›wassergeschwollener Baumstamm‹ < germ. **lēgō-*, vgl. isl. *lág* f. ›liegender Baumstamm im Walde‹ (Lidén, *Finn.-ugr. F.* 11, 124 f.)

Fi. *menninkäiset* ›kleine mythol. Geister, Gespenst‹ (schon bei Agricola 1551), eig. ›die Verstorbenen‹ < germ. **menþingā-*, vgl. isl. *minning blótsins* ›Opferfest‹ (Karsten, *Lehnwortstudien*, S. 46 ff.).

Fi. *rievä* ›frisch, neu, ungesäuert (v. Brot)‹ < germ.- **hrēwa-*, vgl. isl. *hrár* ›roh‹ (Wiklund, *Le monde orient* 5 (1912), 224.

Fi. *rahna* ›Latte‹ (dial., z. B. Süd-Österbotten) mit den ostfinnl. Ableitungen *rahnikko* ›wer Schlingen u, dgl. windet‹, *rahnikoita* (V b.) ›drehen, zwirnen, flechten‹, von dessen Gebrauch Lönnrot (*Svensk-finskt lexikon*) folgendes Beispiel anführt: *asunto oli kokoon rahnikoittu ýuun oksista*, die Wohnung war aus Baumzweigen zusammengeflochten. Aus germ. **razna*, vgl. ags. *raesn* n. ›Planke, Zimmerdecke‹, got. *razn* n. ›Haus‹, isl. *rann* n. ›Haus‹, schwed. *rannsaka* ›untersuchen (eig. nur ein Haus)‹. In der Bedeutung ›Dachlatte‹ lebt das gotische *razn* auf der Krim als gotisch-tatarisches Lehnwort fort (nach freundlicher Mitteilung von Prof. J. J. Mikkola), und diese sowohl im Angelsächsischen als im Krim-Tatarischen belegte Grundbedeutung des Wortes spiegelt sich in finn. *rahna* (regelrecht aus **razna*) wieder. Germ. **razna* könnte einem vorgerm. **rozgno-* entsprechen, vgl. lit. *rezgù règsti* ›flechten, stricken, binden, schnüren‹, altind. *rájjus* (**razg-*) ›Strick, Seil‹, aksl. *rozga* ›Zweig, Rute‹. Finn. *rahna* ›Latte‹ ist somit ein germanisch-finnisches Andenken an das bekannte »geflochtene Haus« der Urgermanen; vgl. nhd. *wand* zu *winden*, neudä, dial. *vinde væggene* ›die Zwischenräume eines Balkengerüstes durch ein Flechtwerk aus Weidenzweigen (sog. *vænder*) ausfüllen‹, ags. *windan* stv., u. a. von der Wand, got. *waddjus*, isl. *veggr* zur Wz. *wei* ›flechten‹ usw. Literarisch ist diese frühgermanische Bauart gut bezeugt durch Tacitus, *Germania*, Cap. 46, sachlich durch die Archäologie, auch für Finnland (näher bei Karsten, *Lehnwortstudien*, S. 152 ff.).

Über römisch-germanische Entlehnungen im Finnischen vgl. unten § 58.

Schon Thomsen kannte einige Komposita unter seinen finnischen Entlehnungen: das schon verzeichnete *marha-minta* ›Halfterriemen‹ sowie *napa-kaira* ›Bohrer‹, eig. ›Nabenger‹ (ahd. *nabagēr*). Aus dem Gebiete der finnischen Ortsnamen erwähne ich: *Harja-valta* in der Landschaft Satakunta (vgl. den Personennamen *Hariovalda* bei Tacitus, Ann. II 11, jetzt schwed. *Harald*), ferner *Raippa-luoto* (urnord. **Raiȷ́a-flōdō*, aisl. **Reiplúð*) in den Schären vor der Stadt Wasa, vgl. *Reip-skär* (urnord. **Raipa-skari*) in den Schären von Mittel-Österbotten. Altfinnische Nachbildungen germanischer Komposita des Typus aisl. *Hanga-týr, Reiðar-týr, Sig-týr, Vera-týr* liegen vor in den finnischen Götternamen *Runko-teivas* (Agricola 1551 *Rongoteus*), *Ruko-tivo*, s. meine *Lehnwortstudien* S. 4 ff., 239, *Fragen* S. 42 ff. mit Literaturangaben. Germanische Partikelkomposita spiegeln sich wieder in: fi. *uppo-rikas* ›sehr reich‹ = aisl. *of-ríkr*, fi. *ullakko* ›Oberboden des Hauses‹ < germ. **ub-flakon-*, aschwed. **of-flaki* zu *flaki* m. ›Wehr, das aus Brettern oder anderen Holzmaterialien hergestellt ist‹ (vgl. mhd. *obe-dach*, nhd. *ob-dach*), fi. *os-viitta* ›Wegzeichen, -Weiser‹ zu aisl. *viti* m. ›Zeichen‹ + *oz-, uz-* ›heraus, hervor‹ (vgl. ahd. *arwîzzan* ›weggehen‹), s. näher meine *Fragen* S. 19 ff. mit Lit.

§ 50. Thomsen hielt es für allzu gewagt und gar nicht notwendig, germanische Lehnwörter im Finnischen aus der Zeit vor der germanischen Lautverschiebung anzunehmen. Eine jüngere Forschung hat aber festgestellt, dass ein beträchtlicher Teil des ältesten germanischen Lehnwortbestandes in den finnischen Sprachen sich nur aus einer nicht-lautverschobenen Germanensprache befriedigend erklären lässt. Zu der ersten Lautverschiebung gehört u. a. ein Übergang der indogermanischen Tenues *p, t, k* in tonlose Spiranten: *f, þ, h*. Als Beispiele finnischer Lehnwörter, die nach der Lautverschiebung übernommen sind, seien hier genannt: fi. *aparo* ›Treber, Bierheben‹, *äpärä* ›später Sprössling‹ < germ. **aƀaro*, vgl. isl. *afr* n. ›eine Art Trank (Nachgebräu)‹, altind. *áparas* ›späterer, nachstehender‹, fi. *pelto* ›Acker‹ < germ. **felþo-*, fi. *hame* ›Frauenkleidung‹ < germ. **hames-*, fi. *marhaimet* ›Zaumzeug‹ < germ. **marha* Pferd‹; vgl. zum letztgenannten Wort die vorgermanische (keltisch belegte) Form **marko*, das im Finnischen ein **markko* abgegeben hätte. Dagegen geschah die Entlehnung VOR der Entwicklung eines indog. *p, t, k* zu urgerm. *f, þ, h* in einem Falle wie finn. *kuokka* ›Erdhacke‹ < vorgerm. **kōkhǣn*, urgerm. **χōhǣ*, got. *hōha* ›Pflug, ἄροτρον'‹. Finnisch-ugrischer. Ursprung (vgl. tscherem. *kopka* ›Pflug‹) ist sowohl aus formalen wie semasiologischen Gründen ausgeschlossen, gleichfalls eine direkte Zusammenstellung mit got. *hōha* ›Pflug‹. Die Urfinnen besaßen tatsächlich einen Pflugterminus, jetzt finn. *atra, aatra, ahra* < urgerm. **arþra-* (= gr. ἄροτρον), schwed. *årder;* vgl. auch fin. *vannas* (weps. wot. *wadnaz*) < urg. **wagnaz* ›Pflugschar‹. Finn. *kuokka* dagegen bezeichnet nur eine sehr primitive Erdhacke, nirgends einen Pflug, ist daher schon an sich mit aller Wahrscheinlichkeit vor der Zeit des gotischen *hōha* ›Pflug‹ entlehnt worden. Auch aus formalen Gründen kann es ein gotisches *hōha* nicht wiedergeben. Seine germanische Originalform kann nur unverschoben gewesen sein.

Ein zweites Moment in der germanischen Lautverschiebung war der Übergang eines indogermanischen *b, d, g* in germ. *p, t, k.* Ein germanisches **nautjan*, isl. *neyta*, schwed. *nöta*, eig. = ›genießen‹, zeigt die Verschiebung eines vorgermanischen *d* zu *t.* Im Finnischen heißt dieses germanische Verbum *nauttia* ›genießen‹ (mit *-tt-* für germ. *-t-*). Zur selben germanischen Wortfamilie gehört indes auch ein Wort wie isl. *naut* ›Rind, Hornvieh‹. Wie ein altgermanisches Verbum **nautjan* ein finnisches *nauttia* ergab, müsste ein altgermanisches Substantivum **nauta-* zu finn. **nautta* (mit *-tt-* für *-t-*) geführt haben. Die finnische Anleihe heißt aber *nauta* (mit kurzem *-t-*) und setzt zwingend eine nicht-lautverschobene germanische Originalform *nauda-* voraus, sei es mit tönender oder, wie sich vermuten lässt, mit schon tonloser Media. Dem Finnischen und zwar besonders den südfinnländischen und estnischen Mundarten – dem ältesten Gebiete der germanisch-finnischen Sprachberührungen – fehlen jetzt die Tenues im altgermanischen und heute reichsschwedischen Sinne des Wortes: Sie weisen dafür sog. tonlose Mediae auf. Diesen oder einen ähnlichen Charakter besaß die Tenuisgruppe schon im Urfinnischen, wie sowohl aus der DURCHGEHENDEN mittelalterlichen Schriftform – finn. *p, t, k* werden durch schwed. *b, d, g* wiedergegeben – als aus der gegenwärtigen südfinnländischen und estnischen Aussprache der finnischen »Tenues« gefolgert werden kann. Meine Gründe hierfür sind zuletzt in den *Acta Scandinavica philologica* I (1926), 244 ff. ausführlich entwickelt worden. Hier findet man auch – neben vollständigen Angaben der neueren Literatur – eine neu revidierte Zusammenstellung des einschlägigen finnischen Lehnmateriales. Daraus einige weitere Beispiele:

fi. *kuve* Gen. *kupeen* ›Weiche bei den Hüften‹ < vorgerm. **kubes* (urgerm. **hupiz*), got. *hups* m., fi. *muoto* ›facies rei externa‹ < vorgerm. **å̄do-*, aisl. *mót* n. ›Bild‹, fi. *malto-, melto-rauta* ›weiches Eisen‹ < vorgerm. **smaldo-, *smeldo-* (urgerm. **smalto-, *smelto-*) ›Schmalz-, Schmelz-‹ (mit später hinzugefügtem *rauta*), fi. *mallas* Gen. *maltaan* ›Malz‹ < vorgerm. **maldas* (urgerm. **maltaz*) ›Malz‹, fi. *taika* ›Vorzeichen, Wahrsagung‹ < vorgerm. **daigna-* (urg. **taikna-*), usw. In allen diesen Fällen erklärt sich das finn. einfache *p, t, k* nur aus unverschobenen germanischem (tönendem od. tonlosem) *b, d, g*: ein lautverschobenes *p, t, k* hätte finn. *pp, ti, kk* ergeben.

Eine befriedigende Erklärung der fraglichen ältesten finnischen Lehnwörter setzt also voraus, dass sie vor der durchgeführten Lautverschiebung aufgenommen sind. Dieser Lautprozess war nach allen Indizien – vor allem nach dem in klassischer Literatur überlieferten ältesten germanischen Sprachgute und den ältesten keltischen Lehnwörtern zu urteilen – mindestens auf kontinentalgermanischem Gebiete schon mehrere Jahrhunderte vor Chr. abgeschlossen. Wann er jedoch angefangen hat, lässt sich nicht genau feststellen. Im äußersten Norden (an der Lappengrenze) und im äußersten Osten (Finnland) des germanischen Sprachgebietes kann der Vorgang etwas verspätet gewesen sein. Wie viel, ist unsicher, weil jede literarische Überlieferung uns hier im Stich lässt. Zu beachten ist, dass viele schwedische Lautvorgänge aus historischer Zeit im schwedischen Norrland und in Finnland viel später einsetzen als in Süd- und Mittelschweden, beziehungsweise gänzlich ausbleiben: vgl. z. B. die alten Diphthonge *ai, au*, die schon in den altschwedischen Gesetzen monophthongiert sind, aber in Norrland, Gotland und Finnland z. T. noch heute als Zwielauter auftreten. Die Versuche, die schon bei E. N. Setälä, *Herkunft und Chronologie der älteren germanischen Lehnwärter in den ostseefinnischen Sprachen* gemacht werden, um das Alter dieser Lehnwörter aufgrund der germanischen Lautchronologie der klassischen Überlieferung näher zu bestimmen, sind daher höchst unsicher. In dieser Überlieferung erscheint u. a. die germanische Lautverschiebung überall schon als vollzogen und unter diesem Eindruck lässt man die betreffenden Vorgänge auch vor den Sprachberührungen der Germanen und Finnen »jedenfalls schon eingetreten« sein (Setälä, *Herkunft* S. 47). Man ist hier offenbar auch von dem Namen Thomsens geblendet gewesen. In dieser wichtigen Frage war aber Thomsen in seinem »Indflydelse (Einfluss)« vom J. 1869–70 noch vollständig ein Kind seiner eigenen Zeit: »Den einfluss noch weiter zurückzuschieben bis zu der zeit vor der ersten trennung der germanischen stämme, ja vor dem eintreten der lautverschiebung scheint mir zu gewagt und auch nicht notwendig.« Die Lautverschiebung ging nach damaliger Auffassung der ersten Trennung der germanischen Stämme voran (so auch Müllenhoff, *Deutsche Altertumskunde* Bd. 3, 196 f.), und damit konnten die Finnen natürlich keine unverschobenen Wörter von den Germanen empfangen haben. In der Nachschrift »Efterskrift 1919« seiner *Samlede Afhandlinger* II 239 ff. sucht Thomsen aber merkwürdigerweise diese alte Auffassung – freilich wieder ohne alle positiven Gründe – zu behaupten. Er besaß damals wohl nicht mehr die nötigen Kräfte für eine Vertiefung in diese viel umstrittenen Fragen, aber gewiss auch nicht einige dafür ganz notwendige Bedingungen rein sachlicher Art, wie vor allem nicht genug eingehende Kenntnisse in den finnischen Mundarten und ihren Lautverhältnissen, wie auch in den östlich von der Ostsee gesprochenen schwedischen Dialekten – dies darf und muss ich hier offen aussprechen, ohne seine Verdienste um die Anfänge dieser Forschung damit vermindern zu wollen.

Nach heutiger Auffassung kann die erste Lautverschiebung nicht allzu lange vor Chr. durchgeführt worden sein. »La mutation consonantique date donc sans doute des siècles qui ont immédiatement précédé l'ère chrétienne« [A. Meillet, *Caractères generaux des langues germaniques*[3] (1926), S. 39] – darüber sind wohl die meisten Germanisten von heute so ziemlich ein verstanden. Der wichtigste Grund für diese Ansicht liegt in den keltisch-germanischen Sprachberührungen (vgl. §§ 4, 24, 39). Genannt sei hier auch der germanische Starkton – eine Bedingung der Lautverschiebung (§ 34). Wegen der germanischen Auslautgesetze, die die älteren finnischen Lehnwörter ganz unberührt gelassen haben und noch im Gotischen verhältnismäßig schwache Spuren zeigen, kann derselbe nicht allzu weit in vorchristliche Zeit zurückversetzt werden. An der Ostseite der Ostsee dürfte der Vorgang noch etwas später eingetreten sein. Der Letzte, der sich über das absolute Alter der germanischen Lehnwörter der Finnen geäußert hat, W. Streitberg in seiner *Geschichte der indogermanischen Sprachwissenschaft*, 1927 [1918] schreibt in einem Überblick über diese Forschung (S. 60): »Sind nun – woran wir nicht länger zweifeln dürfen – germanische Lehnwörter *vor* der Zeit der Lautverschiebung ins Ostseefinnische und ins Lappische eingedrungen, so ergibt sich daraus mit Notwendigkeit, dass die Berührungen zwischen Germanen und Finnen weit über die ersten Jahrhunderte unserer Zeitrechnung zurückreichen, weit älter sind, als Thomsen angenommen hat.« Dies Urteil geht zunächst auf meine *Lehnwortstudien* (1915), S. 200 zurück, wo ich den Anfangsterminus der germanisch-finnischen Berührungen »keinesfalls später als in die Mitte des letzten vorchristlichen Jahrtausends« setzte. In meinen *Fragen* (1922) ist die Datierung dieser Entlehnungen eine etwas vorsichtigere: der Zeitraum, in dem die ältesten germanischen Lehnwörter aufgenommen wären, könnte keinesfalls lange vor unserer Zeitrechnung liegen, ja die Entlehnungen vor der Mediaverschiebung (die die meisten vor der Lautverschiebung übernommenen Lehnwörter umfasst) sollten aus den allerletzten Jahrhunderten vor Chr. entstammen. Diese Zeitbestimmung dürfte der Wahrheit näher kommen. Auch der Vorgang der ersten Lautverschiebung hat somit wahrscheinlich nicht auf einmal und mit gleicher Gewalt alle germanischen Stämme erfasst. Eine allmähliche Ausdehnung der lautlichen Vorgänge ist hier wie sonst überall anzunehmen.[1] Noch bei der 2. (ahd.) Lautverschiebung hat man offenbar mit zeitlich verschiedener Verschiebung in getrennten Gegenden zu rechnen.[2] Umso mehr bei der viel älteren ur- und gemeingermanischen.

1 Diesen Gesichtspunkt hebt mit besonderer Stärke F. Hartmann hervor, in einer kritischen Übersicht über das Alter der finnisch-germanischen Berührungen (Neue Jahrb. f. Wiss. und Jugendbildung 1923, S. 736). – 2 Vgl. besonders E. Schwarz, *PBB.* 50, 271.

§ 51. Mehrere der vokalischen Merkmale reichen in eine Zeit, die nicht viel jünger sein kann. Dass finnische Entlehnungen vor der Mediaverschiebung wie *nauta* ›Rindvieh‹, *mallas* Gen. *maltaan* ›Malz‹, *taika* ›Vorzeichen‹ nie ein zu erwartendes Stammsilben-*o*- aufweisen, sondern überall ein germanisches -*a*- durchgeführt haben, ist an sich geeignet uns zu befremden. Die Lautentwicklung *o* > *a* gehört aber in die allerersten Zeiten einer vorgermanischen Sonderentwicklung: Sie kommt außer im Germ. auch altindisch, awestisch, albanisch und litauisch vor, geht daher sicher der Periode der germanischen Mediaverschiebung voran. Gewisse Divergenzen zwischen den idg. Sprachen, wie diese, dürften sogar auf die Epoche der indogermanischen Einheit zurückgehen (vgl. Meillet, *Introduction à l'étude comp. des langues indo-eur.*, S. 378). Einige literarisch bezeugte Namen der Alpengermanen aus vorchristlicher Zeit scheinen diese Schlussfolgerung zu stützen (R. Much, *Der Eintritt der Germanen in die Weltgeschichte*, Germanistische Forsch., Wien 1925, S. 51, Karsten in den *Acta Scandinavica phil.* I, S. 277). In den Mittel- und vor allem den Endsilben ist -*o*- vielfach erhalten: vgl. finn. *etona, edona, etana* ›schlechter Mensch, Schlingel‹ < vorgerm. **edona-:* aschwed. *iaetun*, ags. *eoten* ›Riese‹, fi. *juusto* ›Käse‹ < germ. **justo-*, aisl. *ostr*, fi. *pelto* ›Acker‹ < germ. **felþo-*, aschwed. *urfiaelder* etc.

Indogermanisches *ā* erscheint in der Stammsilbe überall schon als *ā̊*, in den Endsilben aber noch öfters als -*ā*, z. B. *kansa* ›Volk‹ < germ. **χansā, akana* ›Spreu‹ < germ. **aχanā* (got. *ahana*).

Aber auch in Bezug auf den Stammsilbenvokalismus tragen mehrere der älteren Entlehnungen einen vorgermanischen Charakter. Hierher gehört *en* + Kons. in fi. *rengas* ›Ring‹. In dieser Stellung entwickelt sich ein idg. *ĕ* im Germ. zu *i*. Das hohe germanische Alter des *e* in *rengas* hatte Thomsen noch nicht den Mut anzuerkennen, sondern sah darin eine Abänderung, die er dem Finnischen zur Last legte. Erst Noreen (1894), Streitberg (1896) und Bethge (1898) rekonstruieren in ihren Darstellungen des Urgermanischen aufgrund des finnischen Lehnworts ein urgermanisches **hrengaz*. Ähnliche Fälle sind der Volksname FENNI bei Tacitus (bei Ptolemaios schon φίννοι), das oben erörterte finnische *menninkäiset* < germ. **menþingā* (aisl. *minning*) und einige wenige andere Lehnwörter (s. meine *»Lehnwortstudien«* S. 78 ff.). A. a. O. S. 79 ff. behandle ich auch andere Fälle eines auf finnischem Boden erhaltenen urgermanischen *e* in der Stammsilbe: *e* vor Kons. + *i, j* in *teljo* ›Ruderbank‹ (: aisl. *þilia*), *erhe* ›error‹ (ahd. *irri* < **irzia-*), *elkiä, ilkiä* ›malitiosus‹ (aisl. *illr* < **elhia-*) usw. Den ältesten Typus eines im Finnischen bewahrten germanischen Stammsilben *-ĕ* stellt finn. *-teivas* im Götternamen *Runko-teivas* dar: < urgerm. **teiwaz, *tiwaz* = aisl. *Týr, -týr*, vgl. den germanischen Götternamen *Alateivia* einer niederrheinischen Inschrift der Römerzeit (S. 182 oben). Idg. *e* in Mittelsilben liegt vor in fi. *Venäjä* ›Russland‹ < germ. **Weneþ* (Plinius und Ptolemaios *Venedi*), fi. *viheliäinen* ›membris mutilus, miser, misellus‹ < germ. **wiþelia*, ahd. > *withillo* ›hermaphroditus etc.‹ Ein vorgermanisches *-es* lässt sich in zahlreichen finnischen Entlehnungen nachweisen. Auch hier nahm Thomsen (in den ihm bekannten wenigen Fällen) eine finnische Abänderung *i* > *e* an. In meinen *Lehnwortst.* S. 82 ff. wird gezeigt, dass ein frühurgermanisches *-es* hier überall zugrunde liegt. So enthüllen sich z. B. mehrere früher als *i*-Stämme aufgefasste germanische Substantive und Adjektive als alte *es*-Stämme: got. *aírzeis*, ahd. *irri* ›verirrt‹: fi. *erhe* ›error‹ < urgerm. **erses, *erzez* (vgl. as. *irrislo* m. ›Irrtum‹, ags. *iersian, *irzisōn* ›Zürnen‹), aisl. *hamr* m. ›Hülle‹: fi. *hame* ›Frauenkleid‹ < urg. **χames-* (vgl. lat.-gall. *camisia* ›Hemd‹).

Urgerm. *ē* (got. *ē*) = nord: westgerm. ā erscheint in zahlreichen finnischen Lehnwörtern (s. meine *Lehnwortstudien* S. 80 ff. und Literatur).

§ 52. Früher nahm man an, dass die Heimat der ältesten Entlehnungen im Lande südlich vom Finnischen Meerbusen gelegen habe, wo die finnischen Stämme mit germanischen Kolonisten, die zwischen ihnen eingestreut waren, zusammenlebten. Unserer neueren Eisenzeitforschung zufolge (A. Hackmann) ist die von Estland und Livland ausgegangene finnische Besiedlung West-Finnlands wahrscheinlich schon im ersten oder allerspätesten im zweiten Jahrhundert nach Chr. eingebrochen. Die schon § 27 erwähnte mächtige westfinnländische Landhebung hat hier eine Rolle gespielt. Die in Süd- und Mittelösterbotten vorgenommenen Messungen und topographisch-onomatologischen Untersuchungen haben dargetan, dass Einwanderungen schon damals und stellenweise vielleicht ein paar Jahrhunderte vorher stattfanden, denn es finden sich finnische Ortsnamen auf dem Breitengrade der Stadt Wasa, die den Messungen gemäß bereits im Beginn unserer Zeitrechnung geprägt worden sind. Daneben hat man mit einer archäologischen Hypothese zu rechnen: dass die finnische Bevölkerung Finnlands seit der Steinzeit hier ununterbrochen bestanden habe. Eine Anzahl der ältesten Entlehnungen und zahlreiche jüngere sind in der Tat vorläufig nur aus Finnland nachgewiesen worden. Möglich ist, dass diese Wörter in den finnischen Sprachen, die südlich vom Finnischen Meerbusen gesprochen werden, nie vorhanden waren, sondern erst in Finnland aufgenommen worden sind, und zwar in einer Zeit, die zuweilen ca. 2000 Jahre zurückliegen kann. Andere Lehnwörter sind den finnischen Mundarten Finnlands und denen der alten Ostseeprovinzen gemeinsam. Diese können vielfach auf paralleler Entlehnung beruhen. In Finnland bestand, wie bereits bemerkt wurde, schon in der Bronzezeit eine urgermanische Siedlung, wenn auch ihre bisherige Hinterlassenschaft aus der zunächst folgenden archäologischen Periode (500 v. Chr. – Chr. Geb.) eine sehr dürftige ist. Die so genannte westfinnische oder ostseefinnische Urheimat war demzufolge schon eine recht ausgedehnte, d. h. umfasste große Teile sowohl von den früheren Ostseeprovinzen als von Finnland. Sie bildete gewissermaßen ein sprachgeographisches Analogon zu der oben erörterten, sehr viel weiteren ur- oder gemeingermanischen Heimat, deren Westgrenze am Rhein lag, während der lang gestreckte Kyrö-Fluss mit Umgebungen im südlichen Österbotten (Finnland) ihre Ostgrenze bildete. Noch in den Zeiten um Chr. Geburt, ja sogar viel später war die Sprache auf diesen weiten Gebieten eine so genannte ur- oder gemeinfinnische bzw. ur- oder gemeingermanische. In allem Wesentlichen war sie wohl eine einheitliche, in vielem aber schon eine dialektisch differenzierte.

§ 53. Die alte Thomsen'sche Theorie kannte, wie wir schon sahen, für den germanischen Wortbestand des Finnischen zwei wesentlich verschiedene Entlehnungsquellen: eine gotische und eine skandinavische, d. h. schwedische. Die jüngeren, historischen Entlehnungen sind sicher schwedisch, und den als »gotisch« bezeichneten Lehnwörtern hat man aufgrund von Thomsens Standpunkt in der Frage lange und sehr bestimmt den Wert sicheren gotischen Sprachmaterials zugeschrieben, so z. B. noch in dem Abschnitt »Geschichte der gotischen Sprache« in Pauls *Grundriss der germanischen Philologie* I (1891). In Bezug auf die älteren Entlehnungen gehen aber die Meinungen schon lange weit auseinander. Ein gotischer oder eigentlich vorgotischer Ursprung hat vor allem in dem finnländischen Finno-ugristen E. N. Setälä einen Vorkämpfer gefunden[1], der ausschließlich nordische oder skandinavische einen in dem Schweden K. B. Wiklund. In meinen *Lehnwortstudien* (1915) behaupte ich selber eine ethnisch wesentlich EINHEITLICHE germanische Originalsprache seit der Zeit der ersten Sprachberührungen. In meinen »Fragen« (1922) bezeichne ich diese germanische Mundart in ältester Zeit als eine »ostgermanische« und zwar weil sie von Stämmen gesprochen wurde, die längst im Osten sesshaft waren: von den »Aistii« in den Ostseeprovinzen und den »Sitonen« in West-Finnland, deren beider schon Tacitus Erwähnung tut. Diese geographisch isolierten Stämme bildeten ursprünglich wohl zwei gewissermaßen selbständige ostgermanische Volksabteilungen. Sie waren weder wirkliche »Goten« noch wirkliche »Suionen« (Svear), nur sprachlich und wohl auch sonst nahe verwandte Nachbarn beider Völker. Kleinere Merkmale ihrer Sprache sind in meinen *Fragen* (1922) S. 92 ff. zusammengestellt worden. Diese Germanenstämme vermischten sich aber mehr und mehr sowohl mit Schweden als mit Finnen und Esten und wurden später dem erstgenannten Volke politisch einverleibt. Ihre Sprachen bilden jetzt eine so genannte ostschwedische Dialektgruppe. Beleuchtend für die Frage ist besonders das Blutbild der heutigen Finnland-Schweden, das von dem der Reichsschweden sehr abweicht (§ 29).

1 Ein direkter Verkehr zwischen Goten in Ostpreußen und Finnen wird neuerdings von A. SENN, *Germanische Lehnwortstudien*, S. 31 ff. angenommen. Die Beweisgründe sind aber unhaltbar.

§ 54. Die Erforschung der von den Finnen in älterer und ältester Zeit aufgenommenen germanischen Lehnwörter trägt vielfach noch heute ein unvollendetes Gepräge. Und etwas anderes ist nicht zu erwarten. Das Gebiet an sich ist eins der allerschwierigsten innerhalb der heutigen Etymologie, hat aber dennoch wegen seiner starken Lockungen von Anfang an und zwar besonders wieder in neuester Zeit als Versuchsfeld allzu vieler, dafür nicht hinreichend ausgerüsteter Arbeiter dienen müssen. Eine Folge davon ist u. a. die erstaunliche Kritiklosigkeit, mit der man unter den Freunden und Bewunderern Thomsens an vielen seiner nicht mehr stichhaltigen Meinungen und Vermutungen festhält, und die damit zusammenhängende, vielfach allzu weit getriebene Skepsis, mit der man – freilich im Namen einer wissenschaftlichen Kritik – den von der späteren Forschung erzielten Ergebnissen, sogar manchem unter den Fachgenossen schon als sicher anerkannten Fortschritt gegenübersteht. Hier ist ein von der Autorität des jetzt hingeschiedenen Altmeisters ausgehender suggerierender Einfluss mit im Spiele gewesen. Für viele jüngere Forscher – Germanisten wie Finno-ugristen – hat es leider, ganz wie sich neuerdings R. Much (*Eintritt der Germanen in die Weltgeschichte* S. 43) über eine andere, die noch heute allzu stark wirkende Autorität eines Müllenhoff ausdrückt, »den Weg zu neuerlicher unbefangener Erforschung der Quellen und Erkenntnis der Wahrheit geradezu verstellt«. Die vielen Schwierigkeiten der fraglichen Forschung möge man aber nicht in Abrede stellen. Schon die Vorbedingungen einer derartigen Sprachvergleichung sind nicht leicht zu erfüllen. Die germanischen Sprachdenkmäler auf finnischem Boden sind zunächst als finnisches Sprachgut zu betrachten. Es gehören zu ihrer wahren Erkenntnis daher gründliche Kenntnisse in zwei ganz verschiedenen Zweigen der Sprachwissenschaft: sowohl in den germanischen Sprachen, besonders in deren älteren Entwicklungsstufen, als vor allem auch in den ostseefinnischen, wenn irgend möglich auch in den entlegeneren finnisch-ugrischen. Auf diesem weiten Arbeitsfelde bewegen sich aber heute nur sehr wenige Forscher, wenn überhaupt einer, mit der hier wünschenswerten Sicherheit. Da die gedruckten lexikalischen und anderen Materialien gerade hier zum großen Teil ganz fehlen oder äußerst mangelhaft sind, ist praktisches und theoretisches Beherrschen der finnischen Schrift- und Volkssprache fast eine unbedingte Kompetenzforderung. Überaus wichtig ist außerdem eine gewisse Vertrautheit mit der in Finnland seit mehr als einem Jahrtausend gesprochenen schwedischen Volkssprache in ihren verschiedenen Ausdrucksformen, unter denen die Ortsnamen besonders hervorzuheben sind. In diesen Hinsichten ist das heutige Forschergeschlecht unseres Landes viel günstiger gestellt als der junge Thomsen vor bald 60 Jahren. Die jetzt so lebhaften Bestrebungen auf dem Gebiete der germanisch-finnischen Lehnwortforschung können daher noch reichen Ertrag geben. Sie gehören jedenfalls zu den nationalen Aufgaben der finnländischen Wissenschaft.

Literatur in der germanisch-finnischen Lehnwortfrage: Die ältere ist oben zu finden. Aus neuerer Zeit gehören hierher folgende größere Beiträge. W. Thomsen: *Den gotiske sprogklasses indflydelse paa den finske, en sproghistorisk undersögelse* (1869), *Einfluss der germanischen Sprachen auf die finnisch-lappischen, eine sprachgeschichtliche Untersuchung* (1870), *Beröringer mellem de finska og de baltiske (litauisk-lettiske) sprog, Indledning* (1890), *Samlede Afhandlinger*, Bd. 2 (»*Efterskrift* 1919«). – E. N. Setälä: *Yhteissuomalainen äännehistoria* I–II, Helsingfors 1890–91 (Gemeinfinnische Lautgeschichte, wo Thomsens Ergebnisse beachtet und im Einzelnen ergänzt werden); *Zur Herkunft und Chronologie der älteren germanischen Lehnwörter in den ostseefinnischen Sprachen*, Helsingfors 1906 (Journ, de la Soc. Finno-ougr. 23:1), außerdem viele Einzelbeiträge wie *Studien aus dem Gebiete der Lehnbeziehungen* (Finn.-ugr. Forsch. 12, 161 ff.) und ein *Bibliographisches Verzeichnis der in der Literatur behandelten älteren germanischen Bestandteile in den ostseefinnischen Sprachen* (ebenda 13, 345 ff.). – K. B. Wiklund: *När kommo svenskarne till* Finland? (Upsala 1901); *Zur Kennt-*

nis der ältesten germanischen Lehnwörter im Finnischen (Le Monde Oriental Bd. 5, 1911); *Die ältesten germanischen Lehnwörter im Finnischen* (Aus Anlass von T. E. Karstens Germanisch-finnischen Lehnwortstudien) in den Indog. Forschungen Bd. 38 (1917); *Die Erforschung der germanischen Lehnwörter im Finnischen und Lappischen* (Indog. Jahrbuch V, 1918). – T. E. KARSTEN: *Zur Frage nach den ›gotischen‹ Lehnwörtern im Finnischen* (Indog. Forschungen 22, 1907–8); *Altdeutsche Kulturströmungen im Spiegel des finnischen Lehnworts* (Indog. Forsch. 26, 1909); *Die germanischen Lehnwörter im Finnischen und ihre Erforschung* (Germ: roman. Monatsschrift 1914); *Germanisch-finnische Lehnwortstudien* (Acta Societatis Scientiarum Fennicae T. 45, Nr. 2, 1915); *Fragen aus dem Gebiete der germanisch-finnischen Berührungen* (Översikt av Finska Vetenskaps-societetens Förhandlingar, Bd. 64, 1921–22): eine Erwiderung an K. B. Wiklund in den Indog. Forschungen Bd. 38 u. a. Mitforscher; *Zur Kenntnis der ältesten germanischen Lehnwörter des Ostseefinnischen* (unter Berücksichtigung der iranischen und baltisch-slawischen Wörter) in Acta Scandinavica Philologica Bd. I, 1926 (Københ.). Eine große Zahl von kleineren, überall verstreuten, zum Teil wichtigen Artikeln über die germ. Lehnwörter im Finn. ist außerdem hier zu erwähnen. Die vor 1912–13 erschienenen sind zum größeren Teil in dem damals herausgegebenen »Bibliographischen Verzeichnis« von Setälä verzeichnet. Ergänzungen für die Folgezeit wird ein für die (von H. Paul begründete) Altdeutsche Textbibliothek geplantes neues Lehnwörterverzeichnis von T. E. Karsten bringen. –

ORTS- UND PERSONENNAMEN: a) Finnland: Diese haben bei der Erörterung der germanischen Lehnwörter im Finnischen eine hervorragende Rolle gespielt, denn mit ihrer Hilfe hat man die ehemalige Verbreitung der germanischen Bevölkerung Finnlands näher zu bestimmen gesucht. Die größeren Beiträge seien hier angeführt: R. SAXÉN: *Finska lånord i östsvenska dialekter*, Sv. landsmål XI: 3 (das Material zum großen Teil onomatologischer Art); *Den svenska befolkningens ålder i Finland, belyst af ortnamnen* (Hellsingfors 1901); *Språkliga bidrag till den svenska bosättningens historia i Finland* I (Helsingfors 1905); *Finländska vattendragsnamn* (Studier i nord. fil. I, 1909), – T. E. KARSTEN: *Österbottniska ortnamn, språkhistorisk och etnografisk undersökning* I, Helsingfors 1906; *Äldre germansk kultur i Finland belyst av ortnamnen* (Studier i nord. fil. II, 1910; *Svenskarnas bosättningar i Finland* (= Svenska Litteratursällskapets Förh. o. Upps.27); *Germanisch-finnische Lehnwortstudien*, 1915, vgl. oben (wo auch viele Ortsnamen berücksichtigt werden); *Ortnamnens vittnesbörd* (*om svensk bosättxing i Finland*) in Svenska Finland Bd. 2, Helsingfors 1922; *Svensk bygd i Österbotten, en namnuxdarsökning* I–II, Helsingfors 1919–23.

b) Die ehemaligen Ostseeprovinzen: KARSTEN: *Germanisch-finnische Lehnwortstudien* (vgl. oben), S. 204–21 nebst Literaturhinweisen (Spezialuntersuchungen von G. v. SABLER, § 31, N. 2). Ergänzungen in meinen FRAGEN (1922), S. 60–71.

Eine besondere Gruppe unter diesen Entlehnungen bilden die MYTHOLOGISCHEN, denn auch auf religiösem Gebiete traten Germanen und Finnen in enge Beziehungen miteinander. Die tiefe germanische Einwirkung zeigt sich hier sowohl in finnischen Appellativen als in Ortsnamen. Die hauptsächliche neuere Literatur: Aufsätze in den *Finnisch-ugrischen Forschungen*, Bd. 4 (1904), 231 ff. (K. KROHN), Bd. 12 (1912), 161 ff. (E. N. SETÄLÄ), 311 ff. (T. E. KARSTEN), Gött. Gel. Anz. 1912, S. 193 ff. (K. KROHN), M. OLSEN bei KROHN, *Suomen Tiedeakatemian pöytäkirjat* I (1909) 96 und in *Maal og Minne* 1909, S. 17 ff., T. E. KARSTEN, *Germanisch-finnische Lehnwortstudien* (1915), S. 3–64, *Fragen* (1922), S. 71–92. Zusammenfassend: K. KROHN, *Skandinavisk mythologi* (1922), R. SAXÉN, *Finsk guda-och hjältetro*, Helsingfors 1916 (nach den Ausführungen K. Krohns), A. OLRIK und H. ELLEKILDE, *Nordens Gudeverden*, København 1926 – (wo jedoch der Bericht über die finnländischen Untersuchungen sehr unvollständig ist).

§ 55. Die germanischen Elemente der lappischen Sprachen, die jetzt und schon seit lange in gewissen nördlichen Teilen der schwedischen, norwegischen, finnländischen und russischen Reiche gesprochen werden, umfassen gleichfalls mehrere zeitlich verschiedene Gruppen: eine sog. urgermanische, eine urnordische und eine jüngere altnordische. Die Erstere enthält nach der oben angeführten Übersicht K. B. Wiklunds sogar einige Entlehnungen, die schon der Zeit vor der germanischen Lautverschiebung entstammen. Die urnordischen übersteigen demselben Verfasser zufolge die hohe Zahl 600. Auch diese Lehnwörter haben einen eminenten Wert für die germanische Sprachgeschichte, aber ohne gründliche lappologische Ausbildung ist das Material dem Germanisten nicht zugänglich, und auch diese Ausbildung lässt sich heute noch größtenteils nicht aus Büchern erlangen, noch viel weniger als das finnische Forschungsmaterial. Während ich von Kind auf Schwedisch und Finnisch spreche und seit meinen akademischen Lehrjahren mir auf beiden Sprachgebieten auch die sprachwissenschaftliche Schulung erworben habe, ist das Lappische mir leider fremder geblieben. In diesem Überblick muss ich mich daher bezüglich der lappischen Entlehnungen damit begnügen, auf K. B. Wiklunds schon genannten zusammenfassenden Bericht im »Indo-germanischen Jahrbuch« V (1918) zu verweisen.

5. Fremde Bestandteile des ältesten germanischen Wortschatzes

a) Lehnwörter osteuropäischer, aber sonst dunkler Herkunft.

§ 56. Der Hanf (engl. *hemp*, schwed. *hampa*), eine alte Kulturpflanze, hat seinen germanischen Namen, dessen unbelegte gotische Form **hanaps* gelautet hätte, irgendeiner osteuropäischen Sprache entlehnt. Aus derselben Quelle rühren gr. κάνναβις, lat. *cannabis*, lit. *kanàpes*, akslaw. nslow. *konoplja* etc. her. Nach O. Schrader bedeutet *cannabis* ursprünglich ›Hanfnessel‹ und beruht auf Zusammensetzung eines im tscherem. *keňe*, aind. *çanás* erhaltenen turkotatarischen Hanfnamens mit syrjän. und wotjak. *piš*, *puš*, ›Hanf, Nessel‹. Nach einem Bericht Herodots wurde der Hanf besonders im Osten, bei Skythen und Thrakern gebaut. Doch war er schon im 3. Jahrhundert v. Chr. auch in Südfrankreich bekannt. Näheres bei Hoops in seinem *Reallexikon* 2, 445 f. Die Übernahme ins Germanische geschah vor der Lautverschiebung, also spätestens ein paar Jh. vor Chr.

Das gotische *paida* ›Leibrock, Unterkleid‹, asächs. *pēda* f. ›Untergewand‹, ags. *pád* ›Rock‹, mhd. *pheit* stf. ›Hemd, hemdähnliches Kleidungsstück‹, bayr.-öst. *pfaid* f. (vgl. mhd. *pfeitel*, öst. *phaitel* n. ›Hemd‹, nhd. *pfeidler* m. ›Hemden, Kleider usw. feilhaltender Händler‹) dürfte auf griech.-thrak. βαίτη f. ›Hirten-,

Bauernkleid‹, s. Thumb, *ZfdW.* 7, 261. In Finnland und Schweden erscheint das Wort als schwedische Entlehnung aus dem Finnischen. Die Germanen (zuerst wohl die Bastarnen) übernahmen es vor der Lautverschiebung. Streitberg, *Geschichte d. indog. Sprachwiss.* II, S. 91 hält got. *paida* und βαίτη für urverwandt. Dies ist wohl falsch, denn die Merkmale der Urverwandtschaft fehlen. Es handelt sich um ein typisches Wanderwort.

Nhd. PFAD aus ahd. *phad* m. u. n., mhd. *phat* m., Pl. *phede*, und *phat* n., Pl. *pheder*, ags. *pæd* m., engl. *path* ›Weg‹, afris. *pad* n. erscheint in seiner ältesten bekannten Form im finnischen Lehnwort *pade*, Gen. *pate(h)en* ›Weg‹ (< urg. *paþ̄es). Zu beachten ist die Bedeutung ›Flusstal‹ in spätaltnorthumbr. *paeþ* m. ›vallis‹ und nschwed. dial. Finnl. (Nyland) *pada* swm. Die Bedeutungsentwicklung ist erklärlich, denn die Verkehrswege des Altertums liefen in der Regel längs den Flüssen. In nordischen Ortsnamen kommt diese Bedeutung zum Vorschein, z. B. in dem schwedischen Landschaftsnamen MEDELPAD, sowie in alten finnländischen Fluss- und Ortsnamen wie PADDAIS (Südwest-Finnl.), PADASJOKI (Tawastland) u. a. Vgl. O. F. Hultman, *Xenia Lideniana* S. 176 ff. und T. E. Karsten, *Lehnwortstudien* S. 87 f. Letzten Endes ist das Wort vielleicht skythisch, vgl. awest. *path-* ›Weg‹.

Auf diesem Wege erklärt sich auch das Wort HALLE ›Salzkote, Siedehaus der Salzwerke‹, das mit seinem *h* gegenüber dem *s*-Laut des idg. Wortes für Salz, womit es vom Haus aus wohl identisch ist, auf thrakische Herkunft hinweist. Zu den hochdeutschen Stämmen dürfte das Wort durch die Bastarnen gelangt sein, die im nördlichen Vorland der Karpaten in einem reichen Salzgebiet saßen (Much, *Der Eintritt der Germanen* in die *Weltgeschichte*, S. 17).

Einen östlichen Ursprung haben wohl auch einige germanische Metallnamen:

Nhd. SILBER, schwed. *silver*, got. *silubr*, altwnord. *silfr* finden sich in aslaw. *sirebro*, lit. *sidabras* wieder. Die Urform hatte wohl zwei *r*-Laute, die im Germanischen und Baltischen dissimiliert wurden. Die Vermittlung geschah vielleicht durch die Bastamen (Much, a. a. O., S. 17 f.).

Nhd. Erz ›metallhaltiges Gestein, rohes Metall‹, ahd. *aruzzi,* *arizzi, erizzi* ›Metallschlacke‹, and. *arut* m. ›Stückchen Erz‹ ist wohl, nebst mittelpers. *rōd*, neupers. *rō* ›Kupfer etc.‹, lat. *raudus* ›Erzstück als Münze‹, abulg. *ruda* f. ›Erz‹, awnord. *rauði* m. ›Sumpferz‹ (> fi. *rauta*, lapp. *ruovdde* etc. ›Eisen‹), auf sumer. (babyl.) *urudu* ›Kupfer‹ zurückzuführen. Germ. *arut*, das noch in schwed. *örtug* ›Munzstück‹ erhalten ist. (urnord. **arut-taugō*, vgl. daraus finn. *artova* und mit Metathese *aurto, aurtua* ›alte Münze‹) setzt ein vorgermanisches **arud*, **orud* voraus, das dem sumerischen Worte sehr nahe kommt. Vgl. T. E. Karsten, *Fragen* S. 9 ff.

An der südöstlichen Herkunft dieser Kulturworte ist umso weniger zu zweifeln, als auch eine sehr alte religiöse Kultureinfuhr von dieser Seite her vorausgesetzt werden kann. So lägen nach G. Neckel (1920)[1] dem nordischen Balderkult die vorderasiatischen Attis-Adoniskulte zugrunde, die letzten Endes sumerischen Ursprungs waren. Durch thrakische Vermittlung wären diese Einflüsse zu den Völkerwanderungsgermanen, endlich auch nach dem Norden gelangt. Wenn aber mit solcher Einwirkung überhaupt zu rechnen ist, muss sie doch wohl auf ältere Zeiten zurückgehen. F. R. Schröder (1924)[2] verlegt sie in sog. hellenistische Zeit: die ersten nachchristlichen Jahrhunderte. Diese Kulturwelle hätte uns auch die Runenschrift gebracht, die ursprünglich eine Zauberschrift gewesen wäre und als solche auf den Süden hinwiese. Die Germanen kannten indes eine Art Zauberkunst mit besonderen »Zeichen« bereits in vorchristlicher Zeit, denn das von den Germanen entlehnte finnische Wort *taika* ›Zauber‹ ist mit germ. **taikna-* ›Zeichen‹ identisch und verweist durch seine Form auf diese Periode (s. § 45).

1 G. Neckel, *Die Überlieferungen vom Gotte Balder dargestellt und vergleichend untersucht*, Dortmund 1920. – 2 F. R. Sehröder, *Germanentum und Hellenismus. Untersuchungen zur germanischen Religionsgeschichte*, Heidelberg 1924. Dazu T. E. Karsten in den *Neuphil. Mitteilungen* 1926, S. 28–31.

b) Lehnwörter keltischer Herkunft.

§ 57. Die mutmaßliche Urheimat der Kelten, ihre Verbreitung über Europa und ihre ältesten Berührungen mit Germanen wurden in der in Kap. I gegebenen allgemeinen Übersicht über die indogermanischen Sprachen schon erörtert. Dort ist auch der zwei großen kontinentalkeltischen Stämme der Bojer und der Walchen (Volken) und gewisser an sie erinnernder sprachlicher Denkmäler im heutigen Deutschland Erwähnung getan, und im Kap. III kamen einige westdeutsche Fluss- und Gebirgsnamen wahrscheinlich keltischer Abkunft zur Sprache. Diese Keltenstämme haben ihre germanischen Nachbarn einmal – in der zweiten Hälfte des ersten vorchristlichen Jahrtausends – zum Teil vielleicht sogar politisch beherrscht, und jedenfalls waren sie ihnen kulturell überlegen. Über die kulturelle Höhe und Bedeutung der Kelten in der Zeit vor Chr. fehlen uns leider fast alle geschichtlichen Zeugnisse – vgl. jedoch Caesar, *Bell. Gall.* VI 24: *fuit antea tempus, cum Germanos Galli virtute superarent* – I, aber die ärchäologische Hinterlassenschaft, auf die ich hier nicht eingehen kann, fällt sehr auf[2], und die sprachliche ist nicht weniger wichtig. Gewisse der keltischen Lehnwörter im Germanischen geben uns sogar Andeutungen über die Zeit ihrer Aufnahme, indem sie sich an der germanischen Lautverschiebung beteiligt haben, die auch auf den Gebieten der keltisch-germanischen Beziehungen spätestens einige Jahrhunderte vor Chr. durchgeführt gewesen sein muss. So beweist got. *reiks* (lies *rīks*) ›Herrscher‹ gegenüber kelt. **rigs* (gall. *reix*, *rīx*, N. Pl. *rīges*) germanische Entlehnung vor der Verschiebung *g* > *k*. Ist anderseits lat. *brăca* ›Hose‹, wie man annimmt, durch Vermittlung des keltischen *brăca* vom germ. **brăk-* entlehnt (vgl. § 43), begegnet uns hier ein wichtiger Terminus POST QUEM für die kelto-germanischen Berührungen: diese bestanden sogar auf kontinentalgermanischem Boden stellenweise noch nach der germanischen Mediaverschiebung.

Dass die Kelten bei diesen Berührungen lange genug die geistig Stärkeren waren, erhellt vor allem aus den zahlreichen Personennamen, die die Germanen von ihnen empfangen haben. Wenn zwei Völker während längerer Zeiten zusammenleben, pflegt das geistig unterlegene die Eigennamen des herrschenden Volkes mit Vorliebe zu übernehmen oder nachzubilden. So ging es den romanischen Völkern, deren noch heute gebrauchte Personennamen zu beträchtlichem Teile germanischen Ursprungs sind, so schon den Römern, deren Namengebung deutlich einen etruskischen Einfluss erkennen lässt, so auch den Russen, bei denen noch heutigentags Personnamen (wie sonst auch Ortsnamen) aus der altschwedischen Wikingerzeit zu spüren sind, Namen wie z. B. Igor (Ingvar), Rurik (Rørik), Olga (Helga), von denen die beiden letzteren später nach Skandinavien zurückentlehnt worden sind.

Die schlagenden Übereinstimmungen zwischen keltischen und germanischen Personennamen könnten zum Teil aus indogermanischer Zeit ererbt sein, aber am öftesten sind sie nur bei Kelten und Germanen erweisbar, rühren daher wohl von einer Zeit her, da die beiden Völker in nähere Beziehungen zueinander getreten waren. Diese Personennamen sind zweigliedrig, und die Übereinstimmung ist öfters vollständig: z. B. kelt. **Katu-māros*, akymr. *Catmor*: ahd. *Hadu-mar* (Förstemann I[2] 795), kelt. *Kuno-māros*, altbrit. *Cunomori*: ahd. *Hūn-mār* (Förstemann 934), abrit. *Dago-mārus*: ahd. *Dag-mar* (Förstemann 395) (vgl. dagegen den altböhmischen Frauennamen Dagmar, der nach Dänemark und Schweden eingewandert ist), gall. *Sego-māros*: germ. *Segi-mērus* (Schönfeld 204), nhd. *Siegmar* (Förstem. 1329), gall. *Catu-volcus*: ahd. *Hadu-valh*. In anderen Fällen ist der Parallelismus nur ein partieller: gall. *Alco-vindus*: ahd. *Alah-olf* (Förstem. 76), ir. *Ali-therus*: ahd. *Eli-land* (Förstem. 82), gall. *Avi-cantus*: ahd. *Awi-lant, -leib* (Förstem. 218), gall. *Teuto-matus*: ahd. *Diot-rīh*, alem. *Gundo-madus* (Förstem. 706, Schönfeld 117, 165), gall. *Co-gestlus*: ahd. *Adal-gīsil* (Förstem. 168), usw. Unter unzusammengesetzten Namen gehören hierher z. B. gall. *Celtus*: urnord. (Tjurkö, Anf. des 6. Jhs.) *Helðan*, vgl. ? cherusk. *Thusnelda* (*-elda* < *-*helda*, Kluge: *D. Sprachgesch.* S. 49), ir. *Brigit* (**Brgntī*), Name einer Göttin: ahd. *Purgunt* (Förstem. 350). Der schwedische Frauenname Birgitta (mit Metathesis aus Brigitta) zeigt keltischen Lautstand und Ursprung. Letzteres ist auch der Fall bei den recht zahlreichen altgermanischen Männernamen auf got. *-reiks* zu got. *reiks* ›Herrscher‹ aus kelt. *rēg-* (Nom. *-rēks*, Gen. *rēgos)* ›König‹: vgl. gall. *Adiato-rīx, Ambio-rīx, Canto-rīx, Vercingeto-rīx* u. a. Nur auf keltischem Sprachboden erscheint ein idg. *ē* als *ī* (vgl. lat. *rēx*, Gen. *rēgis)*. Mehrere dieser keltischen Namen finden sich im Altgermanischen wieder: gall. *Catu-rīx:* ahd. *Hadu-rīh*, ags. *Heado-rīc*, gall.

Dago-rīx: ahd. *Taga-rīh*, gall. *Teuto-rīx:* got. *Theudericus*, ahd. *Diotrīh* ›Dietrich‹ usw., aber das ursprünglich keltische Ableitungssuffix bekam bald selbständige Anwendung im Germanischen, wie z. B. in den gotischen Fürstennamen *Ala-ricus, Ermana-ricus*, im ahd. *Fridurih*, schwed. *Fredrik*, nhd. *Heinrich*, schwed. *Henrik*, awn. *Eirikr*, schwed. *Erik*. In einigen der angeführten Fälle hat germanischerseits vielleicht keine Entlehnung, nur spätere Nachbildung stattgefunden, aber Namen wie *Catu-volcus: Hadu-valh*, wo das zweite Glied kein germanisches Wort ist, und diejenigen auf germ. *-rīk* sind sichere Beweise dafür, dass die Germanen bereits VOR der ersten Lautverschiebung keltisches Namengut übernommen haben. Für eine vorchristliche Entlehnungszeit der Namen auf *-rīk* sprechen auch BOIORĪX, als Name des frühsten Kimbernkönigs, und *BERIC (BERIG), der Name des Gotenfürsten bei Jordanes, wenn wir mit Kluge, *D. Sprachgesch.* S. 49 auf eine gotische Namensform **Baireiks, *Bajareiks = Boiorīx* schließen dürfen.[3]

Die keltischen Ortsnamen in Deutschland wurden schon erörtert (§ 24). Zu diesen gehört ohne Zweifel auch das viel umstrittene HERCYNIA (*silva*), got. *faírguni* etc.: zu gall. *kunos* ›hoch‹. Auch Gattungsnamen wurden aufgenommen. Einige davon zeugen von der politischen Oberhoheit der Kelten. Got. *reikti* ›Reich, Herrschaft‹, *reiks* ›mächtig, vornehm‹, schwed. *rike* ›Reich‹ und die germanischen Personennamen auf *-rīk* gehören hierher. Ein mächtiger fremder Beamtenadel redet aus einem Wort wie nhd. *amt*, schwed, *ämbete*, got. *andbahti* ›Amt, Dienst‹. Die Bedeutung hat sich hier später verschoben. Schwed. *ämbete* bezeichnete im Mittelalter und noch heutzutage mundartlich auch ›Handwerk‹. Im finnischen Lehnworte *ammatti* (vgl. got. *andbahti*, andd. *ambaht(i), ammaht*) ist diese Bedeutung die ausschließlich gebrauchte. Zu gall. *ambactos* ›servus‹.

Unter anderen Wörtern, die dem Bereiche des Staats- und Rechtslebens angehören und den Kelten und Germanen gemeinsam, aber von den Ersteren geprägt sind, seien angeführt:

Nhd. *geisel* m., altgermanisches Wort = mhd. *gīsel*, ahd. *gīsal*, awn. *gísl* m. (< altir. *gíall*, urkelt. **geislos*) ›Person, die als Unterpfand für die Leistung einer Verpflichtung in die Gewalt dessen gegeben ist, dem man die Verpflichtung schuldet‹. Im Mittelniederdeutschen erscheint *gīsel* außerdem als Neutrum = ›Einlager, obstagium (für Kriegsgefangene)‹. Das Wort lebt in finnländischen Ortsnamen noch fort (*Gislarböle*, Gisleböle 1592, *Gislom*, Gislaby 1592 in Pernå, Süd-Finnl.). Schon urnordisch wurde es von den Ostseefinnen übernommen und findet sich hier in der Form *kihla*. Im Estnischen und Livischen bedeutet es noch ›Pfand, Geisel‹, im Finnischen u. a. ›Wette‹, in allen drei Sprachen aber auch ›Verlobung‹. In ältester Zeit bezog sich dies Pfand auf Kriegsgefangene und wurde von den germanischen Erobern im Ostbaltikum gruppen- und bezirkweise erhoben. Hierauf verweist germanischerseits die mnd. Bedeutung 2) = ›Einlager‹, finnischerseits das Wort *kihla* 1) ›Kette, Band (urspr. wohl für Kriegsgefangene)‹, 2) ›Zusammenschließung mehrerer Bezirke zu dem Zwecke der gegenseitigen Wehr und der Rechtspflege‹. Das finnische Wort *kihla* wurde (wegen seines *h* für urfinn. z = urnord. s) auf alle Fälle vor dem Ausgang des ersten Jahrtausends n. Chr. entlehnt. In der Bed. 2) ist es später durch das hinzugefügte finn, *kunta* (< germ. -**hunða*, s. S. 106, 117), ›Distrikt‹ verdeutlicht worden. Estn. *kihelkond*, finn. *kihlakunta*, bezeichnen ursprünglich ›Gau bei den Altfinnen‹, das finnische Wort jetzt (schwed.) ›Härad‹ (Unter-Landrichterdistrikt). Das alte Karelien war in mehrere solche kleinere Bezirke eingeteilt. Die altschwedische Erikschronik (1470–80) gibt den finnischen Terminus mit *gislalagh* wieder. Finn. *kihlakunta* stellt kaum eine Übersetzung des schwedischen Wortes dar; es war schon altfinnisch vorhanden (in Estland auch als Gauname), während das schwedische Wort literarisch sonst nirgends, auch nicht als Ortsname nachgewiesen ist. Germ. **gīsla* hat eine Entsprechung nur im Keltischen.

Mehrere Worte beziehen sich auf das Heerwesen. Für den Begriff ›Krieg‹ besitzen das Germanische und das Keltische drei besondere gemeinsame Ausdrücke: germ. **badwō* und **haþu*: kelt. *bodvo* und *catu* sowie germ. *wih*: kelt. *vik* ›kämpfen‹. Man vergleiche noch germ. **gaizaz* (> fi. *keihäs*) ›Speer‹: gall. *gaison* id. (während die idg. Gegenstücke andere Bedeutungen aufweisen). Aus dem Bereiche des Handwerks und Gewerbes seien erwähnt:

germ. **isarna* (nhd. *eisen*, engl. *iren*): kelt. *īsarnon* ›Eisen‹ (an. *iarn*, schwed. järn < altir. *iarann*, *iarn*); westgerm. **lauda* ›.Blei‹ (schwed. *lōd* < mnd. *lōt* eig. ›aus Blei gegossenes Gewicht‹ = ndl. *lood* ›Blei, Gewichtart‹, schwed. *löda* ›mit Blei, Lot festmachen‹ < mnd. *lōten*): kelt. **loudhiā*, air. *luáide*, usw.

Von diesen Lehnwörtern ist besonders die Benennung des Eisens wichtig, denn dadurch lässt sich die germanisch-keltische Lehnperiode chronologisch annäherungsweise bestimmen. Ein eigentliches Eisenalter bricht im germanischen Nordeuropa um oder etwas vor 500 v. Chr. ein. Die vorhistorischen Berührungen zwischen Kelten und Germanen gehen somit mindestens auf diese Zeiten zurück. Wahrscheinlich fingen sie jedoch schon viel früher an, wie sie auch lange darnach andauerten. Die Hauptmasse dieser Entlehnungen stammt wohl aus der Blütezeit des Keltenreiches, der Periode zwischen dem 5. und 3. Jahrhundert vor Chr. Zu dieser Zeit fanden u. a. wohl kelt. *rīg* ›König‹ (> got. *reiks*), der keltische Volksname *Volcae* (> ahd. *walha*) und der Gebirgsname **Perkunia* (> ahd. *Fergunna*) Aufnahme. Die drei Beispiele beleuchten auch die germanische Lautverschiebung. Diese ist somit wahrscheinlich erst während der zweiten Hälfte des ersten Jahrtausends v. Chr. durchgeführt worden, wie sich sonst auch aus den ältesten germanischen Entlehnungen der Finnen folgern lässt (vgl. § 50 oben).

Nicht alle Berührungen zwischen Keltisch und Germanisch beruhen aber auf Entlehnung. Die Grenze zwischen Erb- und Lehnwörtern ist auch hier öfters schwer zu ziehen. Unter unsicheren Fällen erwähne ich nhd. *zaun* = ahd. *zūn*, asächs. *tūn*, ndl. *tuin* ›Zaun, Garten‹, aisl. *tún* ›eingefriedigtes Erdstück‹ usw. Auf keltischem Boden entspricht altgall. *dūnum* ›Stadt‹ in Ortsnamen, wie *Lugdūnum*, jetzt Lyon, *Verodūnum*, jetzt Verdun, *Augustodūnum*, jetzt Autun, *Tarodūnum*, jetzt Zarten (Kirchzarten bei Freiburg) usw. In Skandinavien, besonders in Schweden entsprechen zahlreiche Ortsnamen: teils ein einfaches Tūna, teils Komposita auf *-tūna*. Mittelschweden ist ihr Hauptgebiet (*Sigtuna*, *Ultuna* u. a.), aber auch in Norwegen, sogar in Finnland lässt sich der Typus antreffen. Der Gattungsname *tūna* ist gemeingermanisch in dem Sinne ›Zaun‹ (vgl. sogar im finnischen Finnland, bei Nyslott *Tuunan-salmi* ›Zaunsund‹, *Tuunan-saari* ›Zauninsel‹), und dies war auch die Grundbedeutung für altgall. *dunum* ›Stadt‹; vgl. germ. *garða-* ›Hof‹: nhd. *garten*, finn. *kartano* ›Hofplatz‹. Als Ortsname ist aber das keltische *-dūnum* offenbar älter als das nordgermanische *Tuna*, *-tuna*. Ist die keltische Namenbildung mit der beginnenden Eisenkultur nordwärts gewandert? In Schweden beschränkt sich der Typus hauptsächlich auf das Mälartal, das Land der Altsvear, des schon damals führenden schwedischen Stammes. Unsicher ist auch, wie sich z. B. got. *arbja* ›Erbe‹ (verwaist) zu kelt. **orbios* id. verhält (vgl. gr. ὀρφανός, lat. *orbus*, arm. *orb* ›verwaist‹ und finn. *orpo-lapsi* id.) oder got. *aiþs* ›Eid‹ zu kelt. *oeth*. Solche Übereinstimmungen deuten jedenfalls auf enge nachbarliche Beziehungen.

1 Vgl. R. Much in Hoops' *Reallex.* 3, 27, E. Norden, *Die germanische Urgeschichte in Tacitus Germania* S. 126 f. – 2 Vgl. besonders G. Kossinna, *Die Grenzen der Kelten und Germanen in der La-Tène-Zeit* (Korrbi. d. deutsch. Ges. *f.* Anthrop., Ethnol. u. Urgesch. 38 (1907), 57 ff.), Kropp, *Latènezeitliche Funde* in Mannusbibl. V (I9II), S. Lindqvist, *Den keltiska hansan* (Fornvännen 1920). – 3 Vgl. F. Kluge, *Vorgeschichte der altgerm. Dialekte*, Pauls Grundriss I², S. 326, *Urgermanisch*, P. Grundr.³, S. 5 ff., *Deutsche Sprachgasekichta*, S. 101, O. Bremer, *Ethnographie* § 53, R. Much, *Deutsche Stammeskunde* (Sammlung Göschen) 2. u. 3. Aufl., *Hoops' Reallex.* 3, 25 ff. (mit Lit.).

c) Lehnwörter römischen Ursprungs.

§ 58. Kurz vor Beginn unserer Zeitrechnung lernten die Germanen ein zweites Indogermanenvolk kennen, die Römer, von denen sie noch stärker beeinflusst werden sollten. Die ältesten Berührungen zwischen Germanen und Römern wurden – sofern sie literarisch bezeugt sind – in § 38 mit einigen Worten schon erwähnt. Aus der Geschichte wissen wir u. a., dass die Römer in den ersten Jahrhunderten nach Chr. beträchtliche Teile der damaligen germanischen Welt eroberten. Die Heerwege der römischen Legionen auf germanischem Boden – die sog. Römerstraßen der Geschichtsforschung – lassen sich aufgrund der Ortsnamen teilweise noch heute nachweisen. Hierher gehören im westlichen Deutschland u. a. die Stadtnamen *Achen* = lat. *Aquae*, *Coblenz* =lat. *Confluentes* (die zusammenfließenden Flüsse:

Mosel-Rhein) und *Köln* = lat. *Colonia*. Weitere sprachliche Spuren der Römerzeit in Germanien sind die am linken Rheinufer, von der Schweiz bis nach Holland, zahlreich vertretenen *Weiler*-Namen, die ein lateinisches *villarium* oder *villare*, eine Ableitung des Wortes *villa* enthalten.

Auf diesem Wege wurden die germanischen Sprachen mit einer ansehnlichen Menge neuer Kulturworte ausgerüstet, die in den meisten Fällen auch den Germanen bis dahin unbekannte Begriffe bezeichneten. Diese Entlehnungen, die den verschiedensten Lebensgebieten angehören, sind schon lange ein Gegenstand der sprachgeschichtlichen Forschung gewesen. Eine Übersicht ihrer Geschichte gibt W. Streitberg in seiner *Geschichte der indogermanischen Sprachwissenschaft*, S. 66 ff. Die einschlägigen Wortmaterialien hatte F. Kluge schon in *Pauls Grundriss*^{2}, S. 333–347 zusammengestellt. Die ausführlichere Arbeit, auf welche er hier verweist, ist nie erschienen, aber auch die dort gegebenen vorläufigen Sammlungen sind sehr reichhaltig. Die römisch-germanischen Kulturbeziehungen sind indes allzu bedeutungsvoll und umfassend, um im Rahmen dieses Abschnitts erschöpfend dargestellt zu werden. Eine Vorstellung von ihrer Tragweite und Lebenskraft ermöglicht aber vielleicht schon ein Blick auf die weitere Verbreitung der betreffenden Entlehnungen.

Ein nicht allzu geringer Niederschlag derselben findet sich schon in der weit im Südosten entstandenen gotischen Bibelsprache. Man vergleiche: lat. *accumbere*: got. *anakumbjan*, 1. *acētum*: g. *akeit* (ahd. *ezzih* < vulgärlat. *_atēco_ < _acēto_), 1. *angelus*: g. *aggilus*, l. *arca*: g. *arka* (vgl. alban. *arke*), 1. *asinus*: g. *asilus* (vgl. aslaw. *osilu*, lit. ãsilas usw.), 1. *Augustus*: g. (= vulgärlat.) *Agustus*, 1. *Caesar*: g. *kaisar* (aslaw. *cĕsarĭ*, ru. *tsaŕ*), 1. *carcerem*: g. *karkara* usw., 1. *catīnus*: g. *_katils_ od. *_katilus_ (vgl. fi. *kattila*, aslaw. *kotilu*, lit. *kãtilas*, preuß. *catils*, lett. *katlis*), 1. (*h*)*ortus*: g. *aúrti-gards* (vgl. schw. *örta-gård*, fi. *yrtti-tarha* id.), 1. *margarīta*: g. *marikreitus* ›Perle‹ (vgl. andd. *meri-griota* etc. ›Perle‹, fi. *meri-kivi* Bernstein, eig. ›Meerstein‹ = fi. *meren-kulta* ›Bernstein‹, eig. = Meergold), 1. *platea*: got. *plapja* (?), 1. *pondo*: got. *pund* (vgl. finn. *punta*, mordwin. *pondo* ›Liespfund‹, tscherem. *pundo* ›Geld‹, *ši-Pundo*

›Silbergeld‹), l. *punga*: g. *pugg* usw., l. *Rōma*: g. *Rūma* usw., l. *saccus*: g. *sakkus* usw., l. *sinapis*: got. *sinap* usw. ›Senf‹.

Mehrere der lateinischen Lehnwörter bei den Goten gingen von diesen weiter zu den Slawen und Balten (vgl. oben!). Dies war nur möglich in der Periode der gotischen Weichselheimat. Nur hier kann der römische Kulturstrom also die Goten getroffen haben und zwar schon sehr frühzeitig, denn nach 150 n. Chr. begannen diese den Schwerpunkt ihrer Siedelung allmählig gen Süden zu verschieben. Das Hauptzentrum der römischen Kultureinwirkung auf die Germanen lag, wie zuerst Pogatscher (1888) erkannt hat, an der Rheinlinie oder, wie dieses Gebiet von Kluge (Pauls *Grundr.* I² 348 f.) genauer bestimmt wurde, am Mittel- und vor allem Niederrhein. Von hier aus war ein Kulturaustausch mit den alten Goten geographisch noch möglich.

Der fragliche Kulturstrom ging aber auch nordwärts, nach Skandinavien, u. a. nach Schweden und den schwedischen Ansiedlungen östlich der Ostsee: nach den Ostseeprovinzen und Finnland. Hier hat der alte römische Kultureinfluss vielleicht seinen ausgeprägtesten Charakter einer wirklichen Kulturwanderung erhalten. Die meisten der finnischen Lehnwörter dieser Herkunft tragen ein ganz junges, geradezu neuschwedisches Gepräge (vgl. *kellari*, *muuri*, *myntti*, *paperi*, *piinata*, *portti*, *posti*, *preivi*, *säkki*, *tasku*, *taulu* = nhd. Keller, Mauer, Münze, Papier, pein(igen), Pforte, Post, Briev, Sakk, Tasche, Tafel u. a.), aber andere erweisen sich durch ihre Sprachform als mittelalterliche Entlehnungen und gehören nicht selten einer Sprachstufe an, die sogar der literarischen Überlieferung vorangeht. Einige Beispiele mögen das Gesagte veranschaulichen:

Auf dem Gebiete des STAATLICHEN LEBENS heißt das Wort Caesar-kaisar finnisch *keisari*, ein jüngeres schwedisches Lehnwort. Die finnischen Ausdrücke für ›König‹ (*kuningas*) und ›Fürst‹ (*ruhtinas*) sind echt altgermanisch, der für ›Herzog‹ (*herttua*) wenigstens in begrifflicher Hinsicht niederdeutsch.

Aus dem Gebiete des KRIEGSWESENS:

Finn. *paalu* ›Pfahl‹: ahd. *phāl*, mhd. *phāl Pl. phaele* (Pfähle) < lat. *pālus*. Das Wort ist den Germanen durch den Limes zugekommen. Der alte *u*-Stamm lebt auf finnischem Boden noch fort.

Finn. *rakko-vuori* ›Drachenberg‹ = fi. *Hiiden-linna* ›Burg des Hiisi, eines bösen Berg- und Seegeistes‹. Vgl. ags. *draco*, ahd. *trahho*, schwed. *drake* < mndd. *drake* zu lat. *draco* (*dracco*), ein riesenhafter Schlangenleib aus bemaltem Seidenzeug, der den römischen Kohorten als Feldzeichen diente. Diese Feldzeichen erschienen den Germanen als etwas Unheimliches, und so bekam das Wort ›Drache‹ den Sinn eines halb dämonischen, Unheil wirkenden Wesens. Im germanischen Volksglauben brüten die Drachen über verborgenen Goldschätzen. Hierher gehören z. B. die schwedisch-finnländischen Ausdrücke *drakbo*, *drakgömma*, *drakeld* (nächtliches Drachenfeuer). Der altnordische Mythus von Sigurd dem Drachentöter ist uralt, und die ganze Überlieferung beruht vielleicht auf den großen südskandinavischen Goldschätzen der Völkerwanderung (K. Stjerna). Ein zweites altgermanisches Drachenmotiv: dasjenige der altenglischen Beowulf-Dichtung dürfte dagegen irischen Ursprungs sein (C. W. v. Sydow).

Lat. *campus* ›Feld‹ führte über *Campus Martius* in Rom, Mainz, Trier usw. zu der Bedeutung ›Tummelplatz, Kampfplatz‹. Auf germanischem Boden, z. B. in Schweden und Finnland, erscheint *kamp* besonders in Ortsnamen noch als ›eingehegtes Feld‹. Im Vulgärlatein bedeutet *campus* schon ›Zweikampf‹, woraus nhd. *kampf*, nd. *kamp*, ags. *camp*, aschwed. *kamper* in derselben Bedeutung. In alter Form (mit bewahrtem *a*-Stamm) begegnet dieses Wort in finn. *kamppaus* ›Kampf, Ringen‹, *kamppailla* ›kämpfen, ringen‹.

Aus dem Gebiete des Handels:

Lat. *caupo* ›Kaufmann‹ erscheint als Lehnwort in ahd. *coufo* ›Kaufmann‹. Das gemeingermanische Subst. *kaupa-* ›Kauf‹ in aisl. *kaup*, ags. *céap*, asachs. *cōp*, nhd. *kouf* ist eine Neubildung dazu und in finn. *kauppa* ›Handel, Kauf‹ in ihrer ältesten Gestalt bewahrt. In nhd. *kaufmann*, nschw. *köpman*, fi. *kauppa-mies* ist das lat. *caupo* durch das hinzugefügte *-mann* etc. verdeutlicht worden. Ein neu gebildetes germanisches *j*-Verbum **kaupjan*: ahd. *kouffen*, aisl. Prt. *keypta*, ags. *cíepan* usw. spiegelt sich im finn. Verb. *kauppia* wieder. An den altgermanischen Brautkauf (aisl. *brúðkaup* n.) erinnert finn. *naimis-*, *nais-kauppa* ›Heiratsabrede‹.

Von Bezeichnungen für Metall und Geld gehört hierher

finn. *kupari* ›Kupfer‹ = aisl. *koparr*, aschwed. *kopar*, *kupar*, ags. *copor*, ahd. *kupfar*, mndd. *kopper* zu lat. *cuprum* (›aes cyprium‹). Das Wort kam zu den Germanen mit den römischen Kupfermünzen und kupfernen Geräten, seitdem das alte Wort ēr ›Erz‹, wie lat. *aes*, die Bedeutung ›Bronze‹ angenommen hatte (Seiler I 45). Das -pp- in ahd. *kupfer*, nhd. *kupfer*, mnd. *kopper*, nschwed. *koppar* rührt von westgermanischen Kasusformen her, wo *p* unmittelbar dem *-r-* voranging. Finn. *kupari* ist wegen des im Finnischen nicht geminierten *p* erst eine mittelalterliche Entlehnung.

Dem Lat. entstammt auch finn. *äyri*, eine kleine Scheidemünze < urnord. **auri(a)* < lat. *aureum* = aisl. *eyrir*, schwed. *öre*. Der Name ist ohne Seitenstück auf kontinentalgermanischem Boden, wie auch aisl. *dínere*, ags. *dínor* < lat. *denarius*. Bezeichnungen für Gewicht und Mass:

Fi. *punta* ›Schwere, Gewicht, Pfund‹ < urnord. **punða* = got. aisl. ags. andd. afries. *pund*. Zu lat. *pondo* ›Pfund‹ aus *pondus* ›Gewicht‹. Die Grundbedeutung also finnisch erhalten. Vgl. oben u. got. *pund*!

Fi. *puntari* u. *puntar* ›Handwage‹: aisl. *pundari*, aschwed. *pyndare*, mndd. *punder* < vulgärlat. *pondarium*.

Fi. *tikkuri* ›10-Zahl, 10-Stück, Decher (Kalbfelle)‹: aisl. *dekor*, aschwed. *dikur*, mndd. *deker* etc. aus lat. *decuria* ›10-Zahl‹. Die Felle, welche in der römischen Kaiserzeit nach *decuriae* gezählt wurden, waren sehr beliebt in dem römisch-germanischen Handelsbetrieb. Deutsche Stämme – vor allem die Friesen – lieferten Felle sogar als Tribut (vgl. Tacitus, *Ann.* IV 72). Das Wort ist im schwed.-finnländischen Dialektwort *dikur* ›Schar, Haufe‹ noch erhalten. Außerdem im südfinnländischen Dorfnamen *Dickursby* (finn. *Tikkurila*) unweit Helsingfors.

Aus dem Begriffskreise des Weinbaus:

Fi. *viina* ›Wein‹, d. h. ›Branntwein‹: got. *vein*, aisl. *vín usw.* < lat. *vīnum*, vulgärlat. auch *vīnus* (vgl. nhd. der Wein). Der ausländische Wein heißt dagegen finnisch *viini*.

Fi. *pikari* ›Becher‹; aschwed. *bikare*, andd. *bikeri* usw. < *vul*gärlat. *bicarium*.

Fi. *piki* ›Pech‹: aisl. *bik*, andd. *pik usw.* < lat. *picem* (N. pix). Man bediente sich des Peches u. a. zur Dichtung der Gefäße.

Bezeichnungen für GEFÄSSE u. UMHÜLLUNGEN:

Fi. *arkku* ›Kiste, Koffer‹, auch *ruumiin a.* ›Sarg‹: got. *arka*, aisl. *ǫrk* usw. < lat. *arca*.

Fi. *kattila* ›Kessel‹: got. **katils* od. **katilus* < lat. *catīnus*.

Fi. *kistu* ›Kiste‹: aisl. *kista*, schwed. dial. Finnl. *tjisstu* < lat. *cista*.

Fi. *putina* ›Lägel, Bottich‹: aisl. *Boðn* ›eine der drei Kufen, worin der Dichtertrank bewahrt wurde‹, ags. *byden*, ahd. *budīn*, *butīn*, mndd. *bodene* ›Bottich‹ usw. < vulg. lat. *butina* über galloroman. **budina* (mit romanischer Tenuis-Erweichung, die um 400 vollzogen war). Die germanisch-romanische Wortsippe ist sehr umstritten, s. z. B. Hellquist, Sv. Et. Ordb. ›bytta‹. Ital. frz. *botte*, span. *bota* etc. sind aus dem Germ. zurückentlehnt?

Bezeichnungen für ausländische BÄUME und GEWÄCHSE:

Fi. *pirni-puu* ›Birnbaum‹: aisl. *pera*, ahd. *bira* usw. < lat. *pira* (*pirum*).

Fi. *kirsi-marja* ›Kirsche‹: aschwed. *körsa-*, *kyrse-*, *kirsebaer*, ahd. *kersa*, *kirsa* usw. < vulg. lat. **ceresia*, fr. *cerise*.

Fi. (*p*)*luumu* ›Pflaume‹: aisl. *plóma*, mndd. *plume* < lat. *prúnum*.

Fi. *kumina* ›Kümmel‹: aschwed. *kumin*, mndd. *komin* etc. < lat. *cuminum*.

Fi. *pippuri* ›Pfeffer‹: andd. *pepar* (> schwed. *peppar*), ags. *pipor* < lat. *piper*. Finn. *-i* ist finnischer Zusatz.

Fi. *sinappi* ›Senf‹: got. *sinap*, aschwed. *senap*(*er*), *sinap*(*er*); *-i* ist finnischer Zusatz.

Fi, *räätikkä* ›Kohlrübe‹: aschwed. *raetikia*, ahd. *ratich retich*, ags. *raedic*, mndd. *redic* < lat. *rādīc-em*. Vgl. fi. *rietikka*, *rietikkä* (= *räätikkä*) mit *ie* < schwed. ē (geschloss.), während fi. *ää* offenes altschwed. *ǣ* voraussetzt.

Handel und SEEWESEN gehen Hand in Hand. Zu den wenigen nautischen Dingen, die von den Germanen aus dem römischen Seewesen übernommen wurden, gehört der EISERNE ANKER, wie der Name beweist: aisl. *akkeri*, ags. *ancor*, ahd. *anchar* < lat. *ancora*, gr. ἄγκυρα. Das finnische Lehnwort *ankkuri* bewahrt, nebst ags. *ancor*, noch den lateinisch-griechischen Suffixvokal *-o-*(*-u-*), ist also älter als alle übrigen literarisch bezeugten germanischen Formen des Wortes. Vgl. oben fi. *pippuri*: ags. *pipor*. Ein eiserner Anker der heute bekannten Form soll schon beim Nydamer Boot (um 300 n. Chr.) gefunden worden sein. Der erste wohl erhaltene Anker hat sich beim Oseberger Wikingerschiff (etwa 800 n. Chr.) vorgefunden, und das Wort begegnet zuerst im Beowulfliede (um 700 n. Chr.), Hoops' *Reallex.* I, 106 f.

Andere Entlehnungen aus derselben Quelle gehören dem Gebiete des Hausbaus: fi. *kamari* ›Kammer‹, *kellari* ›Keller‹, *pilari* ›Pfeiler‹, *tiili* ›Ziegel‹, *plaastari* ›Pflaster‹. Eine sehr alte Bezeichnung für Kleidung begegnet in fi. *sukka* ›Strumpf‹: aschwed. *sokker*, *sukker* usw. < lat. soccus. Sehr zahlreich sind die mittelalterlichen finnischen Nomina agentis auf *-ari* (=schwed. *-are*, nhd. *-er*, lat. *-ārius*), z. B. fi. *suutari* ›Schuhmacher‹: aisl. *sútari*, aschwed. *sūtare*, Umbildung von lat. *sūtor*, fi. *mylläri* ›Müller‹ (< *molinarius*), fi. *pelttari* ›Gürtler‹ (< *baltearius*).

Mit den neuen römischen Rechtsbegriffen und den auf dem Wege des Handels festgestellten Zahlungstagen entstand auch eine neue Zeiteinteilung. Die Germanen hatten ursprünglich ein Mondjahr und zählten nach Nächten (Tacitus, *Germ.* c. XI): vgl. das urgermanische Lehnwort *viikko* ›Woche‹ der Finnen (§ 23) sowie deutsche Ausdrücke wie Weihnachten und Fastnacht. Nun wurde ihnen das römische Sonnenjahr bekannt sowie die römische Zählung nach Tagen. Die lateinischen Wochentagsnamen erscheinen aber im Germanischen nicht als Lehnworte, nur in Übersetzung. Die Germanen ersetzten die Namen der Planetengötter, die in den römischen Bezeichnungen der Wochentage auftraten, durch diejenigen ihrer eigenen Götter, welche ihnen als nächste Entsprechungen der römischen schienen. *Solis dies* ›Sonntag‹ ist asächs. *sunnundag*, ahd. *sunnūntag*, ags. *sunnandæg*, aschwed. *synno-* und *sunno-dagher*, ein schon in heidnischer Zeit entstandenes Wort. Finn. *sunnuntai* enthält wohl die urnordische Genetivform, wogegen die *n*-Endung in finn. *maanantai* ›Montag‹ (*lunae dies*) wohl Neubildung ist (vgl. das *aa* = nord. ā < ē), wie sicher in finn. *perjantai* = aschwed. *frē-*, *frēa-*, *frīadagher* ›Freitag‹ (zunächst wohl friesischen Ursprungs) und finn. *lauvantai* ›Sonnabend‹ = aisl. *laugardagr*, eig. ›Badetag‹. Auf das germanische Heidentum führen uns unmittelbar die Namen: des Dienstags (*dies Martis*): ahd. (schwäb.) *zīestag*, aisl. *týsdagr*, aschwed. *tīsdagher*, finn. *tiistai* (germ. *Tīw-*, *Ziu*) neben md.

diens- (*dinges-*)*tag* (lat.-fris. *Mars Thingsus* einer lat. Inschrift des 3. Jhs.) und bayr. *eritac* = *erichtag* (tirol. *örtig*) aus einem altgerm. **aizia-ga* ›heilbringend‹ in lat.-fris. *Alaisiagis* D. Pl. (zwei Göttinnen, s. Schönfeld S. 6) zu altbayr. *Ēra* = isl. *Eir*[1]); des Mittwochs (*dies Mercurii* > frz. *mercredi*): ags. *wódnesdaeg*, engl. *wednesday*, ndl. und fries. *woensdach*, aschwed. *ōnsdagh* (*Wōþan*, *Ōþin*); des Donnertags (*dies Jovis*): ags. *þunresdaeg*, ahd. *Donarestac*, aschwed. *þōrsdagher*, fi. *tuorstai*; des Freitags (*dies Veneris*): ahd. *frīadag*, ags. *frīgedæg*, engl. *friday* usw., vgl oben (ahd. *Frīa*, isl. *Frigg*).

Zur Zeit dieser Namenbildung kann die einheimisch germanische Götterwelt aus dem Bewusstsein des Volkes noch nicht geschwunden gewesen sein, und dass die Wochentage mit einer (wenn auch verbleichenden) Verehrung der betreffenden germanischen Gottheiten nichts zu tun gehabt hätte, wie Kluge, *D. Sprachgeschichte* S. 186 behauptet, lässt sich nicht beweisen. Lehrt uns doch die neuere germanische Folkloristik und Ortsnamenkunde vor allem im germanischen Norden das Gegenteil, denn der germanische Volksglaube trägt hier noch Jahrhunderte nach der Einführung eines offiziellen Christentums in vielem einen heidnischen Charakter. Gewisse Umbildungen in den Namen der Wochentage deuten jedenfalls auf christliche Einflüsse. Hierher gehört der Wechsel lat. *dies Solis* > *dies domenica* (ital. *domenica*, frz. *dimanche*). Der alte Göttername Wodan erhält sich im Namen des 4. Tages nur in den niederdeutschen, niederländischen und friesischen sowie englischen und skandinavischen Mundarten. In Oberdeutschland begegnet nur die heute allgemein übliche Form ›Mittwoch‹. Ein *middeweke* findet sich sonst auch im Mittelniederdeutschen und erklärt das isl. *miðvikudagr*, altschwedische *miþvikudagher*, finnländisch-schwedische (Nyland) *midvikudag*, finnische *keski-viikko*, pitelappische *kaska vakko* usw. In Bayern und Österreich wird ›Donarestac‹ durch den Namen Phinztag, Pfingstag (wohl = gr. πέμπτη ἡμερα) ersetzt, aber hier kann die Verbreitung des Donar-Kultes mitgewirkt haben. Im oberdeutschen Samstag (ahd. *sambaztac*) aus vulg. gr. σάμβατον) für ndd. *sáāterdach* (*Saturni dies*) kommt dieselbe christliche Tendenz zum Ausdruck.

Bezüglich ihrer absoluten Chronologie reichen die ältesten dieser Entlehnungen in die ersten Jahrhunderte unserer Zeitrechnung. Sie finden sich zu nicht ganz geringem Teil schon im Bibelgotischen und sind sonst gemeinwestgermanisch: gehören in die Zeit VOR der Besiedlung Britanniens. Äußere Zeichen der frühen Entlehnung sind: 1. Der Diphthong in got. *kaisar* usw. »Das Wort ist das einzige Beispiel einer Entlehnung aus jener Zeit, da die Buchstabenverbindung *ae* noch diphthongisch, etwa wie nhd. *ei*, ausgesprochen wurde. Nun hat sich der Diphthong lat. *ae* im Munde der Gebildeten bis ins 2. Jahrhundert n. Chr. erhalten ...« (W. Streitberg, *Gesch. der indog. Sprachwiss.* S. 66); 2. Bewahrung der lat. intervokalischen Tenuis, die schon um 400 erweicht ist (vgl. ags. *draca* aus *draco* und fi. *rakko-* mit geminiertem *k*); 3. die Teilnahme an der hochdeutschen Lautverschiebung; 4. die Erhaltung des kurzen Vokals in offener Tonsilbe: In der 2. Hälfte des 6. Jahrhunderts wurde dieser Vokal in den romanischen Sprachen gedehnt. Ein bisher unbeachteter Beweisgrund liegt in der sehr altertümlichen Sprachform einiger der oben angeführten finnischen Lehnwörter:

Dem *rakko-*(vuori) liegt ein germanisches **drako* zugrunde, mit *-o* für späteres *-a* (: aschwed. *draki* = isl. *dreki*, nschwed. dial. *draka*). Germanische *a*-Stämme mit erhaltenem *-a* des Stammausgangs liegen vor in fi. *kamppa-us*, *kauppa*, *punta*, *viina*, *kattila*, *putina*, *kumina*: in ihrer Formklasse unsere sprachhistorisch ältesten Belege germanischer Entlehnung aus dem Lateinischen. Vgl. auch fi. *paalu* mit altem *-u*.

Dann folgen in der Reihe die zahlreichen kirchlichen Lehnwörter. Vgl. darüber die Andeutungen in § 59. So die gelehrten Fremdwörter, welche die Bekehrung zum Christentum vermittelte. Diese gehören nicht zu meiner Aufgabe.

In Anbetracht der überaus zahlreichen römischen Lehnwörter der Germanen fällt es auf, dass sich nicht ein römischer Personenname bei ihnen dauernd eingebürgert hat, während z. B. der nordgermanische Personennamenschatz der Finnen ein ganz überwältigender ist. Dies zeige – meint R. Much in seiner *D. Stammeskunde*[3] S. 57 – dass die Germanen für ihr sittliches Streben innerhalb des Römertums der Kaiserzeit keine Vorbilder fanden. Der wirkliche Grund dafür ist vielmehr in der verschiedenen Art der betreffenden Völkerbeziehungen zu suchen. Handelt es sich doch in der römisch-germanischen Lehnwortfrage vor allem um Eroberung, Handel und Kulturverbreitung, in der germanisch-finnischen dagegen um wirkliche Siedelung, um intimes Zusammenleben und weitgehende Mischung zweier Völker.

1 Näheres bei J. Lindquist, *Galdrar. De gamla germanska trollsångernas stil undersökt i samband med en svensk runinskrift från folkvandringstiden*, Göteborg 1923.

d) Lehnwörter griechischen Ursprungs.

§ 59. Schon das Gotische hat eine Fülle von griechischen Entlehnungen aufzuweisen, aber es handelt sich überall um gelehrte Fremdwörter. Größeres Interesse beanspruchen die im Westgermanischen auftauchenden kirchlichen Lehnwörter, die man herkömmlicherweise aus dem Griechischen herleitet. Es fragt sich aber, äußert Streitberg in seiner *Geschichte der indog. Sprachwiss.* S. 92, nicht nur, in welchem Umfang diese Annahme berechtigt ist, sondern auch, auf welchem Wege griechische Wörter ins Westgermanische eingedrungen sein können. Die kritische Übersicht der ganzen Forschung bei Streitberg führt zur Verneinung der gotischen Vermittlung. Die Rheinlinie sei die Wiege der westgermanischen Kirchensprache. Nur Wörter, die auf das Bayrische beschränkt geblieben sind, wie *pfinztag* ›der *5.* Wochentag‹ und vielleicht *pherintac* ›Freitag‹, seien östlichen Ursprungs, auf dem Donauweg nach Bayern gekommen. Die alte Hypothese, dass allgemeine Kirchenwörter wie ahd. *pfaffo*, *piscof*, *chiricha*, *pfarra*, *sambaztag* u. a. durch die arianisch-gotische Mission vermittelt worden seien, hat aber neuerdings wieder Anhänger gewonnen: vgl. Hirt, *Geschichte der deutschen Sprache*[2] S. 80 und Schwarz, *PBB. 50*, 254 ff. Die Streitfrage ist in ihren Einzelheiten noch ungelöst.

Hauptliteratur. W. Franz, *Die lateinisch-romanischen Elemente im Althochdeutschen* (Straßb. 1883), A. Pogatseher, *Zur Lautlehre der griechischen, lateinischen und romanischen Lehnworte im Altenglischen* (Straßb. 1888), F. Kluge, *Et. Wörterbuch der deutschen Sprache*, *Vorgeschichte der altgermanischen Dialekte* in Pauls Grundriss I[2] (1901) und *Urgermanisch* in Pauls Grundr.[3] (1913), F. Seiler, *Die Entwicklung der deutschen Kultur im Spiegel des d. Lehnwortes*, 4 Teile (Halle a. S., 1895–

1912), K. LATER, *Da Latijnscha Woorden in het Ouden Middelnedarduitsch* (Utrecht 1903), J. HOOPS, *Waldbäume und Kulturpflanzen im germ. Altertum* (Straßb. 1904), F. BUREKHARDT, *Untersuchungen zu den griechischen und latainisch-romanischen Lehnwörtern in der altniederdeutschen Sprache* (Berlin 1905), W. SCHULZE, *Griechische Lehnworte im Gotischen* (Sitz. B. der Kgl. preuß. Ak. d. Wiss. 1905, Heft 36). Der christliche Wortschatz: R. v. RAUMER, *Einwirkung des Christentums auf die althochdeutsche Sprache* (1845), W. KRAFFT, *Kirchengeschichte der germ. Völker* (1854), K. WEINHOLD, *Die gotische Sprache im Dienste des Christentums* (1870), B. KAHLE, *Die altnordische Sprache im Dienste das Christentums*, Teil 1 in den *Acta germanica* 1 (1890), Teil 2 im Arkiv för nord. fil. 17 (1901), MAC GILLIVRAY, *The Influence of Christianity on the Vocabulary of Old English*, Part. 1 (1902). Eine kritische Übersicht der ganzen Forschung (bis 1918) bei STREITBERG, *Gesch. der indog. Sprachwiss.* S. 66 ff. (mit vollständigen Literaturhinweisen). Zu den gotischen Entlehnungen vgl. besonders F. KLUGE in *PBB.* 35, 124 ff., *Deutsche Sprachgeschichte*, S. 178 ff., M. H. JELLINEK, *Gesch. der got. Sprache* (1926), S. 178 ff.

Kapitel V
Die Auflösung der germanischen Ursprache: die altgermanischen Sprachgruppen

§ 60. Das wichtigste Kennzeichen der urgermanischen Sprache gegenüber den verwandten indogermanischen, die Lautverschiebung, war sämtlichen altgermanischen Sprachen gemeinsam, wie wir im vorigen Kapitel gesehen haben. Trotzdem muss schon die älteste Germanensprache mundartliche Differenzierung gezeigt haben, denn die germanischen Stämme waren, wie wir wissen, schon während des letzten Jahrtausends v. Chr., ja zum Teil lange vorher, auf so weit ausgedehnte Landgebiete verteilt, dass keine ganz einheitliche Sprachform hier denkbar war. Die fortgehende Sonderentwicklung führte schließlich zu drei größeren Dialektgruppen: einer ostgermanischen, einer nordgermanischen (oder skandinavischen oder bloß nordischen) und einer westgermanischen. Diese jetzt von den meisten angenommene geographische Dreiteilung des altgermanischen Sprachgebietes geht auf August Schleicher zurück, einen der Führer der vergleichenden indogermanischen Sprachwissenschaft des 19. Jahrhunderts. Eine andere Auffassung vertraten die etwa gleichzeitigen deutschen Sprachforscher K. Müllenhoff und A. Holzmann. Diese stellten das Gotische und die nordischen Sprachen als eine einmal einheitliche große ostgermanische Gruppe an die Seite der westgermanischen. Der letztere Standpunkt ist noch heutzutage ziemlich verbreitet, steht aber in keinem so schroffen Gegensatz zum ersteren, wie gewöhnlich angenommen wird. Beide haben ihre Gültigkeit, beziehen sich nur auf verschiedene Perioden der Sprachentwicklung. Die Dreiteilung des Gebietes verweist auf eine etwas spätere Zeit, in welcher die nordischen Sprachen bereits ein selbständiges Dasein führten neben dem Gotischen und den westgermanischen Sprachen. Die Goten waren aber skandinavischer Herkunft.[1] Aufgrund von Bodenfunden und Ortsnamen wird außerdem mit größerem oder geringerem Recht vermutet, dass auch andere sog. ostgermanische Stämme des Kontinents, wie die Rugier oder Ulmerugier (die ›Insel Rugen‹), oder sogar ein westgermanischer Stamm wie die Langobarden, anfänglich von Skandinavien ausgewandert wären.[2] Was die Goten betrifft, ist ihr skandinavischer Ursprung vor allem in Anbetracht einiger rein sprachlichen Merkmale: gewisser vom Gotischen und Nordischen gemeinsam vollzogenen Neubildungen im Bereiche der Laut- und Formenlehre einleuchtend. Nur eine ist von größerer Bedeutung und soll hier kurz zur Sprache gebracht werden. Urgermanisches zwischenvokalisches *j* und *w* nach kurzem (in germanischer Zeit) haupttonigem Vokal wird zu *jj* bzw. *ww* gedehnt, wie es scheint, wenn der indogermanische Hauptton auf der folgenden Silbe ruhte. Nach der Entstehung der germanischen Erstbetonung folgten hier zwei verhältnismäßig stark betonte Silben unmittelbar aufeinander, und der kurze Abstand zwischen den Akzenten wurde durch Geminierung des dazwischenliegenden *j*- bzw. *w*-Lautes verlängert. Aus *jj* ging ein gotisches *ddj* und altnordisches *ggj* hervor, aus *ww* ein gotisches und altnordisches *ggw*. Auf westgermanischem Boden bildet der erste *j*- bzw. *w*-Laut mit dem vorhergehenden Vokale einen Diphthong, während der spätere *j*- bzw. *w*-Laut als Halbvokal beibehalten wird. Beispiele: got. *twaddje*, schwed. *tvegge* (-handa): asächs. *tweio*, nhd. *zwei* < urgerm. **twajēm* > **twajjēm*; got. *skuggva* ›Spiegel‹ < urgerm. **skuwan-* (> **skuwwan-*), das im finnischen Lehnworte *kuva* ›Bild‹ fortlebt (doch so, dass der Anlaut und Auslaut gefallen sind); zum letztgenannten Worte vgl. (mit altem Ablaut) ahd. *scouwōn*, nhd. *schauen* (< urg. **skauwōn*) und got. *us-skaus* ›vorsichtig‹. Ist die gegebene Erklärung des Vorgangs richtig[3], zeigt auch sie, wie lange ins Germanische hinein die indogermanische Betonung nachgewirkt hat.

Zur Zeit dieser Lautentwicklung müssen die Goten noch in verhältnismäßig lebendigen Verbindungen mit den Nordgermanen gestanden haben. Dies geschah aber kaum noch während ihrer ältesten, skandinavischen Wohnsitze – auf Gotland bzw. in dem südlichen Teile des Festlands in der Nachbarschaft der Gauten. Der fragliche Lautprozess ist, mit besonderer Rücksicht auf das finnische *kuva*, das kaum lange vor Chr. Geburt übernommen wurde, gewiss jünger: von einer Zeit, wo die Goten an der unteren Weichsel saßen. Geographisch und ethnographisch bedingte engere Beziehungen zwischen den skandinavischen Sprachen einerseits und der der Goten andererseits bestanden jedenfalls und lösten sich allmählich erst auf, als die Goten in der Mitte des 2. Jahrhunderts n. Chr. ihre Wanderungen gegen Süden begonnen hatten[4]. Für die Träger dieser nordisch-ostgermanischen oder jedenfalls nordisch-gotischen, wenigstens einigermaßen einheitlichen Sprachperiode schlägt R. Loewe, *Die ethnische und sprachliche Gliederung der Germanen* S. 44 die Bezeichnung »Goto-Nordgermanen« vor, und zwar mit besonderer Rücksicht darauf, dass die Goten unter allen Ostgermanen die Einzigen sind, von denen wir literarische Denkmäler besitzen. Passender lassen sie sich meiner Meinung nach als »Nord-Ostgermanen« charakterisieren, denn diejenige »Ostgermanen«-Gruppe, die wir als die gotische bezeichnen, ist nicht die Einzige, die wir hier in Betracht zu nehmen haben. Die bereits für die ältere Eisenzeit aufgrund der finnischen Lehnwörter, sowie für die Bronze- und jüngere Steinzeit aufgrund der Bodenfunde in den früheren Ostseeprovinzen wie im westlichen Finnland nachweisbaren germanischen Ansiedlungen sind die weitest hinausgeschobenen Vorposten der Germanen und müssen unter die »ostgermanischen« Stämme selbstredend mitgerechnet werden. Dass bei dem ethnographischen Terminus »Ostgermanen«, als er in der Mitte des vorigen Jahrhunderts von deutschen Sprachforschern geprägt wurde, diese baltischen und finnländischen Stämme nicht auch einbegriffen waren, erklärt sich daraus, dass diese noch nicht entdeckt waren. Es sind die oben berührten Untersuchungen des Finnländers A. Ahlqvist und des Dänen W. Thomsen auf dem Gebiete einer wissenschaftlichen Erforschung der germanischen Lehnwörter der Finnen und noch mehr die finnländische Archäologie der 1870er Jahre – ihr Gründer J. R. Aspelin –, durch welche diese östlichsten Vorposten des ältesten Germanentums zuerst bekannt gemacht wurden. Sie treten uns hier teils als »Goten«, teils auch als »Skandinavier« (d. h. Schweden) entgegen. Diese Termini sind aber recht willkürlich gewählt (vgl. § 53). Die Goten-Bezeichnung muss hier immer noch als unhaltbar gelten, und der Schwedenname wird erst nach langer historischer (ethnischer wie sprachlicher) Entwicklung einigermaßen zutreffend. Die germanische Völkernamengebung des früheren Eisenalters kennt überhaupt keine Stammesnamen, die so weit entfernten Siedlungen, wie denen der Weichselgegend und der nördlichen Teile des Ostbaltikums bzw. Svealands und Finnlands gemeinsam wären. Die Anwohner verschiedener Landschaften, öfters auch kleinerer Teile derselben, gehen im volkstümlichen Sprachgebrauch am Anfang unserer Zeitrechnung und weit später in der Regel unter eigenen Namen. So auch die germanischen Stämme des Ostbaltikums und Finnlands. Die Ersteren erscheinen bei Tacitus, wie früher gesagt wurde, als »Aesii«, mit einem Namen, der später in ganz anderen Verwendungen gebraucht werden sollte, die Letzteren als »Sitones«, d. h. als Küstenanwohner (vgl. aschwed. *sidha* ›Küste‹).

Mit Berücksichtigung dieser Tatsachen und Grundsätze lässt sich das älteste germanische Sprachgebiet passend in folgende zwei große, geographisch scharf getrennte Teile sondern: A. Nordostgermanische und B. Westgermanische Sprachen. Die A.-Gruppe zerfällt in: a) nordische oder skandinavische Sprachen, b) kontinentale Ostgermanensprachen, c) baltisch-finnländische Ostgermanensprachen. Die kulturelle und sprachliche Bedeutung der baltisch-finnländischen Germanenstämme beschränkt sich aber darauf, dass diese Stämme ihre nächsten ostseefinnischen Nachbarstämme kulturell und sprachlich beeinflusst haben. Die frühgermanischen Wortanleihen der ostseefinnischen Völker sind ihre einzigen sprachlichen Denkmäler. Wenn wir bei unserer Gruppierung der germanischen Sprachen diese Vorpostenstämme daher beseitigen und nur diejenigen Idiome berücksichtigen, die von dem Anfang oder der Mitte des ersten nachchristlichen Jahrhunderts an literarisch belegt sind, teilen wir die germanische Sprachfamilie, einer bewährten Auffassung gemäß, in folgende drei große Hauptklassen: A. Ostgermanische

Sprachen, B. Nordgermanische (skandinavische) Sprachen und C. Westgermanische Sprachen.

1 Vgl. § 22 und dort angeführte Untersuchungen von S. Bugge, R. Loewe, B. Nerman, E. Wessén u. a. – 2 Vgl. § 22 sowie Einzeluntersuchungen von Kossinna, *Die ethnologische Stellung der Ostgermanen* (Ind. Forsch. VII), Schütte in der *Zeitschr. f. d. A.* 46, 7, M. Olsen, *Hedanske Kultminder* S. 279 f., R. Much, *D. Stammeskunde*[3] S. 120, 123 u. a. – 3 Vgl. R. Trautmann, *Germanische Lautgesetze* (1906), S. 40 ff., C. R. Boer, *Oergermaansch Handbock*, 2. Druck (1924), S. 164, J. J. Mikkola in der *Streitberg-Festgabe* S. 267 ff. (vgl. Trautmann KZ. 53, 89 f.), M. H, Jellinek, *Geschichte der gotischen Sprache* (1926), S. 11 ff. (wo auch ältere Lit.). – 4 Vgl. hierzu noch M. Olsen, *Arkiv* 25, 212 f., A. Kock, *Acta Universitatis Lundensis*, Nova Series XII (1916), 1, S. 315.

A. Ostgermanische Sprachen

I. Gotisch

§ 61. Nach der § 22 erörterten gotischen Stammsage, wie sie uns bei Jordanes (um 550 n. Chr.), Getica 4, 25 bewahrt ist, wanderten die Goten einst von Skandinavien aus, um sich im unteren Teile des Weichseltales, in der sog. Gothiscandza, niederzulassen. Hier wird ihrer von mehreren klassischen Autoren: Strabon, Plinius, Tacitus und Ptolemaios Erwähnung getan. Zu Beginn unserer Ära dürften die Weichselgoten ihre Hauptsitze nach dem Lande rechts von der Flußniederung, dem Pregel-Gebiete verlegt haben. An den Mündungsarmen der Weichsel blieb vorläufig nur eine ihrer Abteilungen, die Gepiden, zurück, deren Stammname in dem bei Jordanes überlieferten Ortsnamen *Gepidojos* ›Gepiden-Inseln‹ (*-ojos* < **-aujōz*) erhalten ist. Die rechts von der Weichsel gegründete neue Gotenansiedelung lebt während mehrerer Jahrunderte fort. Eine Gotenherrschaft an der Ostsee nach den Tagen des Ostgotenkönigs Ermanarich († 375 n. Chr.) ist sogar auf literarischem Wege festgestellt worden. Die *Hreidgotar* (*hraiþkutum*) der altschwedischen Rök-Inschrift, die *Hraedas*

(Kurzform eines *Hrǽd-gotan*) des altenglischen Widsith-Gedichtes und das in altisländischer Literatur (vor allem in der Hervararsaga) belegte *Reiðgotaland* dürften, wie § 31 schon hervorgehoben wurde, ein Andenken an dieses ostbaltische Gotenreich bewahren. Die Annahme ist, wie wir eben da sahen, auf archäologischem Wege gestützt worden, durch die bodenkundlich nachgewiesene ostpreußische Gotenkultur vom Anfang unserer Zeitrechnung bis gegen 600. Diese Goten scheinen das Weichseltal bis zu den West-Karpathen hinauf, vielleicht auch angrenzende Gebiete im Stromgebiete der Oder und im West-Russland beherrscht zu haben. Belangvoll wurde dieses nördliche Gotenreich dadurch, dass es im 5. und 6. Jahrhundert die Beziehungen zwischen dem Norden und den Mittelmeerländern vermittelte. Auf diesen Bahnen haben, wie die Bodenfunde erweisen, wichtige Kultureinflüsse sich von den alten Kulturzentren des Südens nordwärts verbreitet.

Ihre neu erworbenen Sitze am unteren Lauf der Weichsel haben die Goten sicher noch in der ersten Hälfte des 2. Jahrhunderts n. Chr. innegehabt. In der Mitte des Jahrhunderts haben sie ihre schon früher (§ 22) berührten Auswanderungen gen Süden angetreten. Der sog. Markomannenkrieg (166–180) – die germanischen »Markomannen« (›Grenzlandbewohner‹) saßen zu dieser Zeit nördlich von der Donau, in Böhmen – war vielleicht durch diese Völkerbewegung veranlasst. Um 200 hatten die Goten jedenfalls bereits das Schwarze Meer erreicht, denn im Jahre 214, zur Zeit des Orientzuges Kaiser Caracallas, soll ein erster Zusammenstoß zwischen Goten und Römern stattgefunden haben. Ein größerer gotischer Sturmlauf gegen römisches Gebiet geschah, wie sicher bezeugt ist, im Jahre 238. Vor diesem Zeitpunkt befand sich die Hauptmasse des Gotenvolkes also wohl am Schwarzen Meere. Ihr Gebiet umfasste Teile des Landes zwischen der Westgrenze (Theiß) Dakiens und den Ufern des Don. Hier zerfällt – mindestens schon 269 unter dem Kaiser Claudius – das Volk in zwei selbständige Stämme auf beiden Seiten des Dnjestr-Flusses: *Ostrogothae, -gothi* im Osten und *Visigothae, -gothi* im Westen. Gegen Ende des 3. Jahrhunderts tritt bei Cassiodor und Jordanes ein gewisser *Ostrogotha* auf, angeblicher Ahnherr der gotischen Könige und die älteste Heldengestalt der germanischen Sage. Aus seinem Namen erhellt, dass die genannten Teilstämme schon damals bestanden. Die Vorderglieder der Stammnamen *Ostro-* und *Visi(Vesi-)gothae* – der Letztere ist vor dem 6. Jh. nur als *Visi, Vesi,* belegt – beziehen sich wahrscheinlich auf die Himmelsgegenden ›Ost‹ und ›West‹, eine Bedeutung, in welcher sie immer erfasst worden sind. *Ostro-* ist die ostgotische Form des germanischen *Austra-* ›Ost‹ und *Visi-* setzt ein unbezeugtes got. Adj. **wisja-* voraus, das etymologisch zunächst mit ›West‹ (vgl. skr. *avás* und mit *t*-Suffix *avás-tād* ›unten‹, lat. *vesper*) zu verbinden ist. Die beiden Hauptstämme der Goten erscheinen in dieser Zeit auch unter den Namen *Tervingi* (Westgoten) und *Greutungi* (Ostgoten). Der Erstere bedeutet ›Waldanwohner‹ (germ. **terw-* ›Holz‹, vgl. finn. *terva* ›Teer‹, awn. *tjara* < **terwōn* dass.), der Letztere etwa ›Strandanwohner‹ (germ. **greuta,* awn. *grjót* ›Stein, Sand‹). Der Gotenname lautete in der eigenen Sprachform der Goten in wulfilanischer Zeit wohl **Gutans.* Die Form ist unbelegt, aber die gotische Runenschrift auf dem Goldring zu Bukarest: *Gutaniowihailag* d. h. *Gutan*(ē) *Iowi hailag* ›dem Juppiter (d. i. Donar) der Goten heilig‹ (*I. F.* 26, 203 ff.) enthält vielleicht einen dazu gehörigen Gen. Pl. Mit diesem *n*-Stamme deckt sich das lateinische *Gutones* (Plinius), *Gothones* (Tacitus *Germania* 43), *Gotones* (Tac. *Annales* 2, 62), das altenglische *gotan,* awn. *gotar,* Gen. *gotna,* später *gota* ›Goten‹. Das Adjektiv altgotl., altschwed. *gutnisk(e)r,* awn. *gotneskr* bewahrt die alte *n*-Form des Namens. In einer älteren, *n*-losen Stammform steckt derselbe Name in dem *Gutþiuda* ›Gotenland‹, des aus wulfilanischer Zeit stammenden gotischen Festkalenders sowie im Landesnamen Gotland. Die Namen »Gauten« (awn. *gautar,* schwed. *götar* < germ. **gautōz*) und Goten sind alte Ablautformen, wenn der *gaut*-Name auch erst bei Prokopios (im 6. Jh.) uns entgegentritt. Die Ländernamen Gautland (Götaland)-Gotland sind jünger als die entsprechenden Völkernamen.

Es fällt jenseits der Grenzen meiner Aufgabe, die weiteren Schicksale der gotischen Hauptstämme näher zu verfolgen. Die Westgoten zogen endlich nach Italien, Süd-Frankreich und Spanien, die Ostgoten nach Pannonien und Italien. Das von Theodorich dem Großen im Jahre 493 in Italien gegründete ostgotische Reich war dreißig Jahre nach dem Tode des Königs, 555, zerstört, aber unter dem sagenumwobenen Namen des Dietrich von Bern (nach der norditalischen Stadt Verona) leben seine Heldentaten das germanische Mittelalter hindurch. Das Westgotenreich in Spanien erlag den Mauren im Jahre 711. Mit dem Aufhören dieser Reiche schwindet das gotische Volk aus der Geschichte. Nach einer Angabe bei Walafrid Strabo (*De rebus ecclesiasticis* 7), dem deutschen mittelalterlichen Theologen († 849) wurde in der Gegend von Tomi in Moesien noch im 9. Jh. gotisch gepredigt. Einige letzte Spuren des gotischen Volkes bewahren uns die sog. Krimgoten, ein versprengter Überrest von Ostgoten oder richtiger eines aus Goten und Herulern zusammengesetzten Mischvolkes, das bis in die 2. Hälfte des 16. Jahrhunderts und wohl noch länger auf der Krim seine Sprache erhalten hat.

Unter den auf uns gekommenen gotischen Sprachdenkmälern knüpft sich das allermeiste an den Westgotenbischof Wulfila (ca. 311–383), über dessen Tätigkeit wir verhältnismäßig gut unterrichtet sind. Sein Lebenswerk – das hauptsächlich durch Umarbeitung der gotischen Runenschrift geschaffene gotische Alphabet[1] und die gotische Bibelübersetzung – war eine Großtat im Dienste der germanischen Volkserziehung und Kultur, fällt aber außerhalb des Rahmens dieser Einführung. Die außerordentliche Bedeutung dieser Tat wird durch die soeben (15. IX. 1927) zum 450-jährigen Jubiläum der Universität Upsala hergestellte phototypische Auflage des Codex Argenteus, der Haupthandschrift dieser Bibelübersetzung (»*Codex argenteus Uýsaliensis jussu Seiaatus Universitatis phototypice editus*«) wieder in die dankbare Erinnerung der Nachwelt gebracht.

Wulfilas Bibelsprache war eine westgotische Mundart. Die Handschriften entstanden aber in Oberitalien. Ob und in welchem Umfang gewisse lautliche Schwankungen der Texte den ostgotischen Abschreibern zuzusprechen sind, ist eine unentschiedene Frage. Von Denkmälern einer ostgotischen Sprache kennt man sonst nur zwei Verkaufsurkunden, einige Orts- und Personennamen[2] sowie eine Reihe Lehnwörter im Bayrischen, die nur ein ostgotisches Volk übermittelt haben kann.[3]

Übersichtliches zu den Ostgermanen: R. MUCH, *Germanische Stämme in Ostdeutschland im klassischen Altertum* (Der ostdeutsche Volksboden, Breslau 1926).

1 Der Einfluss der Runenschrift auf die Buchstabenformen hat sich als ein erheblich größerer erwiesen, als Wimmer annahm. Literatur bei O. v. FRIESEN, *Hoops' Reallex.* 2, 306 ff. und M. H. JELLINEK, *Gesch. der got. Sprache* S. 19 ff. (mit einer Kritik, die in vielem gegen v. Friesen geht). – 2 Vgl. F. WREDE, *Die Sprache der Ostgoten in Italien* (Quellen u. Forsch. zur Sprach. u. Kult.gsch. d. germ. Völk., Bd. 68) und dazu R. KÖGEL, *AfdA.* 18, 43 ff., W. STREITBERG, *Got. Elementarb.*, 5.–6. Aufl., S. 39, *Gesch. d. indog. Sprachwiss.*, S. 124, F. KAUFFMANN, *ZfdPh.* 31, 94 ff. Wegen der westgotischen Eigennamen vergleiche man bes. noch W. MEYER-LÜBKE, *Romanische Namenstudien* I, II (Sitz.-Ber, der Wiener Ak., phil.-hist. Kl. 149, 2, n. 184, 4), wegen sowohl der ost- als der westgotischen Namen die Zusammenstellungen bei M. SCHÖNFELD, *Wbch.*, S. 286 f. – 3 Vgl. § 59 und dort ang. Lit.

II. Wandalisch

§ 62. Die gotische Stammsage (§ 22) kennt die Wandalen an der unteren Weichsel und lässt sie von den einwandernden Goten unterjocht werden. Bei Plinius *Nat. Hist. IV 99* begegnet eine größere germanische Stammgruppe unter dem im Ganzen wohl identischen Namen *Vandali* und zwar mit der näheren Bestimmung: *quorum pars Burgundiones uarine Charini Gutones.* Hier decken sich die Vandilier aber nur scheinbar mit den ›Ostgermanen‹: Sie bildeten unter den damaligen Germanenstämmen des ostdeutschen Kontinents die den Römern am nächsten wohnende Gruppe, und in römischem Gebrauch dehnte sich so ihr Name, wie in analogen Fällen zu geschehen pflegt, auf die entfernteren Nachbarstämme aus. Nur als Volksabteilung, wenn auch eine von größerem Ansehen, erscheinen sie bei Tacitus, *Germania* 2, wo ihnen gleichzeitig mit den *Marsi, Gambrivii* und *Suebi* göttliche Abkunft zugeschrieben wird. Weil sie in der § 22 erörterten Stammsage der westgermanischen Langobarden eine Rolle spielen, ist anzunehmen, dass sie ursprünglich irgendwo in der Nähe der ältesten bekannten Stammsitze dieses Volkes gewohnt haben. Diese Sitze lagen an beiden Seiten der Elbe um das heutige Lauenburg. Ist dem aber so, lässt sich ein Zusammenhang mit dem Volkstamm der *Vendlas* im Beowulf 348 und der *Wenlas* des Widsithgedichtes (59 *mid Wenlum ic wæs ond mit Wærnum*) kaum in Abrede stellen. Dieser Stamm war zu Hause in der zwischen dem Limfjord und dem Kap Skagen (isl. *Vendilskagi*) gelegenen jütischen Landschaft, die unter den alten Skandinaviern als *Vandill*, *Vendill* bekannt war und heutzutage Vendsyssel heißt. Doch ist damit nicht gesagt, dass die vielen Germanenstämme, die bei klassischen Autoren unter den Gesamtnamen der *Vandilii* erwähnt werden, alle vom jütischen Vendel ausgegangen wären. Der Sondername einer kleineren Volksabteilung kann sich hier wie öfters ausgedehnt haben.

Es wird vielfach angenommen, und die Annahme ist fast zwingend, dass die bereits bei Tacitus, *Germania* 43 als ein großes Volk erwähnten *Lygii* (*l. Lugii*) von Haus aus mit den Wandalen identisch waren. Auch wenn die Letzteren anfangs nur ein führender Stamm unter den Lugiern waren, besteht ein Zusammenhang. Dafür spricht vor allem, dass auch die Lugier in Beziehungen zum Norden standen, sogar in durchsichtigeren als die Wandalen. Tacitus kennt als lugische Hauptstämme die *Harii*, *Helvecones*, *Manimi*, *Helysii*, *Naharvali* und berichtet ferner von einem heiligen Hain der *Alci* im Lande der Naharvali, eines Götterpaares, das mit Castor und Pollux verglichen wird. Obwohl dies nicht durch ein ausdrückliches Zeugnis zu stützen ist, darf man – meint R. Much, *Hoops' Reall.* 3, 298 – dieses Heiligtum wohl als den Mittelpunkt einer alle Lugier umfassenden Kultgenossenschaft betrachten. Der Kultverband der Lugier hat aber – wie Magnus Olsen in *Hedenske Kultminder i norske Stedsnavne* S. 277 ff. erkannt hat – so nahe Anknüpfungen im Norden, vor allem im südöstlichen Norwegen, dass die Heimat des Volkes kaum allzu fern von dieser Gegend gelegen haben kann. Ich erinnere daher an den schon § 22 berührten sprachlichen und sachlichen Zusammenhang, der zwischen den Wandalen und dem nördlichsten Jütland (Vendel) vermutet wird. Das norwegische Ortsnamenmaterial ist nach Olsen wohl vereinbar mit der Annahme eines sowohl Ost- und Südnorwegen als Vendsyssel in

Jütland umfassenden, kultisch und politisch einheitlichen Besiedlungsgebietes.

In der gotischen Wanderungssage, die sich wohl auf Ereignisse der ersten Jahrhunderte vor Chr. gründet, treten die Wandalen uns, wie gesagt, als festländische Nachbarn der Ulmerugier entgegen. Im zweiten Jahrhundert nach Chr. erscheinen sie schon am Riesengebirge. Die hier oder in der Nähe ansässigen, von Ptolemaios erwähnten *Silingai*, deren später slavisierter Name im deutschen *Schlesien* fortlebt, waren ein wandalischer Stamm. Ob sie von Seeland (dem alten *Selund* ca. 955 oder *Seland* ca. 1025) ausgegangen waren, wie man angenommen hat (§ 22), ist ungewiss. Im dritten Jahrhundert finden sich die Wandalen neben Goten und Gepiden in Dakien (dem Gebiete zwischen der Theiß im W, den Karpaten im N, Donau im S und Dnjestr im O). Schon kurz nach 170 n. Chr. spielt das Volk der in Sage und Mythus berühmten *Hasdingi*, eigentlich ein Königs- und Priestergeschlecht, eine Rolle unter ihnen. Der alte Stammname kommt im ags. *Heardingas* und im mhd. *Hartunge* wieder zum Vorschein. Hiermit verträgt sich sprachlich und sachlich auch der altnorwegische Geschlechtsname *Haddingjar*, der im norwegischen Provinznamen *Hallingdal* (awn. *Haddircgiadalr*) fortlebt. Am Anfang des fünften Jahrhunderts ziehen die Wandalen – die nur mehr vorhandenen zwei Stämme der Hasdingen und Silingen – in Verbindung mit Alanen und Sueben nach Frankreich und von dort nach Spanien, wo u. a. die Landschaft Andalusien, span. *Andalucia*, früher *Vandalusia* ihren Hauptnamen bewahrt. Das von den Hasdingen begründete nordafrikanische Reich ist i. J. 553 untergegangen, und damit verschwindet das Wandalenvolk aus der Geschichte.

Die wandalischen Sprachreste sind dürftig. Sie bestehen teils aus einigen Stammnamen, die bei Schönfeld, *Wörterbuch* S. 288 zusammengestellt sind: *Burgiones*, *Buri*, *Diduni*, (*Elvecones*), *Harii*, *Charini*, *Helisii*, *Lacringi*, *Manimi* (*Omani*?), *Naharvali*, *Ombrones*, *Silingae*, *Victuali*. Ihre Etymologie ist aber meist unsicher, und wir wissen nicht einmal, ob sie von den Wandalen selbst geprägt sind. Die Personennamen, unter denen das alte Patronymikum *Hasdingi* (**Hazdingōz* = aisl. *Haddingjar*, ags. *Heardingas*, mhd. *Hartunge zu* aisl. *haddr*, got. *hazds* ›langes Frauenhaar‹), sowie die mythischen *Raptus* (got. **Rafts*, aisl. *raptr* ›Balken‹) und (got.) *Raus* ›Rohr‹ hervorragen, sind zahlreicher und ausgiebiger (s. Schönfeld a. O.). Bei F. Wrede, *Über die Sprache der Wandalen* (Quellen u. Forschungen 68, Straßburg 1886) ist ein Versuch gemacht, auf Grund dieser Eigennamen wandalische Spracheigentümlichkeiten nachzuweisen. Doch wird der Wert des Ganzen dadurch beeinträchtigt, dass er versäumt hat, seine Feststellungen durch eine Untersuchung des romanischen Schreibgebrauchs zuverlässig zu begründen.[1]

Literatur über die Wandalen (außer den genannten Arbeiten von Wrede u. Schönfeld, die rein sprachlicher Art sind): L. Schmidt, *Allgemeine Geschichte der germ. Völker* S. 53 und dort angef. Spezialliteratur, ders. Verf., *Gesch. der germanischen Frühzeit, S. 227 ff.*, R. Much, *Hoops' Reallex. 4, 478 ff.*, *Deutsche Stammeskunde*[3] S. 65, 68, 123–125. Über die *Hasdingen* vgl. bes. K. Helm, *Altgermanische Religionsgeschichte* I (Heidelberg 1913), S. 323 f., Much, *Hoops' Reallex.* 2. 452 und *Wandalische Götter* in Mitteilungen der schles. Ges. für Volkskunde, Bd. 27 (Breslau 1926), S. 20 ff., M. Olsen, *Hedenske Kultminder*, S. 258 ff.

1 Vgl. W. Streitberg, *Gotisches Elementarbuch*[5–6], S. 39, *Gesch. der indog. Sprachwiss.*, S. 124.

III. Burgundisch

§ 63. Über die nordische Herkunft des Burgundenstammes ist oben (§ 22) gehandelt worden. In seiner *Geschichte der deutschen Sprache*, 2. Aufl. (1925) ist Hirt mit Unrecht geneigt, diesen Ursprung in Zweifel zu ziehen. Als die ursprünglichen Sitze der Burgunden habe man, nach dem Namen, Bornholm vermutet. Doch bleibe dies unsicher, wenngleich die Annahme ihm immerhin einigermaßen wahrscheinlich vorkommt. Dabei hat er aber auf die archäologische Seite der Frage keine Rücksicht genommen, und doch ist diese hier sogar entscheidend. Etwa um 100 n. Chr. sitzen Goten und Burgunden zwischen der Oder und der Weichsel-Nogat-Niederung. Dieses Landgebiet zeigt schon während der La-Tène-Zeit bestimmte archäologische Verschiedenheiten: Das Land westlich von der Leba ist durch seine nahen archäologischen Beziehungen zu Bornholm gekennzeichnet, das Land östlich von diesem Flusse durch Beziehungen zu Gotland-Öland-Östergötland. Der westliche Teil, die Gegend um die untere Oder, war burgundisch und stand in den engsten Verbindungen mit Bornholm. Die archäologischen Verhältnisse sind vielfach identisch. Wie E. Brate im *Svenska Fornminnesföreningens tidskrift* 9, 329 f. hervorgehoben hat, kann der Burgundenname nicht dem Volksstamm in diesen Gegenden gegeben sein, sondern muss sich auf die Inselbevölkerung beziehen und ist von den auswandernden Insulanern auf die nächstliegende Küste, das östliche Pommern, übertragen worden. An die ostgermanische Periode der Burgunden irgendwo im östlichen Deutschland gemahnt uns die in der *Historia Langobardorum* des Paulus Diaconus auftretende Ortschaft *Burgundaib* (*aib* = ahd. *eiba* ›Gau‹), die unter den Stationen der langobardischen Wanderschaft genannt wird. Im J. 406 haben die Burgunden, nach Schicksalen, die uns nur durch einige Streiflichter bekannt sind, neben Wandalen, Alanen und Sveben, den Rhein überschritten, und von den Römerstädten am Rhein fallen u. a. Mainz und Worms in ihre Hände. Im J. 413 gründen sie hier ein sagenberühmtes Reich mit Worms als Hauptstadt. Im J. 437 wird dies durch die Hunnen vernichtet. Unter römischer Oberhoheit schaffen sie sich ein neues im Rhonetal, aber dieses erliegt 532–534 den Franken und ist seitdem ein Teilreich innerhalb des fränkischen Staates.

Über die Sprache der Burgunden erfahren wir zuerst etwas aus der Periode ihrer Wohnsitze am Rhein und in Ostfranken. Burgundisch war die § 45 erwähnte Runenspange von Chamay im Dep. Saône et Loire im östlichen Frankreich, im Südwesten. Sie enthält aber nur das ältere Runenalphabet und auch dies nicht vollständig. Die sonstigen Sprachreste sind dürftig, bestehen aus einzelnen Worten und Namen. Wie lange eine burgundische Sprache sich in Frankreich erhalten hat, bleibt unsicher. In der Westschweiz wird die deutsche Mundart mit einem politischen Namen »Burgundisch« genannt, tatsächlich ist sie aber alemannisch. Da die wirklich burgundischen Sprachreste samt und sonders aus der süddeutsch-französischen Periode stammen, konnte eine starke westgermanische Spracheinwirkung nicht ausbleiben, und der ostgermanische Grundcharakter der Sprache wurde fast verwischt. Behaghel, *Die deutsche Sprache*[4], S. 6, hält es nicht für sicher, dass die Burgunden Ostgermanen waren, und Hirt, *Geschichte der deutschen Sprache*[2], *S.* 277, gibt ihm insofern recht, als ganz zwingende Beweise nicht erbracht seien. Meines Dafürhaltens mit Unrecht. Die Heimat der Burgunden lag auf alle Fälle an der Ostsee, weit von den Westgermanen, und die alten Germanen der Ostseegegend waren ›Ostgermanen‹, auch wenn ihre Sprache uns unbekannt ist. Die fragliche Bezeichnung ist wesentlich geographischer Art.

Literatur. Wackernagel, *Sprache und Sprachdenkmäler der Burgunder.* Kl. Schriften 3, 334 ff., R. Kögel, *ZdfA.* 37, 223. G. Hempl, *The Linguistic and Ethnographic Status of the Burgundians.* Transactions of the American Philological Association 37 (1909) 105 ff., R. Much, *Hoops' Reallex.* 1, 357 f. (wo auch Lit. über die Geschichte der Burgunden, auch über die wichtigen archäologischen Untersuchungen von K. Stjerna) und *Deutsche Stammeskunde*[3] S. 122.

B. Nordgermanische Sprachen

§ 64. Der uralte Inselname »Skandinavien« wurde schon erwähnt (§ 22), wie auch einige der wichtigsten skandinavischen Völkernamen: Goten-Gautar, Heruler, Svear u. a. Die großen skandinavischen Völkerverbände und Staaten sind durch Vereinigung mehrerer anfänglich selbständiger Stämme entstanden. Die Gauten und Schweden waren die politisch bedeutendsten. Die wohl im 6. Jahrhundert angefangenen, aber erst durch das um 700 oder später entstandene altenglische Beowulf-Epos bekannten Kämpfe zwischen den Gauten und Schweden (Svear) endigten damit, dass das Gautenreich im 12. Jahrhundert in dasjenige der Schweden (Beowulf: *Sviorice*) endgültig aufging. Die alte Streitfrage, ob sich die *Geatas* in Beowulf auf die südskandinavischen Gauten oder die Jüten der jütländischen Halbinsel beziehen, muss zugunsten der erstgenannten Alternative beantwortet werden.[1] Über die Volksnamen vgl. §§ 22, 40, über die landschaftliche Einteilung Upplands in »Folkland« -und »hund«-Gebiete § 28. Die entsprechenden finnischen *kunta*-Namen mit ihrem *k* für altes *h* (*X*) machen es wahrscheinlich, dass diese Landeseinteilung mindestens schon in den nächsten Jahrhunderten n. Chr. durchgeführt war. Aus Mittelschweden sind die *Theustes*, die Bewohner der Landschaft Tjust, sowie die südlicher wohnenden Finn(h)aithæ (= Finnveden in Småland) bei Jordanes zu erwähnen. Die nördlichen Landschaften sind uraltes schwedisches Kolonialgebiet. Die Namen enthalten öfters alte Stammnamen, sind aber ebenso oft im Grunde topographischer Art. Hierher gehören einerseits NÄR(I)KE (nach den Einwohnern: *Naerikiar*), GÄSTRIKLAND (aschwed. 1253 *Gestrikalandia* < **gaestrikar*), HÄLSINGLAND (aschwed. *Hælsingaland*), ÅNGERMANLAND (aschw. *Angermannaland*). Geographischer Natur sind SÖDERMANLAND (aschw. *Suþermannaland*) und VÄSTMANLAND. Eigenschaftsbezeichnende Personennamen liegen vor in JÄMTLAND (aschw. *Iaem(þ)taland*), FINNLAND (früher Österland), FINNVEDEN (vgl. S. 159), LAPPLAND (vgl. S. 174). Rein topographisch sind andererseits Namen wie DALARNA, HÄRJEDALEN, MEDELPAD, VÄSTERBOTTEN (s. Hellquist, *Sv. Et. Ordbok* s. v.). Aus dem früher zu Schweden gehörigen Finnland erwähne ich hier noch: TAWASTLAND, aisl. *Tafeistaland* (der Volksname TAWASTER, run-schwed. 11. Jh. *tafaistr* < **Taf-eistar*, ein Neckname: ›die geistig und körperlich Trägen‹ zu aisl. *tefja*, *tafdi* ›verzögern‹? Die Tawasten waren urspr. EISTIR ›Esten‹, aus Estland eingewandert). KARJALA ›Karelien‹ ist eigentlich das Land der ›Harden‹: *härad* < urnord. **harja-raiðō* vgl. HARJA-VALTA, Kirchspiel in Satakunta. Urnord. **Harja-* > fi. *Karja-* wie **hunða* > fi. *kunta*, *-la* ist finnisches Lokalsuffix. Karelien war zur Zeit der schwedischen Eroberung in 14 Harden eingeteilt (= *gisla lagh* in der Erikschronik, eine schwedische Wiedergabe des finnischen *kihlakunta* ›Harde‹).[2]

1 Vgl. zuletzt E. WESSÉN, *De nordiska folkstammarna i Beowulf*, Stockholm 1927, S. 48 ff. (mit vollständiger Lit.).

2 Vgl. § 57 sowie T. E. KARSTEN, *Det Svenska Finland* II (1922). S. 51 ff.

§ 65. Die Dänen hatten zufolge einer Angabe bei Jordanes (Get. 3, 23) die Landgebiete der alten Heruler auf den dänischen

Inseln gewaltsam in Besitz genommen (§ 22). Selber waren sie, wenn wir demselben Autor glauben dürfen, schwedischer Herkunft: »*Suetidi*, cogniti in hac gente reliquis corpore eminentiores: *quamvù et Dani, ex ipsorum stirpe progressi*, Herulos propriis sedibus expulerunt …« Der dänische Angriff geschah nach Erwägungen bei Wessén (S. 10, vgl. § 64, Note 1) am Anfang des 6. Jahrhunderts, und zwar unmittelbar zur See, nicht über Schonen und Seeland, wie allgemein angenommen wird. Vor dieser Zeit waren die Dänen vollkommen unbekannt. Im 6. Jahrhundert werden sie aber in westeuropäischen Quellen öfters erwähnt, während anderseits die Heruler, welche innerhalb der Periode 250–550 bei antiken Schriftstellern eine nicht ganz unbedeutende Rolle spielen, von nun an verschwunden sind. Der älteste Teil des dänischen Reiches lag vielleicht in Südjütland. So schon Wadstein, *Norden och Västeuropa i gammal sid* S. 5 f. und mit eingehenderer Begründung Wessén, a. a. O. S. 10 ff. Die dänische Herrschaft dehnte sich bald gen Osten und Norden aus: über Fünen, Seeland, Schonen, Halland, Blekinge. Archäologisch und runologisch gelten Jütland und Fünen als ein ältestes Kulturgebiet der ganzen Gegend. Hierher gehören die großen Moorfunde, hier stand die Wiege der nordischen Runenkunst. Dann fällt es jedoch auf, dass unter den fünf Runeninschriften der älteren Völkerwanderungszeit, die das Wort *erilaʀ* ›Herule‹ enthalten sollten, keine einzige aus Jütland stammt und dass auch die jütländischen Ortsnamen, die sonst so viele Erinnerungen an ausgestorbene Volksstämme bewahren, hier schweigen. Die Theorie der jütländischen Herulerheimat ist vorläufig eine Hypothese.

Der dänische Volksname ist erst von der Mitte des 6. Jahrhunderts (Jordanes, Prokopios) an nachgewiesen. DÄNEMARK enthält ein später hinzugefügtes -MARK ›Grenzwald‹: vgl. *Denemarc* bei König Alfred, *Danmargg* in irischen Quellen des 10. Jahrhunderts, runendän. (Jaellinge) um 980 *Tanmaurk*. Der Volksname: Jordanes' *Dani*, Prokopios Δανοί (Schönfeld), Beowulf *dene*, mhd. *Tene*, aschwed. *danir* od. *daenir* ist mit dem Landesnamen *Dania* (bei dem Kosmographen von Ravenna, Ende des 7. Jhs.) zu verbinden und bedeutet am ehesten ›Bewohner der Niederung‹ (zu ndd. *dane* ›sumpfiges Tiefland‹). In Laaland findet sich ein niedrig und sumpfig gelegener Ort (Kirchspiel) namens DANNE-(früher DANE-)mar. Wadstein[1] vermutet, dass der Dänenname von der niedrigen, überschwemmten alten Grenzmark an der Eider veranlasst sei. Hier hätten die ältesten »Dänen« gewohnt.

Das uns zufrühst entgegentretende jütländische Volk waren die KIMBERN (§ 22). Aber auch andere der bei Ptolemaios aufgenommenen nordischen Völker scheinen sich in vielen Fällen noch heute auf der Jütländischen Halbinsel wieder finden zu lassen; vgl. Wadstein, *Die nordischen Völkernamen bei Ptolemaios* (in Minnesskrift utg. av Philolog. Samfundet i Göteborg, 1925, S. 189 ff.). Solche sind: die Σιγούλωνες, deren Namen W. mit dem altjütländischen Ländernamen *Sil-lende* vergleicht; die Σαβαλίγγιοι (< germ. **Salawing-*), die schon im 17. Jahrhundert mit den Einwohnern des alten *Salingsysæl* (auf der heutigen, am Limfjord gelegenen Halbinsel SALLING) identifiziert wurden, die Χάλοι, welche man früher zu HALLAND, dem Namen der bekannten südskandinavischen Landschaft, stellen wollte, die aber vielleicht eher mit den Bewohnern der jütländischen Hallæharden östlich von dem südlichen Teil des alten Salingsysæl zu verbinden sind; die Χαρούδες, die schon ein Verfasser aus dem 17. Jahrhundert in dem Namen *Harthæ-Sysæl*, eines Bezirkes im westlichen Jütland, wieder gefunden hat (vgl. § 22). Das Jütische ist heute neben Seeländisch und Schonisch eine der Hauptmundarten der dänischen Sprache. Die Jüten waren ursprünglich (vor der dänischen Einwanderung) ein anglofriesischer Stamm, jedenfalls diejenigen Jüten, die später Kent und die Insel Wight in Britannien besiedeln. Wenn die altnordischen Iōtar auch sprachlich eine Abteilung der Dänen sind, liegt hier eine Namensübertragung vor, wie wir sie hier öfters beobachtet haben: bei Ruotsi-Russen, Aisten, Preußen, Silingen usw. Echt dänische Elemente, die in Jütland schon 512 die politisch herrschenden sind, haben sich die vorgefundenen Reste einer älteren Bevölkerung sprachlich angeglichen, aber ihren Namen angenommen (Much, *Hoops' Reallex.* 2, 623).

Der Name der Insel Fünen kann in dem Ptolemäischen Volksnamen Φαυόναι erhalten sein, falls dieser mit Wadstein als **Feuonai* gelesen wird; vgl. die latinisierte Form *Feonia*, *Phionia* (Langebek, *Script. Rer. Dan.* IX). Nach Schonen verlegt Wadstein die Ptolemäischen Φιϱαισοι (vgl. die heutige *Färs*-Harde, lat. Langebek *Fersianum, Fersense territorium*, im östlichen Teile dieser Provinz) und Λευῶνοι (vgl. die südlich von der Färsharde gelegene Küstenharde *Ljunits*, früher geschr. *Liugnæs*). Ganz unsicher ist, ob die Ptolemäischen Δαυκίωνες als **Dapriones* zu erfassen sind und mit der großen Dapræ-Harde in Schonen etwas zu tun hatten.

LITERATUR. E. WADSTEIN, *Namnet Danmark*, in Göteborgs Högskolas Årsskrift 1918, *Norden och Västeuropa i gammal tid*, S. 5 f., 256, G. NECKEL, *PBB. 51, 1 ff.*

§ 66. Der in den Kap. II und III gegebenen Darstellung zufolge gehört auch Norwegen wesentlich zu der urgermanischen Heimat. Das Land hieß in altnorwegischer Zeit *Noregr, Norvegr* oder ursprünglich **Norðrvegr* = ags. *Norðweg* (9. Jh.): zu anorw. *norðr* und *vegr*, also eig. ›der Nordweg‹[1], etwa wie Russland, das alte *Garðaríki* auch den Namen *Austrvegr* trug. In ältester Zeit zerfielen Land und Volk in viele Kleinstämme, die aber von Haraldr *hárfagri* 872 unterworfen wurden und seitdem zu einer politischen Einheit verschmolzen sind. Die von Ptolemaios nach dem westlichen Skandia verlegten Χαιδεινοί (Schönfeld, S. 124) wurden früher und noch bei Much, *Deutsche Stammeskunde*[3] S. 131 mit den *Heiðnir*, den Bewohnern von Heiðmǫrk (Wids. 81 mid *Hæðnum*) zusammengebracht. Wenn aber J. Svensson in *Namn och bygd* VII (1919) darin Recht hat, dass die Ptolemäischen Angaben sich auf das östliche Skandia beziehen, ist es wahrscheinlicher, dass der betreffende Stamm mit A. Noreen in *Fornvännen* 1920 S. 39 und E. Wadstein in Minnesskrift 1925 (Göteborg), S. 195 mit den von Jordanes erwähnten *Finnaithae*, den Bewohnern von Finnveden in Småland, zu identifizieren ist. *Chaideinoi* ist in diesem Fall eine Abkürzung für *Finn-chaidinoi*. Von kleineren Stämmen, die sicher norwegisch sind, seien hier erwähnt: die *Markamenn* ›Grenzleute‹ in den *Markir* westlich vom Vänersee, die *Víkverjar* ›Wikleute‹ um die Ost- und Nordseite der großen Bucht (*Vík*) an der Südküste, die *Upplendingar* ›Oberländer‹ in Uppland, zu denen auch die *Heiðnir* (oben) gehörten. Diese Namen sind durchsichtig topographisch. Namen älteren Gepräges für Landschaften und ihre Anwohner: *Ranríki* = das heutige Bohuslän (bis zur Mitte des 17. Jhs. unter Norwegen), mit den Bewohnern *Ragnaricii* bei Jordanes (s. Schönfeld), den altwestnordischen *Renir* (Egilsson-Jónsson S. 463); *Vingulmǫrk*, die Gegend um den inneren Teil der Oslo-Bucht (die beiden letztgenannten Landschaftsnamen unklar); *Raumaríki* im Südosten von Norwegen an der Raumelfr: die Bewohner bei Jordanes *Raumariciae*, altwestnord. *Raumar*, angelsächs. *Réamas* (s. Schönfeld); *Fold* am innersten Teil des Meerbusens (vgl. aisl. *fold* f. ›Boden‹), *Grenland* und *Grenmar* auf der Westseite der *Vík*, mit den Bewohnern *Grenir* (Jordanes *Grannii*, s. Schönfeld), die *Egðir*, Bewohner der südlichsten Spitze Norwegens, die *þilir* in *þelamǫrk* (Telemarken), die *Rygir* (Jordanes *Rugi*, ags. Wids. 69 *Rugum*) in Rogaland (vgl. § 22), die Hǫrðar in Hǫrðaland (Jordanes: *Arochi*, vgl. die westgermanischen *Harudes* an der unteren Elbe, § 22), die *Sygnir* in Sogn, die *þrœndir* in Drontheim und die nördlichst wohnenden *Háleygir* in Halogaland. Härjedalen und Jämtland, jüngere norwegische Kolonien, wurden unter Schweden bereits genannt.

In Norwegen wie fast überall im germanischen Norden gehen öfters auch die Bewohner einzelner kleinerer Teillandschaften, sogar einzelner Kirchspiele und Dörfer unter besonderen Namen. Für Norwegen ist eine Liste solcher Namen zu finden in der norwegischen Zeitschrift *Maal og Minne*, Jahrg. 1925, S. 50 ff. Eine große Gruppe dieser Namen ist gekennzeichnet durch die Ableitung -ing (*-ung*): Halling, Ringeriking, Vestfolding u. a. Das genannte Suffix tritt uns in ganz gleicher Funktion auch z. B. in Südösterbotten (Finnland) entgegen: vgl. *Korsungar* (im Kirchspiel Korsnäs), *Nämpungar* (im Dorfe Nämpnäs), *Töjbungar* (im Dorfe Töjby) usw.; näheres zuletzt bei Karsten, *Svensk bygd i Osterbotten* II 251 f. Es handelt sich hier um eine uralte germanische Namenbildung patronymischer Art: vgl. die deutschen *Nibelungen*, *Merovinger*, *Karolinger*.

1 Zum Landesnamen NORWEGEN vgl. M. OLSEN, *Hadenske Kultminder*, S. 285 und H. SHETELIG, *Norges forhistorie*, *problemer og resultater i norsk arkaeologi*, Oslo 1926 (wo die Frage in ihren archäologischen Zusammenhang gestellt ist).

§ 67. Wie die indogermanischen und germanischen Sprachen sind die speziell nordgermanischen ihrerseits von einer bis zu einem gewissen Grade gemeinsamen Ursprache ausgegangen, der so genannten urnordischen, aber diese weit verbreitete Sprache kann – wie die oben erörterten, bei klassischen Autoren, sogar noch bei Jordanes uns begegnenden zahlreichen größeren und kleineren Germanenstämme vermuten lassen – bloß in ihren Hauptzügen einheitlich gewesen sein. Dem »nordischen« Sprachgebiete pflegt man auch die altgermanischen Küstensiedlungen östlich von der Ostsee, in den ehemaligen Ostseeprovinzen und dem westlichen Finnland, zuzurechnen. Ich habe schon § 53 diese Auffassung auf ihre Richtigkeit geprüft. Die germanische Besiedelung des Ostbaltikums und Finnlands während des älteren Teiles der älteren Eisenzeit, gegen den Anfang der Völkerwanderung um 400 n. Chr., war in ihren Hauptbestandteilen, archäologisch betrachtet, nicht-schwedischer, wenigstens nicht unvermischt schwedischer Herkunft. Die sog. vor- und urgermanischen Lehnwörter in den finnischen Sprachen können daher nicht als unmittelbare Zeugnisse einer urnordischen (= urskandinavischen) Germanensprache gelten. Wenigstens in ihrem Wortschatze weisen sie in der Tat gewisse beachtenswerte Abweichungen von dem altskandinavischen Bestande auf. Wenn auch ein Teil von diesen Verschiedenheiten auf das Konto eines späteren Sprachverlustes zu setzen sein mag, sind sie jedenfalls vorhanden. Dagegen sind die älteren wie die jüngeren Entlehnungen der Lappen sicher skandinavisch. Einige wenige unter diesen Wörtern leitet die neueste Sprachforschung schon aus vorchristlicher Zeit her.

Für die allerältesten nordischen Sprachstufen fehlen uns also sprachliche Dokumente, aber die urnordische Sprachperiode in Skandinavien muss dennoch eine außerordentlich lange gewesen sein. Sie fängt schon mehrere Jahrtausende v. Chr. an, zu einer Zeit, als die skandinavische »Insel« von germanischen oder – richtiger ausgedrückt – vorgermanischen (»prägermanischen«) Stämmen zuerst in Besitz genommen wird, und dauert bis um etwa 700 n. Chr. Zu dieser Zeit ist, wie vor allem die § 45 erwähnte norwegische Eggjum-Inschrift zu zeigen scheint, eine einzelsprachliche Periode schon da, d. h. der mundartliche Zerfall, der sich auch hier immer vorgefunden hat, ist bereits dahin entwickelt, dass größere Dialektgruppen innerhalb des früher einigermaßen gleichsprachigen Gebietes sich erkennen lassen. Nach dem vollständigen Siege des Christentums im 11. Jahrhundert ist die dialektische Spaltung in der Runensprache wie in der darauf hervortretenden eigentlichen Literatur schon so weit gegangen, dass vier nordische Hauptdialekte sich unterscheiden lassen: die Grundlagen der vier altnordischen Literatursprachen, die als »Isländische«, »Norwegisch«, »Schwedisch« und »Dänisch« uns bekannt sind. Die beiden Ersteren fasst man herkömmlicherweise als »westnordische«, die beiden Letzteren als »ostnordische« zusammen.

ANMERKUNG. Zu dem Begriffe »Urnordisch«, »Urnordische Runensprache« usw. vgl. G. NECKEL, *Die gemeingermanische Zeit* (Zschr. f. Deutschkunde 1925, S. 14 ff.) und mit etwas abweichender Auffassung T. E. KARSTEN, *Var det äldsta urnordiska runspråket samgermanskt*? (Festschrift Finnur Jónsson, 1928).

Diese Zweiteilung des nordischen Sprachgebietes ist eine rein geographische und entspricht keineswegs der historischen Entwicklung der Sprache. Von dem letztgenannten Gesichtspunkt aus sind ganz andere Gruppierungsvorschläge erschienen. Einen solchen bietet J. A. Lundell schon i. J. 1880: Om *de svenska folkmålens frändskaper och etnologiska betydelse* (Svenska sällskapet för antropologi och geografi. Antropologiska Sektionens tidskrift I, Nr. 5), sowie ein wenig verändert in Pauls Grundr. der germ. Phil. 1891 und 1901: *Skandinavische Mundarten.* Er bemerkt mit vollem Recht, dass die an die gegenwärtige politische Einteilung des skandinavischen Nordens sich anschließende Rede von schwedischen, norwegischen und dänischen Volksmundarten mit den natürlichen Verwandtschaftsverhältnissen nichts zu tun habe. Die morphologische Gliederung dieser Mundarten sei vielmehr die folgende:

Isländ., Färöisch, Westskand.	Nordskand.	Gottländ.
	Mittelskand.	
	Südskand.	

Die neueste nordische Dialektforschung scheidet grundsätzlich zwischen älteren Sprachzügen, »Konservationen«, und Neubildungen oder »Novationen«. Die Neubildungen haben verschiedene Ausgangsbasen. Eine der wichtigsten lag um die südwestliche Ostsee (Dänemark), eine zweite wichtige Basis in Nordskandinavien. Mit Rücksicht hierauf ist neuerdings J. Sahlgren (*De nordiska sprakens indelning*, Vetenskaps-societeten i Lund, Årsbok 1926, S. 63 ff.) mit einer neuen Einteilung hervorgetreten. Da die von SW. ausgegangenen Novationen im Großen und Ganzen den Verkehrswegen der Ebenen gefolgt sind, haben die Wald- und Gebirgsgegenden ihre altertümlichen Züge beibehalten. Sprachen und Dialekte mit südwestlichen Neubildungen nennt er »niedernordisch«, die übrigen mehr konservativen Dialekte und Sprachen »hochnordisch«. Hierdurch gewönne man eine Entsprechung zu der deutschen Sprachgruppierung in niederdeutsche und hochdeutsche Dialekte. Auch die niederdeutschen Neubildungen haben ihre Basis an der Ostsee. Und wie man in Deutschland mit »mitteldeutschen« Dialekten rechnet, hätte man im Norden einen Gürtel von »mittelnordischen«. Die »hochnordischen« Sprachen sollten Färöisch, Isländisch und das norwegische »landsmål« umfassen, die »mittelnordischen« Reichsschwedisch und Finnlandschwedisch, die »niedernordischen« Dänisch und das norwegische »bymål«, das »Dänisch-Norwegische«. Gegen diese nur aufgrund der Neubildungen vorgenommene Vergleichung der »niedernordischen« Mundarten mit den »niederdeutschen« dürfte man doch einwenden müssen, dass die Letzteren sich überhaupt viel mehr durch ihren Konservatismus (vgl. die Lautverschiebung!) als durch »Neubildungen« erkennen lassen. Die aufgeworfene, sehr anregende Frage nach einer historischen Einteilung der nordischen Sprachen ist noch offen. Auf sie näher einzugehen ist aber hier nicht der Ort.

C. Westgermanische Sprachen

§ 68. Die älteste Heimat der als »Westgermanen« bekannten Stämme lag zwischen Rhein und Elbe. Diese Weststämme und die früher erörterten Ost- und Nordgermanen sprachen Mundarten, die seit historischer Zeit voneinander deutlich abgegrenzt sind. Die sprachliche Kluft wurde aber einst durch Germanenstämme ausgefüllt, die später ausgewandert sind. So erklärt sich vor allem die alte Sprachverschiedenheit zwischen West- und Nordgermanisch. Hirt, *Geschichte der deutschen Sprache*[2] S. 74 verweist, wie vor ihm schon Much, *Hoops' Reallex* 1, 387 und Kauffmann, *ZfdPhil.* 46, 340, darauf, dass Jütland erobertes Gebiet für die Dänen ist. Und wahrscheinlich ist, dass verschiedene Germanenstämme von Jütland ausgewandert waren: Teutonen, Kimbern, Angeln[1], Ambronen, Haruden, Warnen und vielleicht Wandalen. Ihre Reste wurden in der beginnenden Völkerwanderung von den einziehenden Dänen aufgesogen. Nur einige Stammes- und Ortsnamen sind bestehen geblieben (vgl. § 22). In diesem Falle hätte aber eine ungestörte Sprachentwicklung am ehesten zu einer nordisch-westgermanischen Mischsprache geführt. Entscheidend für das Endergebnis des sprachlichen Werdegangs wurden vielleicht die von der neuesten Forschung wahrscheinlich gemachten, schon um 500 n. Chr beginnenden Völkerverbindungen zwischen Südjütland und verschiedenen nordischen Landesteilen, vor allem Uppschweden. Hierüber näher bei Wessén, *De nordiska folkstammarna i Beowulf* S. 15 f.

Die westgermanischen Stämme dürften bereits zu Anfang unserer Zeitrechnung eine gewisse Einheit gebildet haben, denn die von Tacitus in hauptsächlichem Anschluss an Plinius beschriebenen drei germanischen Völkergruppen der INGAEVONES, HERMINONES (= ERMINONES) und ISTAEVONES (vgl. S. 172) beziehen sich wohl nur auf die westlichen Abteilungen der Germanen. Von einer bewussten Gemeinschaft politischer, gerichtlicher oder sprachlicher Art darf indes noch keine Rede sein. Man vermutet nur gewisse uralte Kultverbände, worauf die von Tacitus in seiner *Germania*, Cap. II gegebene Schilderung von ihnen hinzuweisen scheint: *Celebrant carminibus antiquis, quod unum apud illos memoriae et annalium genus est, Tuistonem deum terra editum: ei filium Mannum, originem gentis conditoremque, Manno tris filios assignant, e quorum nominibus proximi oceano Ingaevones* (Plinius *Inguaeones*), *medii Hermiones* (Hss. ABDE, *Herminones* D), *ceteri Istaevones* (Plinius *Istraeones*, lies? **Istuaeones*) *vocentur. quidam, ut* *in licentia vetustatis, pluris deo ortos plurisque gentis appellationes, Marsos Gambrivios Suebos Vandilios affirmant, eaque vera et antiqua nomina* ... – oder (in der Übersetzung bei E. Norden, *Die germanische Urgeschichte in Tacitus Germania*, S. 43): Sie singen in alten Liedern – das ist unter diesem Volke das einzige Hilfsmittel geschichtlicher Erinnerung – von einem erdgeborenen Gotte Tuisto (d. h. dem »Zwitter«)[2] und seinem Sohne Mannus, dem Urahn und Gründer ihres Geschlechts; ihm weisen sie drei Söhne zu, nach denen die dem Ozean zunächst Wohnenden sich Ingweonen[3], die mittleren Hermi(n)onen[4], die übrigen Istveonen[5] nennen. Nach der Versicherung einiger – die Urzeit gibt ja weiten Spielraum – sollen es mehr Göttersöhne gewesen sein und mehr Stämme sich nach ihnen benannt haben, die Marsen, Gambrivier, Sueben, Vandilier: das allein seien die echten alten Namen. – Tacitus lässt uns nicht wissen, welche Namen die drei Söhne des Mannus, die Stammväter der drei Volksverbände, trugen. Aller Wahrscheinlichkeit nach waren sie derartig, dass die Völkernamen als Ableitungen von ihnen empfunden wurden. Betrachten wir diese Namen näher, gehört HERMINONES (urgerm. **Erminoniz*, got. **Airminans*) offenbar mit dem Vordergliede in einigen Fürsten- und Götternamen zusammen: vgl. einerseits ERMANARICUS, ags. *Eormen-ric*, awn. *Ǫrmunrekr* (Ostgotenkönig, nach anderen Quellen Suebenkönig), ERMENEGILDUS (Westgotenkönig), HEREMEGARIUS (Suebenkönig), HERMINAFRIDUS (Thüringerkönig) usw.; andererseits IRMIN als Göttername bei den Sachsen im Jahre 532 (»IRMIN Mars dicitur«, Widukind), ahd. *irmingot* (*obana ab heuane*) im Hildebrandsliede, awn. *Ǫrmunr* (**Ermuna-*) als Beiname Odins. Das Wort bedeutet etwa ›groß, mächtig, ansehnlich‹; vgl. auch IRMINSÛI, die bekannte Göttersäule der Sachsen in der Zeit Karls des Großen[6]. Eins der Völker, die zu den HERMINONES zählte, hieß HERMUNDURI. Beide Namen zeigen *h*-Prothese. ERMINOES ist nach verbreiteter Annahme eine Kurzform zum letzteren Namen und mit dessen Bestimmungswort jedenfalls wohl identisch. K. Müllenhoff und seine Schule sah in den drei Göttersöhnen – Irmin, Ing und Ist, wie sie genannt worden wären – die Stammväter des deutschen Volkes, das nach ihnen eingeteilt wäre. Eine spätere Forschung hat diese mythologische Theorie verworfen: die drei Söhne von Mannus seien im Gegenteil als eponyme Heroen von den älteren Volksnamen hergeleitet. Doch ist auch diese Auffassung übertrieben. Die betreffenden Volksabteilungen waren keine eigentlichen Volksstämme, sondern wie gesagt wohl nur Zusammenschlüsse zwecks gemeinsamer Götterverehrung. Dies ergibt sich unzweideutig aus dem offenbaren Zusammenhang zwischen den Inguaeones und den von Tacitus im 40. Kap. seiner *Germania* erwähnten, die Erdgöttin Nerthus verehrenden sieben Völkern einer nördlichen Meeresgegend. Diese Völker können nur auf der jütischen Halbinsel gesucht werden, und hier müssen auch die Ingueonen gesessen haben, wenn wir die taciteischen Angaben mit denen bei Plinius ergänzen. Ein sprachlicher Gesichtspunkt bestätigt diese Folgerung. Der Volksname Inguaeones (wohl urg. **Inguēionez*, got. **Ingwaians*) ist am ehesten ein Patronymicum zu dem im Personennamen Inguiomerus enthaltenen Vorderglied, denn als solches gehört er einem Bildungstypus an, der in den indogermanischen Sprachen sicher belegt ist. Der Nerthuskult verbreitet sich allmählich nordwärts und mit ihm das Namenelement *Ingu-*, anfänglich nur in mythischem Gebrauch: vgl. den altuppländischen Gottesnamen Yngvifreyr, Ingunarfreyr, wo Yngvi, Ing- der eigentliche Name des Gottes ist. Da die germanischen Runenzeichen ursprünglich einem magischen Zweck dienten, ist hier auch daran zu erinnern, dass der angelsächsische Ing-Name dem altenglischen. Runenliede gemäß dasselbe Wort ist wie der Name der *ng*-Rune: *ing*, das *X*-Zeichen (= *enguz*, got. **Iggws*) der gotischen Bibelschrift[7]. Das genannte ags. Runenlied erzählt uns ferner, dass dieser Ing zuerst bei den Ostdänen verehrt worden wäre. Von dort ist er nach Schweden (Uppsala) gewandert, wo der Beiname Freyr (»Herr«) zum Eigennamen wurde, von Schweden einerseits nach Norwegen, vor allem in das Gebiet von Drontheim, andererseits über das Meer nach Finnland[8].

Von der Herkunft des Istveonen-Namens wissen wir nichts, abgesehen von der Ableitung, die mit der des Ingveonen-Namens identisch ist. Aber in Bezug auf die Ingveonen bestätigt sich die germanische Sage, wie wir sehen, vollständig in etymologischer Hinsicht. Die von E. Norden[9] nachgewiesenen merkwürdigen Übereinstimmungen mit der bei Herodotos überlieferten skythischen Nationalsage, deren Quelle ebenfalls eine Kultlegende ist, sind zufällig oder beruhen höchstens auf rein literarischer Beeinflussung: es gibt allerdings Wanderfabeln und Wandermotive, aber die germanische Ethnogonie kann ihrem Kern nach sehr gut germanisch sein. Aus Tacitus' Erzählung ergibt sich, dass es an der westlichen Grenze der Germanen eine epische Dichtung gab, die den göttlichen Ursprung des Stammes darzustellen suchte. Römische Gelehrte legten diese Stammsage einer Einteilung der Germanen zugrunde. Tacitus bediente sich dieser, um seine Auffassung von dem Autochthonentum der Germanen dadurch zu stützen: *Ipsos Germanos indigenas crediderim minimeque aliarum gentium adventibus et hospitiis mixtos*, d. h. Die Germanen selbst sind meiner Meinung nach Ureingeborene, von Zuwanderungen sowie Gastverkehr mit anderen Völkern gänzlich unberührt geblieben.

Diese Kultverbände bekamen schließlich doch wohl auch politische Bedeutung. In frühgeschichtlicher Zeit geht die Götterverehrung in Skandinavien öfters mit der Entfaltung eines politischen Gemeingefühls Hand in Hand, und in Norwegen z. B. erscheinen die ältesten religiösen Zentralgebiete, wenn man den Zeugnissen der Ortsnamen glauben darf, als Mittelpunkte eines größeren Gebietes[10]. Der norwegische Häuptling (*fylkir*) steht in nahen Beziehungen zu dem Tempelvorsteher (goði), und in Schweden ist YNGVI-FREYR – ein nordischer Sprössling der erdgeborenen Göttin Nerthus bei den ingveonischen Nordseegermanen – ein Ahnherr der königlichen Ynglingar.

Die Ingveonen-Gruppe umfasste somit die germanischen Nordseevölker in der Gegend Ems-Jütland, also etwa die Träger derjenigen Sprachgruppe, die herkömmlicherweise als die »anglofriesische« zusammengefasst wird, obgleich wir über die Friesen in dieser Hinsicht kein direktes Zeugnis besitzen. Die Istveonen dürften in ›der Hauptsache mit den späteren Franken zusammenfallen, die Herminonen mit den SUEBI (»Schwaben«) und den Alamannen, also den Hochdeutschen. Die fraglichen großen Verbände, deren hohes Alter schon aus ihren stabreimenden Namen hervorgeht, haben also im Großen und Ganzen – durch jüngere Völkerverschiebungen ist die Sprachentwicklung vielfach durchkreuzt worden – gewisse Beziehungen zu der mundartlichen Spaltung des Westgermanischen. Die viel behandelte, aber noch heute gleich aktuelle und gleich schwer zu lösende Frage nach der Entstehung der westgermanischen und zwar besonders der deutschen Mundarten und ihrem Verhältnis zu den alten Stammverbänden gehört aber in die historische Grammatik. Hier kann ich nicht näher darauf eingehen. Die Frage ist in neuester Zeit bei Hirt, *Geschichte der deutschen Sprache*[2], S. 84 ff. (mit Anmerkungen) und Streitberg, *Geschichte der indogermanischen Sprachwissenschaft*, S. 144 ff. zum Gegenstand guter, kritischer Übersichten gemacht worden. Das Beste über die deutschen Mundarten bietet L. Sütterlin, *Neuhochdeutsche Grammatik* 1, 24 ff. mit reichen Literaturangaben.

Belangvoll für die Frage nach der Entstehung der deutschen Dialekte ist ohne Zweifel auch die § 21 mit Anm. 3 erörterte Rassenzusammensetzung des deutschen Volkes. Auf diesem Gebiete hat besonders auch die wissenschaftliche Namenforschung noch Aufgaben. In welchem Grade ist die herkömmliche Ansicht von einer in der Zeit der germanischen Völkerwanderung erfolgten Entvölkerung von Nord- und Ostdeutschland berechtigt? Vorbildlich für eine in dieser Richtung gehende deutsche Ortsnamenforschung ist die in den Prager Deutschen Studien, 30. Heft, i. J. 1923 erschienene Untersuchung von Ernst Schwarz: *Zur Namenforschung und Siedlungsgeschichte in den Sudetenländern*. Der Verfasser warnt selber vor einer Überschätzung seiner Ergebnisse, aber es ergibt sich nichtsdestoweniger, dass in den Sudeten- und Karpathenländern Reste der alten Germanen sicher zurückgeblieben sind. Viele Namen haben sie den Sudetenslawen vermittelt, viel mehr, als man bisher angenommen habe. Manche Namen scheinen von den Slawen verstanden worden zu sein, die so genannten Lehnübersetzungen. Die Namengebung mancher Flusssysteme sei so eigentümlich germanisch, dass auch darin ein Beweis für ein längeres Zusammenwohnen gesehen werden könne. Manchmal kennen wir diese Namen nur in der Form, wie sie von den Slawen weitergebildet wurde, die Reste der Germanen seien hier in die Slawen aufgegangen. In gewissen Gegenden und Orten aber haben sie sich gehalten, ihr Volkstum bewahrt und ihre Namen entweder auf die Dauer behauptet oder den später ins Land kommenden Deutschen überliefern können. Es konnte dies daran gezeigt werden, dass neben der tschechischen Form zuweilen auch die deutsche in selbständiger Entwicklung weiter bestanden hat. Dies ist nur bei dauerndem Fortbestand deutscher Siedlungen oder wenigstens deutscher Bewohner möglich. Diese Germanen gehörten verschiedenen Stämmen an: in Böhmen, im Südwesten und Egerland den Markomannen, in Nordostböhmen den Wandalenresten wie in Schlesien, in Mähren und der Slovakei vielleicht den quadischen Sweben. Viele germanische Wörter dürften deshalb den Slawen nicht, wie man bisher öfters angenommen hat, in den Balkanländern, sondern in den Sudetenländern bekannt geworden sein (S. 139 ff.).

Die Parallelen mit den hier früher behandelten germanisch-finnischen Völkerberührungen östlich von der Ostsee, in Finnland und Estland, liegen auf der Hand. In der dem germanischen Volkstum bei Tacitus und anderen Klassikern nachgerühmten starken körperlichen und seelischen Eigenart steckte ein Kern von Wahrheit: Auch unter den ungünstigsten äußeren Bedingungen hat sie sich zuweilen sogar durch die Zeiten zu behaupten vermocht.

1 Vgl. jedoch E. Wadstein, *On the Origin of the English* (Uppsala 1927), wo die jütländische Herkunft der Angeln bestritten wird. – 2 Vgl. Norden a. a. O., S. 48, Nr. 3 und dort zit. Lit. – 3 *Ingaevones* in Tac. Germania, deren sämtliche Hss. auf einen einzigen Codex aus dem 8. od. 9. Jh. zurückgehen, ist (trotz Bremer, *Ethnographie* § 81) eine offenbare Umbildung. Die Stammsilbe *Ingu̯-* ist etymologisch gesichert (Schönfeld, *Wbch.*, S. 147). – 4 *Herminones* ist die richtige Form, obgleich die überwiegende Mehrzahl der Hss. *Hermiones* schreiben (vgl. Schönfeld, *Wbch.*, S. 134). – 5 *Istaevones* bei Tac. ist eine Umbildung wie *Ingaevones*, nach Müllenhoff nur als Erleichterung der Aussprache. – 6 Vgl. meine *Germanisch-finn. Lehnwortstudien* S. 10 f. – 7 Vgl. S. Bugge, *Norges Indskrifter, Indl.* S. 62 f. – 8 Vgl. T. E. Karsten, in den *Fi.-ugr. Forsch.* 12, 311 ff., *Germanischfinn. Lehnwortstudien* S. 30 ff.; E. Mogk, *Hoops' Reallex.* 2, 91 ff. – 9 *Die germanische*

Urgeschichte in Tac. Germ. S. 42 ff. Zu der germanischen Ethnogonie vgl. ferner BREMER, *Ethnographie* § 82, MUCH, *Hoops' Reallex.* 2, 181 ff., NECKEL in *PBB.* 51, 1 ff., und *Altgermanische Kultur* (1925), S. 23 ff. – 10 Vgl. M. OLSEN, *Aettegård og Helligdom*, Oslo 1926, S. 257 ff.

Nachträge

Zu § 44: Adolf STENDER-PETERSEN, *Slavisch-germanische Lehnwortkunde. Eine Studie über die ältesten germanischen Lehnwörter im Slavischen in sprach- und kulturgeschichtlicher Beleuchtung*, Göteborgs Kungl. Vetenskaps- och Vitterhets-Samhälles Handlingar, 4. Följden, Bd. 31: 4. – Zu § 45, Anmerkung: Eine von C. J. MARATRANDER in *Norsk Tidsskrift for Sprogvidenskab*, Bind I (1927) veröffentlichte Untersuchung in der Frage nach der Entstehung der germanischen Runenschrift. Diese Arbeiten sind mir zu spät zugänglich geworden, um hier verwertet werden zu können.

Register

(Die Verfassernamen beziehen sich in der Regel nur auf auf die Anmerkungen.)